高等院校土建类创新规划教材　基础课系列

建设工程项目管理

宋伟香　主　编

何长全　黄小雁　副主编

清華大學出版社

北　京

内 容 简 介

本书内容涵盖了建设工程项目管理的基本概念，建设工程项目管理组织、项目前期策划与决策、项目勘察和设计管理、招标与投标管理、质量管理、进度管理、费用管理、合同管理、职业健康安全与环境管理、竣工验收与后评价管理的基本方法，以及建设工程项目风险管理、信息管理等基本知识。本书结合我国工程项目管理的最新成果和经验，注重理论联系实际应用，注重和建造师执业资格考试接轨，着眼于培养学生从事建设工程项目管理的基本能力，具有很强的实用性和可操作性。

本书主要用作高等院校工程管理、土木工程、工程造价专业的教材或教学参考书，也可供土建类其他专业的教学，还可供工程项目经理、工程技术人员和管理人员等学习参考。

图书在版编目(CIP)数据

建设工程项目管理/宋伟香主编. —北京：清华大学出版社，2014(2023.1 重印)
(高等院校土建类创新规划教材 基础课系列)
ISBN 978-7-302-35717-9

Ⅰ. ①建 Ⅱ. ①宋… Ⅲ. ①基本建设项目—项目管理—高等学校—教材 Ⅳ. ①F284

中国版本图书馆 CIP 数据核字(2014)第 060811 号

责任编辑：李春明
装帧设计：杨玉兰
责任校对：周剑云
责任印制：刘海龙
出版发行：清华大学出版社
网　址：http://www.tup.com.cn, http://www.wqbook.com
地　址：北京清华大学学研大厦 A 座　**邮　编：**100084
社 总 机：010-83470000　**邮　购：**010-62786544
投稿与读者服务：010-62776969, c-service@tup.tsinghua.edu.cn
质量反馈：010-62772015, zhiliang@tup.tsinghua.edu.cn
课件下载：http://www.tup.com.cn, 010-62791865
印 刷 者：天津鑫丰华印务有限公司
经　销：全国新华书店
开　本：185mm×260mm　**印　张：**24　**字　数：**584 千字
版　次：2014 年 5 月第 1 版　**印　次：**2023 年 1 月第 8 次印刷
定　价：68.00 元

产品编号：055612-03

前　言

随着我国改革开放的深入和建设事业的迅速发展，我国基本建设领域正在逐步与国际接轨，工程项目管理作为一种成熟的管理理念和管理模式，日益受到人们的广泛重视。为了提高工程项目管理技术人员的素质，规范施工管理行为，保证工程质量和施工安全，根据《中华人民共和国建筑法》、《建设工程质量管理条例》、《建设工程安全生产管理条例》和国家有关执业资格考试制度的规定，原人事部和建设部联合颁发了《建造师执业资格制度暂行规定》，对从事建设工程项目总承包及施工管理的专业技术人员实行建造师执业资格制度，并规定 2008 年 2 月 27 日以后，国家大中型工程建设的项目经理必须由一级注册建造师担任。“建设工程项目管理”即是一级建造师执业资格考试的科目之一。为了给建设领域培养合格的人才，我国许多高等院校工程管理、土木工程、工程造价等专业本科生教学的管理平台课程中都开设了工程项目管理课程，有些学校还面向更广的范围开设公共选修课。

工程项目管理是一门具有很强的理论性、综合性和实践性的课程，是培养学生掌握一定的工程项目管理专业理论和初步的工程项目管理业务能力的主要途径。因此，本书编者依据教育部及高等学校土建学科教学指导委员会的相关精神，在参阅了大量国内外参考资料，总结了工程项目管理课程的长期教学经验的基础上，结合一级注册建造师执业资格考试内容和大纲要求，从基本理论体系出发，以工程素质为培养对象，以工程项目建设的全过程为主线，系统全面地介绍了工程项目管理知识内容，着重地介绍了工程项目管理的目标控制及工程项目建设各阶段的管理工作，注重理论联系实际和应用性，力求深入浅出，有利于教师讲课和学生自学。

本书综合考虑了工程项目质量、费用、进度三大目标之间的对立统一关系，系统阐述了工程项目从前期策划决策、项目实施到竣工验收投入使用全过程的项目管理工作。本书内容包括建设工程项目管理概论、建设工程项目管理组织、建设工程项目前期策划与决策、建设工程项目勘察和设计管理、建设工程项目招投标管理、建设工程项目质量管理、建设工程项目进度管理、建设工程项目费用管理、建设工程项目合同管理、建设工程项目职业健康安全与环境管理、建设工程项目风险管理、建设工程项目信息管理、建设工程项目竣工验收及后评价等。

本书由莆田学院宋伟香副教授担任主编，并负责统稿。安徽建筑工业学院何长全、华侨大学厦门工学院黄小雁担任副主编。第 1、6、8、10、13 章由宋伟香编写；第 3～5、9、11 章由何长全编写；第 2、7、12 章由黄小雁编写。

本书可作为高等院校工程管理、土木工程、工程造价专业的教材或教学参考书，也可以作为相关专业工程项目经理、工程技术人员和管理人员以及工程管理爱好者的学习参考书。

本书在编写过程中，参阅了有关专家、学者的论著，在此致以诚挚的谢意。同时也要感谢出版社工作人员为本教材的出版所作的艰辛工作和努力。

由于编者水平有限，时间仓促，本书的疏漏和错误在所难免，恳请有关专家、同行及广大读者不吝赐教、批评指正，对此我们将不胜感激。

编　者

目　录

第1章　建设工程项目管理概论 1

1.1　建设工程项目管理概述 2

1.1.1　项目 2

1.1.2　建设工程项目 3

1.1.3　建设工程项目管理 6

1.2　建设工程项目的建设程序 7

1.2.1　基本概念 7

1.2.2　我国现行的工程项目建设程序 8

1.2.3　世界银行贷款项目的建设程序 10

1.3　建设工程项目管理各方的目标和任务 11

1.3.1　业主方项目管理的目标和任务 11

1.3.2　设计方项目管理的目标和任务 11

1.3.3　施工方项目管理的目标和任务 12

1.3.4　材料设备供货方项目管理的目标和任务 12

1.3.5　建设项目工程总承包方项目管理的目标和任务 12

1.4　工程项目管理理论体系的产生与发展 16

本章小结 17

思考题 17

第2章　建设工程项目管理组织 19

2.1　组织与组织论 20

2.1.1　组织的概念和特征 20

2.1.2　组织设计 21

2.1.3　组织结构 23

2.1.4　组织论 24

2.2　组织结构的基本类型、特点和适用范围 25

2.2.1　直线式组织结构 25

2.2.2　职能式组织结构 26

2.2.3　矩阵式组织结构 27

2.2.4　动态网络型组织结构 30

2.3　建设工程项目结构 31

2.3.1　建设工程项目结构定义 31

2.3.2　建设工程项目的项目结构分解 32

2.3.3　建设工程项目结构的编码 32

2.4　建设工程项目管理组织 33

2.4.1　建设工程项目管理组织的定义及特征 33

2.4.2　建设工程项目管理组织的运行要素与主要内容 35

2.5　建设工程项目管理组织结构的类型与选择 37

2.5.1　建设工程项目管理组织的主要类型 37

2.5.2　建设工程项目管理组织结构的选择 43

2.6　项目经理 44

2.6.1　项目经理的概念 44

2.6.2　项目经理的工作任务和责、权、利 45

2.6.3　项目经理的责任制 47

2.6.4　项目经理的执业资格与管理 48

本章小结 50

思考题 50

第3章　建设工程项目前期策划与决策 51

3.1　建设工程项目的前期策划与项目定位 52

3.1.1 建设工程项目前期策划概述 52
3.1.2 建设工程项目定位 54
3.2 建设项目投资机会研究与可行性研究 56
3.2.1 投资机会研究 56
3.2.2 可行性研究 58
3.3 建设工程项目评估 62
3.3.1 建设工程项目评估概论 62
3.3.2 建设项目评估的内容 66
3.3.3 建设项目评估的步骤和方法 70
本章小结 74
思考题 74
第 4 章 建设工程项目勘察和设计管理 75
4.1 勘察设计管理概述 76
4.1.1 建设工程项目勘察设计的概念及主要内容 76
4.1.2 建设工程项目设计的作用 77
4.1.3 勘察设计单位的资格审查 78
4.2 勘察、设计任务的委托及合同管理 78
4.2.1 勘察、设计合同的订立 78
4.2.2 勘察合同的履行 81
4.2.3 设计合同的履行 83
4.2.4 勘察、设计合同的索赔 88
4.2.5 勘察、设计合同管理 89
4.3 建设工程项目勘察管理 90
4.3.1 工程项目勘察内容 90
4.3.2 工程项目勘察成果审查 91
4.4 建设工程项目设计管理 92
4.4.1 工程项目设计的内容 92
4.4.2 工程项目设计的三大目标 94
4.4.3 工程项目设计的三大控制 96
4.4.4 初步设计的管理 97
4.4.5 技术设计的管理 99
4.4.6 施工图设计的管理 99
本章小结 101
思考题 102
第 5 章 建设工程项目招投标管理 103
5.1 建设工程项目招投标概述 104
5.1.1 招标投标的基本概念 104
5.1.2 招投标制度的特点和作用 104
5.1.3 建设工程项目招标的范围 105
5.1.4 建设工程项目招标的条件 106
5.1.5 招标方式 106
5.1.6 工程项目承包的计价方法及适用情况 108
5.2 建设项目招投标的程序和内容 110
5.2.1 建设项目招投标的过程 110
5.2.2 建设项目招标文件的内容 110
5.2.3 建设项目标底的编制 112
5.2.4 开标、评标和决标 113
5.2.5 投标书的内容 117
5.3 建设项目投标报价技巧 118
5.3.1 科学决策上的技巧 118
5.3.2 制定施工方案的技巧 119
5.3.3 工程量核对的技巧 119
5.3.4 投标报价的技巧 119
5.3.5 辅助中标手段 122
5.3.6 投标中应注意的事项 123
5.3.7 分包商的选择 124
本章小结 125
思考题 125
第 6 章 建设工程项目质量管理 127
6.1 建设工程项目质量管理概述 129
6.1.1 基本概念 129
6.1.2 建设工程项目质量的特点 129
6.1.3 影响建设工程项目质量的因素 130
6.1.4 建设工程项目质量管理原理 131
6.2 建设工程项目施工质量计划 133
6.2.1 建设工程项目施工质量计划的编制主体 134
6.2.2 建设工程项目施工质量计划的编制依据 134

6.2.3 建设工程项目施工质量计划的主要内容............134
6.2.4 建设工程项目施工质量计划的审批与执行............134
6.2.5 施工质量控制点的设置和管理............135
6.3 建设工程项目质量控制............136
6.3.1 建设工程项目质量控制系统............136
6.3.2 建设工程项目质量控制的三阶段控制............137
6.3.3 建设工程项目施工质量控制的系统过程............138
6.3.4 施工阶段现场质量检查的方法............143
6.4 建设工程项目质量验收............144
6.4.1 施工过程质量验收............144
6.4.2 施工过程质量验收不合格的处理............146
6.5 建设工程质量事故处理............146
6.5.1 工程质量事故的分类............146
6.5.2 工程质量事故处理程序............147
6.5.3 工程质量事故处理的基本方法............148
6.6 质量管理统计分析方法............150
6.6.1 分层法............151
6.6.2 因果分析图法............151
6.6.3 排列图法............152
6.6.4 直方图法............154
6.6.5 统计调查表法............158
本章小结............158
思考题............159

第7章 建设工程项目进度管理............161

7.1 建设工程项目进度计划............162
7.1.1 建设工程项目进度计划的种类............162
7.1.2 建设项目进度计划的表现形式............163
7.1.3 建设工程项目进度计划系统............165
7.1.4 建设项目总进度目标的论证............166
7.2 建设工程进度计划的编制方法............168
7.2.1 横道图进度计划的编制方法............168
7.2.2 流水进度计划的编制方法............169
7.3 工程网络进度计划的编制方法............172
7.3.1 工程网络计划的分类............172
7.3.2 工程网络计划的基本概念............173
7.3.3 双代号网络计划图的时间参数计算............184
7.3.4 单代号网络计划图的时间参数计算............190
7.3.5 单代号搭接网络计划图的时间参数计算............193
7.4 建设工程项目进度控制............197
7.4.1 建设工程项目进度控制的含义和目的............197
7.4.2 建设工程项目进度控制的任务............197
7.4.3 建设工程项目进度控制的措施............197
7.4.4 建设工程项目进度控制的方法............199
本章小结............205
思考题............205

第8章 建设工程项目费用管理............207

8.1 建设工程项目费用组成............208
8.1.1 建筑安装工程费的组成............208
8.1.2 设备及工器具购置费的组成............210
8.1.3 工程建设其他费用的组成............210
8.1.4 预备费............210
8.1.5 专项费用............211
8.2 建设方的工程项目费用管理............211
8.2.1 建设方费用管理的概念和基本原则............211

8.2.2 工程项目投资决策阶段的费用控制......212
8.2.3 工程项目设计阶段的费用控制......212
8.2.4 工程项目施工发承包阶段的费用控制......214
8.2.5 工程项目施工阶段的费用控制......214
8.2.6 竣工验收阶段工程费用的控制......223
8.3 施工项目成本管理......223
8.3.1 施工项目成本管理概述......223
8.3.2 施工项目成本的分类......224
8.3.3 施工项目成本预测......225
8.3.4 施工项目成本计划......225
8.3.5 施工项目成本核算......227
8.3.6 施工项目成本控制......228
8.3.7 施工项目成本分析......232
8.3.8 施工项目成本考核......235
8.4 费用与进度综合控制的赢得值法......236
8.4.1 赢得值法的产生背景......236
8.4.2 赢得值法的基本理论......236
本章小结......239
思考题......239
第9章 建设工程项目合同管理......241
9.1 建设项目合同管理概述......242
9.1.1 建设项目合同管理的作用......242
9.1.2 建设项目中的主要合同关系......242
9.1.3 建设项目合同类型......244
9.1.4 建设项目合同的生命期......245
9.2 建设项目合同总体策划......246
9.2.1 合同总体策划的概念......246
9.2.2 合同总体策划的过程......246
9.2.3 合同总体策划的内容......246
9.2.4 合同策划中应注意的问题......253
9.3 建设项目合同条款分析......254
9.3.1 建设项目总承包合同的主要内容......254
9.3.2 施工总承包合同的主要内容......255
9.3.3 工程分包合同的主要内容......257
9.3.4 劳务分包合同的主要内容......259
9.4 建设项目合同管理......262
9.4.1 建设项目合同管理的过程......262
9.4.2 建设项目合同分析......263
9.4.3 建设项目合同交底......265
9.4.4 建设项目合同控制......265
9.4.5 建设项目合同档案管理......266
本章小结......266
思考题......267
第10章 建设工程职业健康安全与环境管理......269
10.1 职业健康安全与环境管理概述......270
10.1.1 职业健康安全与环境管理的基本概念......270
10.1.2 建设工程职业健康安全与环境管理的特点......271
10.1.3 职业健康安全与环境管理的目的......271
10.1.4 职业健康安全与环境管理的任务......271
10.1.5 建设工程职业健康安全与环境管理的要求......272
10.2 建设工程职业健康安全管理......273
10.2.1 职业健康安全管理体系简介......273
10.2.2 建设工程项目安全管理......274
10.2.3 危险源辨识与风险评价......276
10.2.4 建设工程项目施工安全措施......279
10.2.5 建设工程职业健康安全事故的分类和处理......285
10.3 建设工程项目环境管理......287
10.3.1 施工现场文明施工和环境保护的意义......287

10.3.2　施工现场文明施工的措施...287
10.3.3　施工现场环境保护的措施...289
10.4　建设工程项目应急预案与响应管理...294
10.4.1　制定应急预案...294
10.4.2　应急预案的审核、审批及备案...294
10.4.3　应急预案的实施...295
10.4.4　应急响应...295
10.4.5　应急预案的检查、评价及修订...295
本章小结...299
思考题...299

第 11 章　建设工程项目风险管理...301

11.1　建设工程项目风险管理概述...302
11.1.1　建设工程项目风险...302
11.1.2　风险量和风险坐标...303
11.1.3　建设工程项目风险管理...303
11.2　建设工程项目风险识别...304
11.2.1　项目风险识别的过程...305
11.2.2　项目风险的分解...305
11.2.3　风险识别的方法...305
11.3　建设工程项目风险分析...308
11.3.1　风险分析与评价过程...308
11.3.2　风险衡量原则...308
11.3.3　风险损失衡量...309
11.3.4　风险概率衡量...310
11.3.5　风险评价...311
11.4　建设工程项目风险管理对策...311
11.4.1　风险控制对策...311
11.4.2　风险自留对策...312
11.4.3　风险转移对策...313
11.4.4　风险管理方案选择...316
11.5　建设工程项目保险...318
11.5.1　建设工程项目保险的概念和种类...318
11.5.2　工程和施工设备的保险...319
11.5.3　安装工程一切险...322
11.5.4　人员伤亡和财产损失的保险...324
11.6　建设工程项目担保...325
11.6.1　担保的概念...325
11.6.2　工程担保的主要种类...325
本章小结...327
思考题...327

第 12 章　建设工程项目信息管理...329

12.1　建设工程项目信息管理概述...331
12.1.1　信息的含义和特点...331
12.1.2　信息管理的含义和原则...332
12.1.3　建设工程项目信息的含义...333
12.1.4　建设工程项目信息的分类...333
12.1.5　建设工程项目信息的作用...334
12.2　建设工程项目信息管理的过程和内容...335
12.2.1　建设工程项目信息管理的含义...335
12.2.2　建设工程项目信息管理的过程...335
12.3　计算机辅助建设工程项目管理...337
12.3.1　建设工程项目信息管理的任务...337
12.3.2　建设工程项目信息的编码...339
12.3.3　建设工程项目信息门户...340
12.3.4　建设工程项目管理软件简介...344
本章小结...347
思考题...347

第 13 章　建设工程项目竣工验收及后评价...349

13.1　建设工程项目竣工验收概述...351
13.1.1　建设工程项目竣工验收的基本概念...351
13.1.2　竣工验收的依据...351
13.1.3　竣工验收的标准...352
13.2　竣工质量验收的内容、条件、程序与质量核定...353

13.2.1 竣工质量验收的内容........... 353
13.2.2 竣工质量验收的条件........... 354
13.2.3 竣工质量验收的程序........... 355
13.2.4 竣工验收的质量核定........... 356
13.3 建设工程项目竣工资料移交与归档.. 357
13.3.1 竣工资料及工程档案管理的意义.. 357
13.3.2 工程项目竣工资料及工程档案管理.. 357
13.4 工程竣工验收备案........................ 358
13.4.1 工程竣工验收备案制度....... 358
13.4.2 工程竣工备案文件组成....... 358
13.4.3 备案机关对竣工验收的监管.. 359
13.5 工程竣工结算与竣工决算............. 360
13.5.1 工程竣工结算........................ 360
13.5.2 工程竣工决算........................ 360
13.6 工程保修.. 362
13.6.1 工程保修内的管理工作....... 362
13.6.2 工程保修期限与保修金....... 363
13.6.3 工程质量缺陷责任期........... 363
13.6.4 工程缺陷部位维修的经济责任.. 364
13.6.5 项目的回访........................... 365
13.7 工程项目后评价............................ 366
13.7.1 工程项目后评价概述........... 366
13.7.2 工程项目后评价的依据....... 367
13.7.3 工程项目后评价的内容....... 367
13.7.4 工程项目后评价的方法....... 367
13.7.5 工程项目后评价的程序....... 368
本章小结.. 371
思考题... 371
参考文献 373

第 1 章

建设工程项目管理概论

学习目标

- 掌握建设工程项目管理的基本概念、特征和组成。
- 熟悉建设工程项目的建设程序。
- 熟悉建设工程项目管理各方的目标和任务。
- 了解工程项目管理理论体系的产生与发展。

本章导读

本章主要学习建设工程项目、建设工程项目管理、建设工程项目的建设程序、建设工程项目管理的目标和任务、工程项目管理理论体系的产生与发展等内容。

项目案例导入

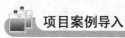

中国国家大剧院位于北京市西城区西长安街2号，人民大会堂西侧，总建筑面积21.944万平方米，总投资额约33亿元，建筑高度为46.285米，结构类型为框架-剪力墙混凝土壳体钢结构。其承建单位为北京城建集团有限责任公司、香港建设(控股)有限公司、上海建工(集团)总公司，建设单位为国家大剧院工程业主委员会，设计单位为北京市建筑设计研究院，监理单位为北京双圆工程咨询监理有限公司，热轧螺纹钢材料供应单位为首都钢铁公司。2001年12月13日开工，2007年9月25日竣工。该工程地处首都中心，交通或其他临时管制严格，不确定干扰因素较多。工程体量巨大，技术复杂，包含专业众多，各专业设备、管线量大，穿插作业多，对现场组织、协调、管理要求极高。建筑结构平、立面布置交错复杂，分界、分层不规则，无标准结构层，施工组织困难。该工程通过采用一系列国内外建筑业最新绿色科技创新技术、新材料，为工程节约成本2 000余万元，获得了良好的经济效益。投入使用后，其造型优美、质量优良、功能完善、各种设备系统运行良好，得到了业主、演员、观众的广泛赞扬，取得了良好的社会效益。

问题导入

工程案例中，中国国家大剧院项目的建设要经过哪些程序和阶段？该项目建设的目标有哪些？项目的承建单位、建设单位、设计单位、监理单位、材料供应单位等参建各方的项目管理分别有哪些目标和任务？通过本章的学习将会解答这些问题，使学生初步了解工程项目建设相关基本知识。

1.1 建设工程项目管理概述

1.1.1 项目

人们所从事的社会经济活动按其是否具有重复持续性的特征，大体可分为两种类型：一类是连续不断具有较稳定的重复性特征，例如，一般社会行政事务活动、企业日常的生产活动等；另一类则具有较明显的一次性特征，例如，某项工程的投资建设活动、某项新产品的开发过程等。这两种不同类型的社会经济活动，具有不同的运作规律和特点，因而需要不同的管理方法和组织形式。前者构成了一般的行政管理、企业管理的对象，后者则构成了项目管理的对象。

项目广泛存在于我们的生活和工作中，如建设工程项目、软件开发项目、科研项目、教改项目、文化娱乐项目、国防项目等。小到日常的工作会议，大到国际瞩目的奥运会、世博会，项目已经成为社会经济和文化生活中不可缺少的组成部分。

1. 项目的定义

纵观国内外，组织学者和管理专家为项目下了许多定义，目前比较有代表性的如下。

(1) 美国项目管理协会在其《项目管理知识体系》中称：“项目是可以按明确的起点和目标进行监控的任务。”

(2) 国际标准化组织在 ISO10006《项目管理质量指南》中把项目界定为："具有独特的过程，有开始和结束日期，由一系列相互协调和受控的活动组成，过程的实施是为了达到规定的目标，包括满足时间、费用和资源等约束条件。"

(3)《中国项目管理知识体系纲要》中称："项目是创造独特产品、服务或其他成果的一次性工作任务。"

(4) 英国标准化协会发布的《项目管理指南》把项目定义为："具有明确的开始和结束点、由某个人或某个组织所从事的具有一次性特征的一系列协调活动，以实现所要求的进度、费用以及各功能因素等特定目标。"

(5) 德国国家标准 DIN69901 把项目定义为："项目是指在总体上符合如下条件的唯一性任务(计划)：具有特定的目标，具有时间、财务、人力和其他限制条件，具有专门的组织。"

总之，项目的定义可以概括为：项目是在特定环境和约束条件下、具有特定目标的有组织的一次性工作和任务。

2. 项目的特征

项目主要有以下几方面的特征。

1) 项目的一次性

项目的一次性，也称项目的单件性或特定性，这是识别项目的关键特征。每个项目都有自己特定的目标、功能、内容、环境、条件、过程和组织，只能单件处理，而不能批量生产。

2) 项目目标的明确性

项目的目标包括成果性目标和约束性目标。成果性目标是指项目的功能性要求，如一所学校可容纳的学生人数、医院的床位数、停车场的车位数等；约束性目标是指项目的约束条件，如工期、质量、投资(成本)等。项目只有满足约束条件才算成功。

3) 项目具有特定的生命周期

项目的一次性决定了每个项目都具有自己的生命周期，在生命周期不同的阶段都有特定的任务、程序和工作内容。例如，工程项目的生命周期包括：项目决策阶段、项目设计阶段、项目实施阶段、项目运行阶段。

4) 项目的系统性

项目建设需要参建各方协调合作，项目建设每一阶段的资源、技术、信息、质量、进度、费用等各种要素也应组合成一个有机的整体，各阶段的管理应服从全过程的管理目标。

5) 项目的相对独立性

项目是相对于特定的过程和管理主体而存在的。对于不同的管理主体，项目的范围也不相同，例如，对一商住楼项目而言，其施工方的任务是负责具体的施工活动，其投资者负责全部的投资活动。

1.1.2　建设工程项目

1. 建设工程项目的概念

建设工程项目是一种既有投资行为又有建设行为的项目，其目标是形成固定资产。

2. 建设工程项目的特点

建设工程项目的特点可归纳为以下几个方面。

1) 目标的明确性

建设工程项目有明确的建设目标，如建设一个住宅小区、修筑一条道路、建设一座发电厂、修建一座桥梁等。

建设工程项目具有明确的质量、进度和费用目标。建设工程项目受到多方面的制约：一是时间约束，即要有合理的工期；二是资源约束，即要在一定的人力、财力和物力投入条件下完成建设任务；三是质量约束，即要达到预期的使用功能、生产能力、技术水平、产品等级的要求。这些约束条件构成了项目建设的主要目标，即质量目标、进度目标和费用目标。

2) 实施的一次性

建设工程项目的一次性特征包括建设地点的固定性、产品的唯一性和施工过程的不可逆性。

建设工程项目是在特定地点进行建设，只能就地组织实施项目，并就地投入使用、发挥效益，其建设成果和建设过程必然受到项目所在地的资源、气候、地质等条件限制以及当地社会文化的影响，不确定的影响因素较多。

建设工程项目产品的唯一性由建设成果的固定性、设计的单一性、施工的单件性、管理组织的一次性、产品的多样性所决定。例如，即使采用同样的图纸建设的两栋住宅，由于建设时间、地点、条件、施工队伍等不同，两栋住宅也存在差异。建设工程项目的施工过程不可逆转，与批量生产产品有着本质区别。

3) 品质的强制性

建设工程项目从征地、报建、施工到竣工验收等各环节，都会受到政府相关部门的监督和管理，其整个生命周期均在政府的监管过程中。

4) 管理的复杂性

建设工程项目管理的复杂性主要体现在 5 个方面：①工程项目涉及的单位多，各种关系的协调工作量大；②工程技术的复杂性，许多应用新技术、新材料和新工艺的设备不断出现；③项目建设规模越来越大；④社会政治经济环境对工程项目的影响越来越复杂；⑤项目的建设周期和使用周期长，增加了管理和协调的难度。

此外，现代建设工程项目还具有组成结构日趋庞杂、技术及资金日趋密集、与环境关系日趋密切、工程风险及商务纠纷日趋纷繁等特点。

在实际工程中，建设工程项目按专业不同又可分为建筑工程、公路工程、铁路工程、市政公用工程、水电工程等；在具体管理中，按管理者不同又可划分为建设项目和施工项目等。

3. 建设项目

1) 建设项目的概念

一个建设项目就是一个以实物形态表示的固定资产投资项目，如一座工厂、一所学校、一所医院等。

建设项目种类繁多，可以从不同角度进行分类。例如，按建设性质不同可以划分为新建、改建、扩建、恢复、迁建项目；按功能不同可以划分为工业、民用、基础设施项目；按建设规模的大小可以划分为大型、中型、小型项目等。

2) 建设项目的组成

为了对工程项目实行统一管理和分级管理，国家统计部门统一规定：一个建设项目由若干个单项工程组成，一个单项工程由若干个单位工程组成，一个单位工程由若干个分部工程组成，一个分部工程又由若干个分项工程组成。

(1) 单项工程。单项工程是建设项目的组成部分，是指具有独立的设计文件，可以独立施工，建成后能够独立发挥生产能力或效益的工程。如生产车间、办公楼、食堂、住宅楼、剧院、商店、教学楼、图书馆等，各为一个单项工程。

(2) 单位工程。单位工程是单项工程的组成部分，是指具有独立的设计，可以独立组织施工，但建成后不能独立发挥生产能力或使用效益的工程。以一栋住宅楼为例，其中一般土建工程、给排水、采暖、通风、照明工程等各为一个单位工程；以一个车间为例，其中土建工程、机电设备安装、工艺设备安装、工业管道安装、给排水、采暖、通风、电器安装、自控仪表安装等各为一个单位工程。从投资构成角度而言，一个单项工程可以划分为建筑工程、安装工程、设备及工器具购置等单位工程。

(3) 分部工程。分部工程是单位工程的组成部分，一般是按单位工程的结构部位、所用材料、施工工种、设备种类和型号等的不同而划分的工程。例如，土建工程可以划分为土石方工程、打桩工程、砖石工程、混凝土及钢筋混凝土工程、木结构工程、楼地面工程、屋面工程、装饰工程等分部工程。

(4) 分项工程。分项工程是分部工程的组成部分，一般是按照不同的施工方法、材料及构件规格、工序及路段长度等，将分部工程分解为一些简单的施工过程，是建设工程中最基本的单位内容，即通常所指的各种工程实物量。例如，土方分部工程，可以分为平整场地、挖土方、挖基槽基坑、回填等分项工程。

简言之，例如，要修建一所学校，该建设项目可由教学楼、宿舍楼、实验楼、办公楼、图书馆、食堂等单项工程组成，其中教学楼单项工程可由土建工程、水暖工程、电气工程等单位工程组成；而土建工程又可细分为地基与基础、主体结构、装饰装修、建筑屋面等分部工程；主体结构分部工程的混凝土结构子分部工程，又可划分为模板、钢筋、混凝土等分项工程。

因此，建设项目是一个完整的系统，其中任何一个子项目的失败都有可能导致整个项目的失败。

4. 施工项目

施工项目是指建筑施工企业自施工承包投标开始到保修期满为止的全过程中完成的项目。施工项目除具有一般项目的特征外，还具有以下三个特征：

(1) 施工承包企业是施工项目的管理主体，施工项目是施工承包企业的生产对象；

(2) 施工项目是一个建设项目或其中的一个单项工程或单位工程的施工任务；

(3) 施工项目的范围是由工程承包合同界定的。

综上所述，建设工程项目、建设项目、施工项目三个概念所涵盖的范围不尽相同。建设工程项目泛指建设项目和施工项目。建设项目包含施工项目，施工项目的过程是建设项目的一个阶段。

1.1.3 建设工程项目管理

项目管理的对象是项目，是项目管理者为使项目取得成功，运用系统理论和方法对项目及其资源所进行的全过程、全方位的计划、组织、控制与协调，旨在实现项目特定目标的管理方法体系。

建设工程项目管理是项目管理的一类。《建设工程项目管理规范》(GB/T 50326—2006)对建设工程项目管理做了如下的术语解释："运用系统的理论和方法，对建设工程项目进行的计划、组织、指挥、协调和控制等专业化活动，简称为项目管理"。它的内涵是自项目开始至项目完成，通过项目策划和项目控制，以使项目的费用目标、进度目标和质量目标得以实现。对于建设工程项目管理的理解，应注意以下几方面的含义。

(1)"自项目开始至项目完成"，指的是项目的实施阶段，包括设计前的准备阶段、设计阶段、施工阶段、动用前准备阶段和保修期。

(2)"项目计划"，指的是在项目前期，明确项目定义、构建项目目标以及为实现项目目标而制订计划的一系列工作。

(3)"项目策划"，指的是目标控制前的一系列筹划和准备工作。

(4)"项目控制"，指的是在项目目标建立以后，通过组织、管理、经济、技术等措施，确保项目目标得以实现的过程。

(5)"费用目标"，对业主而言是投资目标，对施工方而言是成本目标。

(6)"进度目标"，是在资源、投资限制、质量要求等条件的约束下，综合运用各种可行措施，将项目的计划工期控制在事先确定的目标工期范围之内，在兼顾成本、质量控制目标的同时，努力缩短建设工期。

(7)"质量目标"，既体现为满足项目投资方的要求和期望，也体现在符合相关法律、法规的规定，满足项目合同的要求以及社会效益的提高、环境的保护等诸多方面。

(8) 质量目标是三大目标中最重要的目标。费用目标、进度目标和质量目标之间是对立、统一的关系。一方面，要加快进度往往需要增加投资，欲提高质量往往也需要增加投资，而过度地加快进度又会影响质量；但另一方面，通过有效的管理，在不增加投资的前提下，也可缩短工期和提高工程质量。从建设工程项目投资方的角度出发，往往希望该项目能够投资少、工期短、质量好。

(9) 建设工程项目管理组织是临时性的，管理手段是动态的。

(10) 项目管理的核心任务是项目的目标控制。

(11) 建设工程管理工作是一种增值服务工作，其核心任务是为工程的建设和使用增值，如图 1.1 所示。

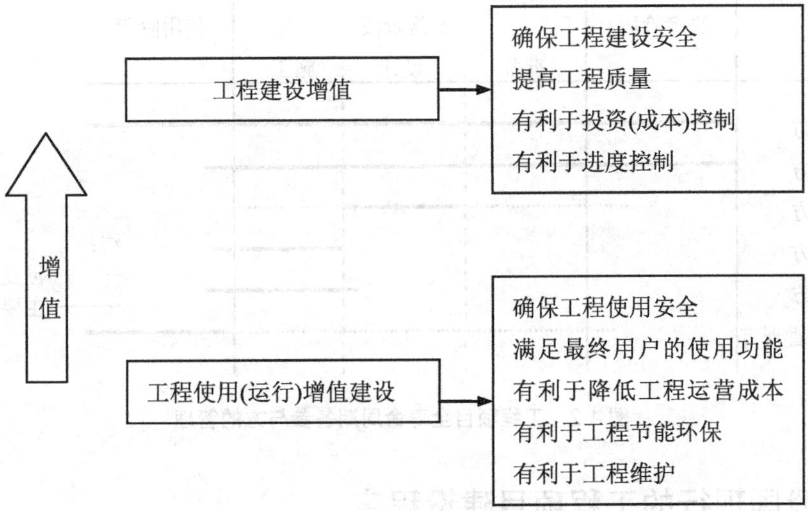

图 1.1　工程管理的增值

1.2　建设工程项目的建设程序

1.2.1　基本概念

工程项目都有一定的生命周期。建设工程项目的全寿命周期是指工程项目从设想、研究决策、设计、建造、使用，直到项目报废所经历的全部时间。通常划分成三个阶段，即项目的决策阶段、实施阶段和使用阶段(或称运营阶段)。项目决策阶段和实施阶段的边界是项目立项，项目实施阶段和使用阶段的边界是项目动用开始。

项目的决策阶段可分为投资机会选择、项目建议书、可行性研究及项目评估等阶段，其主要任务是确定项目定义，即确定项目建设的任务、投资目标、质量目标和工期目标等。项目决策阶段的管理通常称为开发管理。

项目的实施阶段可分为设计准备阶段、设计阶段、施工阶段、动用前准备阶段和保修期，其主要任务是完成建设任务，并使项目建设的目标尽可能好地实现。需要说明的是，由于招标工作分散在设计准备阶段、设计阶段和施工阶段中进行，因此这里不单独划分招标阶段。传统概念的项目管理即指项目实施阶段的项目管理。

项目的使用阶段，或称运营阶段、运行阶段，包括试运行、使用、后评价，主要任务是通过项目的运行，检验设计和施工质量，考核和评价项目建设成果，为以后的项目管理提供经验教训和借鉴。项目使用阶段的管理通常称为设施管理，也称为物业管理。

在建设工程项目的全寿命周期中，各参与方对工程项目的管理，如图 1.2 所示。从项目的酝酿提出到该项目建成投入生产或使用全过程的各阶段建设活动都必须遵循一定的先后顺序，这就是工程项目的建设程序，这是人们对长期工程建设实践过程的技术和管理活动经验的理性总结。只有遵循建设程序，项目建设才能达到预期的目的和效果。

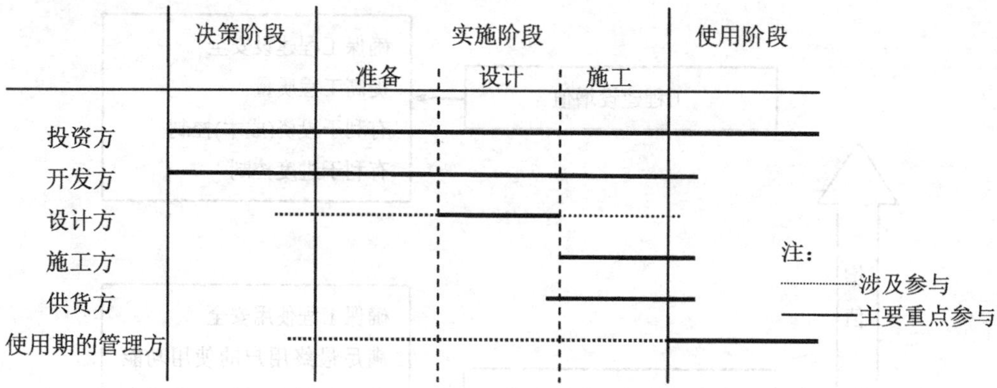

图 1.2　工程项目全寿命周期各参与方的管理

1.2.2　我国现行的工程项目建设程序

我国现行的工程项目建设程序分为六个阶段，即项目建议书阶段、可行性研究阶段、设计阶段、建设准备阶段、建设实施阶段、竣工验收交付使用阶段。

1. 项目建议书阶段

项目建议书是业主单位向国家提出的要求建设某一项目的投资意向的建议文件，是对建设项目进行投资机会分析，是投资决策前对拟建项目的总体轮廓设想，是建设项目正式开展前期工作的依据。在客观上，建设项目应该符合国民经济长远规划，符合部门、行业和地区规划的要求。

2. 可行性研究阶段

可行性研究是在项目建议书的基础上，综合运用多种学科方法，对拟建项目从建设必要性、技术可行性和经济合理性等方面进行深入调查、分析、研究和论证的一种工作方法。它的主要任务是通过多方案的比较，提出评价意见，推荐最佳方案，为项目的投资决策提供重要依据。一般工程项目的可行性研究报告内容包括：项目提出的背景、必要性、经济意义、工作依据和范围；需求预测和拟建规模；资源、材料、已有条件和设施情况；选址；实施进度；投资估算和资金筹措；企业组织定员及培训；环境保护；社会效益和经济效益评价等。

在可行性研究的基础上，编制可行性研究报告，并按照相关规定报批。可行性研究经过批准，项目才算正式“立项”。经批准的可行性研究报告是初步设计的依据，不得随意修改或变更。若需修改或变更，应报原审批部门重新审批。

3. 设计阶段

一般项目进行两阶段设计，即初步设计和施工图设计。技术上比较复杂而又缺乏设计经验的项目，在初步设计后增加技术设计环节，实行三阶段设计。

1) 初步设计

初步设计是根据可行性研究报告的要求所做的具体实施方案，目的是为了阐明在指定地点、时间和投资控制数额内，拟建项目在技术上的可能性和经济上的合理性，并通过对工程项目所作出的基本技术经济规定，编制项目总概算。如果初步设计提出的总概算超过可行性研究报告总投资的 10%以上或其他主要指标需要变更时，应说明原因和计算依据，并报可行性研究报告原审批机关同意。

2) 技术设计

技术设计是初步设计的深化，可进一步解决初步设计中的重大技术问题，如工艺流程、建筑结构、设备选型及数量确定等，以使建设项目的设计更具体、更完善，技术经济指标更好。

3) 施工图设计

施工图设计是根据批准的扩大初步设计和技术设计绘制建筑安装工程和非标准设备需要的图纸。施工图设计完整地表现了建筑物外形、内部空间分割、结构体系、具体详细的构造尺寸、建筑群的组成和周围环境的配合，还包括各种运输、通信、管道系统、建筑设备的设计。在工艺方面应具体确定各种设备的型号、规格及各非标准设备的制造加工图。在施工图设计阶段要绘制施工图。

4. 建设准备阶段

1) 建设准备的工作内容

建设准备的主要工作内容包括：征地、拆迁和场地平整；完成施工用水、电、路等工程；组织设备、材料订货；准备必要的施工图纸；组织施工招标投标，择优选定施工单位。

2) 报批开工报告

按规定进行了建设准备，并具备了开工条件以后，应由建设单位申请上报开工报告。建设单位应根据规定到县级以上人民政府建设行政主管部门申请办理施工许可证。

5. 建设实施阶段

建设项目开工计划经批准后，项目便进入建设实施阶段。建设实施阶段是项目决策的付诸实施、建成投产发挥效益的关键环节。

在施工准备就绪，具备开工条件后，由项目承包单位向项目监理(建设)单位报送工程开工报审表及相关资料，由监理单位(建设单位)批准签发后，方能正式开工。我国对工程项目规定的开工条件包括：①施工许可证已获政府主管部门批准；②征地拆迁工作能满足工程进度需要；③施工组织设计已获总监理工程师批准；④承包单位现场管理人员已到位，机具、工人已到场，主要工程材料已落实；⑤进场道路、水、电、通信已满足开工要求。

新开工工程建设实施阶段开始时间，是指建设工程设计文件中规定的任何一项永久性工程第一次正式破土开槽的开始日期。不需开槽的工程，以正式打桩作为正式开工日期。铁路、公路、水库等需要大量土、石方工程的，以开始进行土、石方工程日期作为正式开工日期。分期建设的项目，分别按各期的工程开工日期计算。施工活动应按设计文件、施工合同条款、施工程序和顺序、经批准的施工组织设计及专项方案，在保证质量、工期、成本等目标的前提下进行，达到竣工标准要求，经过验收合格后，移交给建设单位。

6. 竣工验收交付使用阶段

当建设项目按设计文件的规定内容全部完成后，便可组织验收。竣工验收是建设全过程的最后一道程序，是考核项目建设成果、检验设计和施工质量的重要环节，是投资成果转入生产和使用的标志，是建设单位、设计单位和施工单位向国家汇报建设项目的生产能力或效益、质量、成本、收益等全面情况，及交付新增固定资产的过程，对促进建设项目及时投产，发挥投资效益及总结建设经验，都有重要作用。

在竣工验收阶段还要进行生产准备。生产准备是项目投产前由建设单位进行的一项重要工作，是建设阶段转入生产经营阶段的必要条件。生产准备工作一般包括：组建管理机构，制定管理制度和有关规定；招收并培训生产人员，组织设备的安装、调试的工程验收；组织工器具及备件的制造或订货；签订原材料及资源的供应及运输的协议；其他必需的生产准备。

项目使用阶段要进行设施管理，以确保项目的运行或运营，使项目能保值和增值。需要指出的是，虽然保修阶段已进入项目的使用阶段，但是在保修期结束前，有些项目实施的合同尚未终止，从项目管理的角度，应把保修阶段的管理工作仍纳入项目实施阶段管理的范畴。保修期的项目管理与运营期的设施管理在时间上是交叉的。

一般建设项目竣工投产经过1～2年生产运营后，要进行一次系统的项目后评价，主要内容包括效益评价和过程评价。项目后评价一般按三个层次组织实施，即项目法人的自我评价、项目行业的评价、计划部门(或主要投资方)的评价。项目后评价应分析合理、评价公正，以达到肯定成绩、总结经验、吸取教训、提出建议、改进工作、不断提高项目决策水平和投资效果的目的。

为规范建设活动，国家通过监督、检查、审批等措施加强工程项目建设程序的贯彻和执行力度。除了对项目建议书、可行性研究报告、初步设计等文件的审批外，对项目建设用地、工程规划等实行审批制度，对建筑抗震、环境保护、消防、绿化等实行专项审查制度。

1.2.3 世界银行贷款项目的建设程序

工程项目建设程序在世界上不同国家及国际组织间存在着某些差异，但按照建设工程项目发展的内在规律，投资建设一个工程项目都要经过投资决策和建设实施两个发展时期。这两个发展时期又可分为若干个阶段，它们之间存在着严格的先后次序，不能任意颠倒。

以世界银行贷款项目为例，其建设周期包括项目选定、项目准备、项目评估、项目谈判、项目执行与监督和项目后评价六个阶段。在项目选定阶段，要根据借款申请国所提出的项目清单，进行鉴别选择。一般根据项目性质选择符合世界银行贷款原则，且有助于当地经济和社会发展的急需项目。被选定的项目经过1～2年的项目准备，提出详细可行性研究报告，由世界银行组织专家进行项目评估之后，与申请国进行贷款谈判、签订协议，然后进入项目的勘察、设计、采购、施工、生产准备和试运转等执行与监督阶段，在项目贷款发放完成后一年左右进行项目的后评价。世界银行贷款项目科学、严密的项目建设周期，有力地保证了世界银行在各国的投资项目较高的成功率。

分析与思考：

工程项目开发建设必须遵循建设程序的原因何在。

1.3 建设工程项目管理各方的目标和任务

按工程项目管理的主体不同，建筑工程项目管理可分为业主方的项目管理(OPM)、设计方的项目管理(DPM)、施工方的项目管理(CPM)、材料设备供货方的项目管理(SPM)及建设项目工程总承包方的项目管理。下面简单阐述工程项目管理各方的主要目标和任务。

1.3.1 业主方项目管理的目标和任务

项目业主是指项目在法律意义上的所有人，它可能是单一的投资主体，也可能是各投资主体按照一定法律关系组成的法人形式；它是建设工程项目生产过程的总集成者，即人力资源、物质资源和知识的集成，也是建设工程项目生产过程的总组织者，因此，业主方的项目管理是工程项目管理的核心。它的管理活动面向整个项目周期，对应于每一个阶段有不同的管理，包括开发管理、项目管理和设施管理。它管理的时间范畴是整个项目实施阶段，包括设计准备阶段、设计阶段、施工阶段、动用前准备阶段和保修阶段。

业主方项目管理服务于业主的利益，其项目管理的目标包括项目的投资目标、进度目标和质量目标。

(1) 投资目标，指的是项目的总投资目标。

(2) 进度目标，指的是项目动用的时间目标，也即项目交付使用的时间目标，例如，工厂建成可以投入生产、道路建成可以通车、办公楼可以启用、旅馆可以开业的时间目标等。

(3) 质量目标，指的是整个项目的质量，不仅涉及施工的质量，还包括设计质量、材料质量、设备质量和影响项目运行或运营的环境质量等。质量目标包括满足相应的技术规范和技术标准的规定，以及满足业主方相应的质量要求。

业主方项目管理工作涉及工程项目实施阶段的全过程，即每一阶段的项目管理工作都包括质量控制、投资控制、进度控制、合同管理、信息管理、安全管理和组织协调等基本内容，其中，安全管理是项目管理中最重要的任务。

由于工程项目的一次性和业主方技术管理能力的局限性，在市场经济体制下，业主方的项目管理可以委托社会咨询企业代理完成。目前，在我国建设方主要是委托监理单位进行项目的管理工作。

业主方在项目管理过程中要注重协调和平衡投资目标、进度目标和质量目标三大目标之间的关系，应以质量目标为中心，力求以资源的最优配置实现工程项目目标。在项目前期，有较大的节省投资的潜力，应以投资目标的控制为重点；在项目后期，大量资金已经投入，工期延误将造成重大损失，应以进度目标的控制为重点。

1.3.2 设计方项目管理的目标和任务

设计方受项目建设方委托承担工程项目的设计任务，以设计合同规定的工程内容及责任义务作为该工程设计管理的内容和条件，其项目管理主要服务于项目的整体利益和设计方本身的利益，其项目管理的目标包括设计的成本目标、设计的进度目标和设计的质量目标，以及项目的投资目标。

设计方的项目管理工作主要在项目设计阶段进行，但也涉及设计前的准备阶段、施工阶段、动用前准备阶段和保修阶段。

设计方项目管理的任务包括：①设计成本控制和与设计工作有关的工程造价控制；②设计进度控制；③设计质量控制；④设计合同管理；⑤设计信息管理；⑥与设计工作有关的安全管理；⑦与设计工作有关的组织和协调。

1.3.3 施工方项目管理的目标和任务

施工方作为项目建设的一个参与方，是将建设项目的建设意图和目标转变为具体工程实体的生产经营者，其项目管理不仅服务于施工方本身的利益，也必须服务于项目的整体利益，其项目管理的目标包括施工的安全管理目标、施工的成本目标、施工的进度目标和施工的质量目标。

施工方的项目管理工作主要在施工阶段进行，但由于设计阶段和施工阶段在时间上往往是交叉的，因此，施工方的项目管理也涉及设计准备阶段、设计阶段、动用前准备阶段和保修阶段。

施工方项目管理的任务包括：①施工成本控制；②施工进度控制；③施工质量控制；④施工合同管理；⑤施工信息管理；⑥施工安全管理；⑦与施工有关的组织与协调。

20 世纪 80 年代末和 90 年代初开始，我国大中型建设项目引进了为业主方服务的工程项目管理的咨询服务，这属于业主方项目管理的范畴。在国际上，工程项目管理咨询公司不仅为业主提供服务，也向施工方、设计方和建设物资供应方提供服务。因此，施工企业委托工程项目管理咨询公司对项目管理的某个方面提供的咨询服务，也属于施工方项目管理的范畴。

1.3.4 材料设备供货方项目管理的目标和任务

供货方作为项目建设的一个参与方，其项目管理主要服务于项目的整体利益和供货方本身的利益，其项目管理的目标包括供货方的成本目标、供货的进度目标、供货的质量目标。

供货方项目管理工作主要在项目施工阶段进行，但也涉及设计准备阶段、设计阶段、动用前的准备阶段和保修阶段。

供货方项目管理的主要任务包括：①供货的成本控制；②供货的进度控制；③供货的质量控制；④供货合同管理；⑤供货信息管理；⑥供货的安全管理；⑦与供货有关的组织与协调。

1.3.5 建设项目工程总承包方项目管理的目标和任务

建设项目工程总承包方是受业主方的委托，承担工程建设项目的设计、采购、施工、试运行等全过程或若干阶段的承包任务，因此，建设项目工程总承包方作为项目建设的一个重要参与方，其项目管理主要服务于项目的整体利益和建设项目工程总承包方本身的利益，其项目管理的目标应符合合同的要求，包括项目建设的安全管理目标，项目的总投资目标，建设项目工程总承包方的成本目标、进度目标和质量目标。

建设项目工程总承包方项目管理工作涉及项目实施阶段的全过程，即设计前的准备阶段、设计阶段、施工阶段、动用前准备阶段和保修期。

建设项目工程总承包方项目管理的主要任务包括：①安全管理；②项目的总投资控制和建设项目工程总承包方的成本控制；③进度控制；④质量控制；⑤合同管理；⑥信息管理；⑦与建设项目工程总承包方有关的组织和协调。

需要说明的是，在实际工程中，投资方和开发方的项目管理，或由工程咨询公司提供的代表业主方利益的项目管理服务均属于业主方的项目管理；施工总承包方、施工总承包管理方和分包方的项目管理均属于施工方的项目管理；材料和设备供应方的项目管理都属于供货方的项目管理。

分析与思考：

理解掌握工程项目参建各方项目管理的目标和任务。

【案例 1-1】

某项目各方责任主体的安全职责(节选)

1. 建设单位的主要安全职责

建设单位应当遵守有关安全生产的法律、法规、规章和技术标准的规定，严格执行基本建设程序，按照职责做好并协调各方责任主体的安全生产工作，认真配合安全监督机构进行安全生产监管检查。

(1) 建设单位不得对勘察、设计、施工、监理等单位提出不符合工程安全生产法律、法规和强制性标准的要求，不得违法分包，违法肢解发包工程，不得压缩合同约定的合理工期。

(2) 按照招标文件和施工合同文件中列支的安全技术、防护设施、劳动保护等用于安全生产的各项费用，不得违期支付或克扣，对于支付施工单位的款项应保留支付凭证和相关资料备查。

(3) 建设单位应向有关的勘察、设计、施工、工程监理等单位提供与建设工程相关的真实、准确、齐全的原始资料，尤其是地下管线、高压电缆、煤气输送管线等资料。对施工活动中可能影响的周边建筑物、构筑物应组织有资质的鉴定单位进行安全鉴定，并制定相应的安全措施。

(4) 不得明示或暗示施工单位购买、租赁、使用不符合安全施工要求的安全防护用具、机械设备、施工机具及配件、消防设施和器材。

(5) 委托监理合同中应明确安全监理的范围、内容、职责及安全监理专项费用。应将安全监理的委托范围、内容及对工程监理单位的授权，书面告知施工单位。

(6) 建设单位在办理安全监督手续时，应当提供危险性较大的分部分项工程清单和安全管理措施；督促施工单位按照《危险性较大的分部分项工程安全管理办法》要求及时组织召开专家论证会；建设单位项目负责人应当参加专家论证会并履行签字手续。

(7) 建设单位应当协调、组织、制定防止多台塔式起重机相互碰撞的安全措施；建设单位接到监理单位关于塔式起重机安装单位、使用单位拒不整改生产安全事故隐患的报告后，应当责令安装单位、使用单位立即停工整改。

(8) 接到监理单位发现存在安全隐患、停工整改的报告，应立即要求施工单位整改，施工单位拒不整改，应及时书面向有关主管部门报告。

(9) 建设单位应当监督、检查各参建单位施工现场安全技术资料管理责任制度的落实情况。

2. 勘察设计单位的主要安全职责

勘察设计单位应按照法律、法规、规章、规定和技术标准进行勘察、设计，按照有关程序完善勘察、设计的资料，认真配合安全监督机构进行安全监督检查。

(1) 设计单位应对涉及施工安全的重要部位和环节，如深基坑处理、施工顺序、预留和开凿剪力墙空洞位置等在设计文件中注明，并对防范生产安全事故提出指导意见。

(2) 采用新结构、新材料、新工艺的建设工程和特殊结构的建设工程，设计单位应在设计中提出保障施工作业人员安全和预防安全事故的措施建议。

(3) 针对施工过程中由于设计原因造成的不安全因素，及时进行设计的修改和完善，满足施工安全作业要求。

(4) 勘察单位在进行勘察作业时，应当按照勘查现场实际情况制定可行的勘察作业方案，保证作业安全生产要求。勘察作业队伍必须严格执行操作规程，按照施工项目作业安全管理程序进行勘察施工。

3. 监理单位的主要安全职责

工程监理单位应遵守有关安全监理的法律、法规、规章、规定和技术标准的规定，严格执行安全监理规程。按照职责约定做好安全监理工作，认真配合安全监督机构进行安全生产监督检查。

(1) 项目监理机构应根据工程具体情况设置监理人员，所设监理人员与委托监理合同的服务内容、期限、工程环境、工程规模等因素相适应，满足项目安全监理工作的需要。安全监理人员需经安全生产教育培训后方可上岗。

(2) 当发现勘察、设计文件有不满足建设工程强制性标准及其他相关规定，或存在较大施工安全风险时，应向建设单位提出。

(3) 核查施工总承包单位、专业工程分包单位和劳务分包单位的企业资质和安全生产许可证，检查施工总承包单位与分包单位的安全协议签订情况。

(4) 检查施工单位施工现场安全生产保证体系。

(5) 监理单位应对施工组织设计中的安全技术措施或专项施工方案进行审查。施工组织设计中的安全技术措施或专项施工方案未经监理单位审查签字认可，施工单位擅自施工的，监理单位应及时下达工程暂停令，并将情况及时书面报告建设单位。

(6) 应将危险性较大的分部分项工程、起重机械设备的安全监理等工作列入监理规划和监理实施细则，针对工程特点、周边环境和施工工艺等，制定安全监理工作流程、方法和措施，并应当对专项方案实施情况进行现场监理。

(7) 巡视检查施工现场的安全生产设施的搭设情况，对施工单位安全生产设施的验收手续进行核查。

(8) 监理单位在监理巡视检查过程中，发现存在安全事故隐患的，应按照有关规定及时下达书面指令要求施工单位进行整改或停止施工。

(9) 施工单位拒绝按照监理单位的要求进行整改或停止施工的，监理单位应及时将情况向有关部门报告。

(10) 监理单位应加强对施工现场的安全防护、文明施工措施费用的控制工作。

(11) 做好安全监理的资料并按照有关规定进行归档和保管。

4. 施工单位的主要安全职责

施工单位法定代表人是本单位安全生产第一责任人。施工单位应遵守国家、省、市有关安全生产的法律、法规、规章、规定和技术标准，不得降低安全生产条件，严格执行各种操作规程，应当建立健全安全生产责任制度和各种规章制度，认真配合安全监督机构进行安全生产检查。

(1) 施工单位应建立健全各级安全生产岗位责任制度、各管理部门安全生产管理责任制度和各类安全生产管理制度，并对其落实的真实性负责。

(2) 施工单位安全生产管理机构的设立应符合有关规定，其工作开展的计划、记录、总结等内容要真实、有效；对企业内部开展安全生产检查和事故隐患排查；落实对本企业重大危险源的评定、登记、公示与监控的工作。

(3) 施工单位应严格本企业所确定的分包作业队伍安全生产条件的考察、审核和准入程序；分包合同中应当明确各自的安全生产方面的权利、义务。不得以任何形式与从业人员订立协议免除或减轻其对从业人员因生产安全事故伤亡依法承担的责任。

(4) 施工单位对安全投入的计划、投入台账、投入管理、核算等应履行合法程序。

(5) 施工单位落实安全生产教育培训计划，并对本企业职工教育的时效性和真实性负责。

(6) 施工单位为施工现场作业人员办理意外伤害保险，并支付保险费。

(7) 施工单位应在施工组织设计中编制安全技术措施和施工现场临时用电方案，对下列达到一定规模的危险性较大的分部分项工程编制专项施工方案，并附具安全验算结果，经施工单位相关部门和负责人、总监理工程师签字后实施，由专职安全生产管理人员进行现场的实施监督：①基坑支护与降水工程；②土方开挖工程；③模板工程及支撑系统；④起重吊装工程及安装拆卸工程；⑤脚手架工程；⑥拆除、爆破工程；⑦其他。对达到一定规模的深基坑工程、模板工程及支撑体系、起重吊装及安装拆卸工程、脚手架工程、拆除、爆破工程等专项施工方案，施工单位应组织专家进行论证。

(8) 施工单位应制定本单位生产安全事故应急救援预案，建立应急救援组织或者配备应急救援人员，配备必要的应急救援器材、设备，并定期组织演练。对可能存在的重大危险源应做好辨识，建立重大危险源台账，制定严密的监控措施。

(9) 施工单位在使用施工起重机械和整体提升脚手架、模板等自升式架设设施前，应当组织有关企业进行验收，也可以委托具有相应资质的检验检测机构进行验收，使用承租的机械设备和施工机具及配件的，由施工总承包单位、分包单位、出租单位和安装单位共同进行验收，验收合格的方可使用。《特种设备安全监察条例》规定的施工起重机械，在验收前应当经有相应资质的检验机构检验合格。施工企业应当自施工起重机械和整体提升脚手架、模板等自升式架设设施验收合格之日起 30 日内，向建设行政主管部门办理登记和使用登记，登记标志应当置于或者附着于该设备的显著位置。

(10) 施工单位接到安全监督机构下达的安全事故隐患整改通知书和停工指令后，必须立即采取措施，并在规定的期限内完成整改工作或者停工。建设工程停工后又复工的，施工企业在复工前，必须采取措施对施工现场的安全设施和机械设备等重新进行检查维修，消除事故隐患。

(11) 发生生产安全事故后，按照国务院第 493 号令《生产安全事故报告和调查处理条例》规定，施工单位应当及时如实上报，并采取有效措施组织抢救，防止事故扩大。应当妥善保护事故现场，需要移动现场物件时，应当做出标记和书面记录，妥善保管有关物证。

(资料来源：百度文库网，http://wenku.baidu.com/view/0514226da98271fe910ef921.html)

问题与测试：

1. 项目各方的安全生产第一责任人是谁？

2. 如何落实项目各方的安全职责？

1.4 工程项目管理理论体系的产生与发展

工程项目管理从经验走向科学的过程，经历了相当漫长的历史时期，从原始潜意识的项目管理经过长期大量的项目实践之后才逐渐形成了现代项目管理的理念。

1. 潜意识的项目管理阶段

从远古到 20 世纪 30 年代以前，人们是无意识地按照项目的形式运作。人类早期的项目可以追溯到数千年以前，如古埃及的金字塔、古罗马的尼姆水道、古代中国的都江堰和万里长城等。这些前人的杰作在展示人类智慧的同时，也展示了项目管理的成就。但是直到 20 世纪 30 年代以前，项目管理还没有形成一套科学完整的管理方法，对项目的管理还只是凭借个人的经验、智慧和直觉，缺乏普遍性和规律性。

2. 传统项目管理阶段

这一阶段从 20 世纪 30 年代到 50 年代初，其特征是利用横道图进行项目的规划和控制。横道图是由亨利·甘特(Henry Gantt)于 20 世纪初发明的，故又称为甘特图。横道图直观而有效，便于监督和控制项目的进展状况，时至今日仍是管理项目的常用方法，但其难以展示各项工作之间的逻辑关系，不适应大型项目的需要。与此同时，在规模较大的工程项目和军事项目中广泛采用了里程碑系统。里程碑系统的应用虽未从根本上解决复杂项目的计划和控制问题，但却为网络图概念的产生充当了重要的媒介。

3. 近代项目管理阶段

这一阶段从 20 世纪 50 年代初期到 70 年代末期，其重要特征是开发和推广应用网络计划技术。网络计划技术克服了横道图的种种缺陷，能够反映各项工作间的逻辑关系，能够描述各项工作的进展情况，并可以事先进行科学安排。网络计划图的出现，促进了 1957 年出现的系统工程的发展，项目管理也因有了科学的系统方法而逐渐发展和完善起来。

工程项目管理的基本理论体系形成于 20 世纪 50 年代末、60 年代初。它是以当时已经比较成熟的组织论、控制论和管理学作为理论基础，结合建设工程和建筑市场的特点而形成的一门新兴学科。工程项目管理理论的形成与工程项目管理专业化的形成过程大致是同步的，二者互相促进，真正体现了理论指导实践、实践又反作用于理论，使理论进一步发展和提高的客观规律。20 世纪 70 年代，建筑市场兴起了项目管理咨询服务，并且随着计算机技术的发展，计算机辅助建设项目管理或信息管理成为工程项目管理学的新内容。在这期间，原有的内容也在进一步发展。例如，有关组织的内容扩大到工作流程的组织和信息流程的组织，合同管理中深化了索赔内容，进度控制方面开始出现商品化软件等。而且，随着网络计划技术理论和方法的发展，开始出现进度控制方面的专著。

4. 现代项目管理的发展

这一阶段从 20 世纪 80 年代到现在，其特点表现为项目管理范围的扩大，以及与其他学科的交叉渗透和相互促进，建设项目管理学在宽度和深度两方面都有重大发展，逐步把最初的计划和控制技术与系统论、组织理论、工程风险管理、经济学、管理学、行为科学、心理学、沟通管理、价值工程、计算机技术等，以及项目管理的实践结合起来，并吸收了控制论、信息论及其他学科的研究成果，发展成为一门具有完整理论和方法基础的学科体系，出现了大批与进度控制、投资控制有关的商品化软件，这些软件的广泛运用提高了工程项目管理的实际工作效率和水平。

经过半个多世纪的发展，工程项目管理思想与理论、技术与方法呈现出新的发展趋势。工程项目管理的规范化趋势日益明显，专业化管理的特征日益显著，信息技术的应用日益广泛。在现代项目管理发展的过程中，项目管理的特征越来越体现为对项目决策支持的重视和对项目生命周期集成化管理的需求，这必将促进面向项目决策支持的项目总体控制和面向项目生命周期的项目集成化管理的现代项目管理理论的研究和创新，建立适合大型复杂群体工程管理的管理技术和方法体系，以适应社会发展的需求。

本章小结

本章首先介绍了建设工程项目、建设工程项目管理的概念、特征，其次介绍了建设工程项目的建设程序，之后介绍了建设工程项目管理各方的目标和任务，最后介绍了工程项目管理理论体系的产生与发展，便于读者对建设工程项目管理的基本理论和轮廓有初步的认识和了解。

思考题

1. 何谓项目？项目的特征有哪些？
2. 建设项目与施工项目之间有什么关系？
3. 何谓建设工程项目管理？
4. 我国工程项目的建设程序分为哪几个阶段？
5. 按工程项目管理的主体不同，我国工程项目管理的类型有哪些？
6. 业主方、设计方、施工方、材料设备供货方、建设项目工程总承包方项目管理的目标和任务分别是什么？

第2章

建设工程项目管理组织

学习目标

- 掌握组织的概念和组织的基本特征，组织的构成要素。
- 熟悉组织设计的要点，组织设计的基本内容。
- 了解组织设计原则，组织论的相关内容。
- 掌握组织结构的基本类型、特点及其适用范围，掌握项目结构分解和工程项目结构编码。
- 掌握建设工程项目管理组织的定义及其特征。
- 了解项目组织的运行要素与主要结构。
- 掌握建设工程项目组织结构的类型、概念、特点以及选择。
- 掌握项目经理的概念、权力和责任，项目经理责任制的含义。
- 熟悉项目经理执业资格与管理。

本章导读

本章主要学习建设工程项目组织的概念、特征，建设工程项目组织结构的基本类型和特点，对建设工程项目结构进行分解并进行编码，学习建设工程项目管理组织的定义及特征，学习组织的运行要素和组织结构，学习项目经理的责、权和利。在此基础上，重点学习建设工程项目组织的定义，建设工程项目组织结构的类型、概念和各自的特点，并学会针对不同项目特点而进行选择。

项目案例导入

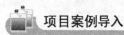

被国内外专家称为“世界上最富挑战性”的小浪底水利枢纽工程，是治理黄河的关键性控制性工程，也是世界银行在中国最大的贷款项目。在长达 11 年的建设中，工程建设经受了各方面的严峻考验，克服了许多意外的风险因素，难得地结余投资 38 亿元，占总投资的近 11%，并有专家建议该工程施工质量等级定为优良。

小浪底建管局总经济师曹应超介绍说，其中物价指数下降、汇率变化和机电设备结余等因素，共计结余资金 13.98 亿元，业主工程管理环节结余 27.3 亿元，共计 41 亿元。减去国内土建工程项目因工程设计变更及新增环保项目等因素的 3.3 亿元超支，共节余 38 亿元。在通货紧缩期进行施工的大型工程，因为物价因素出现节余并不为奇。但小浪底 38 亿元的节余中，27.3 亿元来自于管理环节，这的确令人惊异。专家分析，这主要得益于小浪底工程坚持了先进的建设机制。小浪底是目前国内全面按照“三制”(业主负责制、招标投标负责制、建设监管制)管理模式实施建设的规模最大的工程，以合同管理为核心，从各个环节与国际管理模式接轨，在国内大型水电工程中领先了一步。

问题导入

上述案例中，27.3 亿元节约是项目组织管理环节创造的效益。该案例中的组织管理措施主要有哪些？要如何建立卓有成效的管理组织和管理机制，真正发挥组织的作用，通过本章的学习将逐步解决这些问题，初步具备建设工程项目管理组织的能力。

2.1 组织与组织论

2.1.1 组织的概念和特征

1. 组织的概念

组织，有两种词性，一是动词性的，即组织工作或者组织活动，它是任何管理活动的一项基本职能；二是名词性的，也就是按着一定的章程和目标建立起来的机构，也就是我们平常所见到的机关、企业、国家、学校、医院、公司、各个层次的经济实体、各个党派和政治团体等，这些机构就是组织的实体形式。

2. 组织的基本特征

组织的基本特征可以概括为：有明确的目标，拥有一定的资源，并有一定的层级权责结构。

1) 有明确的目标

目标是组织的愿望和外部环境相结合的产物，任何组织的目标均受到外在物质环境和社会文化环境的影响，并且根据目标的详细程度和长短期可将目标分为战略规划和详细计划。

2) 拥有资源

资源是组织有效运作的必要条件，组织拥有的资源主要包括人、财、物、信息和时间。

(1) 人力资源。组织是两个以上的人在一起为了实现某个共同的目标而协同行动的集合体。因此人力资源是组织的最大资源，是组织存在的前提，也是组织创造的源泉。

(2) 财力资源。财力主要指的是资金，组织存在和发展需要大量的资金，有了资金组织的各项工作才能运作起来。

(3) 物力资源。物力资源主要指组织存在的硬件设施，如办公用房、电脑、办公桌等可以看得见、摸得着的实体。

(4) 信息资源。现代社会是信息的社会。社会信息传输、交换、存储的手段十分发达，大量的信息对管理活动带来好处，在做决策的时候可以有非常大量的材料进行分析和参考，但是海量的信息又是一个挑战，如何在众多的信息当中寻找对自己有价值、对决策有帮助的信息对每个管理者而言是个挑战。

(5) 时间资源。时间是生命的尺度，具有不可重复性、不可再生性和不可替代性，因此时间是最稀缺的资源。科学的管理起源于工业革命后期企业家对效率的追求，而效率就是对时间的节约，同样的时间可以创造出更多的成果、做出更多的事就是效率。

3) 保持一定的权责结构

权责结构表现为层次清晰，有明确的承担者，并且权利和责任是对等的，只有这样的组织才会运行起来有效率。如果只有权力没有责任或者只有责任没有权力，那么组织运行的过程中就会有很多的问题出现。

2.1.2　组织设计

组织设计就是对组织的活动和结构的设计过程，有效的组织设计在提高组织活动效能方面起着重大的作用。组织设计有以下三个方面的要点：一是组织设计是管理者在系统中建立最有效相互关系的一种合理化的、有意识的过程；二是该组织过程既要考虑系统的外部要素，又要考虑系统的内部要素；三是组织设计的最终结果是形成组织结构，也就是形成具有一定层级关系和责权关系的组织架构。

1. 组织的构成因素

组织的构成一般是上小下大的形式，由管理层次、管理跨度、管理部门、管理职能四大因素构成，各因素应密切相关、相互制约。

1) 管理层次

管理层次是指从组织的最高管理者到最基层的实际工作人员之间的等级层次的数量。管理层次可分为四个层次，即决策层、协调层、执行层和操作层。决策层的任务是确定管理组织的目标和大政方针以及实施计划，它必须精干、高效；协调层的任务主要是参谋、咨询职能，其人员应有较高的业务工作能力；执行层的任务是直接调动和组织人力、财力、物力等具体活动内容，其人员应有实干精神并能坚决贯彻管理指令；操作层的任务是从事操作和完成具体任务，其人员应有熟练的作业技能。这四个层次的职能和要求不同，标志着不同的职责和权限，同时也反映出组织机构中的人数变化规律。

如果组织缺乏足够的管理层次将使其运行陷于无序的状态。因此，组织必须形成必要的管理层次。但是，组织的管理层次也不宜过多，否则会造成资源和人力的浪费，也会产生使信息传递速度变慢、指令走样、协调困难等方面的问题。

2) 管理跨度

管理跨度是指一名上级管理人员所直接管理的下级人数。在组织中，不考虑管理人员能力的条件下，某级管理人员的管理跨度的大小直接取决于这一级管理人员所需要协调的工作量。管理跨度越大，领导者需要协调的工作量越大，管理的难度也越大。因此，为了使组织能够高效地运行，必须确定合理的管理跨度。

管理跨度的大小受很多因素影响。它与管理人员性格、才能、个人精力、授权程度以及被管理者的素质有关，此外，还与职能的难易程度、工作的相似程度、工作制度和程序等客观因素有关。因此，确定适当的管理跨度，需积累经验并在实践中进行必要的调整。

3) 管理部门

组织中各管理部门的合理划分对发挥组织效应是十分重要的。如果管理部门划分不合理，会造成控制、协调方面的困难，也会造成人浮于事，从而浪费人力、物力、财力。同时管理部门的划分要根据组织目标与工作内容确定，形成既有相互分工又有相互配合的组织机构体系。

4) 管理职能

组织设计确定各部门的管理职能，应使纵向的领导、检查、指挥灵活，达到指令传递快、信息反馈及时，使横向各部门间相互联系、协调一致，使各部门有职有责并尽职尽责。

2. 组织设计原则

建设工程项目管理的组织结构设计一般应遵循以下几个原则。

1) 集权与分权统一的原则

在任何组织中都不存在绝对的集权和分权。在建设工程项目组织结构设计中，所谓集权，就是项目经理掌握所有管理大权，各专业工程师只是其命令的执行者；所谓分权，是指在项目经理的授权下，各专业工程师在各自职责所在的范围内有足够的决策权，项目经理主要起协调作用。

建设工程项目管理组织结构是采取集权形式还是分权形式，要根据建设工程的特点，建设工程项目管理工作的重要性，项目经理的能力、精力及其他项目部人员的工作经验、工作能力、工作态度等因素进行综合考虑。

2) 专业分工与协作统一的原则

对于建设工程项目管理组织结构来说，分工就是将建设工程项目管理的目标，特别是投资控制、进度控制、质量控制三大目标分成各部门以及各工作人员的目标、任务，明确谁干什么，怎么干。在分工中特别要注意以下三点：一是尽可能按照专业化的要求来设置组织机构；二是工作上要有严密分工，每个人所承担的工作，应力求达到较熟悉的程度；三是注意分工的经济效益。

在建设工程项目管理组织结构中还必须强调协作。所谓协作，就是明确组织结构内部各部门之间和各部门内部的协调关系与配合方法。在协作中应该特别注意主动协作和协调配合。主动协作，也就是要明确各部门之间的工作关系，找出容易出矛盾的关键部位加以协调；协调配合，就是应该有具体可行的协作配合办法，对协作中的各项关系应逐步规范化、程序化。

3) 管理跨度与管理层次统一的原则

在组织结构的设计过程中，管理跨度与管理层次是成反比例关系。这就是说，当组织机构中的人数一定时，如果管理跨度加大，管理层次就会减少；反之，如果管理跨度缩小，管理层次肯定就会增多。一般而言，建设工程项目管理组织机构的设计过程中，应该在系统考虑影响管理跨度的各种因素后，在实际实践过程中根据具体情况具体确定管理层次。

4) 权责一致的原则

在建设工程项目管理组织结构中应明确划分职责和权力范围，做到责任和权力相一致。从组织理论上而言，在任何工作岗位上总应该有人去承担一定的职务，有了职务就会产生和职务相对应的权力和责任问题。一个组织结构做到权力和责任保持一致就可以做到组织结构的有效运转。权力大于责任就会导致个人权力的膨胀，瞎指挥，滥用权力，如果责任大于权力就会影响管理人员的积极性、主动性和创造性，令组织缺少活力。

5) 职位和能力相称原则

组织结构中，每一个工作岗位要求具备相应能力的人，做到因事设岗而不是因人设岗。每项工作都应该确定具有完成该工作的相应的知识和技能的人来完成。然而，对人的能力的考察是一项综合复杂的工作，可以通过考察学历和经历进行相关的测验，了解其知识结构、经验、才能、兴趣等方面情况，进行综合评审。对组织设计工作而言，职务设计和人员评审应采用科学的方法，尽可能使每个人现有的和可能有的才能与其职务上的要求相适应，选择到岗位需要的人才，做到人尽其才、才得其用、用得其所。

6) 经济效率原则

建设工程项目管理组织设计必须将经济性和高效率放在首位。组织结构中的每个人都应该为了一个统一的目标，采用最适宜的结构形式，实行最有效的协调机制，尽可能高效地完成建设任务，减少过程中的重复和扯皮现象。

7) 弹性原则

组织结构应具有一定的稳定性才能产生较好的工作绩效，但是组织结构一旦设定之后不是一成不变的，应根据组织内部和外部的条件变化，根据组织目标对组织结构做出一定的调整，使得组织具有一定的适应变化的能力。

分析与思考：

管理跨度和管理层次之间的关系是什么？

2.1.3　组织结构

组织结构，就是组织内部构成和各个组成单位所确立的较为稳定的相互关系和联系方式。组织结构应包括：确定组织正式关系和职责的形式；确定向组织的各个部门或个人分派任务和各种活动的方式；确定协调各项分类活动或任务的方式；确定组织中权力、地位和等级关系。

1. 组织结构与职权的关系

组织结构确定了组织中部门和部门之间的关系，而部门是由人组成的，因此组织结构就确定了人和人之间的关系。组织结构当中人承担着一定的工作任务，因此，具备一定的职权，组织结构就为职权提供了一定的格局，也确定了组织成员之间的关系。组织中的职权是指在某一岗位的人员合法地行使职位赋予的权力，是组织中上级指挥下级的基础。

2. 组织结构与职责的关系

组织结构与组织中各部门、各成员的职责分派有直接关系。在组织中，只要有职位就有职权，而只要有职权也就有职责。组织结构为职责的分配和确定奠定了基础，而组织的管理则是以机构和人员职责的分派和确定为基础的，利用组织结构可以评价组织各个成员的功绩与过错，从而使组织中的各项活动有效地开展起来。

3. 组织结构图

在工程实践中，往往用组织结构图对组织结构进行简化构造。因为是简化的抽象模型，所以组织结构图不能准确、完整地表达组织结构的内涵，仅能表示部门之间的关系，而不能反映每个部门的职能权限程度。

2.1.4 组织论

说到组织就会提起组织论，组织论是一门重要的基础理论学科，主要是研究组织的结构模式、组织内部分工以及组织中的工作流程，是建设工程项目管理的母学科。组织论包含的基本内容如图 2.1 所示。

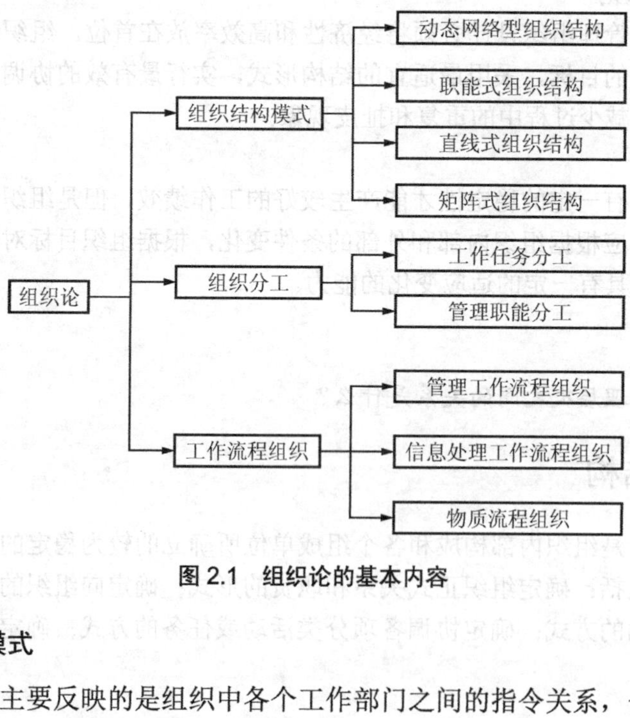

图 2.1 组织论的基本内容

1. 组织结构模式

组织结构模式主要反映的是组织中各个工作部门之间的指令关系，也就是部门之间的职责和权利等方面的关系。指令关系可以简单地理解为哪一个工作部门或哪一位管理人员可以对哪一个工作部门或哪一位管理人员下达工作指令。它包括职能式组织结构、直线式组织结构、矩阵式组织结构、动态网络型组织结构。

2. 组织分工

组织分工反映了一个组织系统中各子系统或各元素的工作任务分工和管理职能分工。组织结构模式和组织分工都是一种相对静态的组织关系。

3. 工作流程组织

工作流程组织反映的是一个组织系统中各项工作之间的逻辑关系，是一种动态关系。它包括：管理工作流程组织、信息处理工作流程组织、物质流程组织，建设工程项目中的工作流程组织主要指的是项目实施任务的工作流程组织，例如，对于设计任务的工作流程组织可以是方案设计、初步设计、技术设计和施工图设计，也可以是方案设计、初步设计(扩大初步设计)、施工图设计。因此，对于建设工程项目而言，工作流程可以是多个的。

2.2　组织结构的基本类型、特点和适用范围

2.2.1　直线式组织结构

1. 直线式组织结构的含义

直线式组织结构是来自于严谨的军事组织系统，我国传统的组织结构就属于直线式组织结构。在直线式组织结构中，每一个工作部门只能对其直接的下属下达工作命令，不能超越级别进行指挥，同时任何一个工作部门也只有一个直接的上级部门。

2. 直线式组织结构的特点

在直线式组织结构中，所有的命令源都是唯一的，也就是任何一个工作部门只能接受来自一个上级部门的指令；同时一个上级部门只可以对其直属的下级机构发布指令。如图 2.2 所示，总经理可以对其直接的下属部门经理 1、部门经理 2 和部门经理 3 下指令；部门经理 1 可以给其直接下属职员 1 和职员 2 下指令；部门经理 1 不可以给职员 3、职员 4、职员 5 和职员 6 下达指令，因为其不是他们的直接上级部门。

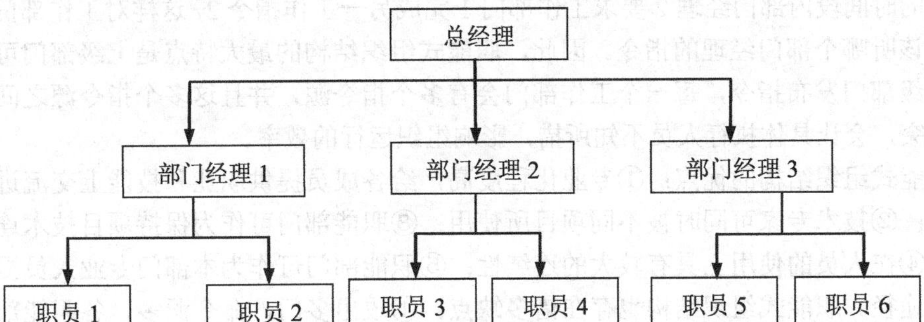

图 2.2　直线式组织结构图

从直线式组织结构中可以看出该结构的优点：权力系统自上而下形成直线控制，一个下级只对一个上级负责，一个上级只对其直接管理的下级发布指令，使得命令源单一，各自的权力和责任明确。但是直线式组织结构存在专业分工差的缺点，由于一个下级只接受一个上级的命令，导致不同工作部门之间的横向协调联系困难。

3. 直线式组织结构的适用范围

综上所述，直线式组织结构适用范围主要是项目规模比较小、技术相对简单并且工作部门之间横向联系比较少的建设工程项目中。

2.2.2 职能式组织结构

1. 职能式组织结构的含义

职能式组织结构是将专业技能紧密联系的业务活动归类组合到一个部门内，提高工作效率，同时在职能式组织结构中，每一个职能部门可以对其下属和非直接下属下达工作指令，如图 2.3 所示。

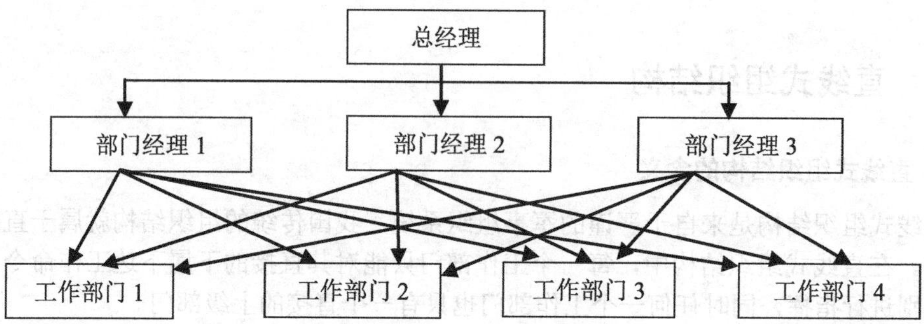

图 2.3 职能式组织结构图

2. 职能式组织结构的特点

例如，部门经理 1、部门经理 2 和部门经理 3 都可以在其管理职能范围对工作部门 1、工作部门 2、工作部门 3 和工作部门 4 下工作指令。因此，工作部门会接到多个经理的工作指令，而这些工作指令有可能是冲突的，例如，部门经理 1 要求工作部门 1 完成工作指令 1，在相同的时间段内部门经理 2 要求工作部门 1 完成另一工作指令 2，这样对工作部门 1 而言不知道该听哪个部门经理的指令。因此，职能式组织结构的最大特点是上级部门可以给任何的下级部门发布指令，每一个工作部门会有多个指令源，并且这多个指令源之间会彼此产生冲突，会让具体执行人员不知所措，影响组织运行的效率。

职能式组织结构的优点：①专业化程度高，给各成员提供职业和技能上交流进步的工作环境；②技术专家可同时被不同项目所使用；③职能部门可作为保持项目技术连续性的基础；④在人员的使用上具有较大的连续性；⑤职能部门可作为本部门专业人员提供正常的晋升途径。职能式组织结构也存在诸多缺点：①政出多门，命令源多，各职能部门之间很难协调；②职能部门有其日常的工作，项目及客户的利益往往得不到优先照顾，客户并不是活动和关系的焦点；③职能部门工作方式多数面对本部门，而项目工作方式必须面向问题；④经常会出现没有一个人承担项目全部责任的现象；⑤对客户的要求响应得比较迟缓和艰难，因为在项目和客户之间存在多个管理层次；⑥项目经常得不到很好的对待，调配给项目的人员，其积极性不是很高；⑦技术复杂的项目通常需要多个职能部门的共同合作，跨部门之间的沟通和交流比较困难。

3. 职能式组织结构的适用范围

职能式组织结构虽然突破了直线式组织结构指挥链的单一性，但是也因为政出多门而在没有比较有效的约束情况下，下级部门会对工作有所懈怠。因此，职能式组织结构主要还是运用在规模较小的建设工程项目中。

【案例 2-1】

某项目职能式组织结构运行的矛盾

某一从事医药研发的上市公司，因公司发展需要建一座科研大楼。该公司成立了以工程部经理为项目经理的科研大楼项目部。该项目部的成员有来自工程部的工程技术人员，有来自财务部负责项目建设资金管理的财务人员，以及来自人事部负责项目人事管理工作的职员。各个职能部门的成员仍然主要由原来的职能部门经理领导。

工程进入施工阶段后，为保证后续施工连续进行，必须事先采购大量的材料。当工程部的职员将材料采购计划报给主管工程财务的人员时，他们认为大量得提前采购材料加大了资金成本，这将影响到财务部资金管理目标的实现。因此，他们拒绝为提前采购提供资金，为此工程部和财务部之间产生了严重的分歧。

项目经理也很快对人事部门的工作产生了意见。他抱怨人事部门在人员安排上不及时，有时在人员数量安排上不能满足项目施工的需要，甚至开始怀疑人事部的工作效率了。而人事部门则感到委屈，因为他们认为造成人员安排不及时和安排不足是因为工程部没有及时向人事部提供人力资源计划。人事部经理认为，项目经理只从项目利益的角度考虑问题，而人事部必须从公司整体运作来调配，而不只是服务于一个项目。

(资料来源：任宏，张巍编著. 工程项目管理[M]. 北京：高等教育出版社，2005.)

问题与测试：

1. 试绘制该项目组织结构图。

2. 结合本项目，试分析职能式组织结构的优点和缺点。

2.2.3 矩阵式组织结构

1. 矩阵式组织结构的含义

矩阵式组织结构就是职员由公司有关部门指派，加入项目组织，受项目经理的直接领导。矩阵式组织结构把职能原则和对象原则结合起来，既发挥职能部门的优势，又发挥项目组织的优势。

2. 矩阵式组织结构的特点

在矩阵式组织结构中，职能部门是永久性的，是隶属于公司的职能部门，而项目部是临时的，是针对特定的建设工程项目而设立的临时的、一次性的组织。公司职能部门的经理对本部门职员进行调配，以适应项目部相应岗位人员的需要，由项目部的项目经理与项目组织的职能人员在横向上有效地组织在一起，为实现项目目标而协同工作。由此可见，对于参加项目部的职能人员而言，他们要接受两个领导的指挥，一是原职能部门经理的领导，二是项目部项目经理的领导，如图 2.4 所示。

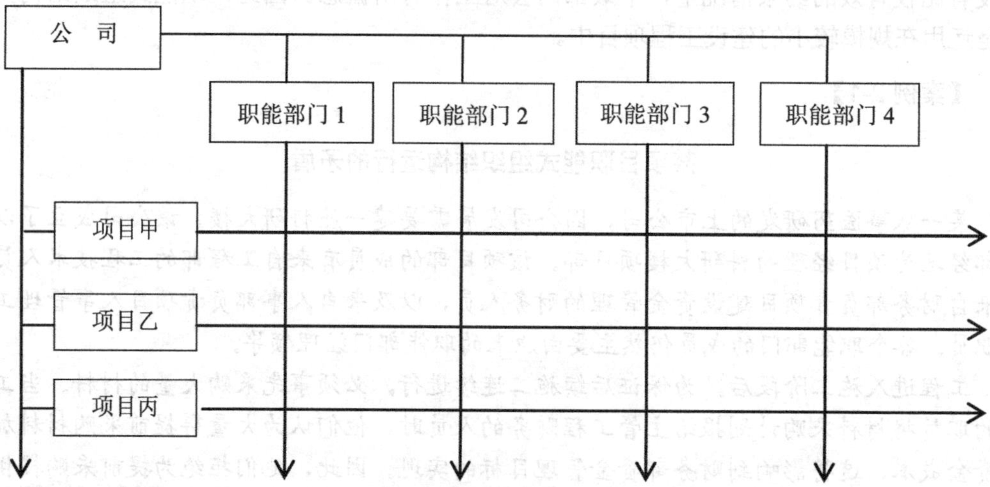

图 2.4　矩阵式组织结构图

矩阵式组织结构有明显的优点：①由不同背景、不同技能和不同专业知识的人员为某个特定项目共同工作，可以取得专业化分工的优势，同时面对特别棘手的问题时可以得到原职能部门技术上的支持，可以更有效地完成工作任务；②项目部是由原来不同职能部门的人员组成，职能人员可以在不同项目之间灵活分配，可以加强不同部门之间的配合和信息交流，可以有效克服职能部门之间相互脱节的弱点；③项目部有明确的目标、规章制度等运作规程，可以增强职能人员直接参与项目管理的积极性，增加项目经理和项目组成人员对项目目标的责任感和工作热情。

但是，矩阵式项目组织结构也有其缺点：①当组织中的信息和权利等资源不能共享时，项目经理和职能经理之间会因为人力资源的不平衡而发生矛盾；②项目成员要接受项目经理和原有职能部门经理的领导，他们必须具备较好的人际沟通能力和平衡协调能力；③组织成员之间还会发生任务分配不均、权责不统一的问题。

3. 矩阵式组织结构扩展

在矩阵式组织结构的实践过程中，为了克服项目部成员该服从项目部经理的指挥还是原职能部门经理的指挥的矛盾，在传统的矩阵组织结构的基础上延伸出以横向指令为主的矩阵式组织结构，如图 2.5 所示。当原职能部门经理的工作指令和项目部经理的工作指令相冲突的时候，职员要优先保证项目部经理的指令完成。相反，如果职能人员优先保证的是原职能部门经理的工作指令，那么该矩阵式组织结构是以纵向指令为主的矩阵式组织结构，如图 2.6 所示。

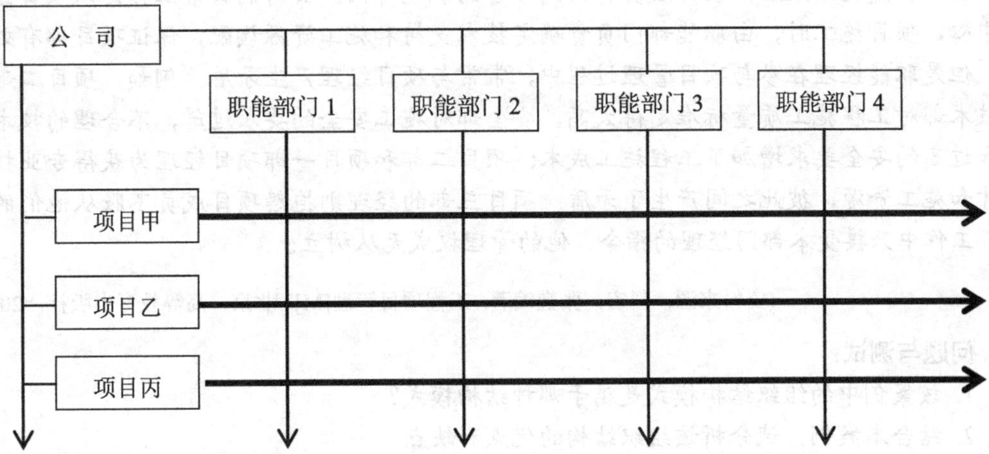

图 2.5　横向指令为主的矩阵式组织结构图

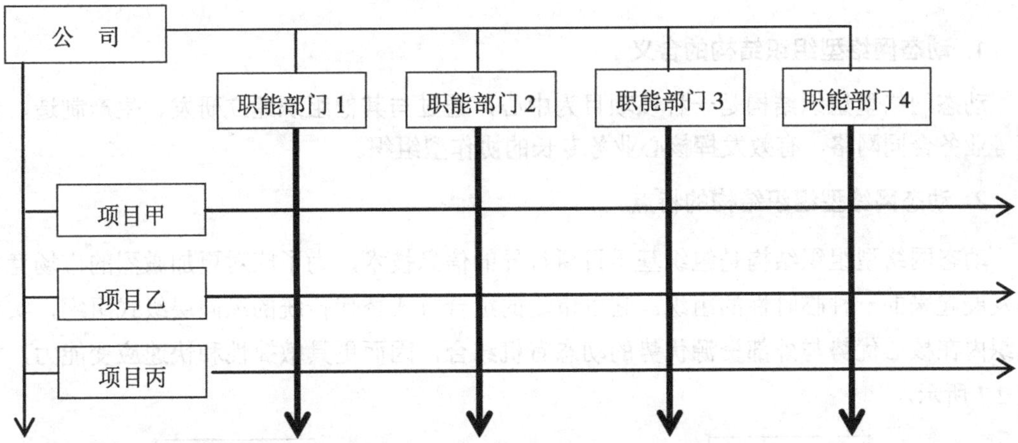

图 2.6　纵向指令为主的矩阵式组织结构图

4. 矩阵式组织结构的适用范围

矩阵式组织结构根据其特点和优势，运用在大部分的工程建设项目中。从实践中来看，几乎所有的建设项目均采用矩阵式组织结构。

【案例 2-2】

难以平衡的冲突

某公司是专门从事工程施工的大型专业化公司，技术力量雄厚，每年都会承接大量的工程建设项目。为了适应时代的发展和日益增加的工程项目，以及企业长期发展的需要，公司成立了工程部、技术部、安检部、采购部、材料设备部和预算部，每个部门都配备了专业技术人员，为项目提供人员、技术支持。同时又针对项目成立了以项目管理为中心的项目部，当有工程建设任务时，就从各职能部门抽调人员组成项目部，由项目经理统一管理，当工程建设结束后，项目成员再回到各自的职能部门。公司的日常工作是以项目组织为中心，项目施工时，由职能部门负责确定技术支持和施工资源调配，保证项目部有效施工。但是职能经理在参与项目管理过程中，常常与项目经理产生矛盾。例如，项目二部认为技术部对工程施工质量标准定得太高，安全部对施工安全的要求过严，不合理的技术标准和过高的安全要求增加了工程施工成本；项目二部和项目一部项目经理为获得专业技术人才和施工资源，彼此之间产生了矛盾；项目三部的经理则抱怨项目成员不服从他们的管理，工作中只接受本部门经理的指令，他的管理权威无从树立。

(资料来源：任宏，张巍编著. 工程项目管理[M]. 北京：高等教育出版社，2005.)

问题与测试：

1. 该案例中的组织结构模式是属于哪种结构模式？
2. 结合本案例，试分析该组织结构的优点和缺点。

2.2.4 动态网络型组织结构

1. 动态网络型组织结构的含义

动态网络型组织结构是一种以项目为中心，通过与其他组织建立研发、生产制造、营销等业务合同网络，有效发挥核心业务专长的协作型组织。

2. 动态网络型组织结构的特点

动态网络型组织结构是组织基于日新月异的信息技术，为了应对更加激烈的市场竞争而发展起来的一种临时性的组织。它以市场的组合方式替代传统的纵向层级式组织，实现组织内在核心优势与外部资源优势的动态有机结合，因而更具敏捷性和快速应变能力，如图 2.7 所示。

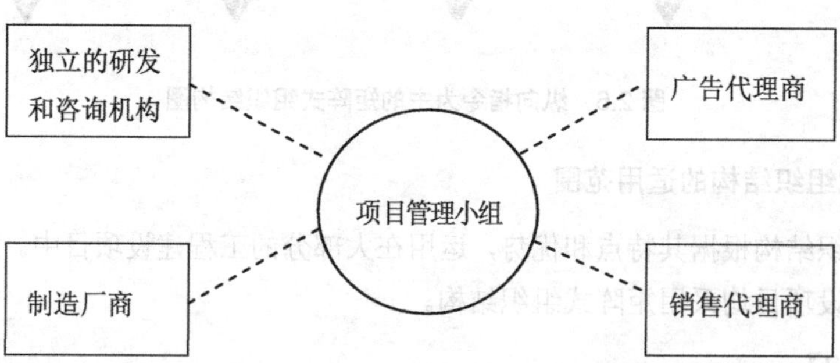

图 2.7 动态网络型组织结构图

动态网络型组织结构的优点：①组织结构具有更大的灵活性和柔性，以项目为中心的合作可以更好地结合市场需求来调整各项资源；②网络中各个价值链部分也随时可以根据市场需求的变动情况增加、调整或撤并；③组织结构进一步扁平化，因为组织中的大多数活动都实现了外包，同时这些活动更多地靠电子商务来协调处理。

动态网络型组织结构的缺点：①可控性太差，动态网络型组织结构的有效工作都是通过独立的供应商的合作来实现的，由于存在道德风险和逆向选择性，一旦组织依赖的外部资源出现问题，如质量问题、资金问题和供货问题，组织就会面临被动的局面；②同时，外部合作组织都是临时的，如果网络中某一不可替代合作单位退出，则组织将面临解散的风险；③网络组织还要求建立较高的组织文化以保证组织的凝聚力，然而，项目是临时的，员工随时都有被解雇的可能，因而员工对组织的忠诚度也比较低。

3. 动态网络型组织结构的适用范围

在信息资源日益丰富的当代，越来越多的企业可以采用动态网络型组织结构进行运作，但是对于工程建设项目而言，将是一个新的尝试。但是从建设工程项目全寿命周期而言，动态网络型组织结构是可以实现的，项目从立项阶段、设计阶段、招投标、施工、竣工等不同的阶段通过动态网络型组织参与。然而，如果在单一的阶段，如施工阶段采用动态网络型组织将是一个新的挑战。

重要提示：

各个组织结构均有各自的优缺点，采用哪种结构形式，应根据实际情况来确定。

2.3　建设工程项目结构

2.3.1　建设工程项目结构定义

建设工程项目结构简称项目结构图，就是用树状的结构图来表达建设工程项目的组织结构，该结构图通过层层分解，将要进行的建设工程项目进行分解，真实反映完成一个工程建设项目所有的工作任务，也就是通过组织结构图反映构成工程建设项目的组成。如图 2.8 所示。

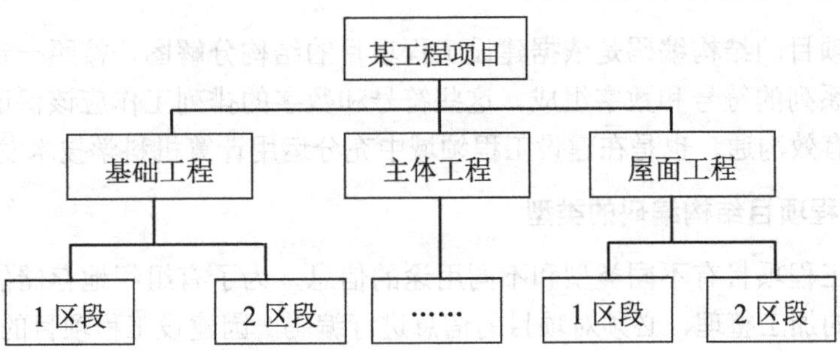

图 2.8　建设工程项目结构图

2.3.2 建设工程项目的项目结构分解

绘制建设工程项目组织结构图的关键步骤是对建设工程项目进行结构分解。建设工程项目的结构分解就是按照一定的要求进行层层树状结构分解。建设工程项目的结构分解没有统一的格式，不同的建设工程项目分解的方式也不同，但是不论是哪种分解方式均应和建设工程项目的施工组织部署相结合，并结合考虑该建设工程特有的组织结构和合同结构。

建设工程项目结构分解模式并没有统一的模式，每项工程建设项目的结构分解均应考虑各自的特点进行分解。对于群体工程，可以参考以下方式进行结构分解。

(1) 项目进展的总体部署；

(2) 项目的组成；

(3) 有利于项目实施任务(设计、施工和物资采购)的发包；

(4) 有利于项目实施任务的进行；

(5) 有利于项目目标的控制；

(6) 结合合同结构；

(7) 结合项目管理的组织结构等。

而对于单体建设工程项目而言，可以根据分部分项工程进行结构分解，例如，一栋高层办公大楼可分解为：地下工程、裙房结构工程、高层主体结构工程、建筑装饰工程、幕墙工程、建筑设备工程(不包括弱电工程)、弱电工程、室外总体工程等。同时也可以根据建设工程项目管理中三大控制的需要进行分解，例如，根据投资控制、进度控制和质量控制的需要将单体工程按照分部分项工程进行分解。

2.3.3 建设工程项目结构的编码

对建设工程项目进行结构分解就是为了更好地进行建设项目管理。在信息化的时代，要更加高效地进行沟通和管理，就应该充分利用信息网络技术带来的便利条件。在工程建设项目管理中首先就应该对建设项目进行结构分解，然后进行结构的编码，对建设工程项目进行结构的编码就是为了更好地运用计算机进行存储。

1. 建设工程项目结构编码的含义

建设工程项目的结构编码是依据建设工程项目的结构分解图，按照一定的规律进行编码，编码由一系列的符号和数字组成。这些符号和数字的排列工作应该保证建设工程项目参与方之间的有效沟通，也是在建设工程领域中充分运用计算机科学技术发展的成果。

2. 建设工程项目结构编码的类型

一个建设工程项目有不同类型和不同用途的信息，为了有组织地存储信息，方便信息的检索和信息的加工整理，必须对项目的信息进行编码。因建设工程项目的信息种类繁多，其编码工作也分门别类。

1) 按照不同的内容进行编制

建设工程项目的编码按照不同的内容可以分为建设工程项目管理的组织结构编码；建

设工程项目的组织编码，如建设工程项目的政府主管部门和各参与单位的编码；建设工程项目实施的工程过程编码和工程项编码；业主方的建设工程项目投资控制编码；施工方的建设工程项目成本控制编码；建设工程项目的进度控制编码；建设工程项目的进度计划工作、项目进展报告和各类报表编码；建设工程合同编码；工程档案编码等。

2) 依据不同的用途进行编制

建设工程项目的编码工作根据不同的用途可以分为服务于投资工作的投资项编码；用于成本控制工作的成本项编码；用于进度控制工作的进度项编码。

分析与思考：

建设工程项目结构编码的意义。

2.4 建设工程项目管理组织

2.4.1 建设工程项目管理组织的定义及特征

1. 建设工程项目管理组织的定义

建设工程项目管理组织是指为了完成特定的建设工程项目的目标而建立起来从事具体建设工程项目工作的群体，具有临时性和一次性的特征。建设工程项目管理的组织既可以从狭义的角度来理解，也可以从广义的角度来理解。

1) 狭义的建设工程项目管理组织

狭义的建设工程项目管理组织是指建设工程项目的阶段性管理工作中的管理组织，主要是指由业主或者业主委托指定的负责整个工程管理的项目公司、项目经理部(或项目管理小组)，一般按项目管理职能设置职位(部门)，按项目管理流程完成属于自己管理职能内的工作。

业主、项目管理公司、承包商、设计单位、供应商都有自己的项目经理部和人员，因此建设工程项目管理的组织是分具体的对象的，例如，业主的项目管理组织、项目管理公司的项目管理组织、承包商的项目管理组织。这些组织之间是通过各种各样的关系，有各种管理工作、责任和任务的划分，形成项目总体的管理组织系统。

2) 广义的建设工程项目管理组织

广义的建设工程项目管理组织包括各项工作承担者、单位、部门组合起来的群体，有时候还会包括为项目提供服务的或与项目有某些关系的部门，如政府机关、鉴定部门等。广义的建设工程项目管理组织受项目系统结构限定，按项目工作流程(网络)进行工作，其成员各自完成规定的任务和工作。综合来说，广义的建设工程项目管理组织是由业主、承包商、材料供应商、设备供应商、分包商、运营单位等所有项目参与者所共同构成的一种复杂的组织系统。在建设工程项目具体的管理工作中，每个参与者都有各自项目管理的内容。

建设工程项目管理组织可以视为一个大的系统，该系统不仅包括建设管理单位本身的组织系统，还包括各参与方(咨询、设计、施工单位等)共同或分别建立的针对该工程项目的组织系统，也就是建设工程项目管理的组织可以包括狭义上的理解和广义上的理解。

2. 建设工程项目管理组织的特征

建设工程项目管理组织的建立和运行符合一般的组织原则和规律。项目参与方来自不同的企业和部门，有不同的隶属关系，有不同的利益追求，容易产生组织摩擦和矛盾。为了保证建设工程项目的顺利成功，各参与者必须有效的组织起来，形成有利于建设工程项目实现的统一的目标和利益。

1) 具有明确的目的性

建设工程项目组织的设立就是为了完成一定的建设工程项目总目标和总任务，该目标和任务对广义的建设工程项目管理组织而言是通过合同来进行约定，对于狭义的建设工程项目管理组织来说是由该项目决策阶段作出的安排来决定其目标和任务。

2) 具有"目标多元性"和"统一性"

建设工程项目组织具有"目标多元性"和"统一性"是针对广义的建设工程项目管理组织而言的，广义上的建设工程项目管理组织不同于企业管理组织，其整个组织体是由不同的相对独立、有各自经济利益的建设主体所组成，如建设单位、设计单位、材料设备供应单位和施工单位等不同的利益主体，他们之间不存在行政隶属关系，每个组织体都有自身的价值、行为取向和利益目标。因此，建设工程项目管理的核心就是协调项目参与方，为了统一的建设工程项目目标努力。同时，建设工程项目组织体系中的"目标多元性"和"统一性"是有矛盾的，解决这一矛盾的方法在于将多元建设主体"一体化"于组织结构之中，以寻求"一体化"管理和实现项目目标的统一行动。

3) 具有一次性和临时性

建设工程项目组织最明显的特点是具有一次性和临时性，是其区别于一般的企业组织最大的不同点。建设工程项目组织的一次性和临时性和建设工程项目的一次性有关，任何一个工程建设项目都是一次性的，有开始的时间和结束的时间，也有明确的工程建设目标，而建设工程项目组织就是为了完成工程建设目标和任务而临时组建的。对建设工程项目组织来说，其一次性和临时性，对组织的运行和沟通、参与方的组织行为、组织控制产生巨大的影响，因为该建设工程项目组织随着工程建设项目的完成而解体，组织成员具有相比一般企业组织更大的不安全感。

4) 建设工程项目组织和企业组织之间的关联性

建设工程项目组织具有临时性，它的组成很大程度上是企业组织为了完成某个工程建设项目而临时组建的组织。不论从广义角度去理解建设工程项目组织还是从狭义的角度去理解，建设工程项目组织就是企业组织派出去组建的完成特定工程建设项目的团队，建设工程项目管理组织的成员来源于企业组织。

对于工程建设行业而言，建筑产品的生产是以项目为载体来组织生产，建设工程项目组织是建筑行业生产的基本组织形式。由于建设项目参与方众多，不同企业派出的项目组织具有不同的利益诉求，因此在同一个建设工程项目中，会有不同的类型、不同功能的组织，每一个组织都代表着各自企业组织的利益追求。

5) 建设工程项目组织关系的多样性

从狭义的方面理解，建设工程项目管理组织是企业组织为了特定的工程建设项目而临时组建的项目组织。建设工程项目部的成员来自于原来企业，那么这必然和企业存在专业和行政方面的关系。企业根据项目的人员需求从不同的部门分别抽调相应专业人员组成建设工程项目组织，这些专业人员也组成具有一定行政关系的组织，否则建设工程项目组织就不存在。

从广义的角度理解，建设工程项目组织之间存在着合同关系或者是合同定义的管理关系。一个工程建设项目的合同体系和建设工程项目的组织结构有直接的关系，建设工程项目参与方之间就是通过合同维系关系的，签订了合同，建设工程项目参与各方之间就是合同关系，以及由合同定义的管理关系。

6) 具有弹性和可变性

建设工程项目组织具有弹性和可变性主要表现为完成建设工程项目任务的成员，随着建设工程项目的进展，进入或退出组织。同时，对于企业来说，采用不同的组织策略、不同的项目实施计划则有不同的建设工程项目管理组织形式。例如，一个工程建设项目早期组织比较简单，但是随着实施阶段的开展，工程建设任务的不断展开，组织的形式也会变得复杂。

7) 具有开放性

建设工程项目组织不可能完全真空存在，要保持和外界一定的物质和能量交换。建设工程项目组织随着工程建设项目的进展不断地和外界环境发生着资金、物资和信息的交换。大量的资讯需要组织提供开发的信息交流通道，建设工程项目组织允许信息开放流通，也就意味着组织之间协调的功能加强，能提高建设工程项目组织的工作效率。

2.4.2　建设工程项目管理组织的运行要素与主要内容

1. 建设工程项目管理组织的运行要素

建设工程项目的组织运行要素主要有组织方式、组织结构、管理流程、组织制度、组织文化、信息管理与组织协调、组织运行力、组织优化与调整、组织绩效管理等。

1) 建设工程项目管理的组织方式

对建设工程项目管理组织而言，组织方式是一种系统化的指导和控制方法，通过一定的组织方式使得系统正常运行。具体而言，组织方式就是管理的方法和具体的实施方式两个方面的内容。随着建设工程项目理论和技术的发展，建设工程项目管理的方式和具体的实施类型也越来越丰富，如何根据实际建设工程项目的特征选择合适的模式，对建设工程项目的成功实践具有重要的意义。

2) 建设工程项目管理的组织结构

建设工程项目管理的组织结构就是指建设工程项目管理内部各个部门之间的相互关系，是按照一定的领导体制、部门设置、层次划分、管理职能分工等构成的有机整体。建设工程项目组织结构主要反映的是组织结构中各个系统之间或者各元素之间的指令关系、工作任务分工和管理职能分工，是一种静态概念上的组织。

3) 建设工程项目管理的管理流程

管理实质上就是一个动态的过程，建设工程项目管理也是一个动态的过程，为了便于高效运转组织必须遵循一定的管理流程。建设工程项目的管理流程就是将实施建设工程项目管理所需要的信息流和物质流有机结合起来，保证各专业工程和各部门之间有利、合理地协调。

建设工程项目管理流程输入的是进行某项管理职能管理所需的信息，输出的是管理成果。例如，在进度计划控制中，输入进度计划和实际进度，进行对比之后，输出是进度滞后还是进度提前的信息，然后根据情况进行进度计划的调整。

4) 建设工程项目管理的组织制度

建设工程项目管理的组织制度就是为了保证建设工程项目的顺利实施而建立的一系列的约束组织成员的规章制度。建设工程项目管理组织制度是保证组织有效运行在制度上的保障和约束，对组织内部成员进行工作上的指导和行为约束。通过建设工程项目管理组织制度体系的规范来对建设工程项目管理组织结构的岗位职责和工作流程进行管理，通过建设工程项目管理组织制度来明确建设工程项目组织内部各成员之间权利和义务关系，约束各方行为，是保证建设工程项目管理组织高效、有序运行的前提。

5) 建设工程项目管理的组织文化

建设工程项目管理组织文化就是一整套建设工程项目管理的管理体制、价值标准、基本信念、精神、道德观、行为规范等内容的综合体。组织文化对组织的运行效率起到一定的作用，可以对组织成员起到潜移默化的作用，对组织绩效起到长远的作用。好的组织文化可以提高项目运行的效率，相反不良的组织文化会阻碍项目的运行。而对于建设工程项目管理组织特有的短暂生命而言，其组织文化的积累和建设需要企业组织的强力支持和维护，并通过建设工程项目管理层的倡导和推动，让项目成员积极参与形成，并内化到每一个项目组织成员内在的意识、规范和动力中。

6) 建设工程项目管理的信息管理与组织协调

建设工程项目管理工作的根本就是信息管理和组织协调。信息管理就是时刻关注建设工程项目的具体情况，通过对建设工程项目进行收集和分析，掌握需要解决的问题，明确问题产生的原因，寻找解决问题的途径，明确解决问题的资源。

建设工程项目的参与方众多，为了实现建设工程项目的目标，需要协调不同的参与方，解决参与方之间的冲突，而解决冲突的根源在于建设工程项目信息的管理。通过信息的收集和分析，来解决和化解组织之间的矛盾和冲突，将不利的矛盾冲突转化为有利的矛盾冲突。

工程项目组织协调就是建设工程项目管理者为了实现建设工程项目的特定目标，通过协调和沟通，解决建设工程项目实施各个阶段中不同组织、不同专业、不同部门之间大量复杂关系和矛盾，使之密切配合、步调一致，形成最大合力，以提高组织效率综合管理的过程。因此，组织协调是保证系统高效、有序运行的重要手段。

7) 建设工程项目管理的组织运行力

建设工程项目管理组织运行的根本动力在于利益的驱动。获得高额的经济利益是推动各类组织运行的核心动力，而建设工程项目管理组织内部各参与方的利益趋同则是保证建设工程项目整体目标实现的根本动力。利益趋同是指多方利益的一致性，建设工程项目组织参与方之间是合作的博弈，具有价值创造的功能，并可以实现多赢的局面。项目组织创造的超额利益在合作成员之间合理的分配，满足合作成员的利益追求，如果组织成员的利益得不到满足时，组织的运行则会因为组织成员的不合作而受阻。所以，对建设项目各参与方以及组织成员的利益满足，是保证组织运行的根本动力。

8) 建设工程项目管理的组织优化与调整

建设工程项目管理组织的优化和调整是建设工程项目组织系统根据实际的工作需要和具体环境的变化，在分析原有组织系统的缺陷、适应性、效率的基础上，对原有组织进行细微调整或者是重新整合。具体的工作包括：工作流程调整、组织结构调整、规章制度的修订或废止、责任系统的调整以及信息流通系统的调整等，其中以工作流程调整和组织结构调整为主要内容。

9) 建设工程项目管理的组织绩效管理

建设工程项目管理的组织绩效是指对各参与方组织的人力资源的绩效、运营实施绩效以及财务绩效的综合反映。建设工程项目管理者制定了建设工程项目组织的规划、设计建设工程项目组织结构之后，开始进行建设工程组织的实施和运行，要让建设工程项目组织管理者对建设工程项目组织的前期工作以及运行效果有一个充分的认识与批判，并且可以有针对性地进行改进，就需要加强建设工程项目组织绩效的管理。

2. 建设工程项目管理组织的主要内容

从建设工程项目管理的角度来看，主要包括两个方面的工作：一是建立合理的建设工程项目组织结构，二是保证建设工程项目组织结构的良好运作。建立合理的建设工程项目组织结构，也就是建立静态的组织系统，可以细分为建设工程项目组织规划和建设工程项目组织结构设计两个方面工作。保证组织结构的良好运作实质上就是建立动态的项目组织系统。建立动态的组织系统，首先，需要通过建立严格的制度和合同的手段实现组织的运行，并通过组织协调和组织优化不断地改进组织运行的效率；其次，要通过良好的组织文化来推动和优化组织运行的环境，包括内在的环境和外在的环境；最后，通过完善的绩效管理来对组织运行全过程进行评价和控制，来保证组织效率的提高。

分析与思考：

建立一个组织需要考虑哪些因素？建立公司组织和项目管理组织之间考虑的因素相同吗？

2.5　建设工程项目管理组织结构的类型与选择

2.5.1　建设工程项目管理组织的主要类型

建设工程项目管理组织的类型主要包括：工程指挥部式组织结构、项目公司式组织结构、CM 式组织结构、PM 式组织结构、PMC 式组织结构、代建制组织结构。

1. 工程指挥部式组织结构

工程指挥部式组织结构是由政府部门牵头，组织建设单位、设计单位、施工单位针对具体建设工程项目成立指挥部、筹建处、办公室等相应职能部门，工程指挥部负责建设工程项目建设期间的设计、采购、施工管理工作，如图 2.9 所示。项目建成后交给生产管理职能部门负责运营，工程指挥部即完成使命。这就是说采用工程指挥部的组织机构仅仅对工程建设过程进行管理，而不负责竣工之后的生产经营管理等工作。

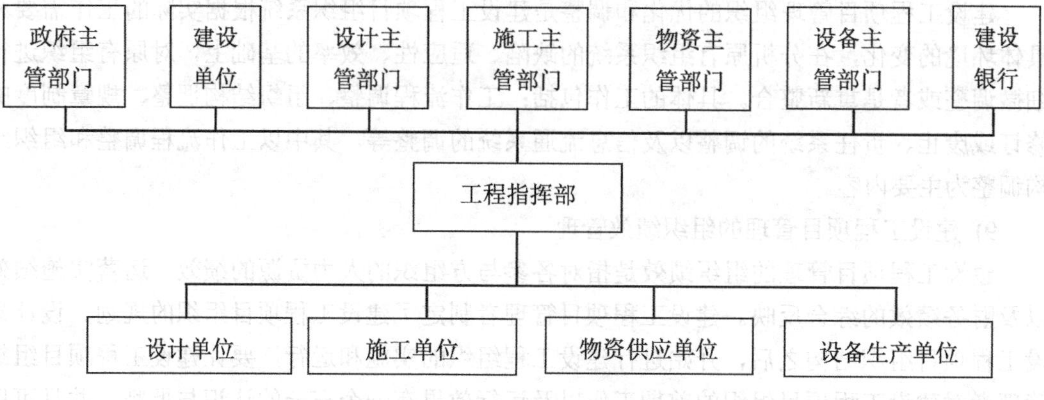

图 2.9　工程指挥部式组织结构图

在工程指挥部式组织结构中，建设单位在行使职能的时候有比较大的权威性，可以采用行政手段进行决策、指挥和协调各方面的关系，调配项目建设所需要的设计单位、施工队伍和材料、设备等，在特定的经济和政治条件下，发挥了积极作用。在我国 1965 年到 1984 年间，许多大、中型项目的建设，均采用了工程指挥部的方式，为我国的经济发展奠定了基础。

工程指挥部式组织结构的指挥部是临时组建的，缺乏建设管理经验和手段，形成“只有一次教训，没有二次经验”的局面。同时，该模式具备行政管理的职能，多方面不符合市场经济的规律，但是其具有强制性行政干预的特点，可以在项目实施过程中所出现的相互协作配合问题的解决方面具有决策快、效率高的特点。因此，目前在我国大型项目，特别是政府投资项目，工程指挥部仍然被采用。

2. 项目公司式组织结构

项目公司比较常见的是在 BOT(Build Operate Transfer)的模式中，为了特定的工程建设项目而成立项目公司，由其负责该项目的生产、建设、运营等项目事宜。因此，项目公司是我国适应社会主义市场经济体制的一种新型组织，在建设项目的建设阶段成立针对性的项目公司，并由该项目公司负责整个项目的策划、资金筹措、组织建设实施、负责生产经营、偿还以项目资产为条件的债务，确保建设项目的资产保值和增值。因此，项目公司是该组织结构的核心。项目公司式组织结构如图 2.10 所示。

在建设工程项目组织结构中项目公司的主要职责包括：①组建项目公司在现场的建设管理机构；②编制工程建设计划和建设资金计划；③对工程质量、进度、资金等进行管理；④协调项目的外部关系；⑤对项目的筹划筹资、人事任免、招标投标、建设实施直至市场经营、债务偿还、资产保值增值实施全过程管理；⑥按照国家有关规定享有充分的法人自主权。

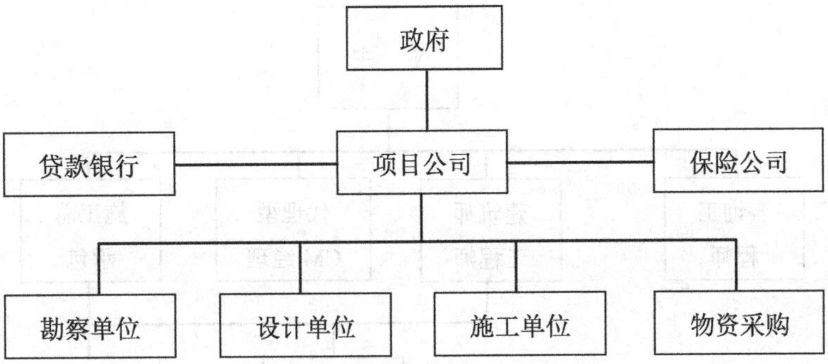

图 2.10 项目公司式组织结构图

3. CM 式组织结构

1) 定义

CM (Construction Management)按照其字面直译成中文就是“施工管理”或者是“建设管理”。显然目前在建设工程管理领域“施工管理”和“建设管理”具有比较明确的含义，为此国内部分学者将其翻译为“建设工程管理”，从中文的意思可知，“建设工程管理”的含义太大，很难对 CM 模式的具体含义解释清楚。因此从目前来看，大部分采用英文字母缩写，即 CM 模式来表达。

CM 模式的项目管理组织结构的根本出发点是为了缩短工程建设工期，其组织结构一般采用“快速路径法”施工，即 Fast-Track Method，又称为阶段施工法(Phased Construction Method)。“快速路径法”的基本思路是采用“Fast-Track”的生产组织方式，即“设计一部分、招标一部分和施工一部分”的方法，实现设计与施工的充分搭接，进而缩短整个建设工期。

在 CM 模式中，从建设开始雇佣具有施工经验的 CM 单位(或 CM 经理)参与到建设工程实施过程中来，以便为设计人员提供施工方面的建议，在随后的施工阶段负责施工过程的管理。这样安排 CM 单位或 CM 经理的目的就是将建设工程的实施看作一个整体，同时考虑设计和施工两个因素，力求使建设工程在最短的时间内、最合理的经济费用和满足合同条件的工程质量建成并投入使用。

2) 类型

CM 组织结构有两种形式，第一种是代理型 CM 模式，第二种是风险型 CM 模式。

第一种代理型 CM(“Agency”CM)，如图 2.11 所示。在代理型 CM 模式中，CM 经理是作为业主的咨询单位或者是代理机构，业主和 CM 经理之间签订的合同是采用固定成本加管理费的类型，业主在工程建设各个阶段和各承包商签订合同，在施工阶段和施工单位签订工程施工合同。由于 CM 经理是代理型的，它对设计单位没有指令权，而只能向设计单位提出一些合理化建议，因此，CM 单位和设计单位之间是协调关系。

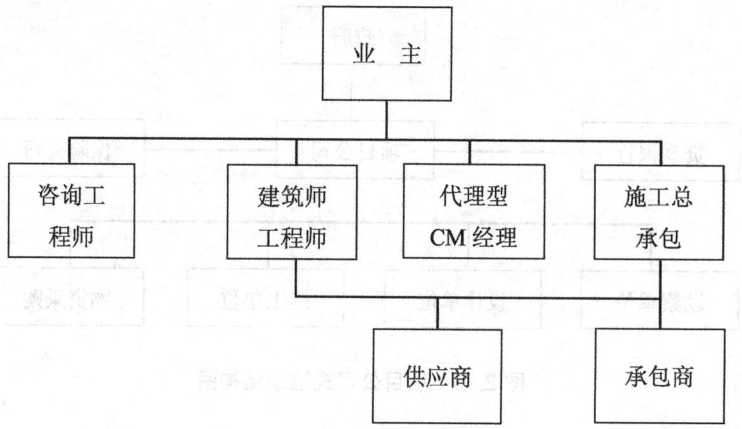

图 2.11 代理型 CM 式组织结构图

第二种非代理型 CM(CM/Non Agency)，也称为风险型 CM(“A T-Risk” CM)方式，如图 2.12 所示。采用风险型 CM 式组织结构时，CM 经理承担着施工总承包的角色，在风险型 CM 模式中，业主通常会要求 CM 经理对承包的工程做出一个最大工程费用(Guaranteed Maximum Price，GMP)，以保证业主的投资最高额。当工程建设全部结束之后，工程的结算超过 GMP 时，则由 CM 单位(或 CM 经理所在单位)对超出额进行赔偿，即由 CM 单位(或 CM 经理所在单位)对超出部分进行支付，但是如果最后的工程结算额低于 GMP，则多出的部分归业主所有，即节约的投资归业主所有。

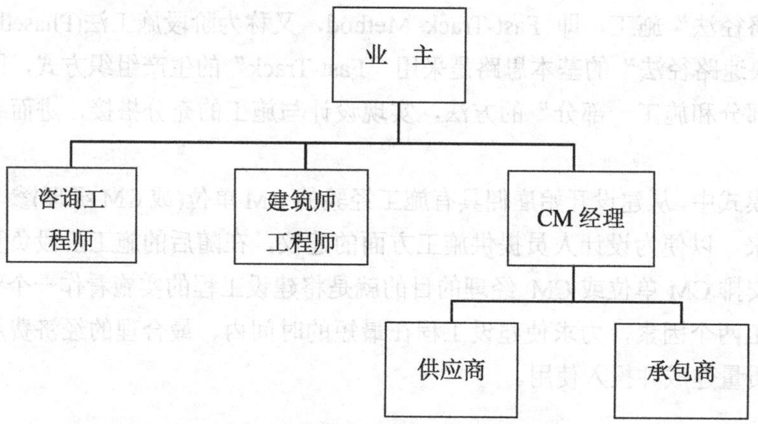

图 2.12 风险型 CM 式组织结构图

3) 优缺点

CM 组织结构的优点包括以下几个方面。

(1) 设计的可施工性较好，施工效率高。这是因为业主在项目初期就雇佣了 CM 单位(或 CM 经理)，可以在项目初期发挥其施工经验和管理技能，协调设计单位做好设计工作，提供设计具有可施工性。

(2) 采用“快速路径法”施工，施工工期短。

(3) 一旦设计得到业主的同意和政府部门的审批，就可以开工，因此，施工工作可以提前进行，可以缩短总的工期。

(4) 在设计阶段引入 CM 经理，在设计中采用可施工性的建议，减少了设计方和施工方的对立，改善了交流渠道，提高了效率。

(5) 项目可以提前完工，业主可以提前运营并收回投资。

(6) 在 CM 组织结构中，实现了业主对项目的直接控制。

CM 组织结构的缺点主要包括以下两个方面。

(1) 风险较大，因为在招投标选择承包商的阶段，工程全部设计尚未完全完成，工程项目的整体费用不明确，业主无法对整个工程建设项目的费用有全局的控制概念。

(2) 设计单位要承受来自业主和 CM 单位(CM 经理)甚至是承包人的压力，在工程实施过程中特别是设计阶段如果协调的不好，设计的质量和进度都会受到影响。

4. PM 式组织结构

项目管理式组织结构(Project Management，PM)是指项目管理公司按照合同约定，在工程项目决策阶段，为业主编制可行性研究报告，进行可行性研究和项目策划；在建设工程项目实施阶段，为业主提供招标代理、设计管理、采购管理、施工管理和试运行(竣工验收)等服务，代表业主对建设工程项目进行质量、进度、投资、安全、合同、信息等控制和管理。显然，项目管理公司外包的是业主的工程项目管理任务，因此，项目管理公司一般按照合同约定承担相应的管理责任。项目管理式组织中各方关系如图 2.13 所示。

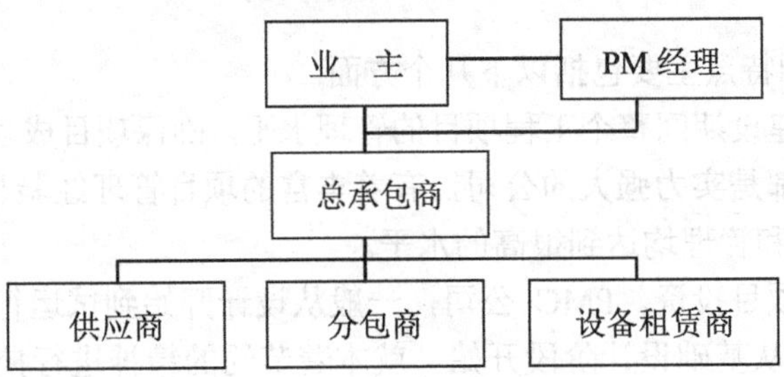

图 2.13　PM 式组织结构图

5. PMC 式组织结构

1) 定义

项目管理承包(Project Management Contraction，PMC)是指项目管理承包商代表业主对建设工程项目进行全过程、全方位的项目管理，包括进行工程的整体规划、项目定义、工程招标、选择设计、施工、试运行，并对工程进行全面管理。PMC 是业主机构的延伸，从定义阶段到投产全过程的总体规划和计划的执行对业主负责，PMC 机构的目标和利益保持与业主一致。PMC 式组织结构如图 2.14 所示。

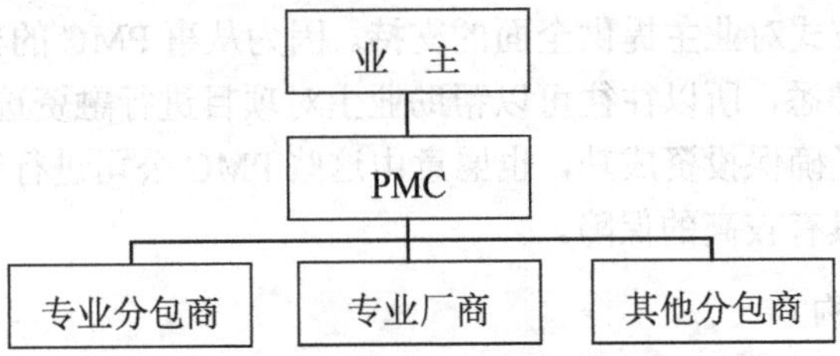

图 2.14　PMC 式组织结构图

2) 应用

PMC 式组织结构应用在比较复杂、大型的工程建设项目中。因为对大型建设项目而言，建设工程项目的组织比较复杂，管理难度大，需要整体协调的工作比较多，业主往往选择 PMC 承包商进行项目管理承包。因此，对于 PMC 承包商而言，应具备较高的素质，能够承担广义的和狭义的组织协调，对工程项目进行全方位的管理。具体而言，PMC 承包商可以有效地完成项目前期阶段的准备工作，协助业主获得项目融资；对参与项目的众多承包商和供应商进行管理，确保彼此目标的一致性和互动性，力争项目整个生命周期总成本最低。

3) 类型

根据 PMC 组织的工作范围，一般可以分成以下三种类型。

(1) 代表业主管理项目，同时还承担一些界外和公用设施的“设计—采购—施工”(EPC)工作。这种工作模式对 PMC 组织来说，风险较高，但是其相应的利润和回报率也高。

(2) 作为业主管理队伍的延伸，仅仅是管理 PMC 承包商，而不是承担任何 EPC 工作。这种 PMC 模式相应的风险和回报都会比上一种低一些。

(3) 作为业主的顾问，对项目进行监督、检查，并将未完成工作及时向业主汇报。这种情况下 PMC 组织几乎不承担任何风险，所以回报也最低。

4) 特点

PMC 组织模式的特点主要包括以下几个方面。

(1) 有助于提高建设期间整个工程项目的管理水平，确保项目成功建设。因为业主选择的 PMC 公司大部分都是实力强大的公司，有着丰富的项目管理经验和从事多年 PMC 的背景，他们的技术实力和管理均达到很高的水平。

(2) 有利于节省项目投资。PMC 公司，一般从设计开始到试运行阶段为止，全面介入建设工程项目管理。从基础设计阶段开始，就本着节约的精神进行控制，从而降低项目采购和施工费用，达到节省投资的目的。因为业主在和 PMC 公司签订合同时，一般都有节约投资就给予一定比例的奖励的条款，所以 PMC 公司在保证建设工程质量和工期的前提下，尽可能为业主节约投资，这样 PMC 公司就会获得一定的奖励。

(3) 有利于精简业主建设期的管理机构。对于超大型项目，业主如果选用工程指挥部形式进行管理，就要建立一个结构相对庞大的指挥部，人数也相对多。当工程项目建设完成之后，工程指挥部的人员去留将会是一个非常棘手的问题。而 PMC 公司和业主之间仅仅是合同雇佣关系，在工程建设期间，PMC 公司会针对项目特点组成合适的组织机构协调业主进行工作，业主只需要保留很少的人员管理项目，从而使业主精简了机构。

(4) 有利于业主取得融资。PMC 公司除了对建设工程项目进行管理之外，还会组织项目融资、出口信贷等方式对业主提供全面的支持。因为从事 PMC 的公司对国际融资机构和出口信贷机构都非常熟悉，所以往往可以帮助业主对项目进行融资选择和出口信贷的选择。从融资机构而言，为了确保投资成功，也愿意由这些 PMC 公司进行管理，确保项目的成功建成，使得投资收益具有较高的保障。

6. 代建制组织结构

代建制，就是指政府主管部门对政府投资的非经营性建设项目，按照使用单位提出的建设项目功能要求，通过公开招标选定专业的工程建设管理单位，并委托其进行项目可行性研究、环境评估、规划设计、项目报审以及项目施工的招投标和材料设备采购等整个建设过程的管理。代建制组织结构如图 2.15 所示。

代建制是对我国政府投资的非经营性建设项目管理模式进行市场化改革的重要举措。代建制含有代建和制度两重含义。“代建”是指投资人将建设项目委托给专业化工程项目管理公司代为建设直至交付使用；“制”是制度，规定在政府投资的公益性建设项目中采用这种项目管理模式。委托代建源于国际上通用的建设工程项目总承包，但我国的“代建制”中还包括了制度的内涵，是结合国情的一项政府投资项目管理创新。

由政府选择有资质的项目管理公司，全面负责建设工程项目全过程的组织管理，促使政府投资工程“投资、建设、管理、使用”的职能分离，通过专业化的项目管理最终达到控制投资、提高投资效益和管理水平的目的。

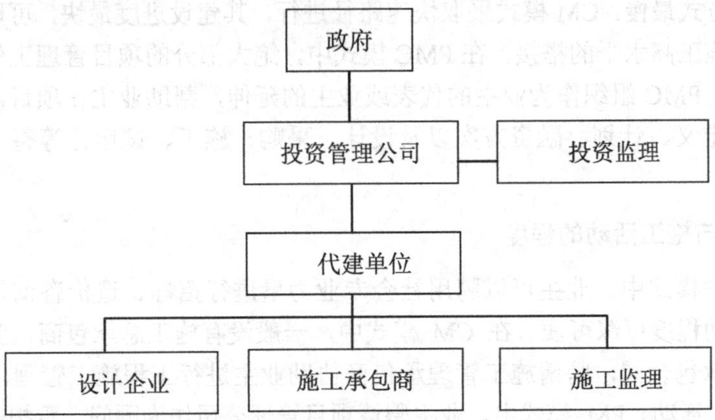

图 2.15 代建制组织结构图

重点提示：

掌握不同建设项目管理组织结构的优缺点。

2.5.2 建设工程项目管理组织结构的选择

建设工程项目组织结构的选择主要决定于建设工程项目的复杂程度、工程成本的早期明确强度、建设进度以及业主参与施工活动的程度和设计人员参与工程管理的程度，当然采用何种管理组织结构和业主的偏好有很大的关系。

1. 建设工程项目的复杂程度

对于不同程度的建设工程项目，可以选择不同的建设工程项目组织的结构形式。一般而言，对于复杂的建设工程项目，采用 CM 组织结构是最合适的。因为在 CM 组织结构中，CM 管理承包商处于独立地位，与设计或施工均没有利益关系，更加专注于组织协调。PMC 适合在项目投资额大且相当复杂的工艺技术，或由于某种原因业主感到凭借自身的资源和能力难以完成，需要寻找有管理经验的 PMC 组织来代替业主完成项目管理的项目。一般而言，一个项目的投资额越高、项目越复杂且难度越大，就越适合选择 PMC 组织。

2. 项目成本的早期明确程度

建设工程项目的成本明确程度对于业主具有重要意义，通过它可以知道建设项目的投资总额。但是因为建设工程建设周期长，各方面的风险因素众多，使得建设工程项目的成本一直不具备确定性。传统的建设工程项目管理模式，具有早期成本明确性，因为在不考虑其他因素的情况下，设计图纸中可以预估出投资总成本。CM 模式则是由一系列的合同组成，随着工作进展，建设工程成本才会不断明确。在 PMC 模式中，合同总价一般是控制在规定的范围之内的。

3. 建设工程项目的建设进度

传统的建设项目管理模式中，一般均在施工设计图纸完全出来之后再进行施工单位的招投标，进度方式最慢。CM 模式采取快速路径进行，其建设进度最快，可以保证工程快速施工，设计和施工高水平的搭接。在 PMC 模式中，绝大部分的项目管理工作都由项目管理承包商来承担。PMC 组织作为业主的代表或业主的延伸，帮助业主在项目前期策划、可行性研究、项目定义、计划、融资方案以及设计、采购、施工、试运行等整个过程中有效控制工程进度。

4. 业主参与施工活动的程度

在项目管理模式中，业主可以聘用社会专业力量进行招标、造价咨询等管理工作，参与施工管理活动程度可深可浅。在 CM 模式中，一般没有施工总承包商，业主与多个施工单位签订施工承包合同，聘请施工管理承包商协助业主进行工程施工管理，但是业主必须适当地介入施工活动。PM 模式中，业主聘请项目管理公司作为顾问，承担部分施工管理工作。PMC 模式中，业主聘请管理承包商作为业主代表或业主的延伸，对项目进行集成化管理。

5. 设计人员参与工程管理的程度

传统的项目管理模式当中，设计人员参与工程管理的程度较高。CM 模式中，设计工作和工程管理工作彻底分离，设计人员虽然作为项目管理的一个重要参与方，但工程管理的工作由施工管理承包商来承担，施工管理承包商要求设计人员在适当的时间提供设计文件，配合施工承包商完成工程建设。PMC 模式中，设计人员在 PMC 组织和安排下，完成基础设计任务，并交由 PMC 组织审查。详细设计可由 PMC 组织选定的总承包商来完成。

分析与思考：

选择建设工程项目管理组织结构时应考虑哪些因素？

2.6 项 目 经 理

2.6.1 项目经理的概念

项目经理是企业法定代表人在承包的建设工程施工项目上的委托代理人，是一个岗位性职务。项目经理应根据企业法定代表人授权的范围、时间和内容，对建设工程项目自开工准备至竣工验收，实施全过程、全面管理。根据项目经理所属的单位不同，项目经理可以分为业主的项目经理、咨询机构的项目经理、设计单位的项目经理和施工单位的项目经理，也就是说各个工程建设参与方都有项目经理部和项目经理参与工程实施。

1. 业主的项目经理

业主的项目经理即投资人单位领导和组织一个完整的建设工程项目的总负责人。小型项目的项目经理可以由一人担任，而对于规模大、工期长并且技术复杂的工程项目，则由工程总负责人、工程投资控制者、进度控制者、质量控制者及合同管理者等人组成项目经理部，对项目建设全过程进行管理。同时业主也可以分阶段配备项目经理，如准备阶段项目经理、设计阶段项目经理和施工阶段项目经理等。

2. 咨询机构的项目经理

咨询机构是业主委托代为进行项目管理的专业工程咨询机构。在项目比较复杂，业主没有足够的人员组建一个能胜任管理任务的管理班子时，需要委托咨询机构来组建一个帮助自己进行项目管理的组织。咨询机构就是承担这样的角色，可以代理业主进行一个阶段的项目管理工作，也可以是工程建设全过程的项目管理。

3. 设计单位的项目经理

设计单位的项目经理是设计单位领导和组织一个建设工程项目设计的总负责人。设计单位的项目经理对业主的项目经理负责，从设计的角度控制工程项目的总目标。

4. 施工单位的项目经理

施工单位的项目经理，即施工企业法定代表人在承包的建设工程施工项目上委托的法定代表人。他是建设工程项目施工的总负责人，是施工项目经理部的最高指挥者和组织者。项目经理部是由项目经理在企业的支持下组建并领导进行项目管理的组织机构。由工程项目施工负责人、施工现场负责人、施工成本负责人、施工技术与质量控制者、合同管理者等人员组成。

2.6.2 项目经理的工作任务和责、权、利

1. 建设单位项目经理的职责

建设单位项目经理的主要职责包括：做好项目的组织与协调，做好项目信息与合同管理，控制工程建设的投资、工期和质量，及时验收检查，实现工程项目的总目标。具体内容包括：

(1) 确定项目组织系统，明确各主要人员的职责分工；
(2) 确定项目管理系统的目标、项目总进度计划并监督执行；
(3) 负责组织工程项目可行性研究报告和设计任务书的编制；
(4) 控制建设工程项目投资额、进度和工期，以及建设工程质量；
(5) 进行工程合同管理，当工程有变更的时候，及时进行协调和调整；

(6) 制定项目技术文件管理制度，建立完善的工程技术档案；

(7) 审查批准与建设工程项目有关的物资采购活动；

(8) 组织并协调与工程项目建设有关的各方面工作，实现工程项目总目标。

2. 施工单位项目经理的工作任务

施工单位项目经理的任务包括：

(1) 确定项目管理组织机构并配备相应人员，组建项目经理部；

(2) 制定岗位责任制等各项规章制度，以便有序地组织项目，开展工作；

(3) 制定项目管理总目标、阶段性目标，以及总体控制计划，并实施控制，保证项目管理目标的全面实现；

(4) 及时准确地做出项目管理决策，严格管理，保证合同的顺利实施；

(5) 协调项目组织内部及外部各方面关系，并代表企业法人在授权范围内进行有关签证；

(6) 建立完善的内部和外部信息管理系统，确保信息畅通无阻、工作高效进行。

3. 施工单位项目经理的职责

施工单位项目经理应当履行的职责包括：

(1) 代表企业实施施工项目管理，贯彻执行国家法律、法规、方针、政策和强制性标准，执行企业的管理制度，维护企业的合法权益；

(2) 履行项目管理目标责任书规定的任务；

(3) 组织编制项目管理实施规划；

(4) 对进入现场的生产要素进行优化配置和动态管理；

(5) 建立质量管理体系和安全管理体系并组织实施；

(6) 在授权范围内负责与企业管理层、劳务作业层、各协作单位、发包人、分包人和监理工程师等的协调，解决项目中出现的问题；

(7) 按项目管理目标责任书处理项目经理部与国家、企业、分包单位以及职工之间的利益分配；

(8) 进行现场文明施工管理，发现和处理突发事件；

(9) 参与工程竣工验收，准备结算资料和分析总结，接受审计；

(10) 处理项目经理部的善后工作；

(11) 协助企业进行项目的检查、鉴定和评奖申报。

4. 施工单位项目经理的权利

施工单位项目经理具有的权限包括：

(1) 参与企业进行的施工项目投标和签订施工合同；

(2) 经授权组建项目经理部，确定项目经理部的组织结构，选择、聘任管理人员，确定管理人员的职责，并定期进行考核、评价和奖惩；

(3) 在企业财务制度规定的范围内，根据企业法定代表人授权和施工项目管理的需要，决定资金的投入和使用，决定项目经理部的计酬办法；

(4) 在授权范围内，按物资采购程序性文件的规定，行使采购权；

(5) 根据企业法定代表人授权或按照企业的规定，选择、使用作业队伍；

(6) 主持项目经理部工作，组织制定施工项目的各项管理制度；

(7) 根据企业法定代表人授权，协调、处理与施工项目管理有关的内部与外部事务。

5. 施工单位项目经理的利益

施工单位项目经理应当享有的利益包括：

(1) 获得基本工资、岗位工资和绩效工资；

(2) 除按项目管理目标责任书可获得物质奖励外，还可获得表彰、记功、优秀项目经理等荣誉称号；

2.6.3 项目经理的责任制

1. 项目经理责任制的含义及作用

项目经理责任制就是将项目经理统一领导、全面负责的组织管理形式作为项目管理的一种制度。项目经理责任制的主体是项目经理个人全面负责、项目经理部集体承包；项目经理责任制的重点是管理。项目经理的工作内容是项目管理目标责任书所确定的，项目管理目标责任书是项目经理部开展项目管理工作的根本。

项目经理责任制是以项目经理为责任主体的施工项目管理目标责任制度。实行项目经理责任制有利于明确职责，形成合理的责、权、利体系；有利于从行政指令式的管理方式向经济合同制的管理方式转变；有利于优化组织结构，采用弹性矩阵式的组织形式；有利于强化项目意识，树立项目的权威性，统一思想，提高效率，保证项目目标的实现。

2. 项目管理目标责任书内容

项目管理目标责任书包括：

(1) 企业各业务职能部门与项目经理部之间的关系；

(2) 项目经理部使用作业队伍的方式，项目所需材料、机械设备的供应方式；

(3) 项目应达到的进度目标、质量目标、安全目标和成本目标等；

(4) 在企业制度规定以外的，由法定代表人向项目经理委托的事项；

(5) 企业对项目经理部人员进行奖惩的依据、标准、办法及应承担的风险；

(6) 项目经理解职和项目经理部解体的条件及方法。

3. 项目经理责任制的特点

项目经理责任制具有以下几方面特点。

(1) 对象的单一性。项目经理的责任是对建筑产品形成过程的一次性全额承包，包括建筑产品形成的全过程。

(2) 主体的直接性。项目经理责任制实行“经理负责、全员管理、集体承包、风险抵押、单独核算、自负盈亏”的目标管理制度。

(3) 内容的全面性。项目经理责任制包括建设工程项目管理过程的所有内容，在建设工程项目管理过程中所有事件均可由项目经理全权负责。

(4) 责任的风险性。项目经理工作必须满足“目标突出、责任明确、利益直接、考核严格”的基本要求。

4. 项目经理责任制的条件

实行项目经理责任制应当具备以下条件：

(1) 项目任务落实、开工手续齐全，具有切实可行的施工组织设计；

(2) 各种工程技术资料、施工图纸、劳动力配备、主要材料等已经落实，可以保证按计划供应；

(3) 拥有相当数量的懂技术、会管理、敢负责并具有施工项目管理经验的人才，可以组织一个精干、得力、高效的项目管理班子；

(4) 实现企业业务工作系统化管理，形成良好的内外部环境，具有为项目经理部提供劳务、材料、机械设备及生活设施等服务的功能。

5. 项目经理责任制的考核评价

1) 考核评价的方式

项目经理责任制的考核方式主要包括：按年度或按工程进度进行阶段性考核评价和全面的终结性考核评价。

2) 考核评价的内容

阶段性考核内容一般包括：完成工程施工合同、经济效益、回收工程款、执行承包人各项管理制度、各种资料归档等情况，以及项目管理目标责任书中其他要求内容的完成情况。终结性考核的内容应包括确认阶段性考核的结果，确认项目管理的最终结果，确认该项目经理部是否具备“解体”的条件。

2.6.4 项目经理的执业资格与管理

1. 建造师执业资格制度

建造师是以建设工程项目管理为主业的执业注册人员。注册建造师是以专业技术为依托，懂管理、懂技术、懂经济、懂法律的复合型高级技术人员。建造师分为一级建造师和二级建造师。不同等级的建造师必须经过统一的资格考试、注册，取得执业资格。一级建造师执业资格考试，全国统一考试大纲、统一命题、统一组织考试。二级建造师执业资格考试，全国统一考试大纲，各省、自治区、直辖市命题并组织考试。考试内容分为综合知识与能力，专业知识和能力两个部分。符合报考条件的人员，考试合格即获得一级或二级建造师执业资格证书。

取得建造师执业资格证书，且符合注册条件的人员，经过注册登记后，即获得一级或者二级建造师注册证书。建造师执业资格注册有效期一般为 3 年，有效期满前，要办理再次注册手续，且建造师必须接受继续教育，不断更新知识，不断提高业务能力。

2. 建造师执业资格制度与项目经理之间的关系

项目经理是建筑企业实施工程项目管理设置的一个岗位职务，项目经理根据企业法定代表人的授权，对工程项目自开工准备到竣工验收实施全面组织管理。项目经理是行政职务，是岗位职务，是由企业授予符合承担项目经理一职的人员的行政职务。

建造师是从事建设工程管理包括项目管理的专业技术人员的执业资格。按照规定，必须参加建造师执业资格考试合格的人员才能被称为建造师。获得建造师执业资格的人员，必须经过注册之后才可以担任建设工程项目经理一职。一级注册建造师可以承担《建筑企业资质等级标准》中规定的特级、一级建筑企业可承担的建设工程项目施工的项目经理；二级注册建造师只能承担二级及以下建筑业企业可以承担的建设工程项目施工的项目经理。具备注册建造师执业资格的人员是否担任项目经理由企业决定，但是目前根据我国的建设法律法规规定，项目经理必须由具备建造师资格的人员来担任。

综上所述，项目经理是岗位职务，而建造师是技术职称，项目经理必须具备建造师资质，而具备建造师资质的人未必承担项目经理一职。

3. 项目经理的选聘

项目经理的选聘主要是根据其工作能力。目前我国施工项目经理的选聘一般通过三种途径。

1) 竞争招聘制

竞争招聘的范围面向公司内外，操作程序一般是：个人自荐、组织审查、答辩演讲、择优选聘。通过竞争招聘的方式既可以择优录取，又可以增强项目经理的竞争意识和责任心。

2) 领导委任制

上级领导委任制一般适用于公司内部，经公司提名，人事部门观察、党政决定，这种方式在我国国有制企业内普遍存在。领导委任制要求公司组织和人事部门认真考核，知人善用。

3) 基层推荐，内部协调

这种操作方式由公司内部各个基层推荐若干人选，然后由人事部门集中意见，经过认真考核后，提出拟聘人选，由公司决策层决定。同时，必须注意的是，由于项目大小不一，组织管理的复杂程度不同，项目经理的设置及其工作班子成员的多少没有统一的标准。总之，项目经理必须是具备决策能力、组织能力、创新能力、协调与控制能力、激励能力和社交能力，同时也要有良好的知识结构和身体素质等综合素质。

重点提示：

项目经理责任制的实行确立了项目经理的地位，以及其相应的责、权、利。

【案例 2-3】

项目经理的能力

某公司工程部的小王和采购部的小李具有很强的业务能力，该二人因卓有成效的业绩而被选派到一个巨大的工程建设项目中工作，小王被任命为项目工程部的经理，小李被任命为项目采购部的经理。小王长期从事工程施工现场管理工作，有丰富的现场管理经验，技术能力强，同时他还带了许多长期合作的下属，这对完成一个大型项目很重要。而小李从事采购工作也很多年，对周边的建材市场很了解，并且也具有一定的关系网，他的加盟使得项目与外界的关系进一步加强。公司为了在大型项目中培养人才，安排年轻的工程师当预算部的经理，提拔一个年富力强的技术骨干当该大型建设项目的项目经理。

项目团队组建不久，矛盾就表现出来了。工程部经理和采购部经理都能力极强并且也个性极强，他们对比他们工作经历少的项目经理很不服气，处处想为难项目经理。尽管如此，项目经理也容忍了他们的傲气，尽可能消除矛盾，维持项目组织的团结。

随着项目的进行，工程部经理和采购部经理之间的摩擦开始。工程部的经理经常抱怨采购部经理采购的材料不能按计划进场，而采购部经理则抱怨工程部提交的材料计划太迟了，常常都是要用的时候才提出来，根本就没有采购的时间。双方常常发生冲突，发生冲突的时候他们都希望得到项目经理的支持，但是项目经理采取中立的态度，尽可能不激化矛盾的情况下，维持他们之间的现状，不站在任何一个人的立场，也不调离谁。

工程项目施工到高峰期时，突然遇到建材市场材料短缺，加上预算部的工作失误，使得当月的工程成本核算出现了误差，结果少了 30%的当月预付款，当发生这样的局面时，所有人都认为工期将完不成了。这时候，项目经理站了出来，向大家检讨说遇到这样的问题是他对工程项目的预测不足，并承担主要责任，并鼓励预算部经理从容面对困难，相信团队的力量可以战胜困难。

患难见真情，大家都被项目经理的人格魅力所感召，项目部成员表现出团结一致、克服困难的决心。采购部经理利用其关系网络赊购了短缺的建筑材料，预算部成员则抓住业主的失误多次索赔成功，不但弥补了以前的过错，还为项目赢得了额外的利润。最终，项目按计划完成，取得皆大欢喜的结果。

(资料来源：任宏，张巍编著. 工程项目管理[M]. 北京：高等教育出版社，2005.)

问题与测试：

1. 从此案例中可知，项目经理应具备哪些素质？
2. 按照现行法律法规的规定，项目经理应具备什么资格？

本章小结

本章主要讲述建设工程项目组织的概念、特征；建设工程项目管理组织结构的基本类型和特点；建设工程项目结构的分解及编码；项目经理的概念，项目经理的责、权、利，项目经理的执业资格和管理等内容。

思考题

1. 什么是组织？组织的特征有哪些？构成要素有哪些？
2. 组织设计的原则有哪些？基本内容有哪些？
3. 目前主要有哪些组织结构，各自的特点有哪些？各适用于什么样的工程建设项目？
4. 项目经理的职责有哪些？如何进行项目经理的选聘？

第3章

建设工程项目前期策划与决策

学习目标

- 掌握项目前期策划和定位的内容。
- 熟悉建设项目评估的类别、内容和方法。
- 掌握可行性研究的程序和内容。

本章导读

本章主要学习建设工程项目的前期策划与项目定位、建设项目投资机会研究与可行性研究、建设工程项目评估等内容。

项目案例导入

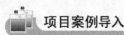

×××商业步行街主题定位非常鲜明、准确，其特点包括：①都市的。××市是知名的现代化都市，商场集中在面向普通大众的消费者层面(即一网打尽型)，缺乏市场细分，尤其缺乏都市时尚类型的主题商场，步行街定位占据市场空白点。步行街位处××市最繁华的商圈，与周边时尚商场构筑都市时尚繁华地。②流行的。青年人群消费市场巨大，步行街市场定位为流行商品类别，主要经营时尚潮流业态，与大众消费相比，其经营商品更新淘汰速度将会更快。③休闲的。步行街的购物方式是一种懒散的、随意的形式，是一种不知不觉中完成的状态。④复合的。可以同时满足吃饭、游玩、购物、健身、娱乐等功能。⑤互动的。打破商场与消费者之间的隔膜，形成步行街内各业态之间的互动、商业业态与建筑物之间的互动、步行街与周边街区的互动，为终端消费者与店铺之间提供了参与的可能。

问题导入

上述案例中，针对该项目进行了主题定位，并从五个方面做了非常鲜明具体的描述，这样就突出了该项目的特点，体现了该项目的差异化特征，建立了独特的竞争优势。除此之外，该主题定位还确定了项目的潜在消费群体、消费形式、购物方式、项目功能等内容，具有较强的指导性和可操作性。那么，如何围绕项目特征进行上述精准定位？除了主题定位之外，项目定位又包括哪些其他内容？通过本章的学习将会解答这些问题，初步具备建设工程项目前期策划和定位的能力。

3.1 建设工程项目的前期策划与项目定位

工程项目前期策划是对未来的工程项目进行创造性的规划，是工程项目管理活动的重要内容。工程项目前期策划包括项目定位、项目选址、项目分析、项目规划、项目营销、物业管理等。

3.1.1 建设工程项目前期策划概述

1. 建设工程项目前期策划的特征

工程项目前期策划是根据工程项目的具体目标，以市场分析和市场定位为基础，以独特的概念设计为核心，综合运用各种策划手段，如投资策划、设计策划、营销策划等，按一定的程序对未来的工程项目进行创造性规划的活动。工程项目前期策划具有前瞻性、创新性、可操作性等特征。

1) 前瞻性

由于工程项目的建设期较长，因此项目策划必须具备超前的、预见性的理念、创意、手段等。工程项目策划的前瞻性应贯穿工程市场分析、项目定位、项目选址、规划设计、市场营销等阶段。

2) 创新性

工程项目前期策划应不断追求新概念、新主题等，从而赋予项目独特的个性，并区别于其他工程项目。此外，独创的策划方法、手段等，也将使工程项目的策划效果有所改变。

3) 可操作性

工程项目的前期策划方案必须易于操作、便于实施。脱离市场、超越开发商能力的策划，只能是纸上谈兵。

2. 工程项目前期策划的作用

1) 工程项目前期策划能提高决策的准确度

工程项目前期策划是在对工程项目市场调研后形成的，有可靠的市场基础，可以作为工程企业的参谋，使企业及企业家决策更为准确，并避免项目在运作中出现大的偏差。

2) 工程项目前期策划能有效地整合资源

要开发好一个工程项目，需要调动很多资源协调发展，如财力资源、人力资源、物力资源、社会资源等。这些资源在工程项目策划尚未参与前，往往是分散的、凌乱的。工程项目前期策划能参与到各种资源中去，理清关系，整合资源，形成项目的优势。

3) 工程项目前期策划能增强项目竞争力

工程项目前期策划能在科学的市场分析的基础上，明确项目的特点和优劣势，并通过项目全过程的策划和资源的有效整合，突出项目的优势，增强项目市场竞争力。

3. 工程项目前期策划的内容

1) 项目定位策划

工程项目定位是在深入的市场分析的基础上，深刻剖析项目的特性，对项目进行设计、进而创造项目的特色，使之在工程投资者和消费者心目中占据突出的地位，留下鲜明的印象，并区别于竞争者，且满足目标客户的某种需要或偏好。工程项目的定位策划应依据差别化、个性化等原则进行工程项目的目标、区域、功能、客户、产品、价格、时间等的定位。

2) 项目选址策划

工程项目选址的实质是根据不同区域、不同用途的土地供给和工程产品的市场需求，确定工程项目的地点、功能、类型和规模。工程项目的选址策划应在充分了解、深入分析城市规划和工程市场的基础上，通过对开发地位置、面积、地形地貌、气象条件、地质水文条件、征地拆迁条件、交通运输条件、环境保护条件、水电煤等基础设施条件、工作生活设施依托条件、施工条件、法律法规的约束条件等的分析，研究地块的开发价值、土地使用权获取的可能性及成本方法等，对项目选址提出建议。

3) 项目分析论证

工程项目投资具有高投入、高风险、长期性、单一性、系统性、时序性等特点，因而工程项目的前期分析和论证至关重要。工程项目应在多方案选择的基础上，推荐最佳方案。

4) 项目规划策划

工程项目规划策划是以项目的市场定位为基础，以满足目标市场的需求为出发点，对项目地块进行总体规划布局，确定建筑风格，紧紧围绕目标客户，选定主力户型，引导室内装修风格，并对项目的环艺设计进行充分提示。

5) 项目形象策划

工程项目形象包括工程项目的总体战略形象、社区文化形象、企业行为形象、员工形象及其项目视觉形象等。工程项目形象策划的目的是与其他项目相区别。例如，通过项目名称、标志等的设计，树立鲜明的形象。

6) 项目营销策划

工程项目营销策划是对未来将要进行的营销活动进行整体、系统筹划的超前决策，其内容应包括规划入市时机，制定价格策略、广告策略(如广告主题安排、阶段划分、广告印刷品的设计等)、媒介策略(如媒体选择、媒介组合、投放频率及规模等)、渠道策略(如渠道类型、代理商推荐等)、人员销售策略(如销售员的选聘、培训、考核等)、公关活动策略等。

7) 物业管理策划

物业管理是工程项目品牌的内涵之一，工程项目策划应以物业管理早期介入为理念，进行项目全过程的物业管理策划，其内容应包括策划物业管理的早期介入、物业管理的成本费用、物业管理内容、物业管理组织及人员架构、物业管理规章制度、物业管理操作规程等。

4. 项目前期策划应注意的问题

(1) 在整个过程中必须不断地进行环境调查，并对环境发展趋向进行合理的预测。环境是确定项目目标，进行项目定义，分析可行性的最重要的影响因素，是进行正确决策的基础。

(2) 在整个过程中有一个多重反馈的过程，要不断地进行调整、修改、优化，甚至放弃原定的构思、目标或方案。

(3) 在项目前期策划过程中，阶段决策是非常重要的。在整个过程中必须设置几个决策点，对阶段性的工作结果进行分析、选择。

3.1.2 建设工程项目定位

1. 工程项目定位的意义

对建设市场进行细分后，建设企业可通过对市场的规模、增长度、竞争状况、发展潜力、替代性、收益性、与企业自身的经营目标和资源优势的吻合度等的分析，确定目标市场。为了确保在目标市场的竞争力，建设企业还必须从项目的特性出发进行更深层次的剖析，进而创造项目的特色，使之在项目投资者和消费者心目中占据突出的地位，以区别于竞争者，并满足目标客户的某种需要或偏好，这就是工程项目的定位。简而言之，工程项目定位是对项目进行设计，使其在目标顾客心目中占有一个独特位置的行动和过程。

项目定位在工程策划中起着非常关键的作用，它不仅决定了项目的规划设计思路，而且是进行项目分析论证和营销策划的基础。同时，正确的项目定位能提高企业的市场占有率和品牌价值。

2. 工程项目定位的原则

工程项目定位主要有三个基本原则。

1) 受众导向原则

受众导向原则是指工程项目定位应与目标客户的需求相一致。工程企业只有确保项目定位信息能有效地传递给投资者、消费者，且定位信息与其需求相吻合，使之产生亲切感、认同感，才能将定位信息进驻其心灵，并最终使之接受产品，产生购买欲。

2) 差别化原则

差别化原则是指工程项目定位应能凸显项目的特定信息并满足目标客户的需求。随着工程商品的日益增加，唯有差别化，才能在林立的工程项目中引起投资者、消费者的注意。而当这种差别与投资者、消费者的需求相吻合时，就易被接受。工程企业可通过更人性化的规划设计、更高的质量、更合理的价格、更满意的服务和管理等途径体现项目的差别化。但脱离地块条件、区域环境，片面地追求差别化是不可取的。

3) 个性化原则

个性化原则是指工程项目定位既应体现项目的独有个性，还应满足客户的个性化需求。因此，工程项目的定位应有创新性、超前性。但片面强调个性化，忽视区域工程市场的物业特点、生活习惯、收入水平，往往会导致定位失败。

3. 工程项目定位的内容

工程项目定位主要包括项目目标、功能定位、客户定位、产品定位、价格定位、时间定位等六个方面。

1) 项目目标

建设企业首先应明确项目的开发目标。项目目标多种多样，如促进品牌建设、扩大市场占有率、获取高额利润等，不同的项目目标决定了项目定位的差异。

2) 功能定位

建设企业应根据城市规划限制条件，按照最佳利用原则确定开发类型，明确项目功能，对资源进行综合利用，充分挖掘潜能。

3) 客户定位

建设企业应在市场分析的基础上，以有效需求为导向，初步确定目标客户，分析其消费能力，为产品定位和价格定位做好基础工作。

4) 产品定位

建设企业应在市场分析的基础上，根据土地和目标客户的具体情况，进行项目的初步设计，确定建筑风格、结构形式、房型、面积、建筑标准等产品内容。

5) 价格定位

建设企业应根据目标客户的有效支付能力和购买意愿，参照类似工程的市场价格，运用适当的方法，综合考虑市场价格的影响因素，确定本项目的租售价格。

6) 时间定位

建设企业应根据市场条件、企业经济实力和项目投资流量，分析和选择适当的开发及销售时机，提出可行的策划方案，保证项目的顺利进行。

建设企业可利用三层次因素分析法进行工程项目的定位。所谓三层次因素，是指依据影响项目开发地环境的范围而划分的市(区)层次的一般因素、社区层次的区域因素和开发地层次的个别因素。通过对市(区)层次的一级因素的分析，可以确定潜在的客户；通过对社区层次的区域因素的分析，可以明确项目的市场机会；而通过对开发地层次的个别因素的分析，可以凸显项目的特点和优劣势。

分析与思考：

工程项目定位的主要内容都包括哪些？

【案例 3-1】

香麦丽舍项目定位

根据调查数据综合分析结论。

(1) 目前涞源县城蛋糕类食物具有一定的需求量，存在较高的商机；

(2) 当地蛋糕类食物产品以中低档为主，不能满足高端消费者的需求；

(3) 主要竞争对手产品组合欠缺，为发展新产品提供了拓展空间；

(4) 本项目所处地理位置优越，具备吸引消费者、打造品牌店的优势。

依据项目所处地理位置优势及消费者需求和消费特征，将该项目产品组合定位在以下三点。

(1) 面向社区：设置价位中等产品，满足小区及周边客户的日常需求；

(2) 面向商业圈：设置单品价格中档偏高的新颖别致产品，满足一些商业人流的需求；

(3) 面向高端人群：设置价位高档产品，满足高端人群追求品质、炫耀等心理需求。

围绕以上三个定位，将产品组合分为五大类：①生日蛋糕类；②面包类；③甜品类；④普通糕点类；⑤饮品、冰品类。

在产品品种上，开发婚庆、庆典、异形、多层等糕点品种，形成中高端产品组合，既而打造涞源县中高档蛋糕类食品品牌店。

(资料来源：百度文库网，http://www.wenku.baidu.com/view/e5aad5fe0242a8956bece48a.html)

问题与测试：

1. 市场调查和项目定位之间有什么关系？
2. 在市场调查时应调查哪些内容？
3. 预测该项目产品定位的效果？

3.2 建设项目投资机会研究与可行性研究

3.2.1 投资机会研究

1. 投资动机的产生

从上层系统(如国家、企业)的角度，对一个项目决策不仅限于对一个有价值的项目构思的选择、目标系统的建立以及项目构成的确定，而且常常面临许多项目机会的选择。由于一个企业面临的项目机会可能很多(如许多招标工程信息和投资方向)，但企业资源是有限的，不能四面出击抓住所有的项目机会，一般只能在其中选择自己的主攻方向，这时，就要进行投资机会研究。

一般来说，投资者拟进行项目投资，主要出于以下背景和动机。

(1) 激烈的市场竞争，迫使投资者进行技术更新改造，研究开发新产品和适销对路的产品；

(2) 为降低产品成本而实现最大利润，增加投资，扩大生产规模，达到经济规模；

(3) 市场需求巨大，产品供不应求，丰厚的利润诱导投资商投资开发产品；

(4) 为分散经营风险，改善投资经营结构，拓宽投资领域，全方位多元化投资经营；

(5) 受国家宏观政策和外部投资环境的影响，转移投资方向，调整投资产业结构；

(6) 利用高科技和独特的专利技术研究开发新产品，填补空白，开辟潜在市场，获取超额投资利润；

(7) 按有关部门和社会需要，利用某些优惠政策和有利条件，进行扶贫开发和社会事业项目建设；

(8) 外资利用机遇良好，依据自我优势与条件，进行中外合资项目开发；

(9) 发挥独特的资源优势和特定的投资优势，投资开发项目；

(10) 优势互补，横向联合投资开发。

2. 把握投资机会

把握投资机会，主要依赖于掌握投资信息、科学分析预测和比较论证决策。

1) 掌握投资信息

投资信息是指与项目投资活动相关联并对其产生影响制约作用的社会、经济及自然界的各种变化及特征的信息。可能蕴藏投资潜力的信息与机会主要包括以下几个方面。

(1) 国家和地区的中短期社会经济发展战略规划、区域规划、行业规划等；

(2) 国家的各项重大决议、新的产业政策、技术政策、信贷政策、利用外资政策、国家贸易政策及关税政策的调整等；

(3) 重大项目的建成投产及其相关配套需求；

(4) 国家重点开发建设地区和沿海经济特区的发展状况、产业特征、发展趋势；

(5) 与本企业相似企业、相关企业的发展战略和投资动向；

(6) 各个地区的经济基础、产业布局、地理位置、环境气候、人文背景的差异，特种资源的分布及其稀缺程度；

(7) 本企业的人员、技术、资金优势条件；

(8) 其他孕育投资机会的各类信息。

为保证投资信息准确可靠，必须进行市场调查和信息的科学整理及分析研究，以确保信息的时效性、系统性和连续性。

2) 科学分析预测

在掌握大量投资信息后，只有进行科学整理和认真综合分析，才能探测各条信息背后是否潜伏着投资商机。通过投资信息洞察投资商机，客观上需要投资者具有敏锐的投资战略眼光和极强的综合分析预测能力。为防止错过好的投资商机，往往需要召集企业智囊团和投资分析专家，共同对投资信息进行分析预测研究，以捕捉各种投资商机。

3) 比较论证决策

在掌握投资信息，发现各种可能的投资商机后，紧接着是对这些可能的投资商机的真实性、可行性、优越性进行比较论证，筛选出一个或多个具有价值的投资商机方案。

3.2.2 可行性研究

1. 可行性研究的概念和作用

1) 可行性研究的概念

可行性研究是指对某工程项目在做出是否投资的决策之前，先对与该项目有关的技术、经济、社会、环境等所有方面进行调查研究，对项目各种可能的拟建方案认真地进行技术经济分析论证，研究项目在技术上的先进适宜、适用性，在经济上的合理、有利、可行性和建设上的可能性，对项目建成投产后的经济效益、社会效益、环境效益等进行科学的地区性预测和评价，据此提出该项目是否应该投资建设，以及时地选定最佳投资建设方案等结论性意见，为项目投资决策部门提供进行决策的依据。

2) 可行性研究的作用

(1) 作为建设项目投资决策的依据；

(2) 作为筹集资金和向银行申请贷款的依据；

(3) 作为该项目的科研试验、机构设置、职工培训、生产组织的依据；

(4) 作为向当地政府、规划部门、环境保护部门申请建设执照的依据；

(5) 作为该项目工程建设的基础资料；

(6) 作为对该项目考核的依据。

2. 可行性研究报告的编制要求

可行性研究作为项目的一个重要阶段，它不仅对细化项目目标起到承上启下的作用，而且其研究报告是项目决策的重要依据。它的要求包括：

(1) 编制单位必须具备承担可行性研究的条件；

(2) 确保可行性研究报告的真实性和科学性；

(3) 可行性研究的内容和深度及计算指标必须达到标准要求；

(4) 可行性研究必须经过多方案比较；

(5) 可行性研究报告需要进行风险分析；

(6) 可行性研究报告必须经过签证与审批。

3. 可行性研究的工作程序

1) 可行性研究前的工作

除了前述的项目目标设计等以外，在可行性研究前还要完成：

(1) 项目经理的任命；

(2) 研究小组的成立或研究任务的委托；

(3) 工作圈子的指定；

(4) 研究深度和广度要求，以及研究报告内容的确定；

(5) 可行性研究开始和结束时间的确定以及工作计划的安排。

2) 可行性研究的程序

通常建设项目可行性研究的工作程序如图 3.1 所示。

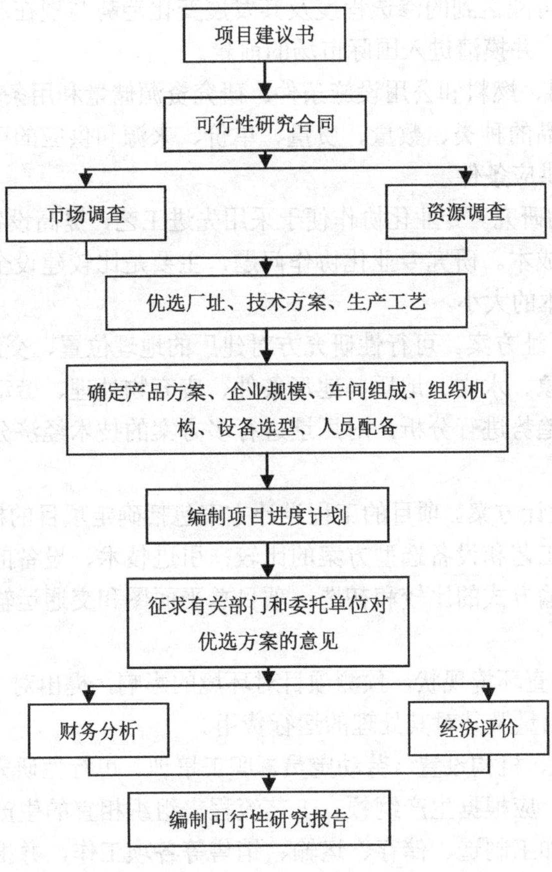

图 3.1　建设项目可行性研究的工作程序

4. 可行性研究的内容

1) 一般建设项目可行性研究的内容

建设项目可行性研究的内容，是指对项目有关的各个方面分析论证其可行性，包括建设项目在技术、财务、经济、商业、管理等方面的可行性。其中任一方面的可行性，都有其特定的具体内容，并随着项目的性质、特点和条件情况的不同，而有所区别和侧重。其主要内容包括以下几个方面。

(1) 总论。总论主要说明建设项目提出的背景，投资的必要性和经济意义以及开展此项目研究工作的依据和研究范围。

(2) 市场需求预测和拟建规模。市场需求预测是建设项目可行性研究的重要环节。如对市场需求情况不作调查和趋势分析，或调查分析不当、不准确，就会导致企业规模的错误决策。通过市场调查和预测，了解市场对项目产品的需求程度和发展趋势。其分析和预测的主要内容包括：①项目在国内外市场的供需情况。通过市场调查和预测，摸清市场对该项目的目前和将来的需要量和当前的生产供应情况。②项目的竞争和价格变化趋势。摸清目前的竞争情况和竞争发展趋势，注意预测可能出现的最低销售价格，由此确定项目的允许成本，这又关系到项目的生产规模、设备选择、协作情况等。③估计项目的渗透程度和生命力。对拟建项目可能达到的渗透程度及其发展变化趋势与现在和将来的销售量以及产品的生命期做出估计，并摸清进入国际市场的前景。

(3) 资源、原材料、燃料和公用设施条件。研究资源储量利用条件、原料、辅助材料、燃料、电和其他输入品的种类、数量、质量、单价、来源和供应的可能性；所需公共设施的数量、供应方式和供应条件。

(4) 专业化协作的研究。专业化协作便于采用先进工艺，提高设备利用率，缩短产品的生产周期，降低产品成本。研究专业化协作问题，主要是比较建设全能厂或建设专业化厂的单位产品投资和成本的大小。

(5) 建厂条件和厂址方案。可行性研究方对建厂的地理位置、交通、运输、电力、水、气等基础资料以及气象、水文、地质、地形条件、废弃物处理、劳动力供应等社会经济自然条件的现状和发展趋势进行分析，对厂址进行多方案的技术经济分析和比较，并提出选择意见。

(6) 项目的工程设计方案。项目的工程设计方案包括确定项目的构成范围，主要单项工程的组成；主要技术工艺和设备选型方案的比较；引进技术、设备的来源国别；公共辅助设施和厂内外交通运输方式的比较和初选；项目总平面图和交通运输的设计；全厂土建工程量估算等。

(7) 环境保护。调查环境现状，预测项目对环境的影响，提出对“三废”处理的初步方案。估算“三废”排出量及其对其处理的运行费用。

(8) 生产组织管理、机构设置、劳动定员、职工培训。可行性研究在确定企业的生产组织形式和管理系统时，应根据生产纲领、工艺流程来组织相宜的生产车间和职能机构，保证合理地完成产品的加工制造、储存、运输、销售等各项工作，并根据对生产技术和管理水平的需要，来确定所需的各类人员进行培训。

(9) 项目的实施进度计划。建设项目实施中的每一阶段都必须与时间表相关联。复杂的项目实施则应采用网络图表示。

(10) 投资估算、资金筹措和项目的经济评价。投资估算包括主体工程及与其有关的外部协作配套工程的投资，以及流动资金的估算，建设项目所需投资总额。资金筹措应说明资金来源、筹措方式、贷款偿付方式等。项目的经济评价包括财务评价和国民经济评价，并应进行静态和动态分析，得出评价结论。

2) 联合国工业发展组织规定的可行性研究报告内容

按照联合国工业发展组织(UNIDO)出版的《工业可行性研究手册》，其可行性研究内容包括以下几个方面。

(1) 实施要点，即对各章节的所有主要研究成果的扼要叙述。

(2) 项目背景和历史。项目背景和历史主要包括：①项目的主持者；②项目历史；③已完成的研究和调查的费用。

(3) 市场和工厂生产能力。市场和工厂生产能力可以从以下方面进行描述。①需求和市场。首先，该工业现有规模和生产能力的估计(具体说明在市场上领先的产品)，以往的增长情况，今后的增长情况的估计(具体说明主要发展计划)；当地的工业分布情况，其主要问题和前景，产品的一般质量；其次，以往进口及其今后的趋势、数量和价格；再次，该工业在国民经济和国家政策中的作用和指标；与该工业有关的或为其指定的优先顺序和指标；最后，目前需求的大致规模，过去需求的增长情况，主要决定因素和指标。②销售预测和经销情况。预期现有的及潜在的当地和国外生产者和供应者对该项目的竞争；市场的当地化；销售计划；产品和副产品年销售收益估计(本国货币/外币)；推销和经销的年费用估计。③生产计划。产品、副产品、废弃物(废弃物处理的年费用估计)。④工厂生产能力的确定。可行的正常工厂生产能力；销售、工厂生产能力和原材料投入之间的数量关系。

(4) 原材料投入。即投入品的大致需要量，它们现有的和潜在的供应情况，以及对当地和国外的原材料投入的每年费用的粗略估计，包括：原料；经过加工的工业材料；部件；辅助材料；工厂用物资；公用设施，特别是电力。

(5) 厂址选择。厂址的选择包括对土地费用的估计。

(6) 项目设计。项目设计主要包括：①项目范围的初步确定。②技术和设备。包括生产能力大小所能采用的技术和流程；当地和外国技术费用的粗略估计；拟用设备(主要部件)的粗略布置：生产设备；辅助设备；服务设施；备件、易损件、工具。按上述分类的设备投资费用的粗略估计。③土建工程。土建工程的粗略布置，建筑物的安排，所要用的建筑材料的简略描述；场地整理和开发；建筑物和特殊的土建工程；户外工程。按上述分类的土建工程投资费用的粗略估算(本国货币/外币)。

(7) 工厂机构和管理费用。工厂机构和管理费用主要包括：①机构设置；②管理费用估计。

(8) 人力。人力主要包括：①人力需要的估计，细分为工人、职员，又分为各种主要技术类别(当地的及外国的)；②按上述分类的每年人力费用估计，包括关于工资和薪金的管理费用在内。

(9) 制定实施时间安排。制定实施时间安排主要包括：①所建议的大致实施时间表；②根据实施计划估计的实施费用。

(10) 财务和经济评价。财务和经济评价主要包括：①总投资费用：周转资金需要量的粗略估计；固定资产的估计。②项目筹资：预计的资本结构及预计需筹措的资金(本国货币/外币)；利息。③生产成本。④在上述估计值的基础上做出财务评价：清偿期限；简单收益率；收支平衡点；内部收益率。⑤国民经济评价：初步测试(项目换汇率；有效保护)；利用估计的加权数和影子价格(外汇、劳力、资本)进行大致的成本—利润分析；经济方面的工业多样化；创造就业机会的效果估计；外汇储备估计。

【案例 3-2】

某商业地产项目可行性研究报告(节选)

该项目主要经济技术指标如下：

(1) 总用地面积：9 500 平方米；

(2) 规划总建筑面积：约 5 万平方米；

(3) 项目总投资：48 894 万元；

(4) 主要建设内容：商业办公综合楼、酒店式公寓及其相关配套设施，其中酒店式公寓面积不超过总建筑面积的 20%。

项目经济指标

编　号	项　　目		单　位	数　量
1	占地面积		平方米	9500
2	总建筑面积		平方米	55 000
	其中	1. 商业建筑面积	平方米	24 000
		2. 商住、公寓建筑面积	平方米	30 000
3	车位		个	满足规划
4	容积率		/	5
5	建筑高度		米	≤80
6	绿地率		/	≥30%
7	覆盖率			≤40%

资金损益表

序　号	项目名称	计算依据	金额/万元
1	销售收入		102 600
2	总成本费用		48 894
3	销售税金及附加		7 580
4	土地增值税		10 904
5	利润总额	1-2-3-4	35 221
6	所得税	5×33%	11 623
7	税后利润	5-6	23 598

(资料来源：百度文库网，http://www.wenku.baidu.com/view/999ff9c66137ee06eff91895.html)

问题与测试：

1. 本项目税前直接投资成本利润率为多少？
2. 本项目税后直接投资成本利润率为多少？
3. 与同类房地产项目相比，判断本项目财务上是否可行？

重点提示：

可行性研究单位对拟建项目的地理位置、交通、运输、电力、水、气等基础资料以及气象、水文、地质、地形条件、废弃物处理、劳动力供应等社会经济自然条件的现状和发展趋势进行分析非常重要，往往决定了项目的建设成本和运营效益。

3.3 建设工程项目评估

3.3.1 建设工程项目评估概论

1. 建设工程项目评估的内涵

1) 建设项目评估的定义

项目评估，简单地说就是对项目的审查和估价。项目评估需要深入地分析和研究投资项目的优劣和不足之处，从而提出进一步改善的措施，寻求更加经济合理的投资方案，保证项目符合国民经济发展目标并取得良好的投资效益。因此，具体地说，建设项目评估就是由建设项目主管部门或贷款机构依据国家、行业和部门的有关部门政策、规划、法规及参数，对上报的建设项目可行性研究报告进行全面的审查与估价，即对拟建建设项目的必要性、可行性、合理性及效益、费用进行的再评价过程。

我国项目评估方法萌芽于 20 世纪 50 年代，现代意义的项目评估理论与方法产生于 20 世纪 80 年代。20 世纪 90 年代以来，我国项目评估理论和方法日趋成熟，越来越得到广泛的重视和应用，成为实现投资决策科学化、民主化和规范化的重要手段。

2) 项目评估与可行性研究之间的关系

建设项目评估与可行性研究是建设项目投资前期的两项重要的工作内容，二者存在着先后的逻辑关系；同时，它们在多个方面存在着一定的联系与区别。

(1) 二者的相同点。①学科性质相同。都是运用技术经济的理论与方法，分析具体项目的情况，从而决定投资命运的综合性学科。②工作性质相同。都是项目发展周期中投资期的一部分工作。③工作目的相同。都是为减少或避免投资决策的失误，增强项目投资决策的科学性。

(2) 二者的不同点。①编制单位不同。可行性研究一般由建设单位，设计院或咨询公司承担；项目评估一般由贷款银行或咨询公司承担。②开展时间不同。可行性研究在前，项目评估在后。项目评估是在建设单位提交可行性研究报告后才进行的，它以可行性研究报告为基础。③分析角度不同。可行性研究一般由建设单位或设计部门承担，故带有业主或主管部门的意图；项目评估一般由咨询公司或贷款银行承担，它们站在国家、社会角度上看问题。④分析的侧重点不同。可行性研究既重视技术，又重视经济方面的论证分析；项目评估较侧重于经济效益方面的论证分析。

2. 建设项目评估的作用和意义

1) 建设项目评估的作用

(1) 对分项评估的补充和完善。项目评估是在项目分项评估的基础上进行的，但绝不是项目分项评估的简单汇总。项目评估尤其是大型项目的评估通常是按一定程序由几个或多个评估人员共同完成的。由于内容复杂，时间跨度大，评估中容易出现遗漏，甚至出现数据的前后矛盾。在总评估时，将各分项评估结果前后联系起来，可以及时发现和修正分项评估中的错误和遗漏，然后根据决策的需要进行纠正和补充分析研究，从而使整个评估更加完善。

(2) 对分项评估的综合协调。判断拟建项目是否可行是一个复杂的多层次的论证过程，需要评估的内容较多。从评估的角度来看，既有宏观评估，也有微观评估；从评估的内容来看，既有项目(或企业)概况评估、项目必要性评估、建设生产条件评估和技术评估；也有财务效益分析、国民经济效益分析，必要时还要进行社会效益分析；从评估的方法来看，既有定量方法，也有定性方法；从评估的指标来看，既有静态指标，也有动态指标。通过对项目各个分项内容的评估，可以从不同的角度了解项目的可行性程度。因此，需要在各分项评估的基础上进行综合分析，提出结论性意见，给投资项目决策者提供一个简明直观的判断依据。

(3) 对不同方案进行比较选择。通过评估，项目评估人员还可根据投资方案中存在的问题，提出一些改进性意见。国外开发银行在项目评估中总结出“更新组合”这样一个概念，即对项目的某些内容加以修改，重新组合项目。当然，生产规模的扩大，必然会涉及一系列的问题，如市场问题、技术问题，项目评估人员应当提出相应的解决措施。“重新组合”要求项目评估人员有较高的素质，确实能够提出切实可行的建议，使投资资金充分发挥其应有的效益。

(4) 对项目得出综合性的评估结论。对项目从整体上形成一个科学的结论性意见是十分重要的。项目各分项评估的结论一般有两种情况：一是各分项评估的结论一致，即其结论都认为是可行的或不可行的；二是各分项评估的结论相反或具有一定的差异，如有的分项评估的结论认为项目是可行的，而有的分项评估的结论则认为项目是不可行的。这种“可行”与“不可行”在程度上也往往有一定的差异。第一种情况的总体结论比较容易得出，第二种情况的总体结论则不易得出，应当加以综合分析论证，才能得出正确的结论。在现实经济生活中，有不少项目属于第二种情况。因此，需要在各项评估的基础上进行总评估，得出总体评估的综合性科学结论。

(5) 对项目提出建设性的建议。项目评估是一项技术性强、涉及面广的活动，应当充分发挥项目评估人员的主观能动性，对项目提出一些建设性的建议。项目评估人员应当对可行性研究报告进行全面细致的审查分析，提出自己的独立意见。但项目评估人员又不能完全拘泥于可行性研究报告，简单地提出项目可行与否的结论性意见。而是应当针对可行性研究报告中存在的问题，并结合项目的具体情况，作进一步的调查研究与分析论证，才能得出科学的结论。

2) 建设项目评估的意义

(1) 项目评估是项目决策的重要依据。

(2) 项目评估是干预基本建设招标投标的手段。

(3) 项目评估可以剖析评价有关经济政策和经济管理体制。

可见，对项目进行总评估是十分必要的，是协调各个分项评估结论和提出综合评估结论的客观需要。

3. 建设项目评估的分类

通常意义的建设项目评估，指的是项目审批单位在审批项目前对拟建项目可行性研究所做的再分析、再评估。在我国，项目评估报告是审批项目设计任务书的依据。按照有关规定，大中型项目由原国家计划委员会委托中国国际工程咨询公司评估。1985 年国务院发布的《关于控制固定资产投资规模的若干规定》中，正式将项目评估纳入基本建设程序中，作为项目前期工作的一个重要阶段。规定编制大中型项目设计任务书时，必须附可行性研究报告，并经过有资格的咨询公司评估，提出评估报告再由原国家计划委员会审批。按照评估目的不同，建设项目评估有以下类别。

1) 工程项目评估

建设工程项目评估包括分项评估和总评估。分项评估是对拟建项目市场状况、拟建规模、项目定位、财务效益、技术条件、社会环境效益等单个方面进行的评估。总评估是项目评估全过程的最后一个阶段，是对拟建项目进行评估的总结，从总体上判断项目建设的必要性、技术的先进性、财务和经济的可行性，进而提出结论性意见和建议。项目总评估是在建设项目的分项评估基础上，对项目进行全面权衡，并提出方案选择和项目决策的结论性意见，撰写项目评估报告，为项目投资或贷款决策提供书面依据的综合性评估。

项目总评估的内容包括必要性评估结论、项目产品市场评估结论、建设条件和生产条件评估结论、技术评估结论，以及财务、经济可行性评估结论等。进行项目总评估一般遵循如下程序：整理有关资料，确定分项内容，进行分析论证，提出结论性建议，编写评估报告。编写项目评价报告的要求包括：结论要科学可靠，建议要切实可行，对关键内容要作重点分析，语言要简明精练。

2) 贷款项目评估

对申请银行贷款的项目，通常在可行性研究、初步设计的基础上，在贷款文件正式批发之前，贷款银行对项目单位的资信情况、项目建设的必要性、技术的合理性、财务效益和国民经济效益进行分析评价。但是，其他设计、咨询机构对贷款项目的评估不能代替贷款银行的评估；在现行体制下，即使是银行，非贷款银行的评估一律不能代替贷款银行的评估，这是由银行自主经营的性质决定的。

3) 项目后评估

项目后评估不是根据项目性质不同来划分的，而是依据项目周期的不同时间阶段划分出来的。它是指当项目建成投产，达到设计生产能力后，对项目准备、决策、实施、试生产直到产后全过程进行的再评估。其主要目的是总结项目管理的经验教训，提高项目管理水平；提高项目决策的科学化水平；为国家投资计划、投资政策的制定提供依据；为金融部门及时调整信贷政策提供依据；可以对项目企业的经营管理进行诊断，促进项目运营效益的提高等。

4. 建设项目评估的原则和依据

1) 建设项目评估的原则

建设项目评估是投资决策的手段，投资决策机构、金融机构以评估的结论作为实施项目、决策项目和提供贷款的主要依据，所以，要力求保证项目评估结论的客观性。要做到客观、公正地评估项目，需要坚持以下原则。

(1) 考察因素的系统性。决定一个投资项目是否可行的因素包括诸多方面，从大的方面讲，决定于市场因素、资源因素、技术因素、经济因素和社会因素等。另外，决定一个项目是否可行，不但包括项目内部因素，如项目的技术水平、产品质量、产出物和投入物的价格等，而且包括外部因素，如项目所需要的外部配套条件，国家的金融政策、税收政策和一定时期的区域规划等。所以，在进行项目评估时，必须全面系统考虑，综合平衡，考察项目的可行性。

(2) 实施方案的最优性。投资决策的实质在于选择最佳投资方案，使投资资源得到最佳利用。项目评估应该符合投资决策的要求，进行投资方案的比较和选择。在进行项目评估时，应根据项目的具体情况拟定若干个有价值的方案，并通过科学的方法，分析、比较，选择最佳实施方案。

(3) 选择指标的统一性。判断项目是否可行，或者选择最佳实施方案需要一系列的技术经济指标，而这些指标的确定是经过多年的潜心研究和实践验证的，指标体系是科学合理的。当然，在进行项目评估时，可以根据侧重点的不同，选择不同的指标，但应力争做到选择指标的统一性，例如，可以选择原国家计划委员会和建设部正式颁布实施的《建设项目经济评价指标和参数》。

(4) 选择数据的准确性。项目评估实质上是对有关拟建项目的各个方面信息资料进行综合、加工、分析和评价的过程，数据来源可靠与否、准确与否，直接影响项目评价结论的客观性和公正性。所以，在项目评估时，一定要选择来源可靠、数据准确的信息。

(5) 分析方法的科学性。在项目评估中，要进行大量的分析和评价，这就要求选择科学合理的分析和评价方法，既要考虑定性方法，又要考虑定量方法，更要考虑定性与定量相结合的方法。

2) 建设项目评估的依据

在现阶段，项目评估主要依据包括：

(1) 国家制定和颁布的经济发展战略、产业政策及投资政策；

(2) 项目所在地区域的经济发展规划和城市建设规划；

(3) 项目所在地的区域经济资源、地形、地质、水文、基础资料；

(4) 有关部门颁布的工程技术标准和环境保护标准；

(5) 有关部门制定和颁布的项目评估规范及参数；

(6) 项目可行性研究报告和规划方案；

(7) 各有关部门的批复文件，如项目建议书、项目可行性研究报告的批复；

(8) 投资协议、合同和章程等；

(9) 其他有关信息资料。

分析与思考：

项目评估与可行性研究之间的联系和区别。

3.3.2 建设项目评估的内容

项目评估主要是从宏观角度研究项目开展的意义和作用，其内容包括：项目建设必要性评估、项目建设和生产条件评估、项目的技术方案评估、项目的投资效益评估、项目是否可行和方案是否优化的综合性意见等。

1. 项目建设必要性评估

项目建设是否必要，是从项目的产出或发挥作用的角度判断项目是否有必要进行建设。项目的产出，按其具体用途划分，可能是生产资料或者消费资料，或者是某种基础设施提供的供生产或生活消费的公共服务，这类项目的作用就是能对社会增加产品和劳务的供应，有些改建和更新改造项目，本身并无产出，甚至也不增加企业的产出，但它的功能在维持和改造企业方面发挥着重要作用。因此，项目所能发挥的作用能否为社会和企业所需要，决定着项目建设是否必要。评估过程中应重点考察项目的建设是否符合国家的建设方针和投资方向。具有建设必要性的项目应具备：

(1) 符合国家的产业政策；

(2) 符合国民经济长远发展规划的要求；

(3) 有利于国民经济结构和产业结构的调整；

(4) 符合地区经济发展、布局和行业改造等方面的要求；

(5) 有利于新技术和新产品的开发；

(6) 有利于为社会提供短缺的商品；

(7) 有利于提高产品质量；

(8) 能否适应社会需要和市场需求，有无足够的消费市场；

(9) 是否满足改善投资结构和经营环境的需要；

(10) 是否适应企业改良的需要等。

2. 项目建设和生产条件评估

项目是否具备建设条件和生产条件，是从项目的投入和运营条件的角度判断的，主要包括以下几方面的内容。

1) 项目建设条件分析

项目建设条件分析主要包括以下几个方面。

(1) 项目建设资金分析，如建设资金来源的可能渠道，各渠道资金来源的可行性、可靠性和合理性等。

(2) 建设力量分析，如对于大型项目、高新技术产业或技术复杂的项目，对设计、施工及施工承包单位的可能性等。

(3) 建设物资供应分析，例如，建筑材料的供应能否满足项目建设的需要，国产设备的制造和供应能否满足工程施工进度的要求，进口设备的采购方式有无限制等。

(4) 建设场地分析，例如，建设场地能否满足项目总平面布置的要求，土石方的工程量是否便于施工等。

2) 项目生产条件分析

项目生产条件分析主要包括：

(1) 资源分析，如矿产资源的分析、水资源的分析、农产品资源的分析等；

(2) 原材料供应分析，如对原材料供应的数量、质量、价格及运输储存等内容的分析；

(3) 燃料动力供应分析，如燃料种类的选择和供应问题、水的供应问题、电力供应问题和其他动力供应问题的分析。

3) 项目配套条件分析

项目配套条件分析主要包括：

(1) 配套项目与拟建项目在技术上是否配套；

(2) 配套项目与拟建项目在生产能力上是否配套；

(3) 配套项目与拟建项目是否同步建设等。

4) 项目厂址方案分析

项目厂址方案分析主要包括：

(1) 厂址方案是否符合国家的区域经济发展的方针和政策；

(2) 是否充分体现了接近市场和资源的原则；

(3) 是否适当利用了区域投资的聚集效益；

(4) 是否满足建设、生产和生活的需要；

(5) 是否贯彻了节约用地的原则；

(6) 是否从工程地质、水文地质、交通运输和水、电、气等配套条件等方面分析了所选择厂址的合理性；

(7) 是否达到了环境保护的要求等。

3. 项目的技术方案评估

项目的技术方案是否可行，是从项目内部的技术因素角度判断项目的可行性，是一个专业性很强的问题。对一个技术比较复杂的项目开展技术分析，是一项难度较大的工作，但必须依据先进适用性、安全可靠性和经济合理性的原则，抓住项目的基本技术和重点技术问题做出必要的判断，其主要内容包括以下几个方面。

1) 工艺分析

工艺分析主要包括：

(1) 工艺流程是否均衡协调和整体优化；

(2) 工艺种类是否与可能取得的主要原材料和加工对象的特性相适应；

(3) 工艺性能是否具备适应市场变化的应变能力；

(4) 工艺种类是否便于资源综合利用和利于环境保护。

2) 设备分析

设备分析主要包括：

(1) 所选设备是否符合工艺流程的要求；

(2) 各台设备之间的协作配套是否良好；

(3) 设备系统的生产能力是否与项目设计生产能力相吻合；

(4) 设备是否具有良好的互换性；

(5) 设备性能是否可靠等。

对于进口设备，还要注意分析进口设备的必要性，进口设备之间的配套性，进口设备与国产设备之间的配套问题，进口设备与生产厂房之间的配合问题，进口设备的维修及零部件供应问题，进口设备的费用及支付条件等。

3) 软件技术分析

结合引进方式，对引进的软件技术进行分析，包括：

(1) 专利技术引进的分析；

(2) 专有技术引进的分析；

(3) 商标引进的分析；

(4) 国外技术服务的分析。

4) 项目的总平面规划分析

根据项目总平面规划的总体协调原则进行分析。总平面布置的主要内容包括：

(1) 总职能布置图；

(2) 物料流程图；

(3) 物料流量图；
(4) 生产线路图；
(5) 运输布置图；
(6) 公用设施及消防布置图；
(7) 内部通信布置图；
(8) 实体布置图。

5) 项目的生产规模分析

首先，要对制约生产规模的有关因素，如市场容量及产品竞争能力、建设生产及协作条件、项目采用技术及产品的特点、规模经济等进行具体分析。

其次，要通过技术经济分析方法比较，选择其中最佳的经济规模。

4. 项目的投资效益评估

项目的投资效益评估主要包括以下方面。

1) 投资估算与资金筹措

投资估算与资金筹措包括拟建项目的整个投资的构成，各项投资估算，资金的筹措方式和各项来源的落实情况，对可行性研究报告中有关数据的修改理由。

2) 财务基础数据的估算

财务基础数据的估算包括计算期、汇率、销售收入、销售税金及附加、总成本费用、利润的估算依据和结果。

3) 财务效益分析

财务效益分析是指计算一系列技术经济指标，并用这些指标分析、评价项目财务角度的可行性。指标包括反映项目盈利能力的指标，反映项目清偿能力的指标和反映项目外汇效果和抗风险程度的指标。

4) 国民经济效益分析

国民经济效益分析是指鉴别和度量项目的效益和费用，调整价格，确定各项投入物和产出物的影子价格，计算相应的一系列技术经济指标，并用这些指标分析、评价项目国民经济角度的可行性。

5) 不确定性分析

不确定性分析主要包括：进行盈亏平衡分析、敏感性分析和概率分析，分析拟建项目的风险程度，提出降低风险的措施。

5. 项目是否可行和方案是否优化的综合性意见

如果在评估中涉及各种方案的比较选择，还要总结出选择方案的结果。有时在项目可行性研究报告中往往提出若干个不同的方案。各个方案的投资额、资金筹措条件、建设条件和生产条件、技术水平、生产规模、收入、总成本费用以及产品质量均可能有所不同，进而导致财务效益、国民经济效益出现差异。在项目评估中，应对可行性研究中提出的各个方案或评估时拟定的若干个有价值的方案进行比较，从中选出最优方案。

经过综合分析判断，提出项目是否值得实施，或选择最优方案的结论性意见，并就影响项目可行性的关键性问题提出切实可行的建议。

分析与思考：

项目投资效益评估主要包括哪些内容？

3.3.3 建设项目评估的步骤和方法

1. 建设项目评估的步骤

项目评估工作是多层次、全方位的技术经济论证过程，涉及众多的学科，需要各方面的专家通力合作才能完成。项目评估的程序是开展项目评估工作应当依次经过的步骤。不同类型的项目，其投资额不同，涉及面不同，因而对其进行评估的程序也不完全一致。就一般项目而言，其评估的程序大致如下。

1) 准备和组织

对拟建项目评估，首先要确定评估人员，成立评估小组。评估小组的人员结构要合理，一般包括财务人员、市场分析人员、专业技术人员、土木工程人员和其他辅助人员。组成评估小组以后，组织评估人员对可行性研究报告进行审查和分析，并提出审查意见。最后，综合各评估人员的审查意见，编写评估报告提纲。

2) 整理有关资料

在进行项目总评估之前，项目评估小组的有关人员已分别对各分项内容进行了评估。在总评估阶段，应对各分项内容评估所得出的结论进行检查核实，整理归类，在此基础上初步整理出书面材料，并由评估小组集体讨论，为编写项目评估报告提供基础资料。

3) 确定分项内容

项目评估分项内容的确定是一项十分重要的工作，既要注意其规范性，也要注意项目自身的特点，并将二者有机地结合起来。确定项目的分项内容时，要根据国家有关部门制定的评估办法中规定的标准来分类。同时又不能简单机械行事，应充分考虑项目的具体情况，对于大型或特大型投资项目，可额外增加一些分项内容；对于小型项目，则可以将有关分项内容加以合并，亦可取消一些分项内容。

4) 进行分析论证

在对搜集的资料进行整理以后，要进行审核与分析。评估人员可以与编制可行性研究报告的单位交换意见，也可以与建设单位或主管部门交换意见。在实践中，分析和论证不是一次完成的，可能要经过多次反复才能完成，特别是对一些大型项目或数据不宜取得的项目，这一阶段是评估的关键，一定要充分掌握数据，并力争数据的准确和客观。在这一阶段，要做好分析对比和归纳判断两项工作。

可行性研究是项目评估的主要依据，项目评估主要是对可行性研究的审查和再研究。二者在确定分项内容，选用分析方法以及结论与建议等方面往往存在一定的差异。在这一阶段，应将二者进行对比分析，如发现错误，应予以纠正。

在对比分析的基础上，应进行归纳判断，亦即将各分项评估的结论分别归纳为几大类，以利于判断项目建设的必要性，技术的先进性，财务、经济等方面的可行性，同时也有利于方案的比较选择。

5) 提出结论与建议

提出结论与建议是项目评估最为重要的环节。评估人员根据各分项评估的结论，得出总体结论。当各分项评估的结论相一致时，则各分项评估的结论即为总评估的结论；当各分项评估的结论不一致时，则应进行综合分析，抓住主要方面，提出结论性意见。项目评估人员还应当根据项目存在的问题，提出建设性建议，供投资者和有关部门参考。

6) 编写评估报告

在基本掌握所需要的数据以后即可进入评估报告的编写阶段。编写评估报告是项目总评估的最后一项工作，也是其最终成果。

7) 论证和修改

编写出项目评估报告的初稿以后，首先要由评估小组成员进行分析和论证，根据所提意见进行修改后方可定稿。有些评估机构，以这一阶段的定稿作为最终的评估报告报给决策部门或金融机构的信贷部门；有些评估机构，在这一阶段的定稿基础上召开专家论证会，由各方面专家再提出修改意见，最后定稿。

2. 建设项目的评估方法

建设项目总评估强调的是从总体、全局和综合的角度来论证项目的合理性和可行性，通常所采取的综合分析方法有以下几种。

1) 经验分析法

根据我国开展项目评估的经验，总评估时首先必须分析拟建项目是否必要，建设条件和生产条件是否具备。上述各个条件缺一不可，只要其中有一个条件不可行，就可确认该项目不可行。其次必须分析拟建项目的国民经济效益和社会效益。除有特殊要求的项目外，凡达不到规定标准的，一般可以判断为不可行。在具有较高的国民经济效益和社会效益的前提下，如果其他方面有的不符合建设要求，需要具体分析。如果项目的国民经济效益好，但企业财务效益不佳，需要进一步分析是价格政策、税收政策造成的，还是企业规模不经济或设计不合理等内部原因造成的，在此基础上根据具体情况提出建议。如果项目本身的建设条件、生产条件具备，但配套项目暂未落实，需要向有关部门调查了解具体原因，在此基础上根据具体情况建议有关部门加快配套项目的建设，或推迟主体项目的建设时间。

2) 分等加权法

如果投资项目有多种方案，其中每种方案都有自己的长处和短处，为了综合地评价各种因素的作用，可采用分等加权的方法。这种方法首先要列出项目决策的各种因素，并按重要程度确定其权数。例如，将相关配套项目建设方案这一影响因素的权数定为 1，再将其他各种因素与之相比较，分别确定其权数，如确定是否具有先进、适用、经济、安全可靠的工艺的权数为 2，筹资方案是否落实、贷款能否如期偿还的权数为 3，建设单位的资信情况为 4，是否具有较高的投资效益的权数为 5，是否具备建设条件的权数为 5，项目建设是否必要的权数为 6 等。权数要由有经验的专业管理人员、工程技术人员和领导干部共同研究确定。其次，要列出可供选择的各个厂址。如有甲、乙、丙、丁四种方案，究竟选择哪一个方案，需要权衡各种影响因素的利弊得失后才能确定。每个因素对各个方案的影响，可能有好有差，可按其影响的不同程度划分为几个等级，如最佳、较好、一般、最差，并相应地规定各等级的系数为 4、3、2、1。如“是否具备建设条件和生产条件”这一因素，甲方案最佳，其系数为 4；乙方案较好，系数为 3；丙方案一般，系数为 2；丁方案最差，系数为 1。确定了权数和等级系数后，将两者相乘就可以计算出该因素下各方案的得分数，将每一个方案在各因素下所有得分相加，其中得分最多的就是所要选择的较佳方案。

3) 专家意见法

征求专家对方案总评估的意见有两种方法：一种是请专家来开会讨论，在充分发表意见的基础上逐渐达到对方案总评估的共同认识，最后形成结论性的意见。另一种是特尔菲法。这种方法是先向有关专家提供各方案的分项评估结论及其必要的背景材料，请专家分别写出方案比较和总评估的书面意见，然后把这批专家的意见集中整理(不署名)后，再请第二批专家加以评论，也分别写出自己的书面意见，把这些评论和意见整理(也不署名)后，反馈给第一批专家，请他们再发表意见。经过几次反馈后，往往能使预测比较深入、正确。这种方法有利于避免专家间不必要的相互影响和迷信权威的不足。

4) 多级过滤法

对于具体建设项目的评估与决策，实际上是一个多目标的优化和选择过程。不同的建设方案，往往表现出针对不同方面目标的优劣程度上的差异，使得项目方案的选择具有了一定的难度。多级过滤法就是将建设项目所要满足的所有目标按照重要程度进行排序，然后就各个方案针对各项目标能否满足做出判断，能够通过目标最多的方案就是最佳方案，从而对建设项目的优劣做出评估。

5) 一票否决法

一票否决法是将建设项目所要满足的所有目标根据其重要程度划分为两类：一类是必须满足的目标，如环境目标、社会效益目标、国民经济效益目标等，这类目标具有严格的标准，一旦项目不能满足其中的任何一个目标，项目的可行性就被否定；另一类是非强制性目标，即容许在一定范围内变动的目标，这类目标一般为次要目标。这样，可以对建设项目依次评判其能否满足所有必须满足的指标，如果出现不能满足的目标，项目便被否决；如果这类目标全部满足，在此基础上，再根据项目满足第一类目标的程度，对项目做出最终的评估。由于一票否决法与多级过滤法具有一定的类似性，因此，实际评估中经常将两种方法结合起来应用。

重点提示：

掌握多级过滤法的定义。

3. 建设项目评估的要求及评估报告

1) 编写项目评估报告的要求

(1) 结论要科学可靠。项目评估人员应坚持科学、公正的态度，实事求是地评估项目，在此基础上进行总评估，提出科学的结论。

(2) 建议要切实可行。在总评估中，项目评估人员还应当根据项目的具体情况，提出切实可行的建议，以确保项目的顺利实施和按期投入运行。

(3) 对关键内容要做出重点分析。通过总评估可以发现，某些关键性的内容对于项目的正常实施与投产运营具有十分重要的作用。对于这类内容，项目评估人员要在总评估中对此作重点分析，以便引起投资者与有关部门的重视。

(4) 语言要简明精练。总评估应当简明扼要，语言要精练，避免使用高度专业化的术语，以便于决策人员的准确理解。为了表达准确、科学，应尽量使用数据和指标说明问题，对于难以量化的内容，要作定性分析。

2) 建设项目评估报告的格式

项目评估报告的格式应视项目的类型、规模以及复杂程度等有所不同。对于大型的复杂项目，要编写详细的评估报告；对于小型的简单项目，可编写简要评估报告。一个项目的评估报告一般包括以下几个部分。

(1) 项目评估报告的正文。评估报告在正文之前一般应有一个“提要”，简要说明评估报告的要点，包括企业和项目概况、项目的必要性、市场前景、主要建设内容、生产规模、总投资和资金来源、财务效益、国民经济效益、项目建议书、可行性研究报告和其他有关文件的批复时间和批准文号等，其目的就是使阅读者对项目的总体情况有一个大致的了解。

在“提要”之后，一般应按如下顺序编写评估报告。①投资者概况。主要论述投资者的企业法人资格、注册资本、法定地址、在所在行业的地位、信誉、资产负债情况、人员构成、管理水平、近几年经营业绩和投资者的发展规划与拟建项目的关系等，以判断投资者是否具备实施拟建项目的能力。②项目概况。主要论述项目提出的背景和依据、项目的地理位置、主要负责人、注册资本、产品方案和生产规模以及投资效益情况。③项目建设必要性分析。要从宏观和微观两方面分析，以考察拟建项目是否有实施的必要，如果是多方案比较，还要进一步说明选择实施方案与项目建设必要性有何关系。④市场分析。要求对现有市场必须进行充分的论证。所考察的市场范围决定于项目产品销售市场覆盖面，通过项目产品竞争能力的分析，判断项目产品是否有市场，建议项目适宜的生产规模。⑤建设条件分析。考察项目的选址、工程地质、水文地质、交通运输条件和水、电、气等配套条件；另外，还要考察工程项目实施的计划和进度。⑥生产条件分析。考察项目所需投入物的来源、运输条件、价格等方面的因素，包括项目所需要的矿产资源、主要原材料、辅助材料、半成品、零配件、燃料和动力等的产地、用量、供应厂家、运输方式、质量和供应的保证程度以及价格合理性等；生产技术、工艺技术和设备分析，包括拟建项目所需技术的总体水平、技术的来源、项目总图布置、生产工艺流程和设备选型分析、生产规模和产品方案分析。另外，还要考虑环境保护问题。⑦组织机构和人员培训。包括拟建项目的组织机构设计和人员的来源配套及培训计划。⑧投资估算与资金筹措。包括拟建项目的整个投资的构成，各项投资估算，资金的筹措方式、计划和各项来源的落实情况；财务基础数据的估算，包括计算期、汇率、销售收入、销售税金及附加、总成本费用、利润、所得税的估算依据和结果。⑨不确定性分析。进行盈亏平衡分析、敏感性分析和概率分析，分析拟建项目的风险程度，提出降低风险的措施。⑩总评估。提出项目是否值得实施，或选择最优方案的结论性意见，并就影响项目可行的关键性问题提出切实可行的建议。

(2) 项目评估报告的主要附表。项目评估报告中的主要附表包括投资估算、资金筹措、财务基础数据、财务效益分析和国民经济效益分析的各种基本报表和辅助表格。

(3) 项目评估报告的附件。项目评估报告的附件主要包括：①有关项目资源、市场、工程技术等方面的图表、协议、合同等；②各种批复文件，如项目建议书、可行性研究报告批复文件、规划批复文件(如选址意见书等)等；③证明投资者经济技术和管理水平等方面的文件，包括投资者的营业执照、近几年的主要财务报表、资信证明材料等。

本章小结

本章主要讲述了项目前期策划特征和作用、项目定位的意义、项目前期策划和定位的内容；建设项目评估的类别、内容和方法；可行性研究的程序和内容。此外还介绍了投资机会研究的要点。

思考题

1. 简述建设项目定位的内容。
2. 简述建设项目前期策划的内容。
3. 可行性研究的含义及其意义是什么？
4. 可行性研究的主要作用是什么？
5. 简述可行性研究报告的主要编写内容与编写要求。
6. 简述建设项目评估的概念和种类。
7. 简述建设项目评估的依据及主要内容。
8. 简述投资机会研究的要点。

第4章

建设工程项目勘察和设计管理

学习目标

- 熟悉建设工程项目勘察设计的概念。
- 掌握建设工程项目勘察设计合同管理内容。
- 熟悉建设工程项目勘察管理的内容。
- 掌握建设工程项目设计管理的内容。

本章导读

本章主要介绍建设工程项目勘察设计任务的委托、勘察管理、合同管理、三阶段设计管理要点等内容。

项目案例导入

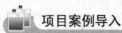

某市开发区兴建一项旧城改造拆迁安置工程，共20栋，累计建筑面积46 000m²。该工程于2003年3月初开工，2004年10月全部竣工，并进行工程验收。但后来有6栋出现了较严重的不均匀沉降，房屋最大沉降量达248mm，影响正常使用。经调查，房屋产生不均匀沉降的原因在于工程设计。该工程设计采用深层水泥搅拌桩，但在荷载计算时忽视了建造重心的位置。水泥搅拌桩作为复合地基，虽对改善地基的承载力有较好效果，但不能完全控制沉降问题。设计单位在工程设计时，桩与基础都是均匀设置的，而上部荷载偏心较大，因此建筑物的偏心和软弱下卧层变形验算不准确是引起不均匀沉降的主要原因。

问题导入

上述案例中，由于设计方面的原因导致了严重的质量问题。那么在这一案例中，业主方依据设计合同可以向设计单位主张哪些权利？该项目设计时应遵循哪些原则？满足哪些目标？业主在签订建设项目勘察设计合同时应注意哪些问题？如何更好地对勘察设计活动进行管理以预防类似问题发生？通过本章的学习将会解答这些问题，初步具备建设工程项目勘察管理和设计管理的能力。

4.1 勘察设计管理概述

4.1.1 建设工程项目勘察设计的概念及主要内容

工程项目勘察是运用多种科学技术方法，为查明工程项目建设地点的地形、地貌、土质、地质构造、水文地质等自然条件而进行的测量、测试、观察、勘探、试验、鉴定和综合评价等工作，其目的是为设计和施工提供可靠的依据。

工程项目设计是根据批准的设计任务书，按照国家的有关政策、法规、技术规范，在规定的场地范围内，对拟建工程进行详细规划、布局，把可行性研究中推荐的最佳方案具体化形成图纸、文字，为工程施工提供依据。

工程项目勘察设计管理就是指做好管理和配合工作，组织协调勘察设计单位之间以及与其他单位之间的工作配合，为设计单位创造必要的工作条件，以保证其及时提供设计文件，满足工程需要，使项目建设得以顺利进行。

建设单位勘察设计管理的具体工作包括：

(1) 选定勘察设计单位，招标发包勘察设计任务，签订勘察设计协议或合同，并组织管理合同的实施；

(2) 收集、提供勘察设计基础资料及建设协议文件；

(3) 组织协调各勘察与设计单位之间以及设计单位与科研、物资供应、设备制造和施工等单位之间的工作配合；

(4) 主持研究和确认重大设计方案；

(5) 配合设计单位编制设计概算、预算，并做好概算、预算的管理工作；

(6) 组织上报设计文件，提请国家主管部门批准；

(7) 组织设计、施工单位进行设计交底，会审施工图纸；

(8) 做好勘察、设计文件和图纸的验收、分发、使用、保管和归档工作；

(9) 为勘察、设计人员现场服务，提供工作和生活条件；

(10) 办理勘察、设计等费用的支付和结算。

4.1.2　建设工程项目设计的作用

1. 设计是项目设计任务书的具体化

设计任务书是项目建设的大纲，为使设计任务书中规定的内容成为现实，必须进行工程设计，设计是完成项目建设的重要步骤。

2. 设计是项目建设准备工作的依据

由于项目设计对项目建设所需投资额、建筑材料、设备数量及规格型号、土地征用等都已确定，因此项目承办单位可根据已批准的初步设计文件来安排资金、相关建筑材料和设备、征用土地、拆迁安置及施工场地等建设前的准备工作。

3. 设计是编制年度投资计划的依据

初步设计一经批准，承办单位就可根据初步设计编制年度投资计划。

4. 设计是项目施工的依据

项目的设计文件包括了项目的总平面布置、建筑物、构筑物及设备安装等方面的图纸，施工单位可将其作为施工建设的依据。

5. 设计是决定项目建成投产后能否发挥经济效益的重要保证

设计中总体布置是否合理，工艺技术及设备选型是否先进适用、安全可靠，组织机构设置是否科学，都将对项目的劳动生产率、产品成本的高低、产品质量的好坏起决定作用。设计是项目建成投产后能否取得预期经济效果的重要保证。

【案例 4-1】

设计阶段常见问题

近几年，在工程管理中发现施工图纸上存在不少问题，这些问题给施工带来了不少麻烦，有的甚至给工程造成损失。下面举几个例子。

(1) 重视主楼设计、轻视附属工程或室外工程设计。对主楼设计一般都很重视，在功能、结构等方面都注意优化，设计也较完整、细致；但对附属工程或室外工程设计往往重视不够，设计粗糙，相应出现的问题较多。例如有一工程，虽然对主楼设计较为仔细，但对室外工程，如总图、竖向设计协调不好，加之建设场地狭小，各种管道纵横交叉(上水、下水、雨水、蒸气、煤气、供电、电信、消防、电视等)，有的互相碰撞，有的间距不符规范，有的坡度小，形成了滞流，稍有堵塞就形成倒灌水而造成污染等。为此给施工带来很多麻烦和不应有的损失。

(2) 总体方案及专业方案优化设计不够。有些工程设计按规定要求需按程序分阶段进行，但是有的设计方案一经确定便直接进行施工图设计。优化设计是应该贯穿于从可行性研究、方案设计、初步设计、施工图设计的整个过程之中的，整个过程都需反复比较，反复优化。当然可行性研究、方案设计的重点是总体方案的优化和确定，而初步设计到施工图设计阶段的重点是专业方案的优化和确定。但有些施工图设计由于各种原因，很少进行总体方案和专业方案的优化工作。

(3) 设计单位内部缺乏统一的技术措施或统一做法。有的设计单位内部缺乏统一的技术措施。例如，某住宅小区有多栋楼是同一个设计单位设计的，但各栋号的设计人的做法不同。举个例子，阳台悬挑长度是 1 米，退进房间内的现浇板最小长度应为 1.2 米(在悬挑方向上的长度)。仅此一项，各栋号设计尺寸就各不相同，有的从轴线算起，有的从墙的里皮起算，有的从外墙皮算起等，最小比率仅为 1.1。可见该设计单位就没有规范做法，图纸校审时也没有统一起来，或根本未作认真校审。

(4) 其他问题。现实中不少工程设计该计算的不计算，为了图快或是怕麻烦，只凭经验确定，宁大勿小；有的问题该商量的不商量，凭主观想象行事；有的校对审核也是形同虚设，只签字不看图；有的设计深度不够，施工中出现了问题再补图等。

(资料来源：百度文库网，http://www./wenku.baidu.com/view/e8689b05bed5b9f3f90f1c72.html)

问题与测试：

1. 设计阶段对工程项目质量和成本目标有何影响？
2. 如何预防或解决以上问题？

4.1.3 勘察设计单位的资格审查

国家为了加强对勘察设计单位的管理，保证勘察设计质量，对勘察设计单位实行资格审查和颁发勘察设计证书的制度。凡列入国家计划的建设项目，建设单位在选择勘察设计单位时，必须采用招标方式发包给有资格的勘察设计单位。

国家根据勘察、设计单位的设计能力、技术和管理水平、专业配套、设计经验等条件，分四级颁发勘察设计证书，明确规定其业务范围。其中甲级单位可在全国范围内承担大、中、小型项目的工程勘察、设计和项目的总承包任务；乙级单位可在全国范围内承担中、小型项目的工程设计和项目的总承包任务；丙级单位可承担本地区或本行业的小型项目的设计任务；丁级单位可承担本地限定规模以内的小型、零星的设计任务。建设单位委托勘察设计任务时，要严格审查勘察设计单位证书的等级。

具体审查内容见 4.2.1。

分析与思考：

不同等级的勘察单位各自承担的任务包括哪些？

4.2 勘察、设计任务的委托及合同管理

4.2.1 勘察、设计合同的订立

勘察、设计合同的订立环节非常重要，直接决定了合同履行的效果。具体内容如下。

1. 签约前对当事人资格和资信的审查

在合同签订前对合同双方当事人的资格和资信进行审查，不仅是为了保证合同有效和受法律保护，而且是保证合同得到有效实施的必不可少的工作。

1) 资格审查

资格审查主要审查承包人是否是按法律规定成立的法人组织，有无法人章程和营业执照，承担的勘察设计任务是否在其证书批准内容的范围之内。同时，还要审查签订合同的有关人员是否是法定代表人或法定代表人的委托代理人，以及代理人的活动是否在代理权限范围内等。

2) 资信审查

资信审查主要审查建设单位的生产经营状况和银行信用情况等。

3) 履约能力审查

履约能力审查主要审查发包人建设资金的到位情况和支付能力。同时，通过审查承包人的勘察、设计许可证，了解其资质等级、业务范围，以此来确定承包人的专业能力。

2. 建设工程勘察、设计合同订立的形式和程序

建设单位将建设工程勘察设计任务通过招标或设计方案竞赛的方式确定勘察设计单位后，要遵循工程建设的基本建设程序与勘察设计单位签订勘察设计合同。

(1) 承包人审查工程项目的批准文件。承包人在接受委托勘察或设计任务前，必须对发包人所委托的工程项目的批准文件进行全面审查，这些文件是工程项目实施的前提条件。

拟委托勘察设计的工程项目必须具有上级机关批准的设计任务书和建设规划管理部门批准的用地范围许可文件。签订勘察合同，由建设单位、勘察设计单位或有关单位提出委托，经双方协商同意后签订。设计合同的签订，除双方协商确定外，还必须具有上级部门批准的设计任务书。小型单项工程必须具有上级机关批准的设计文件，如果单独委托施工图设计任务，应同时具备经有关部门批准的初步设计文件方能签订。勘察设计合同应当采取书面形式，并参照国家推荐使用的示范文本。参照文本的条款，明确约定双方的权利义务。对文本条款以外的其他事项，当事人认为需要约定的，也应采用书面形式。对可能发生的问题，要约定解决办法和处理原则。双方协商同意的合同修改文件、补充协议均为合同文件的组成部分。

(2) 发包人提出勘察、设计的要求。主要包括勘察设计的期限、进度、质量等方面的要求。勘察工作有效期限以发包人下达的开工通知书或合同规定的时间为准，如遇特殊情况，如设计变更、工作量变化、不可抗力影响以及非勘察人的原因造成的停、窝工等，工期相应顺延。

(3) 承包人确定取费标准和进度。承包人根据发包人的勘察、资料，研究并确定收费标准和金额，提出付费方法和进度。

(4) 合同双方当事人，就合同的各项条款协商并取得一致意见。

3. 勘察合同的订立

依据范本订立勘察合同时，双方通过协商，应根据工程项目的特点，在相应条款内明确以下方面的具体内容。

1) 发包人应提供的勘察依据文件和资料

(1) 提供本工程批准文件(复印件)，以及用地(附红线范围)、施工、勘察许可等批件(复印件)；

(2) 提供工程勘察任务委托书、技术要求和工作范围的地形图、建筑总平面布置图；

(3) 提供勘察工作范围已有的技术资料及工程所需的坐标与标高资料；

(4) 提供勘察工作范围地下已有埋藏物的资料(如电力、电讯电缆、各种管道设施、洞室等)及具体位置分布图；

(5) 其他必要的相关资料。

2) 委托任务的工作范围

(1) 工程勘察任务(内容)，可能包括：自然条件观测、地形图测绘、资源探测、岩土工程勘察、地震安全性评价、工程水文地质勘察、环境评价、模型试验等；

(2) 技术要求；

(3) 预计的勘察工作量；

(4) 勘察成果资料提交的份数。

3) 合同工期

合同约定的勘察工作开始和终止时间。

4) 勘察费用

(1) 勘察费用的预算金额；

(2) 勘察费用的支付程序和每次支付的百分比。

5) 发包人应为勘察人提供的现场工作条件

根据项目的具体情况，双方可以在合同内约定由发包人负责保证勘察工作顺利开展应提供的条件，可能包括：

(1) 落实土地征用、青苗树木赔偿；

(2) 拆除地上地下障碍物；

(3) 处理施工扰民及影响施工正常进行的有关问题；

(4) 平整施工现场；

(5) 修好通行道路、接通电源水源、挖好排水沟渠以及水上作业用船等。

6) 违约责任

(1) 承担违约责任的条件；

(2) 违约金的计算方法等。

7) 合同争议的最终解决方式、约定仲裁委员会的名称

4. 设计合同的订立

依据范本订立民用建筑设计合同时，双方通过协商，应根据工程项目的特点，在相应条款内明确以下方面的具体内容。

1) 发包人应提供的文件和资料

(1) 设计依据文件和资料：①经批准的项目可行性研究报告或项目建议书；②城市规划许可文件；③工程勘察资料等。

发包人应向设计人提交的有关资料和文件在合同内需约定资料和文件的名称、份数、

提交的时间和有关事宜。

(2) 项目设计要求：①工程的范围和规模；②限额设计的要求；③设计依据的标准；④法律、法规规定应满足的其他条件。

2) 委托任务的工作范围

(1) 设计范围。合同内应明确建设规模，详细列出分项工程的名称、层数和建筑面积。

(2) 建筑物的合理使用年限设计要求。

(3) 委托的设计阶段和内容。可能包括方案设计、初步设计和施工图设计的全过程，也可以是其中的某几个阶段。

(4) 设计深度要求。设计标准可以高于国家规范的强制性规定，发包人不得要求设计人违反国家有关标准进行设计。方案设计文件应当满足编制初步设计文件和控制概算的需要；初步设计文件应当满足编制施工招标文件、主要设备材料订货和编制施工图设计文件的需要；施工图设计文件应当满足设备材料采购、非标准设备制作和施工的需要，并注明建设工程合理使用年限。具体内容要根据项目的特点在合同内约定。

(5) 设计人配合施工工作的要求。包括向发包人和施工承包人进行设计交底；处理有关设计问题；参加重要隐蔽工程部位验收和竣工验收等事项。

3) 设计人交付设计资料的时间

4) 设计费用

合同双方不得违反国家有关最低收费标准的规定，任意压低勘察、设计费用。合同内除了写明双方约定的总设计费外，还需列明分阶段支付进度款的条件、占总设计费的百分比及金额。

5) 发包人应为设计人提供的现场服务

发包人应为设计人提供的现场服务可能包括施工现场的工作条件、生活条件及交通等方面的具体内容。

6) 违约责任

需要约定的内容，包括承担违约责任的条件和违约金的计算方法等。

7) 合同争议的最终解决方式

明确约定解决合同争议的最终方式是采用仲裁或诉讼。采用仲裁时，需注明仲裁委员会的名称。

4.2.2　勘察合同的履行

1. 发包人的责任

(1) 在勘察现场范围内，不属于委托勘察任务而又没有资料、图纸的地区(段)，发包人应负责查清地下埋藏物。若因未提供上述资料、图纸，或提供的资料图纸不可靠、地下埋藏物不清，致使勘察人在勘察工作过程中发生人身伤害或造成经济损失时，由发包人承担民事责任。

(2) 若勘察现场需要看守，特别是在有毒、有害等危险现场作业时，发包人应派人负责安全保卫工作，按国家有关规定，对从事危险作业的现场人员进行保健防护，并承担费用。

(3) 工程勘察前，属于发包人负责提供的材料，应根据勘察人提出的工程用料计划，按时提供各种材料及其产品合格证明，并承担费用，并运到现场，派人与勘察人一起验收。

(4) 勘察过程中的任何变更，经办理正式变更手续后，发包人应按实际发生的工作量支付勘察费。

(5) 为勘察人的工作人员提供必要的生产、生活条件，并承担费用，如不能提供时，应一次性付给勘察人临时设施费。

(6) 发包人若要求在合同规定时间内提前完工(或提交勘察成果资料)时，发包人应按每提前一天向勘察人支付计算的加班费。

(7) 发包人应保护勘察人的投标书、勘察方案、报告书、文件、资料图纸、数据、特殊工艺(方法)、专利技术和合理化建议。未经勘察人同意，发包人不得复制、泄露、擅自修改、传送或向第三人转让或用于本合同外的项目。

2. 勘察人的责任

(1) 勘察人应按国家技术规范、标准、规程和发包人的任务委托书及技术要求进行工程勘察，按合同规定的时间提交质量合格的勘察成果资料，并对其负责。

(2) 由于勘察人提供的勘察成果资料质量不合格，勘察人应负责无偿给予补充完善使其达到质量合格。若勘察人无力补充完善，需另外委托其他单位时，勘察人应承担全部勘察费用。因勘察质量造成重大经济损失或工程事故时，勘察人除应负法律责任和免收直接受损失部分的勘察费外，并根据损失程度向发包人支付赔偿金。赔偿金由发包人、勘察人在合同内约定实际损失的某一百分比。

(3) 勘察过程中，根据工程的岩土工程条件(或工作现场地形地貌、地质和水文地质条件)及技术规范要求，向发包人提出增减工作量或修改勘察工作的意见，并办理正式变更手续。

3. 勘察合同的工期

勘察人应在合同约定的时间内提交勘察成果资料，勘察工作有效期限以发包人下达的开工通知书或合同规定的时间为准。如遇到设计变更，工作量变化，不可抗力影响，非勘察人的原因造成的停、窝工等特殊情况时，可以相应延长合同工期。

4. 勘察费用的支付

1) 收费标准及付费方式

合同中约定的勘察费用计价方式，可以采用以下方式中的一种：

(1) 按国家规定的现行收费标准取费；

(2) 预算包干；

(3) 中标价加签证；

(4) 实际完成工作量结算等。

2) 勘察费用的支付

(1) 合同签订后3天内，发包人应向勘察人支付预算勘察费的20%作为定金。

(2) 勘察外业工作结束后，发包人向勘察人支付约定勘察费的某一百分比。对于勘察规模大、工期长的大型勘察工程，还可将这笔费用按实际完成的勘察进度分解，分阶段支付工程进度款。

(3) 提交勘察成果资料后的 10 天内，发包人应一次付清全部工程费用。

5. 违约责任

1) 发包人的违约责任

(1) 由于发包人未给勘察人提供必要的工作生活条件而造成停、窝工或来回进出场地，发包人应承担的责任包括：①付给勘察人停、窝工费，金额按预算的平均工日产值计算；②工期按实际延误的工日顺延；③补偿勘察人来回的进出场费和调遣费。

(2) 合同履行期间，由于工程停建而终止合同或发包人要求解除合同时，勘察人未进行勘察工作的，不退还发包人已付定金；已进行勘察工作的，完成的工作量在 50%以内时，发包人应向勘察人支付预算额 50%的勘察费；完成的工作量超过 50%时，则应向勘察人支付预算额 100%的勘察费。

(3) 发包人未按合同规定时间(日期)拨付勘察费，每超过 1 天，应按未支付勘察费的 1‰偿付逾期违约金。

(4) 发包人不履行合同时，无权要求返还定金。

2) 勘察人的违约责任

(1) 由于勘察人的原因造成勘察成果资料质量不合格，不能满足技术要求时，其返工勘察费用由勘察人承担。交付的报告、成果、文件达不到合同约定条件的部分，发包人可要求承包人返工，承包人按发包人要求的时间返工，直到符合约定条件。返工后仍不能达到约定条件，承包人应承担违约责任，并根据因此造成的损失程度向发包人支付赔偿金，赔偿金额最高不超过返工项目的收费。

(2) 由于勘察人的原因未按合同规定时间(日期)提交勘察成果资料，每超过 1 天，应减收勘察费的 1‰。

(3) 勘察人不履行合同时，应双倍返还定金。

分析与思考：

勘察费用的收费标准及支付方式都有哪些？

4.2.3　设计合同的履行

1. 合同的生效与设计期限

1) 合同生效

设计合同采用定金担保，合同总价的 20%为定金。设计合同经双方当事人签字盖章并在发包人向设计人支付定金后生效。发包人应在合同签字后的 3 日内支付该笔款项，设计人收到定金为设计开工的标志。如果发包人未能按时支付，设计人有权推迟开工时间，且交付设计文件的时间相应顺延。

2) 设计期限

设计期限是判定设计人是否按期履行合同义务的标准，除了合同约定的交付设计文件(包括约定分次移交的设计文件)的时间外，还可能包括由于非设计人应承担责任和风险的原因，经过双方补充协议确定应顺延的时间之和，例如设计过程中发生影响设计进展的不可抗力事件；非设计人原因的设计变更；发包人应承担责任的事件对设计进度的干扰等。

3) 合同终止

在合同正常履行的情况下，工程施工完成竣工验收工作，或委托专业建设工程设计完成施工安装验收，设计人为合同项目的服务结束。

2. 发包人的责任

1) 提供设计依据资料

(1) 按时提供设计依据文件和基础资料。发包人应当按照合同约定时间，一次性或陆续向设计人提交设计的依据文件和相关资料，以保证设计工作的顺利进行。如果发包人提交上述资料及文件超过规定期限 15 天以内，设计人规定的交付设计文件时间相应顺延；交付上述资料及文件超过规定期限 15 天以上时，设计人有权重新确定提交设计文件的时间。进行专业工程设计时，如果设计文件中需选用国家标准图、住建部标准图及地方标准图，应由发包人负责解决。

(2) 对资料的正确性负责。尽管提供的某些资料不是发包人自己完成的，如作为设计依据的勘察资料和数据等，但就设计合同的当事人而言，发包人仍需对所提交基础资料及文件的完整性、正确性及时限负责。

2) 提供必要的现场工作条件

由于设计人完成设计工作的主要地点不是施工现场，因此，发包人有义务为设计人在现场工作期间提供必要的工作、生活方便条件。发包人为设计人派驻现场的工作人员提供的方便条件可能涉及工作、生活、交通等方面，以及必要的劳动保护装备。

3) 外部协调工作

设计的阶段成果(初步设计、技术设计、施工图设计)完成后，应由发包人组织鉴定和验收，并负责向发包人的上级或有管理资质的设计审批部门完成报批手续。

施工图设计完成后，发包人应将施工图报送建设行政主管部门，由建设行政主管部门委托的审查机构进行结构安全和强制性标准、规范执行情况等内容的审查。发包人和设计人必须共同保证施工图设计满足以下条件：

(1) 建筑物(包括地基基础、主体结构体系)的设计稳定、安全、可靠；

(2) 设计符合消防、节能、环保、抗震、卫生、人防等有关强制性标准、规范；

(3) 设计的施工图达到规定的设计深度；

(4) 不存在有可能损害公共利益的其他影响。

4) 其他相关工作

发包人委托设计配合引进项目的设计任务，从询价、对外谈判、国内外技术考察直至建成投产的各个阶段，应吸收承担有关设计任务的设计人参加。出国费用，除制装费外，其他费用由发包人支付。

发包人委托设计人承担合同约定委托范围之外的服务工作，需另行支付费用。

5) 保护设计人的知识产权

发包人应保护设计人的投标书、设计方案、文件、资料图纸、数据、计算软件和专利技术。未经设计人同意，发包人对设计人交付的设计资料及文件不得擅自修改、复制或向第三人转让或用于本合同外的项目。如发生以上情况，发包人应负法律责任，设计人有权向发包人提出索赔。

6) 遵循合理设计周期的规律

如果发包人从施工进度的需要或其他方面的考虑，要求设计人比合同规定时间提前交付设计文件时，须征得设计人同意。设计的质量是工程发挥预期效益的基本保障，发包人不应严重背离合理设计周期的规律，强迫设计人不合理地缩短设计周期的时间。双方经过协商达成一致并签订提前交付设计文件的协议后，发包人应支付相应的赶工费。

3. 设计人的责任

1) 保证工程设计质量

保证工程设计质量是设计人的基本责任。设计人应依据批准的可行性研究报告、勘察资料，在满足国家规定的设计规范、规程、技术标准的基础上，按合同规定的标准完成各阶段的设计任务，并对提交的设计文件质量负责。在投资限额内，鼓励设计人采用先进的设计思想和方案。但若设计文件中采用的新技术、新材料可能影响工程的质量或安全，而又没有国家标准时，应当由国家认可的检测机构进行试验、论证，并经国务院有关部门或省、直辖市、自治区有关部门组织的建设工程技术专家委员会审定后方可使用。

负责设计的建(构)筑物需注明设计的合理使用年限。设计文件中选用的材料、构配件、设备等，应当注明规格、型号、性能等技术指标，其质量要求必须符合国家规定的标准。

对于各设计阶段设计文件审查会提出的修改意见，设计人应负责修正和完善。

设计人交付设计资料及文件后，需按规定参加有关的设计审查，并根据审查结论负责对不超出原定范围的内容做必要的调整补充。

《建设工程质量管理条例》规定，设计单位未根据勘察成果文件进行工程设计的，设计单位指定建筑材料、建筑构配件的生产厂、供应商的，设计单位未按照工程建设强制性标准进行设计的，均属于违反法律和法规的行为，要追究设计人的责任。

2) 各设计阶段的工作任务

(1) 初步设计。包括：①总体设计(大型工程)；②方案设计，主要包括：建筑设计、工艺设计、进行方案比选等工作；③编制初步设计文件，主要包括：完善选定的方案、分专业设计并汇总、编制说明与概算、参加初步设计审查会议、修正初步设计。

(2) 技术设计。包括：①提出技术设计计划。可能包括：工艺流程试验研究；特殊设备的研制；大型建(构)筑物关键部位的试验、研究。②编制技术设计文件。③参加初步审查，并做必要修正。

(3) 施工图设计。包括：①建筑设计；②结构设计；③设备设计；④专业设计的协调；⑤编制施工图设计文件。

3) 对外商的设计资料进行审查

委托设计的工程中，如果有部分属于外商提供的设计，例如，大型设备采用外商供应的设备，则需使用外商提供的制造图纸，设计人应负责对外商的设计资料进行审查，并负责该合同项目的设计联络工作。

4) 配合施工的义务

(1) 设计交底。设计人在建设工程施工前，需向施工承包人和施工监理人说明建设工程勘察、设计意图，解释建设工程勘察、设计文件，以保证施工工艺达到预期的设计水平要求。

设计人按合同规定时限交付设计资料及文件后，本年内项目开始施工，负责向发包人及施工单位进行设计交底，处理有关设计问题和参加竣工验收。如果在 1 年内项目未开始施工，设计人仍应负责上述工作，但可按所需工作量向发包人适当收取咨询服务费，收费额由双方以补充协议商定。

(2) 解决施工中出现的设计问题。设计人有义务解决施工中出现的设计问题，如属于设计变更的范围，按照变更原因确定费用负担责任。

发包人要求设计人派专人留驻施工现场进行配合与解决有关问题时，双方应另行签订补充协议或技术咨询服务合同。

(3) 工程验收。为了保证建设工程的质量，设计人应按合同约定参加工程验收工作。这些约定的工作可能涉及重要部位的隐蔽工程验收、试车验收和竣工验收。

5) 保护发包人的知识产权

设计人应保护发包人的知识产权，不得向第三人泄露技术经济资料。如发生以上情况，并给发包人造成经济损失，发包人有权向设计人索赔。

4. 支付管理

1) 定金的支付

设计合同由于采用定金担保，因此合同内没有预付款。发包人应在合同签订后的 3 天内，支付设计费总额的 20%作为定金。在合同履行过程中的中期支付中，定金不参与结算，双方的合同义务全部完成进行合同结算时，定金可以抵作设计费或收回。

2) 合同价格

在现行体制下，建设工程勘察、设计发包人与承包人应当执行国家有关建设工程勘察费、设计费的管理规定。签订合同时，双方商定合同的设计费，收费依据和计算方法按国家和地方有关规定执行。国家和地方没有规定的，由双方商定。

如果合同约定的费用为估算设计费，则双方在初步设计审批后，需按批准的初步设计概算核算设计费。工程建设期间如遇概算调整，则设计费也应做相应调整。

3) 设计费的支付与结算

(1) 支付管理原则。①设计人按合同约定提交相应报告、成果或阶段的设计文件后，发包人应及时支付约定的各阶段设计费；②设计人提交最后一部分施工图的同时，发包人应结清全部设计费，不留尾款；③实际设计费按初步设计概算核定，多退少补，实际设计费与估算设计费出现差额时，双方需另行签订补充协议；④发包人委托设计人承担本合同内容之外的工作服务，另行支付费用。

(2) 按设计阶段支付费用的百分比。①合同签订后3天内，发包人支付设计费总额的20%作为定金，此笔费用支付后，设计人可以自主使用；②设计人提交初步设计文件后的 3 天内，发包人应支付设计费总额的 30%；③施工图阶段，当设计人按合同约定提交阶段性设计成果后，发包人应依据约定的支付条件、所完成的施工图工作量比例和时间，分期分批向设计人支付剩余总设计费的 50%。施工图完成后，发包人结清设计费，不留尾款。

分析与思考：

初步设计、技术设计及施工图设计的工作内容分别是什么？

5. 设计工作内容的变更

设计合同的变更，通常指设计人承接工作范围和内容的改变。按照发生原因的不同，一般可能涉及以下几个方面的原因。

1) 设计人的工作

设计人交付设计资料及文件后，按规定参加有关的设计审查，并根据审查结论对不超出原定范围的内容做必要的调整补充。

原定设计任务书或初步设计如有重大变更而需要重做或修改时，经设计任务书批准机关或初步设计批准机关同意，并经双方当事人协商后另订合同。发包人负责支付已经进行了的设计费用。

2) 委托任务范围内的设计变更

为了维护设计文件的严肃性，经过批准的设计文件不应随意变更。发包人、施工承包人、监理人均不得修改建设工程勘察、设计文件。如果发包人根据工程的实际需要确需修改建设工程勘察、设计文件时，应当首先报经原审批机关批准，然后由原建设工程勘察、设计单位修改。经过修改的设计文件仍需按设计管理程序经有关部门审批后使用。

如果修改的部分属于初步设计的内容，如总平面图、工艺流程面积、建筑标准、概算等，须经设计的原批准单位批准；如果修改部分属于设计任务书的内容，如建筑规模、产品方案、建设地点及主要协作关系等，则须经设计任务书的原批准单位批准；施工图设计的修改，须经设计单位及其审查单位的同意。

3) 委托其他设计单位完成的变更

在某些特殊情况下，发包人需要委托其他设计单位完成设计变更工作，如变更增加的设计内容专业性特点较强，超过了设计人资质条件允许承接的工作范围，或施工期间发生的设计变更，设计人由于资源能力所限，不能在要求的时间内完成等。在此情况下，发包人经原建设工程设计人书面同意后，也可以委托其他具有相应资质的建设工程勘察、设计单位修改。修改单位对修改的勘察、设计文件承担相应责任，设计人不再对修改的部分负责。

4) 由发包人引起的重大设计变更

发包人变更委托设计项目、规模、条件或因提交的资料错误，或所提交资料作较大修改，以致造成设计人设计需返工时，双方除需另行协商签订补充协议(或另订合同)、重新明确有关条款外，发包人应按设计人所耗工作量向设计人增付设计费。

在未签合同前发包人已同意，设计人为发包人所做的各项设计工作，应按收费标准，相应支付设计费。

发包人因故要求中途终止设计时，应及时书面通知承包人。已付的设计费不退，并根据该阶段的实际工作量，增付并结清设计费，同时终止合同关系。

6. 违约责任

1) 发包人的违约责任

(1) 发包人延误支付。发包人应按合同规定的金额和时间向设计人支付设计费，每逾期支付 1 天，承担应支付金额 2‰的逾期违约金，且设计人提交设计文件的时间顺延。逾期 30 天以上时，设计人有权暂停履行下阶段工作，并书面通知发包人。

(2) 审批工作的延误。发包人的上级或设计审批部门对设计文件不审批或合同项目停建或缓建，均视为发包人应承担的风险。设计人提交合同约定的设计文件和相关资料后，按照设计人已完成全部设计任务对待，发包人应按合同规定结清全部设计费。

(3) 因发包人原因要求解除合同。在合同履行期间，发包人要求终止或解除合同，设计人未开始设计工作的，不退还发包人已付的定金；已开始设计工作的，发包人应根据设计人已进行的实际工作量，不足一半时，按该阶段设计费的一半支付，超过一半时，按该阶段设计费的全部支付。

2) 设计人的违约责任

(1) 设计错误。作为设计人的基本义务，应对设计资料及文件中出现的遗漏或错误负责修改或补充。由于设计人员错误造成工程质量事故损失，设计人除负责采取补救措施外，应免收直接受损失部分的设计费。损失严重的，还应根据损失的程度和设计人责任大小向发包人支付赔偿金。范本中要求设计人的赔偿责任按工程实际损失的百分比计算，当事人双方订立合同时，需在相关条款内具体约定百分比的数额。

(2) 设计人延误完成设计任务。由于设计人自身原因，延误了按合同规定交付的设计资料及设计文件的时间，每延误 1 天，应减收该项目应收设计费的 2‰。

(3) 因设计人的原因要求解除合同。合同生效后，设计人要求终止或解除合同应双倍返还定金。

3) 不可抗力事件的影响

由于不可抗力因素致使合同无法履行时，双方应及时协商解决。

4.2.4 勘察、设计合同的索赔

建设工程勘察、设计合同一旦签订，合同双方要坚守合同，由于合同一方的责任使合同另一方的权益受到损害时，受损失方可向责任方提出赔偿要求，以补偿遭受的损失。

1. 发包人向承包人提出索赔

当出现下列情况时，发包人可向承包人提出索赔。

(1) 勘察、设计单位不能按合同要求完成勘察、设计任务，致使发包人工程项目不能按期开工造成损失，可向承包人索赔；

(2) 勘察、设计单位的勘察、设计成果不符合国家有关规定和合同的质量约定，出现偏差、疏漏等而导致发包人在工程项目施工或使用时造成损失，发包人可向承包人索赔；

(3) 因承包人完成的勘察、设计任务深度不足，致使工程项目施工困难，发包人同样可提出索赔；

(4) 因其他原因属承包人的责任造成发包人损失的，发包人可以提出索赔。

2. 承包人向发包人提出索赔

当出现下列情况时，承包人可向发包人提出索赔。

(1) 发包人不能按合同约定准时提交满足勘察设计要求的资料，致使承包人勘察设计人员无法开展勘察设计工作，承包人可向发包人提出合同价款和合同工期索赔；

(2) 发包人中途提出设计变更要求，承包人可向发包人提出合同价款和合同工期赔偿；

(3) 发包人不按合同约定支付勘察设计费用，承包人可提出合同违约金索赔；

(4) 因属发包人责任的其他原因造成承包人利益遭受损害的，承包人可申请合同价款赔偿。

4.2.5　勘察、设计合同管理

1. 发包人(监理工程师)对勘察、设计合同的管理

1) 设计阶段监理工作职责范围

设计阶段的监理，一般指由建设项目已经取得立项批准文件以及必需的有关批文后，从编制设计任务书开始，直到完成施工图设计的全过程监理。上述阶段应由委托监理合同确定。设计阶段监理的内容包括：

(1) 根据设计任务书等有关批示和资料编制“设计要求文件”或“方案竞赛文件”，采用招标方式的项目监理人应编制“招标文件”；

(2) 组织设计方案竞赛、招投标，并参与评选设计方案或评标；

(3) 协助选择勘察、设计单位，或提出评标意见及中标单位候选名单；

(4) 起草勘察、设计合同条款及协议书；

(5) 监督勘察、设计合同的履行情况；

(6) 审查勘察、设计阶段的方案和勘察设计结果；

(7) 向建设单位提出支付合同价款的意见；

(8) 审查项目概算、预算。

2) 发包人对勘察、设计合同管理的重要依据

(1) 建设项目设计阶段委托监理合同；

(2) 批准的可行性研究报告及设计任务书；

(3) 建设工程勘察、设计合同；

(4) 经批准的选址报告及规划部门批文；

(5) 工程地质、水文地质资料及地形图；

(6) 其他资料。

2. 承包人(勘察、设计单位)对合同的管理

1) 建立专门的合同管理机构

建设工程勘察、设计单位应当设立专门的合同管理机构，对合同实施的各步骤进行监

督、控制，不断完善建设工程勘察、设计合同自身管理机构。

2) 承包人对合同的管理实施

(1) 合同订立时的管理。承包人设立的专门的合同管理机构对建设工程勘察、设计合同的订立全面负责，实施监管、控制，特别是在合同订立前要深入了解发包人的资信、经营作风及订立合同应当具备的相应条件。规范合同双方当事人权利、义务的条款要全面、明确。

(2) 合同履行时的管理。合同开始履行，即意味着合同双方当事人的权利义务开始享有与承担。为保证勘察、设计合同能够正确、全面地履行，专门的合同管理机构需要经常检查合同履行情况，发现问题及时协调解决，避免不必要的损失。

(3) 建立健全合同管理档案。合同订立的基础资料，以及合同履行中形成的所有资料，承包人要有专人负责，随时注意收集和保存，及时归档。健全的合同档案是解决合同争议和提出索赔的依据。

(4) 抓好合同人员素质培训。参与合同的所有人员，必须具有良好的合同意识，承包人应配合有关部门搞好合同培训等工作，提高合同人员素质，保证实现合同订立要达到的目的。

重点提示：

发包人不能按合同约定准时提交满足勘察设计要求的资料，致使承包人勘察设计人员无法开展勘察设计工作，承包人可向发包人提出合同价款和合同工期索赔。

4.3 建设工程项目勘察管理

4.3.1 工程项目勘察内容

勘察项目包括自然条件观测、资源探测、地震安全性评价、环境评价和环境基底观测、岩土工程勘察、工程水文地质勘察、工程测量、模型试验和科研项目等工作。

1. 自然条件观测

自然条件观测主要是气候、气象条件的观测，陆上和海洋的水文观测以及与水文有关的观测，特殊地区(如沙漠和冰川)的观测等项目。建设地点如有相应的观测站并已有相当的累积资料，则可直接收集采用，如无观测站或资料不足或从未观测过，则要建站观测。

2. 资源探测

这是一项涉及范围非常广的调查、观测、勘察和钻探任务。资源探测一般由国家设立机构进行，业主只进行一些必要的补充。

3. 地震安全性评价

大型工程和地震地质复杂地区，为了准确处理地震设防，确保工程的地震安全，一般都要在国家地震区划的基础上作建设地点的地震安全性评价，习惯称地震地质勘察。

4. 环境评价和环境基底观测

往往陆上环境调查和海洋水文观测等同时进行，以减少观测费用，但不少项目需要单独进行观测。环保措施往往还要做试验研究才能确定。

5. 岩土工程勘察

岩土工程勘察亦称为工程地质勘察。根据工程性质不同，它有建(构)筑物岩土工程勘察、公路工程地质勘察、铁路工程地质勘察、海滨工程地质勘察和核电站工程地质勘察等。

岩土工程勘察是为查明建设地区的工程地质条件，提出建设场地稳定性和地基承载能力的正确评价而进行的工作，主要包括：工程地质测绘、勘探(钻探、触探等)、测试(载荷试验、剪力试验等)、长期观测(地下水动态观测、建筑物沉降观测、滑坡位移观测等)及勘察资料整理(内业)。其勘察阶段应与设计阶段相适应，一般分为厂址勘察、初步勘察和详细勘察。对工程地质条件复杂或者具有特殊施工要求的大型建设工程，还应进行施工勘察。

6. 工程水文地质勘察

水文地质勘察是查明建设地区地下水的类型、成分、分布、埋藏量，确定富水地段，评价地下水资源及其开采条件的工作。一般需进行的水文地质勘察工作包括：水文地质测绘、地球物理勘探、钻探、抽水试验、地下水动态观测、水文地质参数计算、地下水资源评价和地下水资源保护区的确定等。

水文地质勘察工作应满足各设计阶段的要求。①选址阶段要初步评价厂区附近的水文地质条件，提出能否满足建厂所需水源的资料；②初步勘察阶段要在几个富水地段查明水文地质条件，初步评价水资源丰富程度，论证开采条件，进行水源地方案比较；③详细勘察阶段，要在拟建水源地，详细查明水文地质条件，进一步评价水资源，提出合理的开采方案。

7. 工程测量

工程测量成果和图件是工程规划、总图布置、线路设计以及施工的基础资料。工程测量工作必须与设计工作密切配合以满足各设计阶段的要求，并兼顾施工的一般需要，尽量做到一图多用。在工程测量工作开始前，应取得当地的高程控制及三角网点资料，便于使工程测量成果与地方的测量成果联系起来。工程测量主要包括：平面控制测量、高程控制测量、1∶500 至 1∶1 500 比例尺地形测量、线路测量、建筑方格网测量、变形观测、绘图等。

8. 模型试验和科研项目

许多大、中型项目和特殊项目，其建设条件须由模型试验和科学研究方能解决，即光靠以上各项的观测、勘察仍不足以揭示复杂的建设条件，而是将这些实测的自然界的资料作为模型的边界条件，由模型试验和科学研究，研究客观规律，来指导设计、生产。例如，水利枢纽设计前要做泥沙模型试验，港口设计前要做港池和航道的淤积研究等。

4.3.2　工程项目勘察成果审查

对于勘察报告，一般不做审查，而对特殊重要的工程、地质特别复杂的工程和大型海洋港湾工程的测量和地质勘察，必要时业主可组织专家进行评审。评审专家，由主管部门和设计单位协商选出。

对于科研、试验研究报告，一般要做评审。科研、试验研究的大部分工作是在可行性研究阶段完成的，它们作为可行性研究报告的附件，随可行性研究报告一起评审。在设计阶段所做的科研，只是对可行性研究阶段所得的科研成果的补充和提供设计所需的具体参数。

勘察和科研成果的评审程序如下：

(1) 成立评审委员会；

(2) 成立专家小组；

(3) 会审程序；

(4) 由专家组长主持评审，组织与会代表和专家对报告进行评审、讨论、咨询；

(5) 专家组组长根据会审情况，草拟专家意见和评审意见，交与会代表和专家们讨论；

(6) 专家组组长宣布评审专家意见，业主宣布评审结论，会议结束；

(7) 业主组织编制单位根据专家意见修改或完善成果报告；

(8) 业主将修改完善后的报告上报主管部门备案，副本交给设计单位进行设计。

【案例 4-2】

某试验楼项目勘察问题

该项目为三层试验楼，局部二层，建筑面积 3 500m^2，人工挖孔桩基础，在成孔施工中，遇到粉质黏土层、淤泥、大量的地下水，成孔在 3m 以下非常困难，采用钢套筒支护，挖至 13m 深时，附近地面下陷，相邻建筑出现裂缝，并继续发展，不得已将孔洞回填。

出现上述情况的主要原因包括以下几个方面。

(1) 地质土层埋深勘探不详，地质报告显示基岩埋深在 13m，实际超过 16m；本工程地质钻孔数量不足，未能探明基底地层，仅钻四个孔，且变化较大。

(2) 基础设计选型不当。地基土质不良，且具有丰富的地下水，采用人工挖孔桩不合适。

(资料来源：百度文库网，http://www.wenku.baidu.com/view/52a74b8c680203d8ce2f2440.html)

问题与测试：

1. 针对问题 1 应如何处理？
2. 针对问题 2 应选用什么类型的基础？

4.4 建设工程项目设计管理

4.4.1 工程项目设计的内容

工程项目设计主要包括：产品生产工艺设计和土木建筑设计。

1. 产品生产工艺设计

工艺设计是具体确定建设项目的产品方案、产品生产和工艺流程、设备选型和设备制造的方案，工艺设计水平的高低不仅直接影响到投资的大小和建设的进度，而且也决定了项目建成后产品的质量、原材料能源消耗、产品成本和利润等各项技术经济指标。因此，生产工艺应尽可能选用生产效率高、技术先进适用、生产安全可靠、经济合理的工艺路线，设备选型应与工艺流程相适应，并尽可能选用标准化、通用化、系列化的通用设备，同时要考虑原材料的性质和供应情况。

工艺设计一般包括下列三项内容。

(1) 确定产品方案，如产品的名称、规格、型号、数量、质量；原材料、燃料、水、电、劳动力的需要量、种类、来源等；生产的协作条件；生产能力；经济效益。

(2) 制定生产工艺流程，如生产工艺名称，主要生产设备及辅助生产设备的名称、数量、规格、型号、来源、技术先进程度；从工艺上确定车间等建筑物的面积、高度、跨度、车间内设备的布局；工时定额和劳动生产率；动力的需要量及解决的办法；原材料及相关成品的需要量及解决的办法；车间的通风、运输、通信、照明、环保、安全、消防、劳动卫生。

(3) 全厂及各车间的组织管理系统设计，其主要包括劳动定员、岗位责任、管理系统、机构设置等。

2. 土木建筑设计

项目的土木建筑设计主要包括总平面设计、空间平面设计、结构设计和设备安装设计四部分，也可分为总平面设计和各单项工程的建安工程设计两部分。

1) 总平面设计(总图设计)

总平面设计是在确定的厂区范围内，按照城市规划的要求，根据项目生产的性质、规模和生产工艺要求，保证生产运输合理的前提下，设置一定数量的生产车间、辅助生产设施和生活用房，结合建厂地区的自然、气候、地形、地质，以及厂内外运输、公用设施和厂际协作等具体条件，按照原料进厂到成品出厂的整个生产工艺过程，经济合理地布置厂区内的建筑物和构筑物，搞好平面与竖向关系，组织好厂内外交通运输等总平面布置的设计工作。工业项目的总平面设计主要包括全厂分区布置方案和厂内外运输方案两大方面的设计。

工业项目总平面布置不仅要表示建筑物、构筑物、交通路线、地上地下工程技术管线及绿化、美化设施的相互配置，而且要创造符合该项目生产特性的统一建筑整体。总平面设计方案关系到整个建设场地的土地利用、建筑物的位置和工程管网的长度。正确合理的总平面设计方案，应做到工艺流程合理，总体布置紧凑，减少建筑工程量，节约用地，节省投资，加快建设进度，为项目创造良好的生产组织、经营条件和生产环境。

2) 单项工程设计

单项工程设计是根据生产工艺设计所确定的工艺流程，生产设备的类型、型号、外形尺寸、数量、使用要求，合理确定建筑物的高度、跨度、宽度、面积、设计标准、结构形式，包括建筑物的平面立面布置，建筑物(群)的布局、结构形式；单项工程的建筑设计分为建筑物的立面、平面设计和建筑结构设计两部分。

立面、平面设计主要是建筑物的层高、层数、每一层的平面布置、面积、建筑物的跨度、柱距，以及建筑物的造型、内外部的装饰等。结构设计主要包括建筑物的结构形式、建筑材料、结构构件的设计。

(1) 建筑物的立面、平面设计。就工业厂房而言，其立面、平面设计包括下列主要内容。

① 厂房的层数选择。工业厂房根据生产性质和生产工艺要求，可分为单层和多层厂房。

单层厂房对于需要大跨度和层高较高、生产时震动大和散发大量热气以及有重型生产设备、超重设备的车间是经济合理的，如钢铁联合企业中的铸工、锻工、轧钢、装配等车间。

② 厂房的高度选择。单层厂房的高度主要取决于车间内部的运输方式。多层厂房的高度应综合考虑生产工艺、采光、通风以及建筑经济各方面的因素进行选择。多层厂房的高度与车间宽度有关，在一定高度范围内，加大宽度也能降低建筑造价。

③ 厂房(车间)的平面布置与柱网布置。在工艺流程、技术参数和主要设备选样确定之后，应本着达到物料流向最经济、操作控制最有利、检测维修最方便的原则，采用多方案比较，选择经济实用的厂房(车间)的平面布置方案。厂房(车间)的平面布置主要应满足生产工艺的要求，保证生产线的合理布置，使设备布置与生产有一定的空间；各个工序之间有最短、最直接的联系；车间之间和车间内部运输方便，并适应全厂的工艺流程；同时要充分利用车间平面面积和空间，在保证生产安全和良好的工作环境条件下，尽量节省厂房(车间)面积。

工业厂房(车间)的平面布置中最关键的是合理确定柱网，即确定柱子的跨度和间距。跨度的大小经常根据设备的布置情况、产品运输及生产操作所需的空间来决定。柱距是根据结构方案的技术经济合理性和现实条件的可能性来确定，即根据设备外形、前后位置、各种物料的投入和流向、操作要求、公用动力的投入位置、产出物的输出方向等做通盘考虑。

④ 厂房的体积和面积。在不影响生产能力的前提下，尽量减少厂房(车间)的体积和面积，以降低建筑造价。尽量减少单位产品产量的建筑面积，这是衡量先进生产技术水平和建筑设计水平的重要技术经济指标。

(2) 建筑物的结构设计。根据适用、经济、美观的原则，依据生产工艺需要，以及厂房的大小和建设场地的具体条件，合理选用厂房的建筑结构形式。一般有砖混结构、钢筋混凝土结构、预应力钢筋混凝土结构、钢结构等形式。目前工业厂房建筑结构形式已向“轻质、大跨、空间、薄壁”的方向发展，并以薄壳结构、悬索结构、折板结构等装配式结构，以及现浇混凝土筒体结构，逐渐替代以往广泛采用的梁板结构。结构的造型必须因地制宜，要充分利用当地的建材资源，降低运输费用，切实做到技术先进、经济合理、安全适用、施工方便。在满足生产使用要求的前提下，广泛采用新结构、新构件、新材料、充分利用地方材料和工业废料，节省“三材”。促进工程设计的标准化、构件预制工厂化、施工机械化、管理信息化，逐步提高建筑工业化水平。对于某些有特殊要求(如恒温、防震等)的厂房，应根据具体情况做特殊考虑。

4.4.2 工程项目设计的三大目标

1. 安全可靠性——业主对设计标准的控制

工程设计标准的选择是为了保证工程的安全可靠。所谓安全可靠性，就是要保证工程项目的大部分或全部的使用价值不致丧失、投资不致浪费。

1) 设计标准的内容

设计标准包括：建设规模、占地面积、工艺装备、建筑标准、配套工程、劳动定员、环境保护、安全防护、卫生标准及防灾抗灾级别等的标准或指标。

2) 设计标准类别

(1) 规范、规程、标准、规定。在总结前人实践的基础上，国家各级主管部门用规范、规程或设计标准、规定等规范形式提出的标准。

(2) 业主标准。业主根据工程的性质、规模、使用期限、企业形象等规划条件提出的宏观标准，及根据设备类型、性能、备件配置、操作特点等生产条件提出的微观标准。

(3) 厂方标准。设备生产厂家订立的与设备有关的标准。

3) 设计标准与设计三大目标的相互关系

设计标准与设计的三大目标是相互制约、相辅相成的。所以，业主要求设计单位对设计标准的选定，要将三大目标统筹考虑，严格控制。

业主对工程可靠度的要求主要着眼于三个方面：生产使用上要有效和耐久；建筑结构上保证强度、刚度和稳定；总体规划上要满足防灾、抗灾的安全要求。

2. 适用性——业主对使用功能的控制

1) 适用性的概念

适用性就是工程项目要具有良好的使用功能和美观效果，既方便生产，又方便生活。

2) 业主对适用性的控制

适用性主要是在项目决策阶段和初步设计阶段形成的。业主应抓住以下环节：①总体布置上，要便于运输和联系，避免干扰和矛盾；②车间内部布置则要求工艺和运输流程衔接通顺，有必要的操作面积和空间，有必要的通风、照明、空调、防尘、防毒、防煤气、防火等设施，保证生产人员的身体健康；③工程的形象处理，要统一而有序，要有合适的体形，比例要适宜，装饰要明快，与外部空间和环境要协调，要给人以庄重大方和充满时代气息的感受。

3) 使用功能

适用性又表现为使用功能。使用功能包括基本使用功能和外部使用功能。以港口工程为例，基本使用功能是物资和人员的运输(吞吐量)，要保证飞机和船舶的升降和靠泊，要保证货物和乘客的使用方便；其外部使用功能则是货物的集疏运条件，地面运输、水上运输和空中运输的条件、能力，以及满足环境和社会的使用要求。使用功能必须满足市场需求。

3. 经济性——业主对主要参数的选择

1) 经济性概念

经济性是指在保证工程安全可靠和适用的前提下，做到建设周期短、工程投资低、投产使用后经济效益高。

2) 经济性与设计参数的选择

决定投资和产品成本的关键因素，是设计参数的正确选择。设计参数，有些是客观的自然条件决定的，应按实际情况采用，如波浪高度、最大风速等；有些是人为决定的，如工作制度、管理方式等。业主提供的原始数据必须准确、有根据且经过检验；设计单位选定的参数，必须先进、合理、具有科学性，有些关键参数，业主代表应负责审定。设计参数的来源主要是勘探和科研部门提供的资料；国家的规范、规程、标准、规定；业主及设备厂家提供的资料。

3) 经济性的评价标准

采用先进技术、降低造价是设计部门的职责。但是，投资省的设计并不等于是一个经济的设计。只有结合产品成本进行综合评价，才能品评设计的经济性。设计单位对方案进行技术经济分析，用投资回收期和内部收益率来综合评价项目设计的经济性。项目的经济评价，不仅要评价建设单位自身的效益，还要从社会效益来评价，从国民经济和整个社会的受益或受损(包括环境污染等)来正确评价。

4) 经济性的主要内涵

经济性的内涵主要包括：节约用地、能源；回收期短、内部收益率高(与国内同类建设项目以及国际常规相比)；投资省、工期短；成本低、维修简单、使用费较少。

重点提示：

工程设计的三大目标包括业主对项目所要求的安全可靠性、适用性和经济性。业主根据三大目标要求，向设计单位提供设计所需的资料、文件，并全面检验设计成果的质量。

4.4.3 工程项目设计的三大控制

设计过程是指从选址、可行性研究开始，直到竣工验收、投产准备的全过程，即设计贯穿于建设的全过程。所以业主对设计的控制也贯穿于建设的全过程。

对设计过程的控制，主要围绕三个方面：质量控制、进度控制、投资控制。

1. 质量控制

对设计的质量要求是应本着“统一规划，合理布局，因地制宜，综合开发，配套建设”的方针，做到适用、经济、美观、防灾、抗灾、安全、节约用地与环境协调，做到造价不高质量高，标准不高水平高，面积不大功能全，占地不多环境美。

2. 进度控制

这里所说的进度是指项目的实施进度。项目的实施进度，决定于设计承包商所做的工程设计。设计所采用的总体规划、外部协作条件、主体工艺流程、设备制造及安装方式、主体建筑结构形式、施工方法等，都直接决定着项目实施进度。业主对设计所形成的项目进度的控制，就是要对设计内容审查其实施过程所需的劳动力投入和时间进程，是否能在预定的计划工期内完成。

3. 投资控制

设计阶段投资控制的目标是：初步设计概算不超过可行性研究报告中的总投资估算；施工图设计预算不超过设计概算；施工配合过程中设计变更引起的预算改变不超过批准的总投资额。

4.4.4　初步设计的管理

1. 开展初步设计的必备条件

1) 委托初步设计的必备条件

委托初步设计的必要条件包括：

(1) 项目可行性研究报告经过审查，业主已获得可行性研究报告批准文件；

(2) 已办理征地手续，并已取得规划局和国土局提供的建设用地规划许可证和建设用地红线图；

(3) 业主已取得规划局提供的规划设计条件通知书。

2) 初步设计完成时的必备条件

在初步设计过程中，业主要办理各种外部协作条件的取证工作和完成科研、勘察任务，并转交设计单位，作为设计依据(工程设计和编制概算)。

2. 业主对初步设计的原则要求

业主对初步设计的原则要求，可作为委托书的附件，直接提交给设计承包商，作为设计条件之一，其内容包括：

(1) 建设项目远景与近期建设相结合，加快建设进度的要求；

(2) 对资源和原料要充分利用和综合利用的要求；

(3) 产品种类和质量方面的要求；

(4) 装备水平、机械化自动化程度的要求，工艺、设备的要求；

(5) 环保、安全、卫生、劳动保护的要求；

(6) 合理布局和企业协作的要求；

(7) 合理选用各种技术经济指标的要求；

(8) 工业建筑、民用福利设施标准的要求；

(9) 节约投资、降低生产成本的要求；

(10) 建设项目扩建、预留发展场地的要求；

(11) 贯彻上级或领导部门的有关指示；

(12) 其他有关的原则要求。

3. 初步设计的深度

初步设计应满足的要求包括：

(1) 多方案比较，在充分细致论证设计项目的效益、社会效益、环境效益的基础上，择优推荐设计方案；

(2) 建设项目的单项工程要齐全，主要工程量误差应在允许范围以内；

(3) 主要设备和材料明细表，要符合订货要求，可作为订货依据；

(4) 总概算不应超过可行性研究估算投资总额；

(5) 满足施工图设计的准备工作的要求；

(6) 满足土地征用、投资包干、招标承包、施工准备、开展施工组织设计，以及生产准备等项工作的要求。

经批准的可行性研究报告中所确定的主要设计原则和方案，如建设地点、规模、产品方案、生产方法、工艺流程、主要设备、主要建筑标准等，在初步设计中不应有较大变动。若有重大变动或概算突破估算投资较大时，则要申明原因，报请原主管部门批准。

4. 初步设计的主要内容

(1) 设计原则为可行性研究报告及审批文件中的设计原则，设计中遵循的主要方针、政策和设计的指导思想；

(2) 建设规模、分期建设及远景规划，企业专业化协作和装备水平，建设地点，占地面积，征地数量，总平面布置和内外交通，外部协作条件；

(3) 生产工艺流程为各专业主要设计方案和工艺流程；

(4) 产品方案，主要产品和综合回收产品的数量、等级、规格、质量；原料、燃料、动力来源、用量、供应条件；主要材料用量；主要设备选型、数量、配置；

(5) 新技术、新工艺、新设备采用情况；

(6) 主要建筑物、构筑物，公用、辅助设施，生活区建设，抗震和人防措施；

(7) 综合利用、环境保护和“三废”治理；

(8) 生产组织、工作制度和劳动定员；

(9) 各项技术经济指标；

(10) 建设顺序、建设期限；

(11) 经济评价，成本、产值、税金、利润、投资回收期、贷款偿还期、净现值、投资收益、盈亏平衡点、敏感性分析、资金筹措、综合经济评价等；

(12) 总概算；

(13) 附件、附表、附图，包括设计依据的文件批文，各项协议批文，主要设备表，主要材料明细表，劳动定员表等。

5. 业主对初步设计的审查

业主对初步设计文件的审查，围绕着所设计项目的质量、进度及投资进行。总目录和设计总说明审查，核查设计质量是否符合决策要求，项目是否齐全，有无漏项，设计标准、装备标准是否符合预定要求。初步设计中所安排的施工进度和投产时间，是否确有可能实现，各种外部因素是否考虑周全。投资审查，主要是审核总概算。要审核外部投资是否节约，外部条件设计是否经济，方案比较是否全面，经济评价是否合理，设备投资是否合理，主要设备订货价格是否符合当前市场价格，能否用国产设备，订制国外设备的条件和运输费用是否合理，报关是否合理，有无替代途径。

对初步设计图纸的审查，重点是审查总平面布置，工艺流程，车间、厂房组成和交通运输组织。厂区运输组织是采用公路还是铁路，要求技术经济方案的论证和比较。总图布置要方便生产，获得最佳的工作效率，同时要满足环境保护、安全生产、防震抗灾、生活环境等的要求。总平面布置要充分考虑方向、风向、采光、通风等要素。工艺设备，各种管线和道路的关系，要相互无矛盾。

要审查初步设计是否创造了一个良好的生产和生活环境，能否在这样的环境中，创造高效、低耗和充满生机的条件。这主要体现在建筑设计的标准、建筑平面和空间的处理及环保要求等方面。一个工业区，乃至一个新兴城市，要有完美和谐的统一的建筑风格。

6. 初步设计的报批

大、中型项目，按照项目的隶属关系，由国务院各主管部门或省、自治区、直辖市审批，报国家计委备案，各部直供代管的下放项目由各部主管部门会同有关省、自治区、直辖市审批；各部直属建设项目，由国务院各主管部门审批，批准文件抄送有关省(自治区、直辖市)计委、建委、各有关局、委；小型项目按隶属关系，由主管部门或地方政府授权的单位进行审批。

4.4.5 技术设计的管理

1. 开展技术设计的条件

开展技术设计的条件包括：

(1) 初步设计已被批准；

(2) 对于特大规模的建设项目，或工艺极为复杂，或采用新工艺、新设备、新技术而且有待试验研究的新开发项目，某些援外项目和极为特殊的项目，经上级机关或主管部门批准需要做技术设计的。

2. 技术设计的深度和主要解决的问题

技术设计是根据已批准的初步设计，对设计中比较复杂的项目、遗留问题或特殊需要，通过更详细的设计和计算，进一步研究和阐明其可靠性和合理性，准确地决定各主要技术问题。设计深度和范围，基本上与初步设计一致。

3. 技术设计的报批

技术设计是初步设计的补充和深化，一般不再进行审核。业主直接上报审批技术设计的主管部门，经审批后转给设计承包商，开展施工图设计。

4.4.6 施工图设计的管理

1. 开展施工图设计的条件

(1) 上级批准文件，包括业主已取得经上级或主管部门对初步设计的审核批准书、批准的国民经济年度基本建设计划和规划局核发的施工图设计条件通知书。

(2) 初步设计审查时提出的重大问题和初步设计的遗留问题(如补充勘探、勘察、试验、模型等)已经解决；施工图阶段勘察及地形测绘图已经完成。

(3) 外部协作条件，水、电、交通运输、征地、安置的各种协议已经签订或基本落实。

(4) 主要设备订货基本落实，设备总装图、基础图资料已收集齐全，可满足施工图设计的要求。

2. 施工图设计深度

施工图设计应满足下列要求：

(1) 设备材料的安排；

(2) 非标准设备和结构件的加工制作；

(3) 编制施工图预算，并作为预算包干、工程结算的依据；

(4) 施工组织设计的编制，应满足设备安装和土建施工的需要。

3. 施工图的内容

施工图的内容主要包括：工程安装、施工所需的全部图纸，重要施工、安装部位和生产环节的施工操作说明，施工图设计说明，预算书和设备、材料明细表。

在施工总图(平、剖面图)上应有设备、房屋或构筑物、结构、管线各部分的布置，以及它们的相互配合、标高、外形尺寸、坐标；设备和标准件清单；预制的建筑配构件明细表等。在施工详图上应设计非标准详图，设备安装及工艺详图，建筑物、构筑物及一切配件和构件尺寸，连接、结构断面图，材料明细表及编制预算。图纸要按有关专业配套出齐，如主体工艺、水、暖、风、电、通信、运输、自动化、设备、机械制造、水工、土建等专业。

4. 施工图设计审查

施工图是对设备、设施、建筑物、管线等工程对象物的尺寸、布置、选材、构造、相互关系、施工及安装质量要求的详细图纸和说明，是指导施工的直接依据，从而也是设计阶段质量控制的一个重点。审查重点是：使用功能是否满足质量目标和水平。

1) 总体审核

首先要审核施工图纸的完整性和完备性，及各级的签字盖章。其次审核工程施工设计总布置图和总目录。总平面布置和总目录的审核重点是：工艺和总图布置的合理性，项目是否齐全，有无子项目的缺漏，总图在平面和空间的布置上是否交叉无矛盾，有无管线打架、工艺与各专业相碰，工艺流程及相互间距是否满足规范、规程、标准等的要求。

2) 总说明审查

工程设计总说明和分项工程设计总说明的审核重点是：所采用的设计依据、参数、标准是否满足质量要求，各项工程做法是否合理，选用设备、仪器、材料等是否先进、合理，工程措施是否合适，所用技术标准是否满足工程需要。

3) 具体图纸审查

图纸审查的重点是：施工图是否符合现行规范、规程、标准、规定的要求；图纸是否符合现场和施工的实际条件，深度是否达到施工和安装的要求，是否达到工程质量的标准；对选型、选材、造型、尺寸、关系、节点等图纸自身的质量要求的审查。

4) 其他及政策性要求

这部分的审查重点是：审核是否满足勘察、观测、试验等提供的建设条件；是否满足外部水、电、气及集疏运条件；是否满足和当地各级地方政府签订的建设协议书，如征地、水电能源、通信导航等；是否满足环境保护措施和“三废”排放标准；是否满足施工和安全、卫生、劳动保护的要求。

5) 审查施工预算和总投资预算

审查预算编制是否符合预算编制要求，工程量计算是否正确，定额标准是否合理，各项收费是否符合规定，汇率计算、银行贷款利息、通货膨胀等各项因素是否齐全、总预算是否在总概算控制范围之内。

分析与思考：

施工图设计审查的内容及重点各是什么？

5. 施工图的设计交底和图纸会审

设计交底和图纸会审的目的是：进一步提高质量，使施工单位熟悉图纸，了解工程特点和设计意图，关键部位的质量要求，发现图纸错误进行改正。

具体程序是：业主组织施工单位和设计单位进行图纸会审，先由设计单位向施工单位进行技术交底，即由设计单位介绍工程概况、特点、设计意图、施工要求、技术措施等有关注意事项；然后由施工单位提出图纸中存在的问题和需要解决的技术难题，通过三方协商，拟订解决方案，写出会议纪要。

图纸会审的内容主要包括：

(1) 设计资格审查和图纸是否经设计单位签署，图纸是否齐全，有无续图供应；

(2) 地质与外部资料是否齐全，抗震、防火、防灾、安全、卫生、环保是否满足要求；

(3) 总平面和施工图是否一致，设计图之间、专业之间、图面之间有无矛盾，标志有否遗漏，总图布置中工艺管线、电气线路、设备位置、运输通路等与构筑物之间有无矛盾，布局是否合理；

(4) 地基处理是否合理，施工与安装有无不能实现或难以实现的技术问题，或易于导致质量问题、安全及费用增加等方面的问题，材料来源是否有保证、能否代换；

(5) 标准图册、通用图集、详图做法是否齐全，非通用设计图纸是否齐全。

6. 施工图的审批

除上级机关或主管部门指定之外，一般不再单独组织对施工图的审批，设计单位对施工图负全责。

业主将需要审批的施工图直接上报要求审批的主管部门。同时，业主须持施工图资料到规划局办理领取《项目规划建设许可证》。

本章小结

本章提出了工程勘察和工程设计的概念、勘察设计管理的概念及工作内容，阐述了勘察设计合同的订立、履行、索赔、管理等环节的注意事项，描述了工程勘察和工程设计两方面内容，并对工程设计的内容做了详细阐述。论述了工程设计的三大目标，并从初步设计、技术设计和施工图设计三个不同阶段对业主所应做的主要工作进行了重点分析。

思 考 题

1. 什么是工程勘察？其主要内容是什么？
2. 什么是工程设计？其主要内容是什么？
3. 工程设计的原则是什么？有什么作用？其阶段如何划分？三大目标是什么？
4. 简述勘察合同中发包人与承包人的义务与责任。
5. 简述设计合同中发包人与承包人的义务与责任。
6. 在勘察设计合同中发包人和承包人分别承担哪些违约责任？
7. 在什么情况下，设计合同中的发包人或承包人可提出索赔？
8. 发包人对设计合同的管理内容是什么？

第 5 章

建设工程项目招投标管理

学习目标

- 掌握建设项目招投标的概念、方式和范围。
- 熟悉建设项目招投标的程序和内容。
- 掌握建设项目投标报价技巧。

本章导读

本章主要阐述建设项目招标的范围和招标方式、建设项目招投标程序中各环节的要点和建设项目投标报价的方法和技巧等内容。

项目案例导入

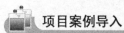

某承包商经研究决定参与某工程投标。经造价工程师估价，该工程预算成本为 1 500 万元，其中，材料费占 60%。高、中、低三个报价方案的利润率分别为 10%、7%、4%，根据过去类似工程的投标经验，相应的中标概率分别为 0.3、0.6、0.9。该工程业主在招标文件中明确规定采用固定总价合同。据估计，在施工过程中材料费可能平均上涨 3%，其发生概率为 0.4。该承包商应按哪个方案投标？

问题导入

上述案例中，不同的投标方案其中标可能性、潜在利润大小、项目承包风险水平是不一样的。那么在这一案例中，承包商应选择哪一个投标方案更加合理？该项目采用固定总价合同是否适用？业主在编制招标文件时应包括哪些内容？招标方式可以采用哪些类型？招标流程有哪些？承包商有哪些投标注意事项？通过本章的学习将会解答这些问题，使学生初步具备建设工程项目招投标管理的能力。

5.1 建设工程项目招投标概述

5.1.1 招标投标的基本概念

招标是一种国际上特定的交易方法，是发包人向社会提出交易条件，以征询各工程承包商或供货商的最佳报价及最佳条件，经比较而最终成交；投标则是对招标的响应，是卖方向买方发出的承诺条件和报价实盘，以便招标的买方进行选择贸易成交的行为。

招标投标的原则是实行公平竞争，实现优胜劣汰，防止垄断。《中华人民共和国招标投标法》第五条规定：“招标投标活动应当遵循公开、公平、公正和诚实信用的原则。”建筑企业要通过投标竞争，成为被选中的承包单位，就必须具备在投标竞争中获胜所需的条件，这些条件主要是：一定的技术、经济实力和管理经验。

5.1.2 招投标制度的特点和作用

1. 招投标制度的特点

国际招标与投标既然是市场经济体制下的产物，它的一些制度及规则应遵守国际市场经济运行的规律，与国际上其他贸易方式相比，招投标有其自身的一些特点，主要包括公开性、公平性和组织性三个方面。

2. 招投标制度的作用

实行工程建设的招标与投标制度，可以防止市场中的垄断与保护现象产生，引入公平竞争机制，促使工程项目的建设和管理水平的提高，有以下几个方面的作用。

(1) 促进工程业主单位做好工程前期工作；

(2) 有利于降低工程造价；

(3) 有利于保证工程质量；

(4) 有利于缩短建设工期；

(5) 有利于使工程建设纳入法制化的管理体系，提高工程承包合同的履约率。

5.1.3　建设工程项目招标的范围

建设工程项目招标的范围，也就是准备发给投标单位承包的内容。它可以是建设工程项目全过程的全部工作，也可以是其中某个阶段或某一专项工作。按招标范围不同，可分别称为建设工程项目全过程招标、阶段招标和专项招标。

1. 建设工程项目全过程招标

建设工程项目全过程招标即通常所说的“交钥匙工程”招标。采用这种招标形式，业主一般只要提出功能要求和竣工期限，投标单位即可对项目建议书、可行性研究、勘察设计、设备材料询价与采购、工程施工、职工培训、生产准备、投料试车，直到竣工投产、交付使用，实行全面总承包，并负责对各阶段各专项的分包任务进行综合管理、协调和监督。为了有利于建设和生产的衔接，必要时业主可选派适当人员，在总承包单位的统一组织下，参加工程建设的有关工作。通过建设全过程招标确定下来的总承包关系，要求承包、发包双方密切配合协作。有关决策性的重大问题应由业主或其上级主管部门作出最后决定。

建设工程项目全过程招标主要适用于各种大中型建设项目，要求承包单位必须具有雄厚的技术经济实力和丰富的组织管理经验。为适应这种要求，国外某些大承包商往往和勘察设计机构组成设计施工一体化的承包公司；或者更进一步扩大到与若干专业承包商和器材生产供应厂商以及金融机构和咨询机构，形成横向的经济联合体，这是近一二十年来建筑业一种新的发展趋势。

2. 建设工程项目阶段招标

这种招标的内容是建设工程项目全过程中某一阶段或某些阶段的工作，如可行性研究、勘察设计、建筑安装施工等。工程施工招标，按承包内容有包工包料、包工部分包料和包工不包料三种情况。

3. 建设工程项目专项招标

这种招标的内容是工程项目的某个建设阶段中的某一专门项目，由于专业性强，通常须请专业承包单位来承担。例如，可行性研究中的某些辅助研究项目，勘察设计阶段的工程地质勘察、供水水源勘察，基础或结构工程设计，供电系统、空调系统及防灾系统的设计，建设准备过程中的设备选购和生产技术人员培训，施工阶段的深基础施工，金属结构制作和安装，生产工艺设备、通风系统以及电梯等的安装，都可实行专项招标。

重点提示：

理解建设工程项目全过程招标。

5.1.4 建设工程项目招标的条件

2012 年 2 月 1 日实施的《中华人民共和国招标投标法实施条例》第七条规定："按照国家有关规定需要履行项目审批、核准手续的依法必须进行招标的项目，其招标范围、招标方式、招标组织形式应当报项目审批、核准部门审批、核准。项目审批、核准部门应当及时将审批、核准确定的招标范围、招标方式、招标组织形式通报有关行政监督部门。"

5.1.5 招标方式

目前，国际上通行的招标方式主要有公开招标、选择性招标和两阶段招标三种。

1. 公开招标

公开招标又叫无限竞争性招标，其特点是投标单位的数量不受限制，凡通过资格预审的单位都可参加投标。它通常由招标单位通过报纸或专业性刊物发布招标通告或广告，公开约请承包人参加投标竞争，投标单位的报价在开标时公开宣布，并通过评标排定投标单位名次，从中选择中标单位。公开招标的透明度高，能赢得承包商的信赖，而且招标单位有较大的选择范围，可以在众多的投标单位之间选择报价合理、工期较短、信誉良好的承包商。这种方式体现了公平竞争，打破了垄断，能促使承包方努力提高工程质量，缩短工期和降低成本。但随之而来的是投标单位多，招标单位审查投标者资格及标书的工作量大，付出的时间多，且为准备投标文件也要支付许多费用。同时，由于参加竞争的投标单位多，而投标费用开支大，投标单位为避免这种风险，必然将投标的费用反映到标价上，最终还是由业主负担。所以，公开招标也具有不利的一面。公开招标的评标原则是公开和公平合理，但在评审标书、报价及决定授标时是保密进行的。在评标期间，评标机构可以要求投标人回答或澄清其投标文件中某些含混不清的问题，但无权要求或接受承包商调整价格。只有在评出中标者后，通过议标和商签合同时，据双方均可接受的条件，适当调整最后的合同价。

按照市场经济规律要求，公开招标的工程项目应授标给最低报价者，下述情况可以例外。

(1) 招标文件中已有规定，可以不授标给最低报价者。

(2) 最低报价者的标价明显不合理，如有多个分部分项工程造价报价过高或过低。

(3) 投标文件违反招标的规定，例如，投标保函不合格、投标报价不完整、使用的设备和材料不符合标书的技术要求，或为非应答标，即投标人的报价附带有许多自己的条件，使标价失去可比性等。

《中华人民共和国招标投标法实施条例》第五十条规定："招标项目设有标底的，招标人应当在开标时公布。标底只能作为评标的参考，不得以投标报价是否接近标底作为中标条件，也不得以投标报价超过标底上下浮动范围作为否决投标的条件。"

2. 选择性招标

选择性招标，亦称有限招标，这种招标带有限制性条件。根据工程项目的不同，各有不同限制内容。

1) 指定性招标

由业主指定一些他认为资信可靠和能力适应的公司参加招标，用于紧急工程或保密工程的施工。

2) 邀请性议标

被邀请的投标单位通常为3～5家，招标单位可以在自己熟悉的承包人之间选择，也可以先公开发布通告，邀请承包人报名，经资格预审后选定邀请对象。对建设规模较大，须在若干年内连续招标的工程，招标单位可在资格预审基础上对被邀单位或申请参加投标的单位，建立投标候选人名册，以便在需要时向其中适当的对象发出邀请，这样既能提高工作效率，又可节省开支。采用邀请招标方式，由于被邀请参加竞争的投标者为数有限，可以节省招标费用和时间，提高投标单位的中标概率，降低标价，所以这种方式在一定程度上对招投标双方都是有利的。不过这种招标方式限制了竞争范围，把许多可能的竞争者排除在外，是不符合自由竞争、机会均等原则的。国际上往往对邀请招标方式的适用条件作出指导性的规定，这些条件通常包括以下几个方面。

(1) 由于工程性质特殊，要求有专门经验的技术人员和熟练技工以及专用技术设备，只有少数承包人能够胜任。

(2) 公开招标使招标单位或投标单位支出的费用过多，与所能得到的好处或工程价值不成比例。

(3) 出于工期紧迫或保密的要求等其他原因，而不宜公开招标。

3. 两阶段招标

招标过程分为两个阶段。

1) 第一阶段

第一阶段的招标，即招标单位公开邀请对招标工程项目感兴趣且具备规定资质条件的承包商报名参加投标资格预审。预审文件包括两个主要部分：第一部分是关于招标工程项目基本情况的介绍和主要工程量清单，以及申请参加资格预审的承包商必须具备的基本条件的说明；第二部分是参加资格预审的承包商应提交的文件资料，包括企业注册的资质等级证件，有关工程经历、设备状况、主要管理人员和技术人员资历及管理经验、财务状况及资信证明等能表明其实力的资料。招标单位预先确定并公开资格预审标准，然后从众多参加预审的承包商中按标准选定合格的单位，邀请他们参加投标竞争。这一阶段的活动不涉及报价问题，承包商主要是凭借自己的技术、经济实力、管理经验和社会信誉，来争取获得投标资格，所以称为非价格竞争。

2) 第二阶段

资格预审合格的承包商从招标单位取得招标文件，制定投标策略和报价方案，对招标单位的要求积极地响应，争取中标。因此，这一阶段的竞争称为价格竞争，也是投标决胜负的关键性竞争。两阶段招标比选择性招标增加了透明度，符合竞争机会均等的原则。资格预审又可限制不合格的承包商盲目参加竞争，有利于提高投标质量，也比公开招标减少了招标单位审评投标书的工作量，兼有上述两种招标方式的优点，因此在国际建筑市场上被广泛采用。

分析与思考：

不同招标方式的适用范围各是什么？

5.1.6 工程项目承包的计价方法及适用情况

工程项目的承包内容不同，要求的合同类型和计价方法也不同。

1. 固定总价合同

这种合同是按承发包双方商定的总价承包工程。它的特点是：以图纸和工程说明为依据，明确承包内容并计算承包价，而且一笔包死，在合同执行过程中，除非发包单位要求变更原定的承包内容外，承发包双方一般不得要求变更承包价。采用这种计价方法，如果设计图纸和说明书达到一定深度，能据此比较精确地估算造价，合同条件也考虑得比较周全，对承发包双方都不致有太多风险，则不失为一种比较简便的承包方式。但是，如果图纸和说明书不够详细，未知数比较多，或者工期比较长，材料价格变动和气候变化难以预料，承包企业要承担较大风险，往往要加大不可预见费，因而不利于降低造价，最终对业主不利。因此，这种确定承包价的方法，通常仅适用于规模较小、技术不太复杂的工程。

这种合同以工程量清单和单价表为依据来计算承包价，通常由业主委托专业估算师提出工程量清单，作为招标文件的重要组成部分，列出分部分项工程量，如挖土方若干立方米、混凝土若干立方米、砖砌体若干立方米、墙面抹灰若干平方米等，由承包商填列单价，再算出总造价；个别项目在特殊条件下，还可规定报暂定价，允许按实际发生情况调整。因为工程量是统一计算出来的，承包企业只要经过复核并填报适当的单价即可得出总造价，承担风险较小；发包单位也只要审核单价是否合理即可，对双方都比较方便。目前国际上采用这种方式确定承包价者较多。我国的施工图预算也属于此种类型。

2. 单价合同

这种合同有两种主要形式，分别适用于不同的情况。

(1) 按分部、分项工程承包单价，即由发包单位开列分部、分项工程名称、计量单位和估计工程量，由承包单位填报单价，签订单价合同，将来根据实际完成的工程数量，按合同单价结算工程价款。这种计价方式主要适用于没有施工图、工程量不明而又需立即开工的紧急工程。某些大型土木工程，虽有施工图和近似工程量，但在实际工作中可能会出现较大的变化。例如，铁路或水电建设中的隧洞开挖，就可能因异常的地质条件而使土石方数量产生较大的变化，为了使承发包双方都能避免由此而带来的风险，通常也采用单价合同。

(2) 按最终产品承包单价，即按每 1 平方米住宅、每 1 平方米道路以及每 1 米延长管线等最终产品的单价承包工程。这种方式通常适用于大量兴建的采用标准设计的工程，如城市中成片建设的住宅小区。

3. 成本加酬金合同

这种合同的基本特点是按工程实际发生的成本，加上商定的总管理费和利润，来确定工程总造价。工程成本包括人工费、材料费、施工机械使用费、其他直接费和施工管理费以及各项独立费，但不包括承包企业的总管理费和应缴纳的税金。这种计价方式主要适用于开工前对工程内容尚不十分清楚的情况，例如，边设计边施工的紧急工程，遭受自然灾害或战火破坏需修复的工程等。实行建设全过程总承包的“交钥匙”工程，通常也采用这种计价方式。在实践中，成本加酬金的具体做法主要有四种。

1) 成本加固定百分数酬金

成本加固定百分数酬金，计算方法可用下列算式说明：

$$C=C_x(1+P) \tag{5-1}$$

式中：C——合同总价；

C_x——实际发生的工程成本；

P——固定的百分数。

由于总价 C 将随成本 C_x 而水涨船高，承包商不会积极地降低成本和缩短工期，因而对业主是不利的。在实践中，除了遭受灾害破坏须紧急修复的工程外，一般很少采用这种计价方式。

2) 成本加固定数额酬金

成本加固定数额酬金的计算方法如下：

$$C=C_x+F \tag{5-2}$$

式中：F——酬金，是事先商定的一笔固定数额。

这种计价方式虽然起不到鼓励承包商关心降低成本的作用，但从尽早取得酬金出发，将会促使承包商关心缩短工期，这是可取之处。为了鼓励承包商可以更好地工作，可以再根据工程质量、工期和降低成本等情况，另外给奖金。

3) 成本加浮动酬金

成本加浮动酬金，即成本按实际发生数额计算，但酬金数额是浮动的。采用这种计价方式，需事先商定成本和酬金的预期水平。如果实际成本恰好等于预期水平，则工程造价就是成本加固定数额酬金，以算式表示(式中 C_0、F_0 表示预定的成本和酬金)，即如果 $C_x=C_0$，则 $C=C_x+F_0$；如果实际成本低于预期水平，则增加酬金，以算式表示，即如果 $C_x<C_0$，则 $C=C_x+F_0+\Delta F$；如果实际成本超出预期水平，则减少酬金，以算式表示，即如果 $C_x>C_0$，则 $C=C_x+F_0-\Delta F$，ΔF 表示酬金增减部分，可以是一个百分数，也可以是一个绝对数。

采用这种计价方式，通常规定：当实际成本超支而导致减少酬金量，以原定的预期酬金数额为减少的最高限度；也就是在最坏的情况下，承包商将得不到任何酬金，但不承担赔偿成本超支的责任。

4) 目标成本加奖罚

承发包双方事先要商定目标成本和酬金的百分数，最后结算时，如实际成本高于目标成本，并超出预先规定的界限(例如 5%)，则减少酬金；如实际成本低于目标成本一定幅度(例如 5%)，则增加酬金。用算式表示，即

$$C=C_x+P_1C_0+P_2(C_0-C_x) \tag{5-3}$$

式中：C_0——目标成本；

P_1——基本酬金百分数；

P_2——奖罚百分数。

这种计价方式可以促使承包商关心降低成本和缩短工期，而且目标成本可以随设计深

度作相应的调整而确定，故承发包双方都不会承担多大风险，有其可取之处。实行全过程承包的建设项目，一般不大可能采用总价合同或单价合同，采用这种计价方式则比较适宜。

分析与思考：

按照计价方式区分的不同工程项目合同类型的优缺点和适用范围各是什么？

5.2 建设项目招投标的程序和内容

5.2.1 建设项目招投标的过程

招标是业主就拟建工程准备招标文件、发布招标广告或信函以吸引或邀请承包商来购买招标文件，进而投标的过程。

对于大型工程特别是国际工程，招标的第一个重要步骤就是对投标者进行资格预审。由业主在报刊上或其他场合发布某工程招标的资格预审广告，在广告中要说明工程项目概况、工程目标、资格预审文件提交日期、投标文件提交日期以及工程的工期要求等。资格预审文件一般由工程师协助业主编制完成。对该工程有兴趣的承包商就会去购买资格预审文件并按规定填好表中的各项问答栏，按要求日期送给业主；业主经过对送交资格预审文件的所有承包商进行认真的审核之后，通知那些业主认为有能力完成本工程项目的承包商前来购买招标文件。

招标文件一般也是由工程师协助业主编制完成，其中包含投标邀请函、投标人须知、合同条件、规范、图纸、工程量表、投标书格式及附件等。准备投标的承包商购买招标文件后，一般先仔细研究招标文件，进行投标决策分析，即决定对此工程项目进行投标还是不投标。如果决定投标，则要派人进行现场考察，参加业主召开的标前会议，研究招标文件，制定、比较和确定施工方案，进行工程估价，编制投标文件等，并按照招标文件规定的日期送交业主。

一般均由业主在所有投标者参加的场合公开开标，随即转入秘密评标。由业主、工程师以及有关单位和专家组成评标组，从技术、合同、商务等方面对所有的投标者逐一进行评议并最后确定中标者。业主不但应通知中标者，也应通知所有的未中标者。中标者与业主谈判后，双方签署了合同，便开始了合同实施阶段。

5.2.2 建设项目招标文件的内容

招标文件是投标单位编制标书的主要依据，通常包括以下主要内容。

1. 工程综合说明

工程综合说明的目的在于帮助投标单位了解工程的概况，主要包括工程名称、地点、规模、招标范围、设计单位，基础、结构、装修概况，场地和地基条件、给排水、供电、道路及通信设施情况以及工期要求等。

2. 设计图纸和技术说明书

设计图纸和技术说明书的目的在于使投标单位了解工程的具体内容和技术要求，能据此拟定施工方案和进度安排。初步设计阶段招标，应提供总平面图，个体工程平面、立面、剖面图和主要结构图，以及有关装修、设备的说明；施工图阶段招标，则应提供全部图纸，但可不包括大样图。技术说明书明确招标工程适用的施工验收技术规范，保修期内承包单位应负的责任，有关特殊产品、专门施工方法、材料的产地或来源以及等效代用品的说明，有关施工机械设备、脚手架、临时设施、现场清理、安全保护及其他特殊要求的说明，有关对分包单位进行监督和提供服务以及对业主提供的材料、构配件、设备进行检验和保管的说明等。

3. 工程量清单

工程量清单是投标单位计算标价和招标单位评标的重要依据，通常以每一个体工程为对象，按分部分项列出工程数量，并说明所采用的计算方法。对采用标准设计的工程，也可按建筑面积列出工程数量。

4. 单价表

单价表是采用单价合同承包方式时，投标单位的报价文件和招标单位评标的主要依据，通常由招标单位列出分部分项工程名称和计量单位(如土方每立方米、面砖外饰面每平方米等)，由投标单位填报单价；也可由招标单位先列出单价，再由投标单位分别表示同意或另行提出自己的单价。考虑到工程数量对单价水平的影响，一般应列出近似工程量，供投标单位参考，但不作为确定总价的依据。

5. 投标须知

投标须知是帮助投标单位正确和完善地履行投标手续的指导性文件，目的在于避免造成废标，使投标取得圆满的结果。投标须知的内容主要包括：填写和投送标书的注意事项、废标条件、决标优先和优惠条件、勘察现场和解答问题的安排、投标截止时间及开标时间和地点，工程款结算办法、业主供料情况以及材料、人工调价条件以及投标保证金数额等。

6. 合同的主要条件

合同中的主要条件的作用一是使投标单位明确中标后作为承包人应承担的义务和责任，二是作为洽商签订正式合同的基础，主要内容包括：

(1) 合同所依据的法律、法规；

(2) 工程内容(工程项目表)；

(3) 承包方式(包工包料、包工不包料，总价合同、单价合同或成本加酬金合同等)；

(4) 开、竣工日期；

(5) 供应技术资料的内容和时间；

(6) 施工准备工作；

(7) 材料供应及价款结算办法；

(8) 工程价款结算办法；

(9) 以外币支付时所用外币种类及比例；

(10) 工程质量及验收标准；

(11) 工程变更；

(12) 停工及窝工损失的处理办法；

(13) 提前竣工或拖延工期的奖罚办法；

(14) 竣工验收与最终结算；

(15) 保修期内的维修责任与费用；

(16) 分包关系；

(17) 争端的处理等。

分析与思考：

建设工程项目招标文件主要由哪些内容构成？

5.2.3 建设项目标底的编制

标底是招标单位对招标工程的预期价格。标底的作用，一是使业主预先明确自己在招标工程上应承担的财务义务；二是作为衡量投标单位报价的准绳，也就是评标的主要尺度。此外，还可作为业主的上级主管部门核实建设规模和投资预(概)算的依据。

当前，我国编制工程施工招标的标底有下述四种方法。

1. 以施工图预算为基础的标底

以施工图预算为基础的标底是当前我国建筑工程施工招标较多采用的标底编制方法，其特点是根据施工图和技术说明，按工程预算定额规定的分部分项工程子目，逐项计算工程量，套用定额单价(或单位估价表)确定直接费，再按规定的取费标准确定施工管理费，临时设施费，冬、雨季施工费，技术装备费，劳动保护费等项间接费和独立费以及计划利润，还要加上材料调价系数和适当的不可预见费，汇总后即为工程预算，也就是标底的基础。如果拆除旧建筑物、场地“五通一平”以及某些特殊器材采购也在招标范围之内，则需在工程预算之外再增加相应的费用，才能构成完整的标底。

2. 以工程概算为基础的标底

这种方法的编制程序和以施工图预算为基础的标底大体相同，所不同的是采用工程概算定额，分部分项工程子目作了适当的归并与综合，使计算工作有所简化。采用这种方法编制的标底，通常适用于扩大初步设计或技术设计阶段，即进行招标的工程。在施工图阶段招标，也可按施工图计算工程量，按概算定额和单价计算直接费，这样既可提高计算结果的准确性，又能减少计算工作量，节省时间、人力。

3. 以扩大综合定额为基础的标底

这种方法由工程概算为基础的标底发展而来，其特点是在工程概算定额的基础上，将施工管理费、各项独立费以及计划利润都纳入扩大的分部分项单价内，可使编制工作进一步简化。

4. 以平方米造价包干为基础的标底

这种方法主要适用于采用标准图大量建造的住宅工程，一般做法是由地方主管部门对不同结构体系的住宅造价进行测算分析，制定每平方米造价包干标准，在具体工程招标时，再根据装修设备情况进行适当的调整，确定标底单价。考虑到基础工程因地基条件不同而有很大差别，这种平方米造价多以工程的±0 以上为对象，基础和地下室工程仍以施工图预算为基础编制标底，二者之和才构成完整的标底。

【案例 5-1】

某中学教学楼项目招标案例

某中学为了满足扩大招生后的正常上课的需要，计划在明年秋季开学前建成一栋教学大楼。该项目由政府投资，是该市建设规划的重点项目之一，且已列入年度固定资产投资计划，设计概算已经主管部门批准，施工图及有关资料齐全，但征地拆迁工作正在进行中。现决定对该项目进行施工公开招标，由于估计参加投标的施工企业除了本地企业外，还有外地企业，所以业主委托咨询单位编了两个标底，准备分别用于本地区和外地的施工企业投标价的评定。业主对投标单位就招标文件提出的问题统一作了书面答复，以备忘录的形式分发给各投标单位，并详细说明每条答复分别是针对哪个单位在什么时候提出的什么问题。

由于建设工期紧迫，业主要求各投标单位收到招标文件后，15 天内完成投标文件制作，第 15 天的下午 5 点为提交投标文件截止时间。

问题与测试：

1. 该项工程标底应采用什么方法编制？简述理由。
2. 业主对投标单位进行的资格预审应包括哪些内容？
3. 该招标项目在哪些方面存在问题与不当之处？请逐一说明。

5.2.4　开标、评标和决标

1. 开标

所有投标文件必须按招标单位规定的日期、地点与要求寄送到招标单位办公室。投标截止后，应按规定的时间、地点当众开标。《中华人民共和国招标投标法实施条例》第四十四条规定：“招标人应当按照招标文件规定的时间、地点开标。投标人少于 3 个的，不得开标；招标人应当重新招标。投标人对开标有异议的，应当在开标现场提出，招标人应当当场作出答复，并制作记录。”如果招标文件中规定有投标者可提出某种供选择的替代方案，这种方案的报价也在开标时宣读。

1) 开标程序

工程招标一般要求投标单位做两个标函，一为技术标函，二为商务标函，分两包封装，同时送达。开标时先开技术标，再开商务标。技术标的开标实质上是对施工组织设计、技术实施方案的审查，只有在技术标通过之后才开商务标，技术标通不过的则商务标将原封退回。

开标后任何投标者都不允许更改他的投标内容和报价，也不允许再增加优惠条件，但在业主需要时可以作一般性说明和疑点澄清。

开标后即转入幕后秘密评标阶段，这阶段工作要严格对投标者以及任何不参与评标工作的人保密。

对未按规定日期寄到的投标书，原则上应视为废标予以原封退回；但如果迟到日期不长，延误并非由于投标者的过失(如邮政、战争、罢工等原因)，招标单位也可以考虑接受该迟到的投标书。

2) 审查投标文件

开标的过程，实质就是对投标函审查评价的过程。应首先审查投标文件的有效性。对投标文件审查的要求包括：

(1) 有无计算上的技术错误；

(2) 是否总体上符合招标文件要求；

(3) 是否已提供了所要求的保证；

(4) 是否全部文件按规定签了名；

(5) 文件完整性如何；

(6) 是否提出了招标单位无法接受或违背招标文件的保留条款。

上述有关要求均在招标文件的"投标者须知"中作了明确的规定，如果投标文件的内容及实质与招标文件不符，或者某些特殊要求和保留条款事先未得到招标单位的同意，则这类投标书将被视作废标。

2. 评标和决标

1) 评标组织

评标委员会一般由招标单位负责组织。为了保证评标工作的科学性和公正性，评标委员会必须具有权威性。国内一般均由业主、咨询设计单位、资金提供单位、领导单位以及邀请各有关方面(技术、经济、合同等)的专家参加。评标委员会的成员不代表各自的单位或组织，也不应受任何个人或单位的干扰。最终评标结果应报上级有关领导部门批准。评标组织人员数量一般 5 人以上，以单数组成。国外评标也是由业主负责组织，由总经济师、总工程师、咨询单位及有关专家参加。另一种评标组织方式是由业主下属各职能部门对投标书提出评论意见，然后汇总讨论，提出决标意见。一般应按第一种方式办理。

2) 评标内容

评标绝不仅仅是投标价格的比较，而是多方面的审核评比，具体可分五个方面。

(1) 价格比较。既要比较总价，也要分析单价、计日工单价等。如为国际招标，首先要将投标货币折成同一种货币，即对每份投标文件的报价，按中国人民银行在开标当天公布的外汇兑换率折算成人民币，来进行比较。由于汇率每天都在变化，所以开标当天的折算结果还应与定标当天的折算结果进行比较，以定标当天的折算结果为准。世界银行贷款项目规定：如果公开招标的土木工程是分几项工程同时招标，而投标者又通过了这几项工程资格预审，则可以投其中的一项、几项或全部。如果投标者投了两项以上工程，则在评比价格时，可将其报价总额减少 4%，然后再与其他报价相比；如果投标者是本国公司或者是与本国公司联营的公司，还可享受到 7.5%的优惠。研究报价时，还要对报价进行校核，如有错误应加以调整。

(2) 主要施工方法、施工设备以及施工进度的比较。对每一份投标文件所叙述的施工方法、技术特点、施工设备和施工进度等进行评议，对所列的施工设备清单同工程量加以核对、计算，审查其施工设备的数量是否符合施工进度的要求，然后根据本工程的特点决定取舍。

(3) 对该项目主要工程技术人员及管理人员的数量及其经历的比较。拥有一定数量有资历、有丰富工作经验的工程技术人员和管理人员是中标的一个重要因素。至于投标者的经历和财力，因在资格预审中已获通过，故在评标时一般可不作为评比的条件，只有在特殊情况下才予以考虑。

(4) 商务、法律方面是否符合招标文件合同条款的要求。

(5) 有关优惠条件等其他条件，如施工设备赠给、技术协作、专业转让，以及雇佣当地劳动力条件等。

我国一些地区评标、决标的经验指出：不要只看标价，而应全面考核。如有的地方提出坚持“四条标准”：一是施工方案在技术上能保证工程质量；二是施工力量和技术装备能够保证工期；三是标价合理，一般民用建筑在高于标底 3%和低于标底 10%之间浮动，工业建筑则在高于标底 5%和低于标底 10%之间浮动；四是施工企业社会信誉好。

3) 评标步骤

一般在对投标文件进行全面、仔细检查之后，先否定不合格的投标者，再审查技术方案，否定技术方案明显不合理的投标者，在此基础上选出投标报价合理的投标者进行最后的全面综合评比。

在我国，投标报价合理这一概念是指投标报价不能偏离标底太远，以防有的投标者只考虑低价中标而实际上无力完成工程。所以业主在招标时内部规定了一个标价偏离标底的合理上、下限，在此限外的即作为废标。但国际招标一般无此规定，总是选取标价最低的几个标来全面综合评比。《中华人民共和国招标投标法实施条例》第五十一条第五款、第六款规定下列情况为废标：“投标报价低于成本或者高于招标文件设定的最高投标限价；投标文件没有对招标文件的实质性要求和条件作出响应。”

如何选取低标有两种办法，一种是简单地规定最低的三个标(或四五个标)；另一种是从所有的投标书中取出两个标价最低的，取二者平均值，称为“平均标价”；凡是标价超过此“平均标价”20%以上的投标者暂不考虑；而对标价超过“平均标价”20%以内的投标文件进行综合的、全面细致的分析比较，从中再选出两个最理想的投标者，分别与之进行澄清会谈，最后选定一名中标者。这种方法有利于考虑到所有投标标价较低者。

评标也可以采用打分的办法，这就要求评标委员会在评标前，要拟定出一个评分标准，然后在评论比较了各个投标文件以后，由每一个委员采用不记名打分，最后统计得出中标者。

评标意见及结果要及时写成评标报告上报领导机关批准，如为世界银行贷款，还要上报世界银行批准。

评标报告包括：

(1) 评标总情况介绍，包括工程情况概述、投标单位清册、授予合同推荐意见等；

(2) 对每份招标文件的技术、经济分析；

(3) 作为资料分析的各种明细表格资料。

如果投标前未对投标者进行资格预审，则应对投标价较低的几家进行资格后审，如发现某些投标者技术及财物能力不足以胜任时，则应不予考虑。

4) 决标

决标即决定中标者，并授予合同。决标前一般要进行谈判，谈判时由合同、成本、财务、工程、施工、计划等方面的技术及经济专家参加，达成的协议要有书面记载，最后根据协议对合同文件予以修改或另写备忘录，或合同附录。

谈判结束，双方各派一名高级代表审阅合同文件，如没有问题，则在合同文件每一页上签字。谈判期不可太长，应在招标有效期内宣布中标结果。决标谈判一结束，招标单位应尽快决定中标者并向中标者发出书面中标通知书，同时通知其他未中标的投标者，并退回其投标保证金。

投标者中标履约保证是承包商履行工程合同的一种保证，也是使业主能够获得质量合格的工程的一种保证。如果承包商一旦中途毁约，业主便可持履约保证到有关单位索取保证金。履约保证的期限一般到维修结束。

5) 废标

在招标文件中一般规定招标单位有权废标，但在国际惯例上，绝不允许为了压低标价随意废标，再以同样条件招标的做法。

一般在下述三种情况下，招标单位可以废标。

(1) 最低投标报价，大大超过标底(超过 20%)，招标单位无力接受投标；

(2) 投标书未按招标文件要求编制；

(3) 投标者过少(不超过 3 家)，没有竞争性。

如果因上述原因之一而废标时，招标单位应认真审查原标书及标底，研究发生的原因。按照国际惯例，必须对原招标文件的项目规定、条款审订修改后才能重新招标。

【案例 5-2】

某政府投资项目招标案例

政府投资的某工程，监理单位承担了施工招标代理和施工监理任务。该工程采用无标底公开招标方式选定施工单位。工程实施中发生了下列事件。

事件 1：工程招标时，A、B、C、D、E、F、G 共 7 家投标单位通过资格预审，并在投标截止时间前提交了投标文件。评标时，发现 A 投标单位的投标文件虽加盖了公章，但没有投标单位法定代表人的签字，只有法定代表人授权书中被授权人的签字(招标文件中对是否可由被授权人签字没有具体规定)；B 投标单位的投标报价明显高于其他投标单位的投标报价，分析其原因是施工工艺落后造成的；C 投标单位以招标文件规定的工期 380 天作为投标工期，但在投标文件中明确表示如果中标，合同工期按定额工期 400 天签订；D 投标单位投标文件中的总价金额汇总有误。

事件 2：经评标委员会评审，推荐 G、F、E 投标单位为前 3 名中标候选人。在中标通知书发出前，建设单位要求监理单位分别找 G、F、E 投标单位重新报价，以价格低者为中标单位，按原投标报价签订施工合同后，建设单位与中标单位再以新报价签订协议书作为实际履行合同的依据。监理单位认为建设单位的要求不妥，并提出了不同意见，建设单位最终接受了监理单位的意见，确定 G 投标单位为中标单位。

(资料来源：百度文库网，http://www.wenku.baidu.com/view/8cb3bcfb0242a8956bece4a4.html)

问题与测试：

1. 分别指出事件 1 中 A、B、C、D 投标单位的投标文件是否有效？说明理由。
2. 事件 2 中，建设单位的要求违反了招标投标有关法规的哪些具体规定？

分析与思考：

建设工程项目评标的方法和步骤各是什么？

5.2.5　投标书的内容

投标书也称标函，通常由标书主文、附件和投送标书的函(标书封面)组成。投送标书的函比较简单。在开头写上招标单位名称，然后写明“送上×××工程项目投标书正本一份，请审核”；下面填写投标单位的全名和负责人的职务、姓名，分别加盖公章和负责人签名，并注明投送日期即可。标书主文是正式报价的主要文件，必须清楚无误地写明下列各项。

1. 总标价

总标价用大写数字列出。

2. 成品综合单价

成品综合单价，例如，房屋—元/m^2；管道—元/m；道路—元/km 等。

3. 总标价的构成

按工程项目分列，例如，

主厂房：××××m^2，标价××万元，占总价××%；
办公楼：××××m^2，标价××万元，占总价××%；
设备安装：××台(套)，标价××万元，占总价××%；
室外工程：××项，标价××万元，占总价××%；
其他：×项，标价××万元，占总价××%；
合计：××万元；100%。

4. 工期

自接到开工命令之日起，××日内开工；开工后××日竣工(或×年×月×日竣工，总工期为××个月)。

5. 工程质量标准及主要施工技术组织措施

主要说明工程项目达到的质量等级、质量要求、采取的质量保证措施等。

6. 主要材料指标

界定各种建筑材料的物理、化学性能，以保证建材质量。

7. 要求业主提供的配合条件

如需业主办理施工许可等政府文件、提供准确有效的图纸等技术文件、提供“三通一平”等现场施工条件等。

8. 其他需说明的事项

标书主文也应加盖投标单位公章和负责人签名(或印章)。标书附件，主要是按单位工程分别编制的划价工程量清单(内容相当于施工图预算书)和主要材料、设备价目表，如招标单位有要求，还应提供主要工种的人工单价表。这些附件的作用，是供评标和决标时审核标书主文之用。

5.3 建设项目投标报价技巧

建筑企业参加投标竞争，目的在于得到能够获取满意利润的承包合同，为此建筑企业在投标报价过程中除了核算工程成本和计算利润外，还要考虑到报价时如何使用合理的策略和技巧，以达到既能中标又能盈利的目的。

5.3.1 科学决策上的技巧

投标决策必须先弄清三个问题：一是从企业的经营战略和项目的客观条件两个方面分析，明确应不应该干；二是从实际出发，拟定施工方案，编制施工组织设计，看质量和工期有没有保证；三是进行成本测算，与预算成本相比较，看有没有不亏的把握。为确保投标决策的准确可行，决策者必须潜心研究市场、拿捏信息动态、适应国家宏观经济政策、适应建筑市场的变化，同时，要把握决策规律。

决策者特别要注意掌握找出期望的标准同实际之间的差距，同时决策人要经常考察分析企业内外发生的变化，对企业的经营状况进行分析，及早查出故障和隐患，对发现的问题要分类评估、界定。

在组织投标时要注意“三个结合”，即：企业内与企业外相结合；投标人员与施工管理人员相结合；领导与业务人员相结合。这样做不仅投标力量足，而且熟悉情况，重大决策和问题的解决都在现场，保证了投标组织的高效运转。

任何科学的决策，都必须建立在广泛的调查研究、全面掌握有关情况的基础之上(了解竞争对手实力，掌握报价)。因此，编制标书之前，在熟悉招标文件的同时，应下功夫进行调查咨询。第一，聘请有权威的咨询单位为投标顾问，因为各种咨询单位(如目前的设计院、监理公司等)有时受聘于业主参加招标工程项目的标书起草等工作，加强与他们的联系，有利于掌握工程项目的重要资料，为投标创造有利条件。第二，参加重大工程项目的投标，投标人应及时找好具有实力和资信的银行为后盾，以利于战胜投标对手。第三，了解投标主要竞争对手的管理、技术、设备、信誉状况和投标报价习惯等，做到知己知彼。第四，求教内行专家审核标书的有关内容，对报价水平、决策思考等方面求得指点，以增加标书的准确性。第五，了解业主对招标的报价取向，即选最低价还是合理报价中标。

在摸清情况后，选择方案时应做到“两个利用”：利用竞争对手同是国内施工队伍，编制程序、方法和取费标准相同的特点，在降低成本、优化报价上做文章；利用招标项目主管部门系统本身的队伍，联合竞争，扬长避短。

5.3.2 制定施工方案的技巧

施工方案是施工企业对拟建工程施工所作的总体部署和对工程质量、安全、工期等所作的承诺，也是招标方了解投标方企业管理水平、施工技术、机械设备能力等各方面情况的一个窗口。

在工程项目的投标阶段，制定的施工方案与工程的施工组织设计不同，主要是它的深度和范围不及施工组织设计。制定投标施工方案的目的是为了计算有关费用，它对于中标后编制施工组织设计具有指导作用。制定施工方案时，其依据是遵照工程项目的设计图纸，已复核的工程量，业主提出的开竣工日期要求，施工现场和市场调查的成果等来编制。它的基本原则是以保证工程质量，保证工程技术经济指标，保证工程的竣工投产期，保证工程的安全施工，保证工程成本最低等为前提，内容应包括施工方案和方法、施工进度计划、施工机械需要计划、施工材料、设备需要计划、施工劳动力的需要计划、施工现场临时生产生活设施等。对业主来说，他要选择的承包商是技术先进的，包括设计、采购、施工手段的科学、质量、安全的保证，施工方案合理，合同工期的优化，劳动力的分配等，而这些都是通过技术指标表达出来的。所以，技术指标的编制质量如何，对中标的成功与否有着不可忽视的影响。在编制施工组织设计和技术措施时应向国际通用化、规范化靠拢。

5.3.3 工程量核对的技巧

在核对工程量时，如果发现工程量清单存在错误，或者漏项，投标单位不宜自己更改或补充项目，以防止招标单位在评标中不便统一掌握和失去可比性，但是，应在投标致函中加以说明。工程项目上的错误或者漏项问题，应留待中标后签订施工承包合同时提出来加以纠正，或留待工程竣工结算时作为调整承包价格处理，但必须是非固定总价包死合同形式。

5.3.4 投标报价的技巧

在竞争中能否中标，报价通常起着重要的作用。一个好的投标报价，既要使企业有利可图又要节约国家投资。

1. 研究招标项目的特点

投标时，既要考虑自己公司的优势和劣势，也要分析招标项目的整体特点，按照工程的类别、施工条件等考虑投标报价。一般来说，报价可高的情况包括：

(1) 施工条件差的，如场地狭窄，地处闹市的工程；

(2) 专业要求高的技术密集型工程，而本公司这方面有专长，声望较高；

(3) 总价低的小工程，以及自己不愿意做而被邀请投标时，不便于不投标的工程；

(4) 特殊的工程，如港口码头工程、地下开挖工程等；

(5) 业主对工期要求急的；

(6) 投标对手少时；

(7) 支付条件不理想的。

报价应低一些的情况包括：

(1) 施工条件好的工程，工作简单、工程量大而一般公司都可以做的工程，如大量的土方工程、一般房建工程等；

(2) 本公司目前急于打入某一市场、某一地区或虽已在某地区经营多年，但即将面临没有工程的情况(某些国家规定，在该国注册公司一年内没有经营项目时，就要撤销营业执照)，机械设备等无工地转移时；

(3) 附近有工程而本项目可利用该项工程的设备劳务时，或有条件短期内突击完成的；

(4) 投标对手多，竞争力强时；

(5) 非急需工程；

(6) 支付条件好的，如现汇支付。

2. 不平衡报价法

不平衡报价法是指一个工程项目的投标报价，在总价基本确定后，如何调整内部各个项目的报价，以期既不提高总价，不影响中标，又能在结算时得到最理想的经济效益。通常，在以下几个方面可以考虑采用不平衡报价法。

(1) 能够早日结账收款的项目(如开办费、基础工程、土方开挖等)可以报得较高，以利资金周转；后期工程项目(如机电、设备安装、装饰、油漆等)可适当降低。

(2) 经过工程量核算，预计今后工程量会增加的项目，单价适当提高，这样在最终结算时可多赚钱；而将工程量完不成的项目单价降低，工程结算时损失不大。

上述两点要统筹考虑，即对于工程量有错误的早期工程，如果不可能完成工程量表中的数量，则不能盲目抬高单价，要具体分析后再定。

(3) 设计图纸不明确，估计修改后工程量要增加的，则可提高一些单价。

(4) 暂定项目。暂定项目又叫任意项目或选择项目，对这类项目要具体分析，因这一类项目要开工后再由业主研究决定是否实施及由哪一家承包商实施。如果工程不分标，只由一家承包商施工，则其中肯定要做的单价可高些，不一定做的则应低些；如果工程分标，该暂定项目也可能由其他承包商施工时，则不宜报高价，以免抬高总报价。

(5) 在单价包干混合制合同中，有某些项目业主要求采用包干报价时，宜报高价。一则这类项目多半有风险，二则这类项目完成后可全部按报价结账，即可以全部结回来。而其余单价项目则可适当降低。但不平衡报价一定要控制在合理幅度内(一般可在 5%～10%)，以免引起业主反对，甚至导致废标。如果不注意这一点，有时业主会挑选出报价过高的项目，要求投标者进行单价分析；而在单价分析中对过高的单价压价，会使承包商得不偿失。

3. 计日工的报价

如果是单纯报计日工的报价，可以适当高一些，以便在日后业主用工或使用机械时可以多盈利。但如果招标文件中介绍的计日工表内有一个假定的“名义工程量”时，则一般不必报高价，以免抬高总报价。总之，要分析业主在开工后可能使用的计日工数量确定报价方针。

4. 多方案报价法

对于一些招标文件，如果发现工程范围不很明确、条款不清楚或很不公正，或技术规范要求过于苛刻时，则要充分估计投标风险，按多方案报价法处理。即先按原招标文件报一个价，然后再提出：“如某条款或某规范规定作某些变动，报价可降低多少”，报一个较低的价。这样可以降低总价，吸引业主。或是对某些部分工程提出按“成本补偿合同”方式处理，其余部分报一个总价。

5. 增加建议方案

有时招标文件中规定，可以提一个建议方案，即可以修改原设计方案，提出投标者的方案。投标者这时应组织一批有经验的设计和施工工程师，对原招标文件的设计和施工方案仔细研究，提出更合理的方案以吸引业主，促成自己的方案中标。这种新建议方案可以降低总造价或提前竣工或使工程运用更合理，但要注意的是对原招标方案一定也要报价，以供业主比较。例如，某沉沙池工程，按照业主原方案施工，将推迟水库蓄水以及推迟向灌渠送水时间半年之久；投标方提出的新方案，虽然工程造价增加了，但可提前半年向灌渠送水，最后业主同意以投标方方案为基础谈判并签订了合同。

增加建议方案时，不要将方案写得太具体，保留方案的关键技术，防止业主持此方案交给其他承包商；同时要强调的是，建议方案一定要比较成熟，或过去有实践经验，因为投标时间不长，如果仅为中标而匆忙提出一些没有把握的方案，可能会引起后患。

6. 突袭法

报价是一项保密的工作，但是对手往往通过各种渠道、手段来刺探情报，所以在报价时可以采取迷惑对方的方法。即先按一般情况报价或表现出自己对该工程兴趣不大，到快投标截止时，再突然降价。例如，鲁布革水电站引水系统工程招标时，日本大成公司知道他的主要竞争对手是前田公司，因而在临近开标前把报价的总价降低 8.04%，取得最低标，为以后中标打下基础。

7. 先亏后盈法

有的承包商，为了进入某一地区，依靠国家或某财团或自身的雄厚资本实力，而采取一种不惜代价只求中标的低价投标方案。应用这种手法的承包商必须有较好的资信条件，并且提出的施工方案也先进可行；同时要加强公司情况的宣传，否则即使标价低，业主也不一定选中。

如果其他承包商遇到这种情况，不一定和这类承包商硬拼、而应力争中第二、三标，再依靠自己的经验和信誉争取中标。

8. 联合中标法

在竞争对手众多的情况下，可以采取几家实力雄厚的承包商联合起来控制标价，一家出面争取中标，再将其中部分项目转让给其他承包商分包，或轮流相互中标。在国际上这种做法很常见，但是如被业主发现，则有可能被取消投标资格；国内这种方法为串标，暴露后要受到处罚。

9. 对大型分期建设工程费用分摊的调整

对大型分期建设工程，如卫星城、灌溉工程等，在第一期工程投标时，可以将部分间接费分摊到第二期工程中去，少计利润以争取中标。这样在第二期工程招标时，凭借第一期工程的经验、临时设施，以及创立的信誉，比较容易拿到第二期工程。但如果第二期工程遥遥无期时，则不可以这样考虑。

10. 关于材料和设备

材料、设备在工程造价中常常占一半以上，对报价影响很大，因而在报价阶段对材料设备供应要十分谨慎。

(1) 询价时最好找厂方的经理部或当地直接受委托的代理。在当地询价后，可用电传向厂家询价，加以比较后再确定如何订货。

(2) 国际市场各国货币比值在不断变化，要注意选择货币贬值国家的机械设备。

(3) 建材价格波动很大，因而在报价时不能只看眼前的建材价格，而应调查了解和分析近二三年建材价格变化的趋势，决定采取几年平均单价或当时单价，以减少价格波动引起的损失。

11. 单价分析表

有的招标文件要求投标者对工程量大的项目报单价分析表。投标时可将表中的人工费及机械设备费算得较高，而材料费算得较低。这主要是为了今后补充项目报价时可以参考选用单价分析表中较高的人工费和机械设备费。

5.3.5 辅助中标手段

1. 许诺优惠条件

投标报价附带优惠条件是行之有效的一种手段。招标单位评标时，除了主要考虑报价外，还要分析别的条件，如工期、支付条件等。所以在投标时主动提出提前竣工、低息贷款、赠给施工设备、免费转让新技术或某种技术专利、免费技术协作、免收优良施工费、代为培训人员等，均是吸引业主利于中标的辅助手段。

2. 聘请当地代理人

聘请当地代理人可起到投标人耳目、喉舌和顾问的作用。

3. 与当地公司联合投标

借助当地公司力量也是争取中标的一种有效手段，有利于超越“地方保护主义”，并可分享当地公司的优惠待遇。一般当地公司与官方及其他本国经济集团关系密切，与之联合可为中标疏通渠道。

4. 与发达国家公司联合投标

我国公司在国外承包工程有较好的信誉，劳动力也比较便宜。但是西方发达国家的机电等技术装备比较先进，所以对一些技术密集的大型工程，我们与西方发达公司联合投标可以更容易赢得业主信任而中标。

5. 外交活动

一些大型工程招标，可以请政府要员参加，利用其地位、关系和影响，为本国公司中标而活动。

6. 幕后活动

有些资本主义国家，以及某些第三世界国家行贿受贿方式多种多样，在某些国家、地区招标投标已经流于形式，应慎重对待这类问题，规避法律风险。

5.3.6 投标中应注意的事项

1. 从自身条件、兴趣、能力和近期、长远目标出发投标决策

对一个企业，首先要从战略眼光出发，投标时既要看到近期利益，更要看到长远目标，承揽当前工程要为今后工程创造机会和条件。

对企业自身特点要注意扬长避短，发扬长处才能提高利润，创造信誉和今后的机会。同时，要注意企业生产的计划性，特别是机械、劳力的均衡安排，考虑企业本身完成任务的能力。当然，盈利是投标的目的，要对风险和问题有充分的估计。

2. 业主的条件和心理分析

首先要了解业主的资金来源是本国自筹、外国或国际组织贷款，还是兼而有之；或是要求投标者贷款。因为资金牵涉支付条件，是现金支付(其中外币与本地货币比例)、延期付款还是实物支付，这一切和投标者的利益密切相关。资金来源可靠、支付条件好的可投低标。

还要进行业主心理分析。业主资金紧缺者一般考虑最低标价中标；业主资金富裕则多半要求技术先进，例如，机电产品要求名牌厂家，虽然标价高一些也不在乎；工程急需者，则投标时可以标价稍高，但要在工期上尽量提前。

总之要对业主情况进行全面细致的调查分析。

3. 注意策略和技巧

在投标有效期内，投标者找业主澄清问题时要注意询问的策略和技巧，注意礼貌，不要让业主为难，不要让对手摸底。

(1) 对招标文件中对投标者有利之处或含混不清的条款，不要轻易提请澄清。

(2) 不要让竞争对手从我方提出的问题中窥探出我们的各种设想和施工方案。

(3) 对含混不清的重要合同条款、工程范围不清楚、招标文件和图纸相互矛盾、技术规

范中明显不合理等，均可要求业主澄清解释，但不要提出修改合同条件和技术标准。

(4) 请业主或咨询工程师对问题所作的答复发出书面文件，并宣布与招标文件具有同样效力；或是由投标者整理一份谈话记录送交业主，由业主确认签字盖章送回。千万不能以口头答复为依据来修改投标报价。

4. 宏观审核指标

标价编好后，是否合理、有无可能中标，可以采用工程报价宏观审核指标的方法进行分析判断。

5. 施工进度表

投标文件的施工进度表，实质上是向业主明确竣工时间。在安排施工进度表时要特别注意以下几点。

(1) 施工准备工作。一般人员进场较易掌握，但对机械进场时间要看具体情况，如由邻近工地调机械则比较容易；如由国外订购机械，则要充分估计机械进场时间。

(2) 要有一个合理的施工作业程序，如对水利工程要特别注意施工导流和基础处理，要充分考虑雨季和洪水对施工的影响。

(3) 要估计到后期施工的复杂性。工程进入尾期，场地窄、工种多，多工种交叉作业，有时不易机械化施工，机电设备的安装调试也需要较多时间，所以在工期上要留有充分的余地。

(4) 工期中应包括竣工验收时间。工期问题是一个敏感的问题，缩短工期有利于中标，但工期过短，到时候不能完工则要受到罚款，所以要认真研究，留有余地。

6. 工程量清单中各项目的含义要清楚

投标时，对招标文件工程量清单中各项目的含义要弄清楚，以避免在工程开始后每月结账时产生麻烦，特别在国外承包工程时，更要注意工程量清单中各个项目的外文含义，如有含混不清处可找业主澄清。

分析与思考：

工程项目投标报价的技巧及中标手段都有哪些？

5.3.7 分包商的选择

总承包商选择分包商一般有两个原因：一是将一部分不是本公司业务专长的工程部位分包出去，以达到既能保证工程质量和工期又降低造价的目的；二是分散风险，即将某些风险比较大的、施工困难的工程部位分包出去，以减少自己可能承担的风险。还有一种叫“指定的分包商”，这是在签订合同时或签订合同后由业主指定的分包商。选择分包商，可在投标过程中或中标以后，这里主要介绍投标过程中选择分包商。

在投标过程中选择分包商有两种做法：一种是在要求分包商就某一工程部位进行报价，双方就价格、实施要求等达成一致意见后，签订一个协议书。总承包商承诺在中标后不找其他分包商承担这部分工程，分包商承诺不再抬价等。有时总承包商还要求分包商向总承包商提交一份投标保函；而分包商则要求总承包商在投标文件中向业主写明该分包商的名称，并许诺在与业主就该分包部位讨论价格变动时，应征得分包商的同意。这种方式对双方均有约束性。另一种是总承包商找几个分包商询价后，投标时自己确定这部分工程的价格，中标后再最后确定由哪一家分包，签订分包协议。这样双方均不受约束，但也都承担着风险。如分包商很少时，总承包商有可能承担提高分包价格的风险；反之，如果分包商较多时，分包商会承担总承包商进一步压价的风险。所以一般来说，对于比较大型、技术复杂的工程总承包商都愿意事先确定分包商。

本 章 小 结

本章主要讲述建设工程项目招投标的概念、范围、方式；建设项目招投标的程序、开标、评标、决标、招标文件和投标书的内容。此外还介绍了建设项目投标的技巧、分包商的选择要点等。

思　考　题

1. 建设项目招标的方式有哪些？
2. 建设项目招标的条件是什么？
3. 建设项目招标的程序是什么？
4. 招标文件有哪些内容？
5. 投标书应包括哪些内容？
6. 建设项目投标的技巧有哪些？

第6章

建设工程项目质量管理

学习目标

- 熟悉建设工程质量的特点、影响因素和管理原理。
- 熟悉建设工程项目施工质量计划的内容。
- 熟悉建设工程项目质量控制的内容。
- 掌握建设工程项目质量验收的内容。
- 熟悉建设工程质量事故处理的分类、处理程序和处理方法。
- 掌握建设工程质量管理的统计分析方法。

本章导读

本章主要学习建设工程质量的基本理论，建设工程项目施工质量计划、质量控制、质量验收、质量事故处理，以及建设工程质量管理的统计分析方法等内容。

项目案例导入

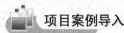

2009 年 6 月 27 日 5 时 30 分左右，上海市闵行区莲花南路、罗阳路在建的“莲花河畔景苑”商品房小区工地内，发生一幢 13 层楼房(7 号楼)向南整体倾倒事故。一名工人逃生不及被压致死。

事故发生后，上海市建设交通委立即启动事故抢险处置机制，迅速开展了以下工作。

(1) 紧急组建了现场抢险指挥部，同时组成了由中国工程院院士江欢成先生担任组长，14 位勘察、设计、地质、水利、结构等相关专业专家参加的专家组。

(2) 针对倾倒楼房附近存在南面开挖基坑、北面堆土过高、部分防汛墙坍塌等重大隐患，为保持土压平衡，根据专家组建议，加快卸载北面堆积最高约 10 米的土方，抓紧回填楼房南面深约 4.6 米的基坑，同时对多余土方进行外运。经过抢险施工人员三天三夜的连续奋战，累计卸载、外运和回填土方约 6 万方。至 6 月 30 日，南面基坑全部填平，北面堆土下降至 0.5 米左右，临时防汛设施基本修筑完成，有效防止了次生灾害的发生。

(3) 组织专业检测人员，分别对在建的其余 10 幢楼房、邻近居民小区、附近防汛设施和道路管线进行不间断监测，并对燃气、电力等管线进行了逐户安检。专家组根据检测结果判断，邻近居民小区、附近道路管线等未受影响，在建的其余楼房安全状况稳定，不会发生类似倾倒事故。临时撤离居民于 6 月 29 日晚全部回家，工程抢排险任务于 7 月 1 日结束。

(4) 6 月 27 日下午，将事故及应急处置情况及时向住房和城乡建设部进行了汇报。6 月 29 日下午，住房和城乡建设部专门派员赴现场了解情况，对事故调查和后续工作提出要求。

专家组分勘察设计、水文地质、施工工况、检测等四个小组，对事故发生的工程技术原因进行了深入分析和复核，提出了事故原因调查的结论意见。

事故的直接原因是：紧贴 7 号楼北侧，在短时间内堆土过高，最高处达 10 米左右；与此同时，紧邻 7 号楼南侧的地下车库基坑正在开挖，开挖深度 4.6 米；6 日晚上的大暴雨导致南侧基坑内雨水浸泡地基，大楼两侧的压力差使土体产生水平位移，过大的水平力超过了桩基的抗侧能力，致使预应力管桩向南侧折断，导致楼体失稳，向左倾倒。

间接原因主要有六个方面。①土方堆放不当。在未对天然地基进行承载力计算的情况下，建设单位随意指定将开挖土方短时间内集中堆放于 7 号楼北侧。②开挖基坑违反相关规定。土方开挖单位，在未经监理方同意，未进行有效监测，不具备相应资质的情况下，也没有按照相关技术要求开挖基坑。③监理不到位。监理方对建设方、施工方的违法、违规行为未进行有效处置，对施工现场的事故隐患未及时报告。④管理不到位。建设单位管理混乱，违章指挥，违法指定施工单位，压缩施工工期，总包单位未予以及时制止。⑤安全措施不到位。施工方对基坑开挖及土方处置未采取专项防护措施。⑥基坑的围护桩施工不规范。施工方未严格按照相关要求组织施工，施工速度快于规定的技术规范要求。

2010 年 2 月 11 日，闵行区人民法院对“莲花河畔景苑”倒楼案 6 名被告人作出一审判决，分别以重大责任事故罪，判处 3 至 5 年有期徒刑。

问题导入

上述工程案例中，导致楼房倒塌的原因有哪些？该楼房的施工方案有无不妥之处？如何进行项目的质量管理才能避免再出现此类质量事故？发生此类工程质量事故后，有怎样的处理程序、处理方法？通过本章的学习将会解答这些问题，具备初步掌握建设工程项目质量管理的能力。

6.1 建设工程项目质量管理概述

6.1.1 基本概念

1. 质量

我国国家标准对质量的定义是：一组固有特性满足要求的程度。“固有”是指事物本来就具有的永久的特性。例如，对水泥来说，其化学成分、强度、凝结时间就是固有特性，而价格则是被人们外在赋予的特性。质量是“满足要求的程度”，“要求”包括明示的、通常隐含的和必须履行的需求或期望。明示的一般是指用户明确提出的要求，通常是通过合同、标准、规范、图纸、技术文件所作出的明确规定；隐含需求一般是指顾客的期望或人们公认的、不言而喻的“需要”；必须履行的是指在法律、法规、行业规则等中明确规定的必须履行的内容。

2. 建设工程项目质量

建设工程项目质量是指建设工程项目满足业主需要的，符合国家法律、法规、技术规范、标准、设计文件及合同规定的特性综合，主要体现在建设工程的适用性、安全性、耐久性、可靠性、经济性及与环境的协调性等六个方面。

建设工程项目由检验批、分项工程、分部(子分部)工程和单位(子单位)工程组成，其质量就由检验批质量、工序质量、分项工程质量、分部(子分部)工程质量和单位(子单位)工程质量来决定。建设工程项目质量不仅包括活动或过程的结果质量，还包括活动或过程本身的工作质量，其质量的好坏是决策、计划、勘察、设计、施工、监理、监督、材料供应等单位各方面、各环节工作质量的综合反映。要保证建设工程项目的质量，就要求各有关部门的人员尽心工作，对决定和影响工程质量的所有因素严加控制，即通过提高工作质量来保证和提高工程项目的质量。

3. 建设工程项目质量管理

质量管理是指确立质量方针及实施质量方针的全部职能及工作内容，并对其工作效果进行评价和改进的一系列工作。

建设工程项目质量管理是指在项目质量方面指导和控制组织的协调的活动，通常包括制定项目质量方针和质量目标以及质量策划、质量控制、质量保证和质量改进。

6.1.2 建设工程项目质量的特点

建设工程项目质量的特点由项目及其生产的特点所决定，主要表现在以下几方面。

1. 影响因素多

决策、设计、材料、机械、环境、施工工艺、施工方案、组织措施、技术措施等都会直接影响工程项目的质量。

2. 质量波动大、易变异

建设工程项目的生产不具备成套的生产设备和稳定的生产环境，不具有规范化的生产工艺和完善的检测技术，设计计算出现偏差和错误、所需材料的规格及性能的微小差异、施工机械的正常磨损和故障、施工操作的微小变化和失误、环境的微小波动等，都会引起质量波动和质量变异，从而造成工程质量事故。

3. 质量隐蔽性

建设工程项目在施工过程中，由于工序交接多、中间产品多、隐蔽工程多，质量必然存在隐蔽性，可能导致将只是表面质量好的不合格品认为是合格品。

4. 终检的局限性

建设工程项目建成后，不能通过拆卸或解体来检查其内在的质量，工程项目验收时难以发现工程内在的、隐蔽的质量缺陷。

由此可见，建设工程项目质量管理必须是全过程的、动态的管理，应遵循一定的质量管理原则，随时间、地点、条件、人的因素、物的因素的发展而变化。

6.1.3 影响建设工程项目质量的因素

影响建设工程项目质量的因素主要有五种，即人、材料、机械、方法、环境，通常简称为4M1E。

1. 人的因素

人是质量活动的主体。对建设工程项目而言，人是泛指与工程有关的单位、组织及个人，是指直接参与工程建设的决策者、组织者、指挥者和操作者。在工程建设中，人的素质、技术水平、生理状况和违纪违章等都属于人对工程质量的影响因素。

我国实行建筑业企业经营资质管理制度、市场准入制度、执业资格注册制度、作业及管理人员持证上岗制度等，从本质上说，都是对从事建设工程活动的人的素质和能力进行必要的控制。同时，加强职业道德教育，做好专业技术知识培训和技术交底，健全岗位责任制，增强人的责任感和质量观，可以避免人的行为失误，达到保证工程质量的目的。

2. 材料因素

材料泛指构成工程实体的各类建筑材料、构配件、半成品等。材料质量是施工项目质量形成的物质基础。工程材料选用是否合理，产品是否合格，材质是否经过检验，保管使用是否得当等，都将直接影响建设工程的承载力，影响工程外表及观感，影响工程的使用功能和安全。优选供货厂家，正确选择和使用材料，加强材料检查验收，是提高工程质量的重要保证。

3. 机械设备因素

机械设备可分为两类：一是指组成工程实体及配套的工艺设备和机具，如电梯、泵机、通风设备等，它们构成了建筑设备安装工程或工业设备安装工程，形成完整的使用功能；二是指施工过程中使用的各类机具设备，包括大型垂直与横向运输设备、各类操作工具、各种施工安全设施、各类测量仪器和计量器具等，简称施工机具设备，它们是施工生产的手段。机械设备质量的优劣，其类型是否符合工程施工特点，性能是否先进稳定，操作是否方便安全等，都将会影响工程项目的质量。控制设备的选型和配套，制定合理的机械化施工方案，可以为工程质量稳定可靠提供必不可少的支撑。

4. 方法因素

施工方法是指工艺方法、操作方法和施工方案。建设工程项目的施工方案包括施工技术方案和施工组织方案。前者指施工的技术、工艺、方法和机械、设备、模具等施工手段的配置，后者是指施工程序、工艺顺序、施工流向、劳动组织方面的决定和安排。通常的施工程序是先准备后施工，先场外后场内，先地下后地上，先深后浅，先主体后装修，先土建后安装等，都应在施工方案中明确，并编制相应的施工组织设计。在工程施工中，施工机具是否性能可靠，施工方案是否合理，施工工艺是否先进，施工操作是否正确，都将对工程质量产生重大的影响。结合工程实际，从技术、管理、工艺、操作、经济等方面综合考虑，以求方法技术可行、经济合理、工艺先进、措施得力、操作方便，尽量推进采用新技术、新工艺、新方法，不断提高工艺技术水平，可以更好提高质量、加快进度、降低成本。

5. 环境因素

影响工程质量的环境因素包括：工程技术环境，如工程地质、水文、气象、气候等；工程作业环境，如施工环境作业面大小、防护设施、通风照明和通信条件等；工程管理环境，主要指工程实施的合同结构与管理关系的确定，组织协调方式、组织体制及管理制度等；周边环境，如工程邻近的地下管线、建(构)筑物等。环境条件往往对工程质量产生特定的影响。加强环境管理，改善作业条件，把握好技术环境，针对工程的特点拟定季节性施工质量安全保证等必要的措施，是控制环境对质量影响的重要保证。

分析与思考：

影响建设工程项目质量的因素中，什么是最关键的因素？

6.1.4　建设工程项目质量管理原理

建设工程项目质量管理的原理主要有以下两方面。

1. PDCA 循环管理

PDCA 循环，即质量管理的计划 P(Plan)、实施 D(Do)、检查 C(Check)、处置 A(Action)，是确立质量管理和建立质量体系的基本原理，如图 6.1 所示。从实践论的角度看，管理就是确定任务目标，并按照 PDCA 循环原理来实现预期目标。每一循环都围绕着实现预期的目标，进行计划、实施、检查和处置活动，并随着对存在问题的克服、解决和改进，不断增强质量能力，提高质量水平。一个循环的四大职能活动相互联系，共同构成了质量管理的系统工程。PDCA 循环是目标控制的基本方法。

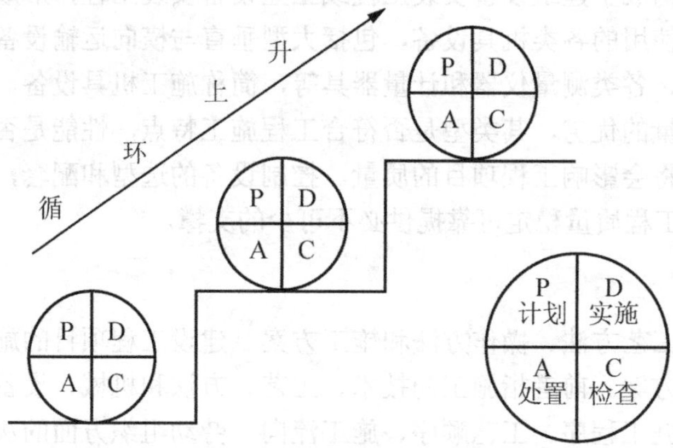

图 6.1 PDCA 循环示意图

1) 计划 P(Plan)

质量管理的计划职能，包括确定或明确质量目标和制订实现质量目标的行动方案两方面。在建设工程项目的实施中，计划是指各相关主体根据其在项目实施中所承担的任务、责任范围和质量目标，确定质量控制的组织、制度、工作程序、技术方法、业务流程、资源配置、检验试验要求、质量记录方式、不合格处理、管理措施等具体内容和做法的质量管理文件，同时，计划还需对其实现预期目标的可行性、有效性、经济合理性进行分析论证，按照规定的程序与权限，审批后执行。实践表明，质量计划的严谨周密、经济合理和切实可行，是保证工作质量、产品质量和服务质量的前提条件。

2) 实施 D(Do)

实施职能在于将质量的目标值，通过生产要素的投入、作业技术活动和产出过程，转换为质量的实际值，包含计划行动方案的交底和按计划规定的方法与要求展开工程作业技术活动两个环节。为保证工程质量的产出或形成过程能够达到预期的结果，使具体的作业者和管理者明确计划的意图和要求，掌握质量标准及其实现的程序与方法，在各项质量活动实施前，要根据质量管理计划进行行动方案的部署和交底。在质量活动的实施过程中，则要求严格执行计划的行动方案，规范行为，把质量管理计划的各项规定和安排落实到具体的资源配置和作业技术活动中去。

3) 检查 C(Check)

检查职能是指对计划实施过程中进行各种检查，包括作业者的自检、互检和专职管理者专检。各类检查也都包含两大方面：一是检查是否严格执行了计划的行动方案，实际条件是否发生了变化，不执行计划的原因；二是检查计划执行的结果，即产出的质量是否达到标准的要求，对此进行确认和评价。

4) 处置 A(Action)

处置职能是指对于质量检查所发现的质量问题或质量不合格，及时分析原因，采取必要的措施，予以纠正，保持工程质量形成过程的受控状态。处置分纠偏和预防改进两个方面。前者是采取应急措施，解决当前的质量偏差、问题或事故；后者是根据目前质量状况信息，确定改进目标和措施，为今后类似问题的质量预防提供借鉴。

2. 三全控制原理(TQC)

三全控制原理来自于全面质量管理(Total Quality Control，TQC)的思想，是强调在企业或组织的最高管理者质量方针的指引下，实行全面、全过程和全员参与的质量管理。

TQC 的主要特点是以顾客满意为宗旨；领导参与质量方针和目标的制定；提倡预防为主、科学管理、用数据说话等。在当今国际标准化组织颁布的质量管理体系标准中，都体现了这些重要特点和思想。建设工程项目的质量管理，同样应贯彻如下三全管理的思想和方法。

1) 全面质量管理

建设工程项目的全面质量管理，是指建设工程项目参与各方所进行的工程项目质量管理的总称，其中包括工程(产品)质量和工作质量的全面管理。工作质量是产品质量的保证，工作质量直接影响产品质量的形成。业主、监理单位、勘察单位、设计单位、施工总包单位、施工分包单位、材料设备供应商等，任何一方任何环节的怠慢疏忽或质量责任不到位都会造成对建设工程质量的影响。

2) 全过程质量管理

建设工程项目的全过程质量管理，是指根据工程质量的形成规律，从源头抓起，全过程推进。GB/T 19000 质量管理体系标准强调质量管理的“过程方法”管理原则。因此，必须掌握识别过程和应用的“过程方法”进行全程质量控制。主要的过程有：项目策划与决策过程；勘察设计过程；施工采购过程；施工组织与准备过程；检测设备控制与计量过程；施工生产的检验试验过程；工程质量的评定过程；工程竣工验收与交付过程；工程回访维修服务过程等。

3) 全员参与质量管理

按照全面质量管理的思想，组织内部的每个部门和工作岗位都承担有相应的质量职能，组织的最高管理者确定了质量方针和目标，就应组织和动员全体员工参与到实施质量方针的系统活动中去，发挥自己的角色作用。开展全员参与质量管理的重要手段就是运用目标管理方法，将组织的质量总目标逐级进行分解，使之形成自上而下的质量目标分解体系和自下而上的质量目标保证体系，发挥组织系统内部每个工作岗位、部门或团队在实现质量总目标过程中的作用。

重点提示：

理解 PDCA 循环管理的持续改进特点，理解掌握三全管理的内容。

6.2 建设工程项目施工质量计划

质量计划是质量管理体系标准的一个质量术语和职能。工程项目质量计划是指确定工程项目的质量管理方针、目标及其实现的方法、手段和措施的文件。在建筑施工企业的质量管理体系中，以施工项目为对象的质量计划称为施工质量计划。施工质量是形成建设工程实体质量的决定性环节，施工质量计划的作用十分重要。

目前，我国除了已经建立质量管理体系的部分施工企业直接采用施工质量计划的方式外，通常还普遍使用工程项目施工组织设计或在施工项目管理实施规划中包含质量计划的内容。因此，现行的施工质量计划有工程项目施工质量计划、工程项目施工组织设计(含施工质量计划)、施工项目管理实施规划(含施工质量计划)等三种方式。

6.2.1 建设工程项目施工质量计划的编制主体

在建设工程项目质量控制系统中，按照谁实施、谁负责的原则，明确施工质量控制的主体构成及其各自的控制范围。施工质量计划应由自控主体即施工承包企业进行编制。在平行承发包方式下，各承包单位应分别编制施工质量计划；在总分包模式下，施工总承包单位应编制总承包工程范围的施工质量计划，各分包单位编制相应分包范围的施工质量计划，作为施工总承包方质量计划的深化和组成。施工总承包方有责任对各分包施工质量计划的编制进行指导和审核，并承担相应施工质量的连带责任。

6.2.2 建设工程项目施工质量计划的编制依据

施工质量计划编制的主要依据包括：

(1) 施工企业的《质量手册》及相应的程序文件；
(2) 施工质量验收统一标准、施工操作规程及作业指导书；
(3) 建筑法、建设工程质量管理条例、环境保护条例及法规；
(4) 安全施工管理条例等。

6.2.3 建设工程项目施工质量计划的主要内容

建设工程项目施工质量计划的主要内容包括：

(1) 欲达到的质量目标；
(2) 与不同施工阶段相适应的检验、试验、测量、验证要求和标准；
(3) 实施的步骤、方法、作业文件，包括技术措施和施工方案等；
(4) 必要的质量控制手段，施工过程、服务、检验和试验程序及与其相关的支持性文件；
(5) 项目进展、更改和完善质量计划的方法及文件化程序；
(6) 为满足质量目标所采用的其他措施。

6.2.4 建设工程项目施工质量计划的审批与执行

施工单位的项目施工质量计划或施工组织设计文件编制完成后，应按照工程施工管理程序进行审批，包括施工企业内部的审批和项目监理机构的审批。

1. 施工企业内部的审批

施工单位的项目施工质量计划或施工组织设计通常由项目经理部主持编制，报企业技术负责人批准。

2. 项目监理机构的审批

实施工程监理的施工项目，施工承包单位必须填写施工组织设计(方案)报审表并附施工组织设计(方案)，报送项目监理机构审查。在工程开工前，总监理工程师应组织专业监理工程师审查承包单位报送的施工组织设计(方案)报审表，提出意见，并经总监理工程师审核、签认后报建设单位。

重点提示：

掌握施工组织设计(方案)的报审程序。

6.2.5 施工质量控制点的设置和管理

1. 施工质量控制点的设置

施工质量控制点的设置是施工质量计划的重要组成内容。施工质量控制点是施工质量控制的重点，应选择那些技术要求高、控制难度大、对工程质量影响大、发生质量问题时危害大的对象列为质量控制点。例如，对工程质量形成过程产生直接影响的关键部位、工序、环节及隐蔽工程；施工过程中的薄弱环节，或者质量不稳定的工序、部位或对象；对下道工序有较大影响的上道工序；采用新技术、新工艺、新材料的部位或环节；施工质量无把握的、施工条件困难的或技术难度大的工序或环节；用户反馈指出的和过去有过返工的不良工序等。一般建筑工程的质量控制点设置，如表6.1所示。

表6.1 建筑工程质量控制点的设置

分项工程	质量控制点
工程测量定位	标准轴线桩、水平桩、龙门板、定位轴线、标高
地基、基础(含设备基础)	基坑(槽)尺寸、标高、土质、地基承载力，基础垫层标高、基础位置、尺寸、标高，预埋件、预留洞孔的位置、标高、规格、数量，基础杯口弹线
砌体	砌体轴线，皮数杆，砂浆配合比，预留洞孔、预埋件的位置、数量，砌体排列
模板	位置、标高、尺寸，预留洞孔位置、尺寸、预埋件的位置，模板的承载力、刚度和稳定性，模板内部清理及润湿情况
钢筋混凝土	水泥品种、强度等级，砂石质量，混凝土配合比，外加剂比例，混凝土振捣，钢筋品种规格、尺寸、搭接长度，钢筋焊接、机械连接，预留洞孔及预埋件规格、位置、尺寸、数量，预埋构件吊装或出厂(脱模)强度、吊装位置、标高、支承长度、焊缝长度
吊装	吊装设备的起重能力、吊具、索具、地锚
钢结构	翻样图、放大样
焊接	焊接条件、焊接工艺
装修	视具体情况而定

2. 施工质量控制点的管理

设定了质量控制点，质量控制的目标及工作重点就能更加明确。首先，要做好施工质量控制点的事前预控工作，包括：明确控制目标及参数、制定实施规程(包括施工操作规程及检测评定标准)，编制作业指导书和质量控制措施；确定质量检查检验方式及抽样的数量和方法；明确检查结果的判断标准及信息反馈要求等。

其次，要向施工作业班组进行认真交底，使每一个控制点上的作业人员明白施工作业规程及质量检验评定标准，掌握施工要领。在施工过程中，相关技术管理和质量控制人员要在现场进行重点指导和检查验收。

同时，还要做好施工质量控制点的动态管理和跟踪管理。随着工程的展开、施工条件的变化，随时或定期进行控制点范围的调整和更新，始终保持重点跟踪的控制状态。

对于危险性较大的分项工程或特殊施工过程，除按一般过程质量控制的规定执行外，还应由专业技术人员编制专项施工方案或作业指导书。施工方案或作业指导书应内容完整，图示明确，计算有据，具有针对性、适用性、合规性，经项目技术负责人审批，按照规定进行专家论证和完善，后经监理工程师签字后执行。

施工质量控制点，细分为见证点和待检点。凡属见证点的重要部位、特种作业、专门工艺等，施工方必须在该项作业开始前 24 小时，书面通知现场监理机构到位旁站，见证施工作业过程。凡属待检点(隐蔽工程)，施工方必须在完成施工质量自检合格的基础上，提前 24 小时通知项目监理机构进行检查验收，验收合格才能进行工程隐蔽或下道工序的施工。未经项目监理机构检查验收合格，不得进行工程隐蔽或下道工序的施工。

重点提示：

理解掌握施工质量控制点的设置和管理。

6.3 建设工程项目质量控制

按照质量管理体系标准的定义：质量控制是质量管理的一部分，包括采取的作业技术和管理活动，是致力于满足质量要求的一系列相关活动。质量控制是在明确的质量目标条件下通过行动方案和资源配置的计划、实施、检查和监督来实现预期目标的过程。由于工程项目的质量要求是由业主(投资者、项目法人)提出的，因此，建设工程项目质量控制，应围绕着致力于满足业主要求的质量总目标而展开。

6.3.1 建设工程项目质量控制系统

实施建设工程项目质量控制应建立其质量控制系统，并且保证质量控制系统的有效运行。

1. 建设工程项目质量控制系统的建立

建设工程项目质量控制系统的建立应依据分层次规划、总目标分解、质量责任制、系统有效的原则，确立系统质量控制网络，制定系统质量控制制度，分析系统质量控制界面，编制系统质量控制计划，按规定完成质量计划的审批，并以此实施工程质量控制。应由项目实施的总负责单位负责质量控制系统的建立和运行，实施质量目标的控制。

建设工程项目质量控制系统所涉及的质量责任自控主体和监控主体，通常包括建设单位、设计单位、工程总承包单位、施工单位、监理单位、材料设备供应厂商等。这些质量责任和控制主体，在质量控制系统中的地位与作用不同。承担工程项目设计、施工或材料设备供货的单位，负有直接的产品质量责任，属质量控制系统中的自控主体；在工程项目实施过程中，对各质量责任主体的质量活动行为和质量活动结果实施监督控制的组织，称质量监控主体，如业主、项目监理单位等。质量责任自控主体和监控主体的质量控制系统的范围一般根据项目的定义或工程承包合同来确定，其质量控制的系统职能应贯穿于项目的勘察、设计、采购、施工和竣工验收等各个实施环节，即工程项目全过程质量控制的任务或若干阶段承包的质量控制任务。

2. 建设工程项目质量控制系统的运行

建设工程项目质量控制系统的建立，为工程项目质量控制提供了组织制度方面的保证。工程项目质量控制系统的运行，实质上就是系统功能的发挥过程，也是质量活动职能和效果的控制过程。质量控制系统的有效运行，还有赖于系统内部的运行环境和运行机制的完善。

1) 运行环境

建设工程项目质量控制系统的运行环境，主要是指为系统运行提供支持的合同结构、管理关系、组织制度和资源配置的条件。

2) 运行机制

工程项目质量控制系统的运行机制，是由一系列质量管理制度安排所形成的内在能力，由动力机制、约束机制、反馈机制和持续改进机制等组成。

6.3.2　建设工程项目质量控制的三阶段控制

根据工程项目实体质量形成的阶段，建设工程项目质量控制可以看成是由事前质量预控、事中质量控制、事后质量控制组成的系统控制过程。

1. 事前质量预控

工程项目事前质量预控就是要求预先进行周密的质量计划，包括质量策划、管理体系、岗位设置，把各项质量职能活动，包括作业技术和管理活动建立在有充分能力、条件保证和运行机制的基础上。对于工程项目，尤其施工阶段的质量预控，就是通过施工质量计划或施工组织设计或施工项目管理实施规划的制订过程，运用目标管理的手段，实施工程质量事前预控。

事前质量预控要求对质量控制对象的控制目标、活动条件、影响因素进行周密分析，找出薄弱环节，制订有效的控制措施和对策。

2. 事中质量控制

工程项目事中质量控制是指施工过程中的质量控制，其措施包括：施工过程交接有检查、质量预控有对策、施工操作有方案、图纸会审有记录、技术措施有交底、配制材料有试验、隐蔽工程有验收、设计变更有手续，质量处理有复查、成品保护有措施、质量文件有档案等。

工程项目事中质量控制的实质，就是在质量形成过程中，如何建立和发挥作业人员和管理人员的自我约束以及相互制约的监督机制，使工程项目质量形成从分项、分部到单位工程自始至终都处于受控状态。

3. 事后质量控制

工程项目事后质量控制也称为事后质量把关，以使不合格的工序或产品不流入后道工序或市场。事后质量控制的任务就是对质量结果进行评价、认定；对工序质量偏差进行纠正；对不合格产品进行整改和处理。工程项目事后质量控制，具体体现在施工质量验收各个环节的控制方面。

以上三大环节之间构成有机的系统过程，实质上也就是质量管理PDCA循环的具体化，在每一次滚动循环中达到质量管理和质量控制的持续改进。

重点提示：

掌握质量控制的三阶段控制中的具体控制措施。

6.3.3 建设工程项目施工质量控制的系统过程

工程项目的施工质量控制，有两个方面的含义。一是指项目施工承包企业的施工质量控制，包括总包的、分包的、综合的和专业的施工质量控制；二是指广义的施工阶段工程项目质量控制，即除了承包方的质量控制外，还包括业主、设计单位、监理单位以及政府质量监督机构，在施工阶段对工程项目施工质量所实施的监督管理和控制职能。

对于建设工程项目而言，工程施工阶段的工作质量控制是工程质量控制的关键环节。施工阶段的质量控制是一个由对投入的资源和条件的质量控制，进而对生产过程及各环节质量进行控制，直到对所完成的工程产出品的质量进行检验与控制为止的全过程的系统控制过程。施工准备阶段进行事前质量控制；施工过程中进行与有关各方及中间产品的事中质量控制；事后控制是指对于通过施工过程所完成的具有独立的功能和使用价值的最终产品及其有关方面(如质量文档等)的质量进行控制。

1. 施工准备阶段质量控制

1) 施工技术准备工作的质量控制

施工技术准备是指在正式开展施工作业活动前进行的技术准备工作，例如，熟悉施工图纸，组织设计交底和图纸审查；进行工程项目检查验收的项目划分和编号；审核相关质量文件；细化施工技术方案和施工人员、机具的配置方案；编制施工组织设计及施工作业技术指导书；绘制各种施工详图；进行技术交底和技术培训等。

施工技术准备工作的质量控制是对上述技术准备工作成果的复核审查，并依据审批后的质量计划审查、完善施工质量控制措施，明确质量控制的重点对象和控制方法，提高技术准备工作成果对施工质量的保证，其主要包括以下几个方面。

(1) 图纸学习与会审。施工方项目部通过内部图纸学习和参加设计交底及图纸会审，一方面可使施工人员熟悉并了解工程特点、设计意图和掌握关键部位的工程质量要求，更好地做到按图施工；另一方面可以及时发现存在的问题和矛盾，提出修改与洽商意见，避免产生技术事故或产生工程质量问题。

(2) 编制施工组织设计。施工组织设计是对施工的各项活动做出全面的构思和安排，指导施工准备和施工全过程的技术经济文件，它的基本任务是使工程施工建立在科学合理的基础上，保证项目取得良好的经济效益和社会效益。

根据设计阶段和编制对象的不同，施工组织设计大致可分为施工组织总设计、单位工程施工组织设计和难度较大、技术复杂或新技术项目的分部分项工程施工设计三大类。施工组织设计通常应包括工程概况、施工部署和施工方案、施工准备工作计划、施工进度计划、技术质量措施、安全文明施工措施、各项资源需要量计划及施工平面布置图、技术经济指标等基本内容。

施工组织设计中，对质量控制起主要作用的是施工方案。施工方案是施工组织设计的核心，其内容主要包括施工程序的安排、流水段的划分、主要项目的施工方法、施工机械的选择，以及保证质量、安全施工、冬季和雨季施工、污染防治等方面的预控方法和针对性的技术组织措施。

(3) 组织技术交底。技术交底是指单位工程、分部工程、分项工程正式施工前，对参与施工的有关管理人员、技术人员和工人进行不同重点和技术深度的技术性交代和说明。其目的是使参与项目施工的人员对施工对象的设计情况、建筑结构特点、技术要求、施工工艺、质量标准和技术安全措施等方面有一个较详细的了解，以便科学地组织施工和合理地安排工序，避免发生技术错误或操作错误。

技术交底是一项经常性的技术工作，可分级分阶段进行。施工作业技术交底是最基层的技术和管理交底活动，施工总承包方和工程监理机构都要对施工作业交底进行监督。作业技术交底的内容包括作业范围、施工依据、作业程序、技术标准和要领、质量目标以及其他与安全、进度、成本、环境等目标管理有关的要求和注意事项。技术交底应以设计图纸、施工组织设计、质量验收标准、施工验收规范、操作规程和工艺要求为依据，编制交底文件，必要时可用图表、实样、现场示范操作等形式进行。技术交底应做好书面记录，双方签字存档。

(4) 进行工程质量检查验收的项目划分。建设工程项目施工质量的优劣，取决于各个施工工序、工种的管理水平和操作质量。为了便于控制每个工序和工种的工作质量，在施工开始前应把整个项目逐级划分为若干个子项目，分级进行编号，并在施工过程中据此来进行质量控制和检查验收。例如，根据相关质量验收标准的规定和原则要求，将建筑工程质量验收逐级划分为单位(子单位)工程、分部(子分部)工程、分项工程和检验批。

(5) 控制物资采购。施工中所需的物资包括建筑材料、构配件和设备等。应由熟悉物资技术标准和管理要求的人员，对拟选择的物资供方进行技术、管理、质量检测、工序质量控制和售后服务、信誉等质量保证能力的调查，以及产品质量的实际检验评价，综合评价，择优选择。

(6) 严格选择分包单位。总承包商应通过审查资格文件，考察已完工程和施工工程质量等方法，对拟选择的分包商，包括建设单位指定的分包商，认真进行综合评价和选择，以确保分包工程的质量、工期和现场管理能满足总合同的要求。

2) 现场施工准备工作的质量控制

(1) 计量控制。计量控制是施工质量控制的一项重要基础工作。施工过程中的计量，包括施工生产时的投料计量、施工测量、监测计量以及对项目、产品或过程的测试、检验、分析计量等。开工前要建立和完善施工现场计量管理的规章制度；明确计量控制责任者和配置必要的计量人员；严格按规定对计量器具进行维修和校验；统一计量单位，组织量值传递，保证量值统一，保证施工过程中计量的准确。

(2) 测量控制。工程测量放线是建设工程产品由设计转化为实物的第一步。施工测量质量的优劣，直接决定工程的定位和标高是否正确，并且制约施工过程有关工序的质量。施工单位在开工前应编制测量控制方案，经项目技术负责人批准后实施；同时应对建设单位提供的原始坐标点、基准线和水准点等测量控制点进行复核，并将复测结果上报监理工程师审核批准后，施工单位才能建立施工测量控制网，进行工程定位和标高基准的控制。

(3) 施工平面图控制。建设单位应按合同约定并切实结合施工的实际需要，提供施工用地和现场临时设施用地的范围，协调平衡和审查批准各施工单位的施工平面设计。施工单位要严格按照批准的施工平面布置图，科学合理地使用施工现场，正确安置施工机械设备、材料堆放保存以及其他临时设施，保持供水、供电、道路的正常顺畅，为施工提供积极稳妥的条件和支持。建设单位应会同施工单位制定严格的施工现场管理制度和奖惩措施，及时制止和处理各种不当行为，并做好施工现场的质量检查记录。

2. 施工阶段施工质量控制

建设工程项目的施工过程，是由一系列相互关联、相互制约的工序所构成。例如，混凝土工程由选配材料、搅拌、运输、浇筑、振捣、养护等工序组成。因此，施工质量的控制应重点控制影响工序作业质量的主导因素，严格遵守工艺规程，改善工序活动的条件，从而控制工序质量。

1) 材料、构配件试验检测

对进入现场的物料，包括建设单位供应的物料以及施工过程中的半成品，如钢材、水泥、钢筋连接接头、混凝土、砂浆、预制构件等，应检查其生产合格证、质量证明书和质量检验报告等质量证明文件是否齐全；应按规范、标准和设计的要求，根据对质量的影响程度和使用部位的重要程度，在使用前采用抽样检查或全数检查等形式；对涉及结构安全的物料应由建设单位或监理单位现场见证取样，送有法定资格的单位检测，以判断其质量的可靠性。严禁将未经检验试验或检验试验不合格的材料、构配件、设备、半成品等投入使用和安装。

2) 技术复核

技术复核是指工程在未施工前所进行的预先检查。技术复核的目的是保证技术基准的正确性，避免因技术工作的疏忽差错而造成工程质量事故。因此，凡是涉及定位轴线、标高、尺寸，配合比，皮数杆，横板尺寸，预留洞口，预埋件的材质、型号、规格，吊装预制构件强度等，都必须根据设计文件和技术标准的规定进行复核检查，并做好记录和标识。

3) 三令管理

在施工生产过程中，凡沉桩、挖土、混凝土浇筑等作业必须纳入按命令施工的管理范围，即三令管理。三令管理的目的在于核查施工条件和准备工作情况，确保后续施工作业的连续性、安全性。

4) 级配管理

施工过程中所涉及的砂浆或混凝土，凡在图纸上标明强度或强度等级的，均需纳入级配管理制度范围。级配管理包括事前、事中和事后管理三个阶段。事前管理主要是级配的试验、调整和确认；事中管理主要是砂浆或混凝土拌制过程中的监控；事后管理则为试块试验结果的分析，实际上是对砂浆或混凝土的质量评定。

5) 施工作业质量的检验

施工作业的质量检验，是贯穿整个施工过程的最基本的质量控制活动，包括施工单位内部的工序作业质量自检、互检、专检，以及现场监理机构的旁站检查、平行检验等。已完检验批及分部分项工程的施工质量，必须在施工单位自检合格之后，才能报请现场监理机构进行检查验收。

自检是指由操作人员对自己的施工作业或已完成的分项工程进行自我检验，实施自我控制、自我把关，以防止不合格品进入下道作业。互检是指操作人员之间对所完成的作业或分项工程进行的相互检查，是对自检的一种复核和确认。互检的形式可以是同组操作人员之间的相互检验，也可以是班组的质量检查员对本班组操作人员的抽检，同时也可以是下道作业对上道作业的交接检验。专检是指质量检验员对分部、分项工程进行的检验，用以弥补自检、互检的不足。

一般情况下，原材料、半成品、成品的检验以专职检验人员的专检为主，生产过程的各项作业的检验则以施工现场操作人员的自检、互检为主，专职检验人员巡回抽检为辅。成品的质量必须进行终检认证。

6) 分部、分项工程和隐蔽工程的质量检验

隐蔽工程是指那些施工完毕后将被隐蔽而无法或很难对其再进行检查的分部、分项工程，就土建工程而言，隐蔽工程的验收项目主要有：地基、基础、基础与主体结构各部位钢筋、现场结构焊接、高强螺栓连接、防水工程等。施工过程中，每一分部、分项工程和隐蔽工程施工完毕后，质检人员均应根据合同规定、施工质量验收统一标准和专业施工质量验收规范的要求对已完工的工程进行检验。质量检验应在自检、互检、专检的基础上，由专职质量检查员或企业的技术质量部门进行核定。只有通过其验收检查，对质量确认后，方可进行后续工程施工或隐蔽工程的覆盖。

通过对分部、分项工程和隐蔽工程的检验，可确保工程质量符合规定要求，对发现的问题应及时处理，不留质量隐患及避免施工质量事故的发生。

7) 技术核定

在建设工程项目施工过程中，施工项目管理者或操作者对施工图的某些技术问题有异议或者提出改善性的建议，如材料、构配件的调整或代换，改变建筑节点构造、管线位置或走向，混凝土使用外加剂，工艺参数调整等，需要通过设计单位明确或确认的，必须由施工项目技术负责人向监理工程师提交技术核定单，经设计单位和监理单位核准同意后才能实施。

8) 设计变更管理

施工过程中，由于业主的需要或设计单位的改善性考虑，以及施工现场实际条件发生变化，导致设计与施工的可行性发生矛盾，这些都将涉及施工图的设计变更。设计变更必须严格按照规定程序处理。

一般的设计变更需经建设、设计、监理、施工单位各方同意，共同签署设计变更洽商记录，由设计单位负责修改，并向施工单位签发设计变更通知书、签证确认，监理工程师下达设计变更令，施工单位备案后执行。

9) 成品保护

在施工过程中，施工单位必须负责对已经完成的分部、分项工程或部位采取妥善措施予以保护，以免成品损伤或污染，影响工程的整体质量。

成品保护工作主要是要合理地安排施工顺序，按正确的施工流程组织施工，及时制订和实施严格的成品保护措施。

10) 施工技术资料整理

工程施工技术资料是施工中的技术、质量和管理活动的记录，是实行质量追溯的主要依据，是工程档案的主要组成部分。

施工单位必须按各专业质量检验评定标准的规定和要求，全面、科学、准确、及时地记录施工及试(检)验资料，按规定收集、计算、整理、归档。

重点提示

掌握施工准备阶段、施工阶段的施工质量控制的系统过程。

【案例 6-1】

某项目的钢筋分部分项工程质量控制措施

1. 质量保证措施

检查出厂质量证明及进场复试报告，证明进场材质合格；加强对施工人员的技术交底，使其执行施工规范要求和设计要求；严格按照图纸和配料单下料和施工；对使用的机具应经常检测和调整；制作完毕的钢筋统一用料牌标识，料牌上标明规格、数量、使用部位，堆码整齐；合理安排人力，安排好各工种的配合；焊接人员必须持证上岗，正式施焊前必须按规定进行焊接工艺试验，同时检查焊条、焊剂的质量，焊条、焊剂必须烘干；焊接钢筋端头不整齐的要切除，焊后夹具不宜过早放松；根据钢筋直径，选择合理的焊接电流和通电时间；每批钢筋焊完后，按规定取样进行力学试验和检查焊接外观质量，合格后，才能进行绑扎；加强成品保护，设置专人照看，严禁踩踏和污染成品，浇筑混凝土时设专人看护和修整钢筋，焊接时要有看火人员及必要的灭火设备。

2. 质量控制点

质量控制点包括：钢筋的品种和质量；钢筋的形状、尺寸、数量、间距；钢筋的锚固长度、搭接长度、接头位置、弯钩朝向；焊接质量；预留孔洞及预埋件规格、数量、尺寸、位置；钢筋保护层厚度及绑扎质量。

3. 可能发生的质量问题

可能发生的质量问题包括：柱子钢筋位移；梁钢筋骨架尺寸小于设计尺寸；梁柱交接处核心区箍筋间距未加密；箍筋搭接处未封闭；梁主筋进支座的锚固长度不够，弯起钢筋位置不准；板的弯起钢筋，负弯矩钢筋踩到下面；板钢筋绑扎后不直，位置不准；柱钢筋骨架不垂直；绑扎接头内混入对焊接头。

4. 质量对策

柱子钢筋在浇筑混凝土前由监理和专职人员检查是否正确，并用固定卡或水平钢筋箍筋加以固定，确认无误后，封模，方可进行混凝土浇筑。浇筑完混凝土时立即修整钢筋的位置。在振捣混凝土时严禁碰动钢筋。当钢筋位置有明显位移时，处理方法须经设计签证同意。柱竖钢筋可采用垫筋或垫钢板，焊接方法处理；梁钢筋在翻样和绑扎前应熟悉图纸，绑扎后加强检查，特别要注意翻样失误；梁柱交接处钢筋绑扎前先熟悉图纸，绑梁钢筋前先将柱箍筋套竖筋上，穿完梁钢筋后再绑；箍筋加工成型时应注意检查平直长度是否符合要求，现场绑扎操作时，应认真按 135° 弯钩；梁钢筋在绑扣前，先按设计图纸检查对照已摆好的钢筋是否正确，然后再进行绑扣；板的弯起钢筋，负弯矩钢筋绑扎前，先进行预留，合理穿插工序。绑好之后，禁止人在钢筋上行走，且在浇筑混凝土前整修检查合格后再浇筑；板的主筋分布筋要用尺杆划线，从一面开始标出间距，绑扎时随时找正找直；柱绑竖向受力筋时要吊正后再绑扣，凡是搭接部位要绑三个扣，以免不牢固发生变形。另外绑扣不能绑成同一方向的顺扣。

问题与测试：

1. 钢筋工程的质量保证措施包含哪些方面的内容？
2. 钢筋的成品保护措施有哪些？

6.3.4　施工阶段现场质量检查的方法

对于施工现场所用原材料、半成品、工序过程或工程产品质量进行检查的方法有以下三类。

1. 目测法

目测法即凭借感官进行检查，也称观感质量检验，其手段可概括为“看、摸、敲、照”。

看，就是根据质量标准进行外观目测，例如，清水墙面是否洁净，喷涂的密实度和颜色是否良好、均匀，墙面粉刷是否表面无压痕、空鼓，内墙抹灰的大面及口角是否平直，地面是否平整，混凝土外观是否符合要求，施工顺序是否合理，工人操作是否正确等，均是通过目测评价。

摸，就是手感检查，主要用于装饰工程的某些检查项目，例如，水刷石、干粘石黏结牢固程度，地面有无起砂等，均通过摸加以鉴别。

敲，是应用工具进行音感检查，通过声音的虚实确定有无空鼓，根据声音的清脆和沉闷，判断属于面层空鼓或底层空鼓。此外，用手敲如发出颤动声响，一般是底灰不满。

照，是对于难以看到或光线较暗的部位，采用镜子反射或灯光照射的方法进行检查。如门框顶和底面的油漆质量等，均可用照来评估。

2. 实测法

实测法就是利用量测工具或计量仪表，通过实测数据与施工规范、质量标准的要求及允许偏差值进行对照，以此判断质量是否符合要求，其手段可概括为“靠、吊、量、套”。

靠，是用直尺、塞尺检查墙面、地面、屋面的平整度。

吊，是用托线板以线锤吊线检查垂直度，例如，砌体垂直度检查、门窗的安装。

量，是用测量工具和计量仪表等检查断面尺寸、轴线、标高、湿度、温度等的偏差。例如，大理石板拼缝尺寸，摊铺沥青混合料的温度，混凝土坍落度的检测等。

套，是用方尺套方，辅以塞尺检查。例如，对阴阳角的方正、踢脚线的垂直度、预制构件的方正、门窗口及构配件的对角线检查等。

3. 试验法

试验法指通过现场或试验室试验等必要的试验手段对质量进行判断的检查方法，包括理化试验和无损检测。

1) 理化试验

工程中常用的理化试验，包括物理力学性能方面的检验和化学成分及化学性能的测定等两个方面。物理力学性能的测定，如抗拉强度、抗压强度、抗弯强度、抗折强度、冲击韧性、硬度等；物理性能方面的测定，如密度、含水量、凝结时间、安定性及抗渗、耐磨、耐热性能等。化学成分及化学性质的测定，如钢筋中的磷、硫含量，混凝土粗骨料中的活性氧化硅成分，以及耐酸、耐碱、抗腐蚀性等。此外，根据规定有时还需进行现场试验，例如，对桩或地基的静载试验、下水管道的通水试验、压力管道的耐压试验、防水层的蓄水或淋水试验等。

2) 无损检测

利用专门的仪器仪表从表面探测结构物、材料、设备的内部组织结构或损伤情况。常用的无损检测方法有超声波探伤、X 射线探伤、γ 射线探伤等。

重点提示：

掌握施工阶段现场质量检查的方法。

6.4 建设工程项目质量验收

工程项目质量验收是对已完工程实体的内在及外观施工质量，按规定程序检验后，确认其是否符合设计及各项验收标准的要求，是否可交付使用的一个重要环节。正确地进行工程项目的检查评定和验收，是保证工程质量的重要手段。工程项目质量验收包括施工过程的质量验收及工程竣工时的质量验收。工程项目竣工验收在本书第 13 章详细讲解，此处只介绍施工过程的质量验收。

6.4.1 施工过程质量验收

根据建筑工程质量验收统一标准，施工质量验收分为检验批、分项工程、分部(子分部)工程、单位(子单位)工程的质量验收。每个环节通过验收后留下完整的质量验收记录和资料，为工程项目竣工验收提供依据。

1. 检验批质量验收

国家标准《建筑工程施工质量验收统一标准》(GB 50300—2001)规定：

(1) 检验批应由监理工程师(建设单位项目技术负责人)组织施工单位项目专业质量(技

术)负责人等进行验收。

(2) 检验批合格质量应符合下列规定：

① 主控项目和一般项目的质量经抽样检验合格；

② 具有完整的施工操作依据、质量检查记录。

所谓主控项目是指建筑工程中对安全、卫生、环境保护和公众利益起决定性作用的检验项目。主控项目是对检验批的基本质量起决定性影响的检验项目，其不允许有不符合要求的检验结果，即这种项目的检查具有否决权。因此，主控项目必须全部符合有关专业工程施工质量验收规范的规定。而所谓一般项目是指除主控项目以外的检验项目。

质量控制资料反映了检验批从原材料到最终验收的各施工过程的操作依据；检查情况以及保证质量所必需的管理制度等。对其完整性的检查，实际是对过程控制的确认，这是检验批合格的前提。

2. 分项工程质量验收

国家标准《建筑工程施工质量验收统一标准》(GB 50300—2001)的规定，分项工程应按主要工种、材料、施工工艺、设备类别等进行划分，分项工程的质量验收是在检验批的基础上进行的，分项工程可由一个或若干检验批组成。

(1) 分项工程应由监理工程师(建设单位项目技术负责人)组织施工单位项目专业质量(技术)负责人等进行验收。

(2) 分项工程质量验收合格应符合下列规定：

① 分项工程所含的检验批均应符合合格质量的规定；

② 分项工程所含的检验批的质量记录应完整。

3. 分部(子分部)工程质量验收

国家标准《建筑工程施工质量验收统一标准》(GB 50300—2001)规定：

(1) 分部工程应由总监理工程师(建设单位项目负责人)组织施工单位项目负责人和技术、质量负责人等进行验收；地基与基础、主体结构分部工程的勘察、设计单位工程项目负责人和施工单位技术、质量部门负责人也应参加相关分部工程验收。

(2) 分部(子分部)工程质量验收合格应符合下列规定：

① 分部(子分部)工程所含分项工程的质量均应验收合格；

② 质量控制资料应完整；

③ 地基与基础、主体结构和设备安装等分部工程有关安全及功能的检验和抽样检测结果应符合有关规定；

④ 观感质量验收应符合要求。

需要说明的是，由于分部工程所含的各分项工程性质不同，因此它并不是在所含分项工程验收基础上的简单相加，即所含分项验收合格且质量控制资料完整，只是分部工程质量验收的基本条件，还必须在此基础上对涉及安全和使用功能的地基基础、主体结构、有关安全及重要使用功能的安装分部工程进行见证取样试验或抽样检测，而且需要对其观感质量进行验收，并综合给出质量评价，观感差的检查点应通过返修处理等补救。

6.4.2 施工过程质量验收不合格的处理

对施工质量验收不符合要求时，应按规定进行处理。

(1) 经返工重做或更换器具、设备的检验批应重新进行验收。这种情况是指在检验批验收时，其主控项目不能满足验收规范规定或一般项目超过偏差限值的子项不符合检验规定的要求时，应及时处理的检验批。

(2) 经有资质的检测单位测定能够达到设计要求的检验批，应予以验收。这种情况是指当个别检验批发现如试块强度等质量不满足要求，难以确定是否验收时，应请具有资质的法定检测单位检测。

(3) 经有资质的检测单位检测鉴定达不到设计要求，但经原设计单位核算认可，能够满足安全和使用功能的检验批，可予以验收。

(4) 经返修或加工处理的分项、分部工程，虽然改变外形尺寸但仍能满足安全使用要求，可按技术处理方案和协商文件进行验收。

(5) 通过返修或加固处理仍不能满足安全使用要求的分部工程、单位(子单位)工程，严禁验收。

重点提示：

掌握施工阶段质量检查验收的程序及合格标准的规定；施工过程质量不合格的处理方法。

6.5 建设工程质量事故处理

根据我国 GB/T 19000 质量管理体系标准的规定，工程质量事故是指由工程质量不能满足使用要求和使用程度，影响使用功能或工程结构安全，而造成经济损失，工期延误，工程倒塌，人身伤亡或者其他损失的意外情况。

6.5.1 工程质量事故的分类

由于工程质量事故具有成因复杂、后果严重、种类繁多、往往与安全事故共生的特点，建设工程质量事故的分类有多种方法，不同专业工程类别对工程质量事故的等级划分也不尽相同。但一般可按以下条件进行分类。

1. 按事故造成损失的严重程度划分

按照住房和城乡建设部《关于做好房屋建筑和市政基础设施工程质量事故报告和调查处理工作的通知》(建质〔2010〕111 号)，根据工程质量事故造成的人员伤亡或者直接经济损失，工程质量事故分为 4 个等级：

(1) 特别重大事故，是指造成 30 人以上死亡，或者 100 人以上重伤，或者 1 亿元以上直接经济损失的事故；

(2) 重大事故，是指造成 10 人以上 30 人以下死亡，或者 50 人以上 100 人以下重伤，或者 5000 万元以上 1 亿元以下直接经济损失的事故；

(3) 较大事故，是指造成 3 人以上 10 人以下死亡，或者 10 人以上 50 人以下重伤，或者 1000 万元以上 5000 万元以下直接经济损失的事故；

(4) 一般事故，是指造成 3 人以下死亡，或者 10 人以下重伤，或者 100 万元以上 1000 万元以下直接经济损失的事故。

该等级划分所称的“以上”包括本数，所称的“以下”不包括本数。

2. 按事故责任划分

1) 指导责任事故

指导责任事故，指由于在工程实施指导或领导失误而造成的质量事故。例如，由于工程负责人片面追求施工进度，放松或不按质量标准进行控制和检验，降低施工质量标准等。

2) 操作责任事故

操作责任事故，指在施工过程中，由于实施操作者不按规程和标准实施操作，而造成的质量事故。例如，浇筑混凝土时随意加水；混凝土拌合物产生离析现象仍浇筑入模等。

3) 自然灾害事故

自然灾害事故，指由于突发的严重自然灾害等不可抗力造成的质量事故。例如，地震、台风、暴雨、雷电、洪水等对工程造成破坏甚至倒塌。这类事故虽然不是人为责任直接造成，但灾害事故造成的损失程度也往往与人们是否在事前采取了有效的预防措施有关，相关责任人员也可能负有一定责任。

3. 按质量事故产生的原因划分

1) 技术原因引发的质量事故

技术原因引发的质量事故，指在工程项目实施中由于设计、施工技术上的失误而造成的质量事故。例如，结构设计计算错误；地质情况估计错误；采用了不适宜的施工方法或施工工艺等。

2) 管理原因引发的质量事故

管理原因引发的质量事故，指管理上的不完善或失误引发的质量事故。例如，施工单位或监理单位的质量体系不完善；检验制度不严密；质量控制不严格；质量管理措施落实不力；检测仪器设备管理不善而失准；材料检验不严等原因引起的质量问题。

3) 社会、经济原因引发的质量事故

社会、经济原因引发的质量事故，指由于经济因素及社会上存在的弊端和不正之风引起建设中的错误行为，而导致出现质量事故。例如，某些施工企业盲目追求利润而不顾工程质量，在投标报价中随意压低标价，中标后则依靠违法的手段或修改方案追加工程款，或偷工减料等，这些因素往往会导致出现重大工程质量事故，必须予以重视。

4) 人为事故和自然灾害引发的质量事故

人为事故和自然灾害引发的质量事故，指造成质量事故是由于人为的设备事故、安全事故，导致连带发生质量事故，以及严重的自然灾害等不可抗力造成质量事故。

6.5.2　工程质量事故处理程序

工程质量事故发生后，一般应按以下程序进行处理。

(1) 当发现工程出现质量缺陷或事故后，应停止有质量缺陷部位和与其有关联部位及下道工序施工，并采取必要的防护措施。同时，要及时上报主管部门。

(2) 进行质量事故调查。事故情况调查是事故原因分析的基础。有些质量事故原因复杂，常涉及勘察、设计、施工、材料、维护管理、工程环境条件等方面，因此，调查必须全面、详细、客观、准确。

(3) 进行事故原因分析。事故原因分析是确定事故处理措施方案的基础。正确的处理来源于对事故原因的正确判断。

(4) 研究制定事故处理方案。在事故原因分析的基础上集中研究，由承包单位制定事故处理方案，并报项目总监理工程师批准。制定的事故处理方案应体现安全可靠、技术可行、不留隐患、经济合理、具有可操作性、满足建筑物的功能和使用要求的原则。如果一致认为质量缺陷不需专门的处理，必须经过充分的分析、论证。

(5) 事故处理。事故处理的内容主要包括：事故的技术处理，以解决施工质量不合格和缺陷问题；事故的责任处罚，根据事故的性质、损失大小、情节轻重对事故的责任单位和责任人作出相应的行政处分直至追究刑事责任。由项目总监指令施工承包单位按既定的处理方案实施对质量缺陷的处理。如果事故不是由于施工单位的责任造成，则处理质量缺陷所需的费用或延误的工期，应给予施工单位补偿。

(6) 事故处理的鉴定验收。在质量缺陷处理完毕后，项目总监应组织有关人员对处理的结果进行严格的检查、鉴定和验收，编写完整的质量事故处理报告，提交建设单位，并上报有关主管部门。

6.5.3 工程质量事故处理的基本方法

建设工程质量事故处理常用的基本方法有以下六种。

1. 修补处理

修补处理是最常采用的一类处理方案。当工程的某些部分的质量虽未达到规范、标准或设计规定的要求，存在一定的缺陷，但经过修补后还可达到标准要求，又不影响使用功能或外观要求时，可采取修补处理的方法。属于修补的具体方案有封闭保护、复位纠偏、结构补强、表面处理等。

2. 加固处理

通过对缺陷的加固处理，使建筑结构恢复或提高承载力，重新满足结构安全性与可靠性的要求，使结构能继续使用或改作其他用途。例如，对混凝土结构常用的加固处理的方法主要有：增大截面加固法、外包角钢加固法、粘钢加固法、增设支点加固法、增设剪力墙加固法、预应力加固法等。

3. 返工处理

当工程质量缺陷经修补处理后仍不能满足规定的质量标准要求，或不具备补救可能性，则必须采取返工处理。例如，某防洪堤坝填筑压实后，其压实土的干重度未达到规定的要求，经核算得知将影响堤坝的稳定和抗渗要求，就要进行返工处理，即挖除不合格土，重新填筑。

4. 限制使用

当工程质量缺陷按修补处理后无法保证达到规定的使用要求和安全，而又无法返工处理时，可做出结构卸荷或减荷以及限制使用的决定。

5. 不作处理

某些工程质量缺陷情况不严重，对工程或结构的使用及安全影响不大，经过分析、论证、法定检测单位鉴定和设计单位等认可后可不作专门处理。例如，有的建筑物出现放线定位偏差，若要纠正则会造成重大经济损失，若其偏差不大，不影响使用要求，在外观上也无明显影响，经分析论证后，可不作处理。又如，混凝土结构表面的轻微蜂窝麻面，可通过后续的抹灰、刮涂、喷涂或刷白等后道工序弥补，可不作处理。再如，某一结构构件截面尺寸偏小，或材料强度不足，但按实际情况复核验算后仍能满足设计要求的承载能力时，可不进行专门处理。但这种做法实际上是挖掘设计潜力或降低设计的安全系数，应慎重处理。

6. 报废处理

报废处理是指出现质量事故的工程，通过分析或实践，采取上述处理方法后仍不能满足规定的质量要求或标准，则必须予以报废处理。

重点提示：

掌握工程质量事故的分类、处理程序及处理方法。

【案例 6-2】

某工程混凝土质量缺陷处理方案

某工程钢筋混凝土结构出现蜂窝、麻面、孔洞、缝隙夹层及缺棱掉角等质量缺陷，施工单位针对实际现象，分析了产生质量缺陷的原因，并采取了一定的修补方案。

1. 麻面

现象：混凝土表面局部缺浆粗糙，或有小凹坑，无钢筋外露。

原因：①模板表面粗糙或清理不干净；②脱模剂涂刷不均匀或局部漏刷；③模板接缝拼接不严，浇筑混凝土时缝隙漏浆；④振捣不密实，混凝土中的气泡未排出一部分汽泡停留在模板表面。

修补方案：在麻面部分充分浇水湿润后，用同混凝土标号的砂浆，将麻面抹平压光，使颜色一致。修补完后，应用草帘或草袋进行保湿养护。

2. 蜂窝

现象：混凝土局部酥松，砂浆少，石子多，石子间出现空隙，形成蜂窝状的孔洞。

原因：①混凝土配合比不准确或骨料计量错误；②混凝土搅拌时间短，没有拌均匀；混凝土和易性差，振捣不密实；③浇筑混凝土时，下料不当或一次下料过多，没有分段分层浇筑，造成混凝土漏振、离析；④模板孔隙未堵好，或模板支设不牢固，模板移位，造成严重漏浆或墙体烂根。

修补方案：对小蜂窝，冲洗干净后，用1∶2的水泥砂浆压实抹平；较大蜂窝，先凿去松动石子冲洗干净，用高一强度等级的细石混凝土填塞压实，并认真养护。

3. 孔洞

现象：混凝土结构内有空腔，局部没有混凝土，或蜂窝特别大。

原因：①在钢筋密集处或预留孔洞和埋件处，混凝土浇筑不畅通；②未按施工顺序和施工工艺认真操作，产生漏振；③混凝土离析，砂浆分离，石子成堆，或严重跑浆；④混凝土中有泥块、木块等杂物掺入；⑤未按规定下料，一次下料过多，振捣不到。

修补方案：一般孔洞处理方法是将周围的松散混凝土和软弱浆膜凿除，用压力水冲洗，支设带托盒的模板，洒水湿润后，用比结构混凝土高一强度等级的半干硬细石混凝土仔细分层浇筑，强力捣实，并做好养护。突出结构面的混凝土，待强度达到50%后再凿去，表面用1∶2水泥砂浆抹平。对面积大而深进的孔洞，清理后，在内部埋压浆管、排气管，填清洁的10～20mm碎石，表面抹砂浆或浇筑薄层混凝土，然后用水泥压力灌浆。

4. 缝隙夹层

现象：施工缝处混凝土结合不好，有缝隙或有杂物，造成结构整体性不良。

原因：①浇筑前，未认真处理施工缝表面；②捣实不够；③浇筑前施工缝处垃圾未能清理干净。

修补方案：若不深，可将松散混凝土凿去，洗刷干净后，用1∶2水泥砂浆强力填塞密实。较深时，应清除松散部分和内部夹杂物，用压力水冲洗干净后支模，强力灌细石混凝土捣实，或将表面封闭后进行压浆处理。

5. 缺棱掉角

现象：梁柱板墙和洞口直角处混凝土局部掉落，不规整，棱角有缺陷。

原因：①混凝土浇筑前木模板未湿润或湿润不够；②混凝土养护不好；③过早拆除侧面非承重模板；④拆模时外力作用或重物撞击，或保护不好，棱角被碰掉。

修补方案：较小缺棱掉角，可将该处松散石子凿除，用钢丝刷刷干净，清水冲洗后并充分湿润，用水泥砂浆抹补齐整。较大缺棱掉角，冲洗剔凿清理后，支模，用高一强度等级的细石混凝土填灌捣实，并养护。

问题与测试：

1. 造成混凝土质量缺陷的原因有哪些？

2. 如何进行混凝土质量缺陷的修补加固？

6.6 质量管理统计分析方法

质量管理中常用的统计方法有七种：分层法、因果分析图法、排列图法、直方图法、控制图法、相关图法和统计调查表法。本节主要介绍分层法、因果分析图法、排列图法、直方图法、统计调查表法的应用。

6.6.1 分层法

1. 分层法的基本原理

由于工程质量形成的影响因素多，因此，对工程质量状况的调查和质量问题的分析，必须分门别类地进行，以便准确有效地找出问题及其原因，这就是分层法的基本思想。

【例 6-1】 一个焊工班组有 A、B、C 三位工人实施焊接作业，共抽检 60 个焊接点，发现有 18 点不合格，占 30%，究竟问题在哪里？

解：分层调查的统计数据如表 6.2 所示，由此可知，主要是作业工人 C 的焊接质量影响了总体的质量水平。

表 6.2 分层调查的统计数据表

作业工人	抽检点数	不合格点数	个体不合格率/%	占不合格点数总数百分率/%
A	20	2	10	11
B	20	4	20	22
C	20	12	60	67
合计	60	18	—	100

2. 分层法的实际应用

根据管理需要和统计目的，进行调查分析的层次划分和分类整理。层次类别划分越明确、越细致，就越能准确有效地找出问题及其原因所在，并能及时采取措施加以预防。常用的分层标志有：按操作班组或操作者分层；按合同结构分层；按工程类型分层；按机械设备型号、功能分层；按工艺、操作方法分层；按原材料产地或等级分层；按时间顺序分层等。

6.6.2 因果分析图法

1. 因果分析图法的基本原理

因果分析图法，也称为质量特性要因分析法、鱼刺图法、树枝图法，其基本原理是对每一个质量特性或问题，逐层深入排查可能原因，然后确定其中最主要原因，进行有的放矢的处置和管理。

2. 因果分析图法的简单示例

混凝土强度不合格的原因分析，如图 6.2 所示，其中，把混凝土施工的生产要素，即人、机械、材料、施工方法和施工环境作为第一层面的因素进行分析；然后对第一层面的各个因素，再进行第二层面的可能原因的深入分析。依次类推，直至把所有可能的原因，分层次地一一罗列出来。选择出影响大的关键因素，做出标记“△”，以便重点采取措施。

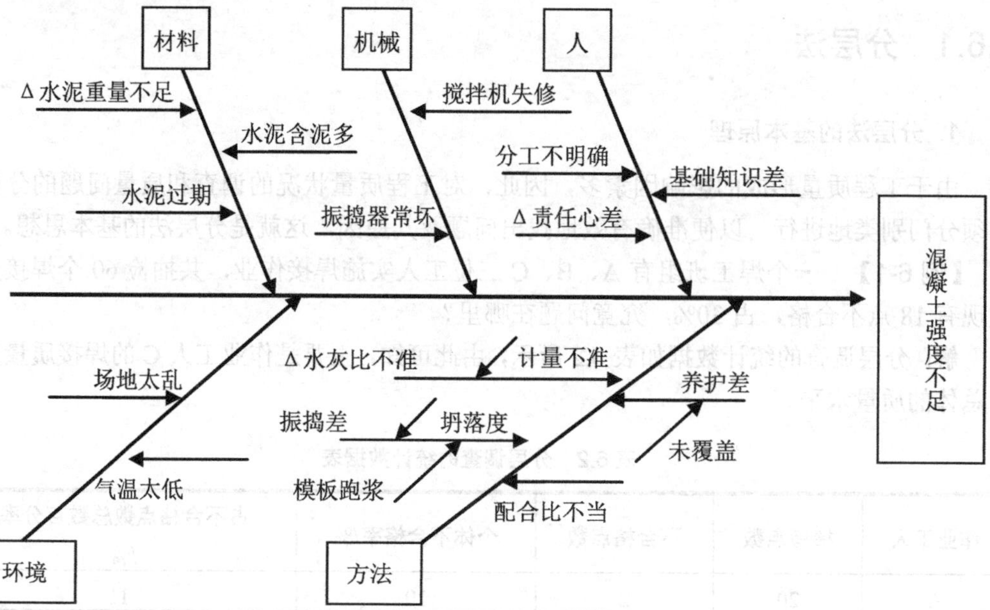

图 6.2　混凝土强度不合格的因果分析

3. 因果分析图法应用时的注意事项

(1) 一个质量特性或一个质量问题使用一张图分析；

(2) 通常采用质量管理小组活动的方式进行，集思广益，共同分析；

(3) 必要时可以邀请小组以外的有关人员参与，广泛听取意见；

(4) 分析时要充分发表意见，层层深入，列出所有可能的原因；

(5) 在充分分析的基础上，由各参与人员采用投票或其他方式，从中选择 1～5 项多数人达成共识的最主要原因。

6.6.3 排列图法

1. 排列图法的基本原理

排列图法是利用排列图寻找影响质量主次因素的一种有效方法，排列图又叫帕累托图或主次因素分析图，是根据意大利经济学家帕累托(Pareto)提出的“关键的少数和次要的多数”原理，由美国质量管理学家 J. M. Juran 发明的一种质量管理图形，它是由两个纵坐标、一个横坐标、几个连起来的直方形和一条曲线所组成。左侧的纵坐标表示频数，右侧纵坐标表示累计频率，横坐标表示影响质量的各个因素或项目，按影响程度大小从左至右排列，直方形的高度表示某个因素的影响大小。

实际应用中，通常将累计频率在 0%～80%区间的因素(问题)定为 A 类因素，即主要因素，进行重点管理；将累计频率在 80%～90%区间的因素(问题)定为 B 类因素，即次要因素，进行次重点管理；将其余累计频率在 90%～100%区间的因素(问题)定为 C 类因素，即一般因素，按照常规适当加强管理，因此，此方法也称为 ABC 分类管理法。

2. 排列图法的简单示例

【例 6-2】　某工地现浇混凝土，其结构尺寸质量检查结果是：在全部检查的 8 个项目中不合格点(超偏差限值)有 150 个，为改进并保证质量，应对这些不合格点进行分析，以便找出混凝土结构尺寸质量的薄弱环节。

解：(1) 收集整理数据。首先收集混凝土结构尺寸各项目不合格点的数据资料，如表 6.3 所示，各项目不合格点出现的次数即频数；然后对数据资料进行整理，将不合格点较少的轴线位置、预埋设施中心位置、预留孔洞中心位置三项合并为“其他”项。按不合格点的频数由大到小顺序排列各检查项目，“其他”项排在最后。以全部不合格点数为总数，计算各项的频率和累计频率，如表 6.4 所示。

表 6.3　合格点数统计表

序　号	检查项目	不合格点数	序　号	检查项目	不合格点数
1	轴线位置	1	5	电梯井	15
2	垂直度	8	6	表面平整度	75
3	标高	4	7	预埋设施中心位置	1
4	截面尺寸	45	8	预留孔洞中心位置	1

表 6.4　不合格点数项目频数频率统计表

序　号	项　目	频　数	频率/%	累计频率/%
1	表面平整度	75	50.0	50.0
2	截面尺寸	45	30.0	80.0
3	电梯井	15	10.0	90.0
4	垂直度	8	5.3	95.3
5	标高	4	2.7	98.0
6	其他	3	2.0	100.0
合计		150	100	

(2) 画排列图，具体步骤如下。

① 画横坐标。将横坐标按项目数等分，并按项目频数由大到小、从左至右排列，该例中横坐标分为六等份。

② 画纵坐标。左侧的纵坐标表示项目不合格点数即频数，右侧纵坐标表示累计频率。要求总频数对应累计频率 100%，该例中 150 应与 100%在一条水平线上。

③ 画频数直方形。以频数为高画出各项目的直方形。

④ 画累计频率曲线。从横坐标左端点开始，依次连接各项目直方形右边线及所对应的累计频率值的交点，得到的曲线为累计频率曲线。

⑤ 记录必要的事项。如标题、收集数据的方法和时间等。

本例混凝土结构尺寸不合格点排列图如图 6.3 所示。

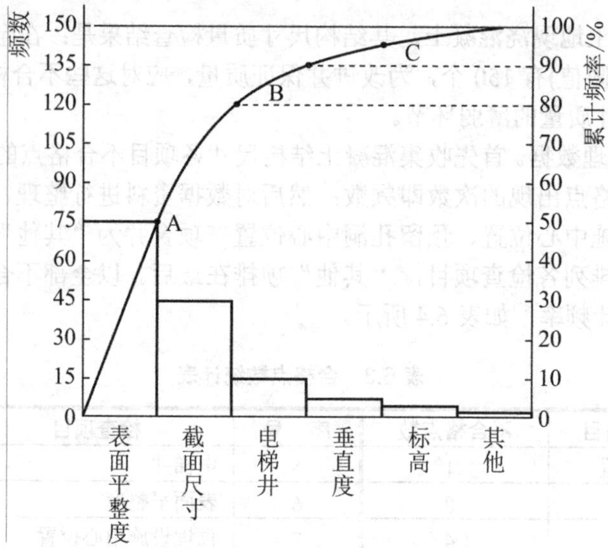

图 6.3　混凝土结构尺寸不合格点排列图

(3) 排列图的分析与应用。分析直方图的特征，采取有针对性的措施。

① 观察直方形，大致可看出各项目的影响程度。排列图中的每个直方形都表示一个质量问题或影响因素，影响程度与各直方形的高度成正比。

② 利用 ABC 分类法，确定主次因素。将累计频率曲线按(0%～80%)、(80%～90%)、(90%～100%)分为三部分，各曲线下面所对应的影响因素分别为 A、B、C 三类因素。

③ 综上分析，A 类因素即主要因素，有表面平整度、截面尺寸，应进行重点管理；B 类因素即次要因素，有电梯井，应进行次重点管理；C 类因素即一般因素，有垂直度、标高和其他项目，应按照常规适当加强管理。

6.6.4　直方图法

1. 直方图法的基本原理

直方图法又称为频数分布直方图法，它是将产品质量频率的分布状态用直方图形来表示，根据直方图形的分布形状与正态分布图的形状进行比较，通过图形形状与平均值、公差界限的距离来分析质量分布规律及波动情况，判断整个生产过程是否正常。

2. 直方图法的简单示例

【例 6-3】　某建筑施工工地浇筑 C30 混凝土，为对其抗压强度进行质量分析，共收集了 10 组 50 份 50 个数据的抗压强度实验报告单，从这些数据很难直接判断其质量状况是否正常、稳定和受控情况，将其数据整理 (如表 6.5 所示)，通过计算极差，确定组数、组距和组限，对数据分组整理统计数据频数，据此绘制频数分布直方图，就可以根据正态分布的特点进行分析判断，如图 6.4 所示。

表 6.5　数据整理表

N/mm²

	抗压强度					最大值	最小值
1	39.8	37.7	33.8	31. 5	36.1	39.8	31. 5
2	37.2	38.0	33.1	39.0	36.0	39.0	33.1
3	35.8	35.2	31. 8	37.1	34.0	37.1	31. 8
4	39.9	34.3	33.2	40.4	41. 2	41. 2	33.2
5	39.2	35.4	34.4	38.1	40.3	40.3	34.3
6	42.3	37.5	35.5	39.3	37.3	42.3	35.5
7	35.9	42.4	41.8	36.2	36.2	42.4	35.9
8	46.2	37.6	38.3	39.7	38.0	46.2	37.6
9	36.4	38.3	43.4	38.2	38.0	43.4	36.4
10	44.4	42.0	37.9	38.4	39.5	44.4	37.9

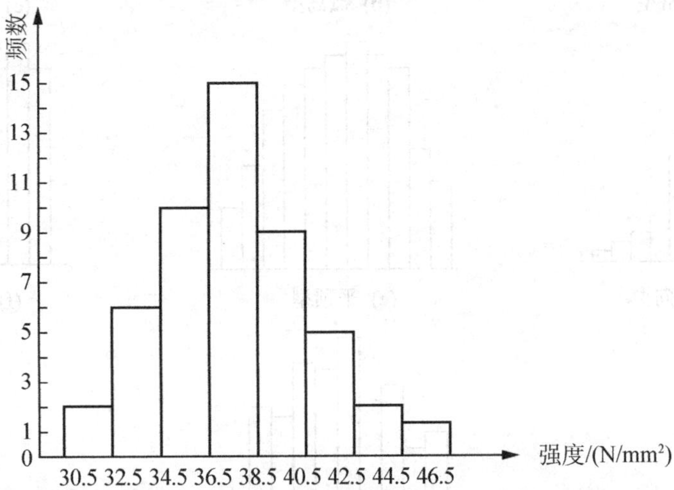

图 6.4　混凝土抗压强度频数分布直方图

3. 直方图法的观察分析

(1) 观察直方图的形状，判断质量分布状态。

所谓观察分析直方图形状是指将绘制好的直方图形状与正态分布图的形状进行比较分析，一看形状是否相似，二看分布区间的宽窄。直方图的分布形状及分布区间是由质量特性统计数据的平均值和标准偏差所决定的。

正常直方图呈正态分布，其形状特征是中间高、两侧低，左右接近对称的图形。正常直方图反映生产过程质量处于正常、稳定状态，如图 6.5(a)所示。

异态分布直方图呈偏态分布，常见的异常直方图有锯齿型、平顶型、孤岛型、双峰型、偏向型、绝壁型，出现异常的原因可能是生产过程存在影响质量的系统因素，或收集整理数据制作直方图的方法不当所致，需要具体分析。

① 孤岛型，如图 6.5(b)所示，是原材料发生变化，或者临时他人顶班作业造成的。

② 双峰型，如图 6.5(c)所示，是把两种不同的设备或工艺的数据混在一起造成的。

③ 偏向型，如图 6.5(d)所示，主要是由于操作中对上限或下限控制太严造成的。

④ 平顶型，如图 6.5(e)所示，是由于数据收集不正常，可能有意识地去掉下限附近的数据，或是在检测过程中存在某种人为因素所造成的，或是生产过程中有缓慢变化的因素起主导作用。

⑤ 绝壁型，如图 6.5(f)所示，一般是剔除下限以下的数据造成的。

⑥ 锯齿型，如图 6.5(g)所示，是由于分组不当或者组距确定不当出现的直方图。

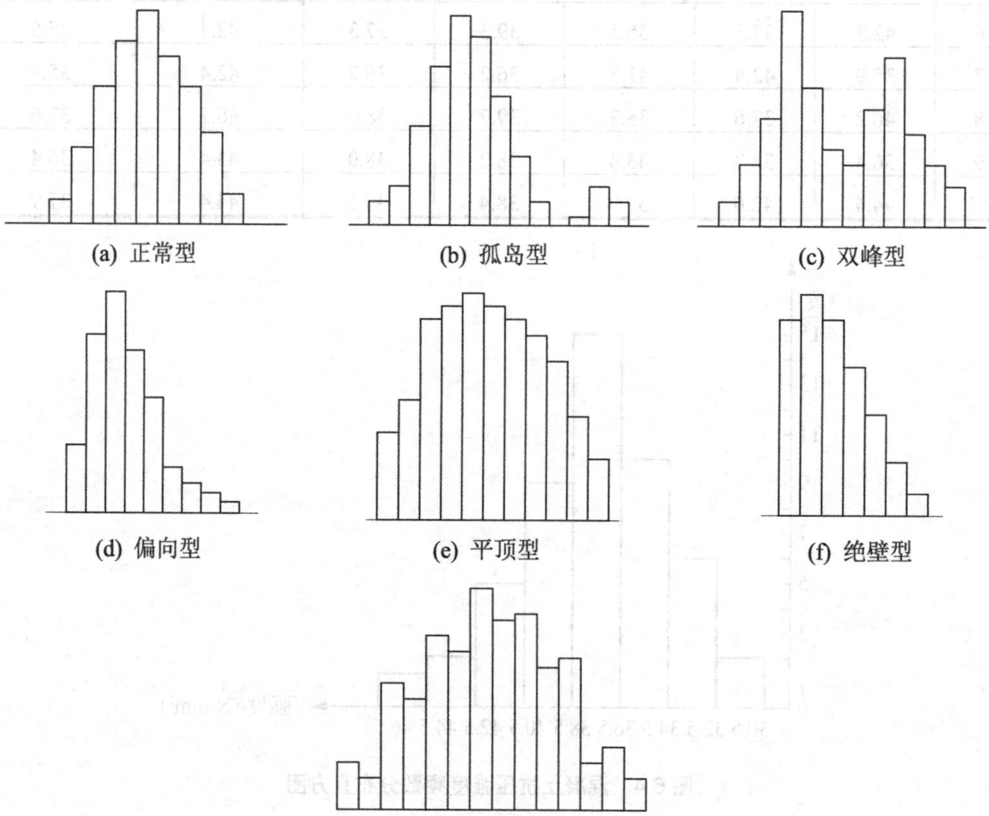

(a) 正常型　(b) 孤岛型　(c) 双峰型

(d) 偏向型　(e) 平顶型　(f) 绝壁型

(g) 锯齿型

图 6.5　直方图分布情况

(2) 通过分布位置观察，判断实际生产过程能力。

所谓位置观察分析是指将直方图的分布位置与质量控制标准的上下限范围进行比较分析，从而判断实际生产过程能力。正常型直方图与质量标准相比较，一般有如图 6.6 所示的几种情况。图 6.6 中，T 表示质量标准要求界限，B 表示实际质量特性分布范围，$\bar{x}$表示质量分布中心，M 表示质量标准中心。

① 图 6.6(a)所示，B 在 T 中间，质量分布中心与质量标准中心重合，实际数据分布与质量标准相比较两边还有一定余地，这样的生产过程是很理想的，说明生产过程处于正常

的稳定状态。在这种情况下生产出来的产品可认为全都是合格品。

② 图 6.6(b)中质量特性数据分布偏下限，易出现不合格，出现这种情况时，必须立即采取措施，以缩小质量分布范围。在管理上必须提高总体能力。B 虽然落在 T 内，但质量分布中心与 T 的中心 M 不重合，偏向一边。这种生产状态一旦发生变化，就可能超出质量标准下限而出现不合格品。出现这种情况时应迅速采取措施，使直方图移到中间来。

③ 图 6.6 (c)中质量特性数据的分布充满上下限，质量能力处于临界状态，易出现不合格，必须分析原因，采取措施。B 在 T 中间，且 B 的范围接近 T 的范围，没有余地，生产过程一旦发生微小的变化，产品的质量特性值就可能超出质量标准。出现这种情况时，必须立即采取措施，以缩小质量分布范围。

④ 图 6.6(d)中质量特性数据的分布居中且边界与上下限有较大的距离，说明质量能力偏大不经济。B 在 T 中间，但两边余地太大，说明加工过于精细，不经济。在这种情况下，可以对原材料、设备、工艺、操作等控制要求适当放宽些，有目的地使 B 扩大，从而有利于降低成本。

⑤ 图 6.6(e)中质量分布范围 B 已超出标准下限之外，说明已出现不合格品。此时必须采取措施进行调整，使质量分布位于标准之内。

⑥ 图 6.6(f)中质量分布范围完全超出了质量标准上、下界限，散差太大，产生许多废品，说明过程能力不足，应提高过程能力，使质量分布范围 B 缩小。

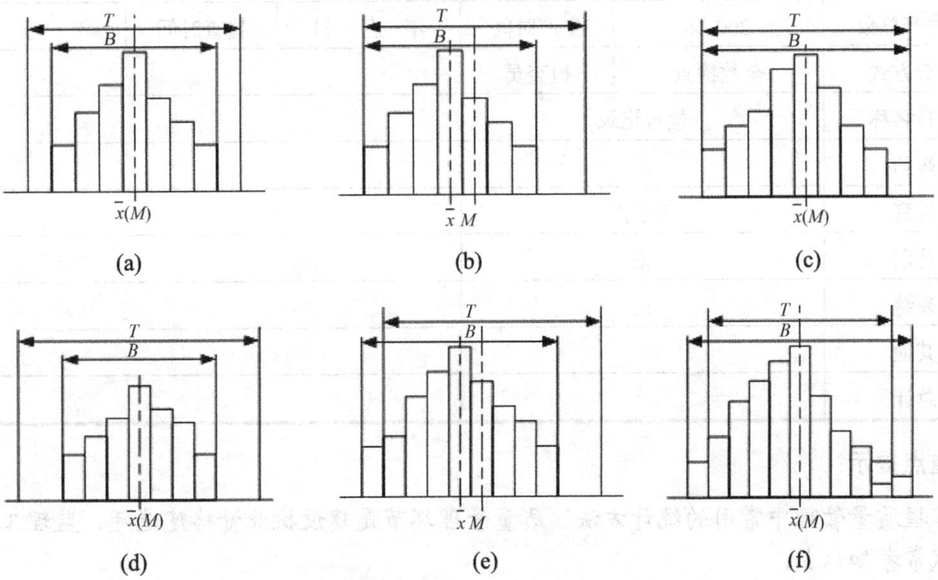

图 6.6　实际质量分析与标准质量分布比较

$\bar{x}$ —质量分布中心；M—质量标准中心；

T—质量标准要求界限；B—实际质量特性分布范围。

4. 注意事项

(1) 直方图是静态的，不能反映质量的动态变化；

(2) 画直方图时，数据不能太少，一般应大于 50 个数据，否则画出的直方图难以正确反映总体的分布状态；

(3) 直方图出现异常时，应注意将收集的数据分层，然后再画直方图；

(4) 直方图呈正态分布时，可求平均值和标准差。

6.6.5 统计调查表法

统计调查表法是利用专门设计的统计调查表，进行数据收集、整理和分析质量状态的一种方法。在质量管理活动中，利用统计调查表收集数据，简便灵活，便于整理。它没有固定的格式，形式是多种多样的，一般可根据调查的项目，自行设计选项和格式。

在建设工程项目中，常用的统计调查表有分项工程作业质量分布调查表、不合格项目调查表、不合格原因调查表、施工质量检查评定用调查表等几种。例如，混凝土空心板外观质量缺陷调查表，如表 6.6 所示。

表 6.6 混凝土空心板外观质量缺陷调查表

产品名称	混凝土空心板	生产班组			
日生产总数	200 块	生产时间	年 月 日	检查时间	年 月 日
检查方式	全数检查	检查员			
项目名称	检查记录				
露筋	正				
蜂窝	正正正				
孔洞	正				
裂缝	正				
其他					
总计					

重点提示：

掌握质量管理中常用的统计方法。质量管理环节是建设执业资格建造师、监理工程师等考试常考知识点。

本 章 小 结

本章主要讲述建设工程质量的基本概念、特点、影响因素和管理原理；建设工程项目施工质量计划、质量控制、质量验收的相关内容；建设工程质量事故的分类、处理程序和处理方法；此外还简单介绍了建设工程质量管理的统计分析方法。

思　考　题

1. 建设工程项目质量管理有何含义？有何特点？
2. 影响建设工程项目质量的因素有哪些？
3. 建设工程项目质量管理原理有哪些？
4. 建设工程项目质量计划的主要内容是什么？
5. 建设工程项目质量控制系统建立的原则和程序是什么？
6. 建设工程项目施工现场质量控制的基本环节有哪些？
7. 建设工程项目施工过程质量验收的内容有哪些？
8. 验收过程质量不合格应如何处理？
9. 建设工程质量事故常见的有哪些？
10. 工程质量事故如何分类？处理程序有哪些？基本方法有哪些？
11. 常用的工程项目质量管理统计分析方法有哪些？各类方法如何应用？

第7章

建设工程项目进度管理

学习目标

掌握建设工程项目进度的种类和进度计划的编制方法。
熟悉建设工程项目进度计划系统以及总进度的论证。
掌握建设工程项目进度计划的编制，掌握工作之间逻辑关系的表达，掌握绘制横道图、流水作业和网络计划图。
掌握单代号、双代号网络计划的绘制，掌握网络计划中6个时间参数的概念和相关计算。
了解单代号搭接网络计划的绘制，工作之间相互搭接关系的确定。
熟悉建设工程项目进度控制的含义和目的，进度控制的措施和进度控制的意义。
掌握进度控制的横道图比较法、S形曲线比较法、香蕉型曲线比较法、前锋线比较法和列表比较法。

本章导读

本章主要学习建设工程项目进度计划的种类，学习建设工程项目进度控制的含义和目的，进度控制的措施和进度控制的意义，在此基础上，应重点学习单代号网络计划、双代号网络计划的绘制，学会单代号、双代号网络计划的大个时间参数的表达和计算；并了解单代号搭接网络计划的绘制和相关概念。

项目案例导入

三峡工程是一个具有防洪、发电、航运等综合效益的巨型水利枢纽工程。枢纽主要由大坝、水电站厂房、通航建筑物三部分组成。其中最大坝高181m；电站厂房共装机26台，总装机容量18 200MW；通航建筑物由双线连续五级船闸、垂直升船机、临时船闸及上、下游引航道组成。三峡工程规模宏伟，工程量巨大，其主体工程土石方开挖约1亿立方米，土石方填筑4 000多万立方米，混凝土浇筑2 800多万立方米，钢筋46万吨，金属结构安装约26万吨。

根据审定的三峡工程初步设计报告，三峡工程建设总工期定为17年，工程分三个阶段实施。其中：

第一阶段工程工期为5年(1993—1997年)。

主要控制目标是：1997年5月导流明渠进水；1997年10月导流明渠通航；1997年11月实现大江截流；1997年年底基本建成临时船闸。

第二阶段工程工期6年(1998—2003年)。

主要控制目标是：1998年5月临时船闸通航；1998年6月二期围堰闭气开始抽水；1998年9月形成二期基坑；1999年2月左岸电站厂房及大坝基础开挖结束，并全面开始混凝土浇筑；1999年9月永久船闸完成闸室段开挖，并全面进入混凝土浇筑阶段；2002年5月二期上游基坑进水；2002年6月永久船闸完建开始调试，2002年9月二期下游基坑进水；2002年11—12月三期截流；2003年6月大坝下闸水库开始蓄水，永久船闸通航；2003年4季度第一批机组发电。

第三阶段工程工期6年(2004—2009年)。

主要控制目标是：2009年年底全部机组发电和三峡枢纽工程完工。

问题导入

上述案例中里程碑事件有哪些？主要分成几个阶段？总目标是什么？如何进行建设工程项目进度计划的制定？如何确定关键工作？如何利用建设工程项目进度控制方法对建设工程项目进行进度管理？通过本章的学习，将一一解答这些问题，使学生初步具备建设工程项目进度管理能力。

7.1 建设工程项目进度计划

7.1.1 建设工程项目进度计划的种类

建设工程项目进度目标作为项目管理三大控制目标之一，是工程实践环节中经常遇到的问题，建设工程项目进度计划是建设工程项目进度控制的依据。建设工程项目进度的分类不同，建设工程项目进度计划也不同。

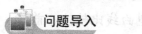

1. 按建设工程项目参与方划分

按照建设工程项目的主要参与方划分，可以将建设项目进度计划分为业主方进度计划、设计方进度计划、施工方进度计划和供货方进度计划等。

2. 按进度计划的使用者划分

按照进度计划的使用者划分，可以分为项目负责人所用进度计划、项目部门负责人所用进度计划和项目管理人员所用进度计划。

3. 按建设项目划分

按照建设项目划分，可以将建设工程项目的进度计划分为建设工程项目总进度计划、单项工程进度计划、单位工程进度计划和分部分项工程进度计划。

4. 按进度计划所反映的时间划分

按照进度计划所反映的时间划分，有两种方法，一种是按照时间的长短，可以分成长期进度计划、中期进度计划和短期进度计划；另一种是按照年月日的方法，可以分为年度进度计划、季度进度计划和月旬进度计划。

5. 按进度计划的制定目的划分

按照建设工程项目进度计划的制定目的划分，可以分为用于反映逻辑关系的进度计划、用于协调的进度计划和用于平衡的进度计划。

6. 按建设工程项目的个数划分

按建设工程项目所包含的个数划分，可以分成单体进度计划和群体进度计划。

7. 按进度计划的详细程度划分

按照进度计划反映内容的详细程度划分，可以分为规划性进度计划、控制性进度计划和实施性进度计划。

分析与思考：

进行建设工程项目进度计划种类划分的意义是什么？

7.1.2　建设项目进度计划的表现形式

在建筑行业中，编制项目进度计划运用的方法和技术有横道图、垂直图表法(或称线条图)、流水作业图、网络计划技术等，作为进度计划必要准备工作的有项目结构图、工作表等。

1. 项目结构图

项目结构图，如图 7.1 所示。

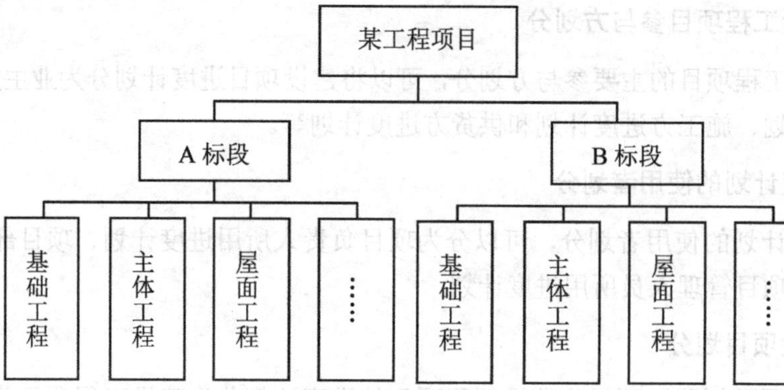

图 7.1　项目结构图

项目结构图反映的是项目概要，按不同的切入点可绘制不同的项目结构图。在编制进度计划之前，有必要从进度计划的角度绘制项目结构图，它反映了项目进展过程中的全部必要的工作和事件。在项目前期或设计阶段，一旦项目内容基本清晰，就应着手绘制项目结构图，以使项目参与各方对项目有个完整的把握。

2. 工作表

工作表反映了建设工程任务顺利进行的一系列的步骤，它定义了开始和完成的需要花费时间。建设工程任务的全部工作都可列表，如表 7.1 所示。

表 7.1　工作表示例

项目名称：　　　　　　　　　　　　　　　　　　日期：　　　　页号：

建设工程任务编号	建设工程任务说明	工作编号	工作说明	工作范围(数　量)	资源(机具、人)	责任部门	持续时间	备注(其他工作说明，如：成本)

3. 横道图

横道图，也称甘特图，是由美国管理学家亨利·甘特(Henry Gantt)发明的，20 世纪初从美国引入。横道图主要用于项目计划和项目进度安排，在建设工程项目中具有较广泛的应用范围。

横道图可以用在所有的建设工程项目中，既可以单纯地表示时间进度，也可以用横道表示劳动力、材料设备等资源的投入情况。横道图的基本形式如图 7.2 所示，它以横道线表示一项活动，通过横道线在带有时间的坐标的图表中的位置来表示各项活动的开始时间、结束时间和各项工作的先后顺序，横道图中一般以横道线的长短表示活动的持续时间。

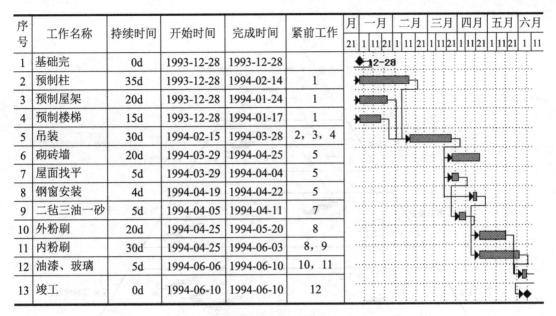

序号	工作名称	持续时间	开始时间	完成时间	紧前工作
1	基础完	0d	1993-12-28	1993-12-28	
2	预制柱	35d	1993-12-28	1994-02-14	1
3	预制屋架	20d	1993-12-28	1994-01-24	1
4	预制楼梯	15d	1993-12-28	1994-01-17	1
5	吊装	30d	1994-02-15	1994-03-28	2，3，4
6	砌砖墙	20d	1994-03-29	1994-04-25	5
7	屋面找平	5d	1994-03-29	1994-04-04	5
8	钢窗安装	4d	1994-04-19	1994-04-22	5
9	二毡三油一砂	5d	1994-04-05	1994-04-11	7
10	外粉刷	20d	1994-04-25	1994-05-20	8
11	内粉刷	30d	1994-04-25	1994-06-03	8，9
12	油漆、玻璃	5d	1994-06-06	1994-06-10	10，11
13	竣工	0d	1994-06-10	1994-06-10	12

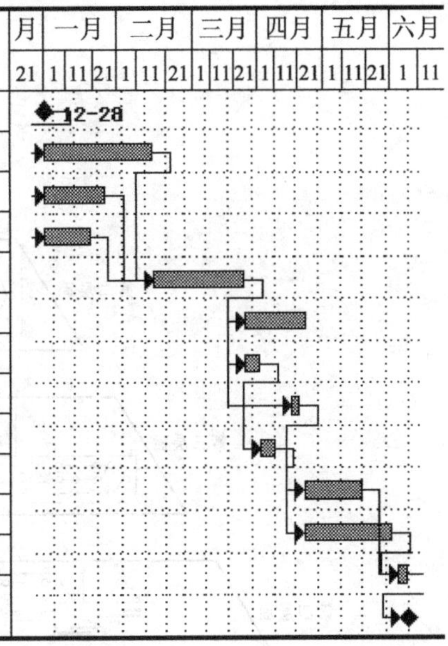

图 7.2　横道图的基本形式

4. 垂直图表法

垂直图表法是空间——时间图表的一种形式，有时间——任务量图、时间——路程图、时间——数量图等。它适宜于表示连续的、在一线段上工作的规划和控制，因此，工作的进程是以一个速度(每个时间单位的长度)来表达的。垂直图表法的横坐标表示按比例画的建筑工程线段，纵坐标是时间，并已去除了非工作时间。

5. 流水作业图

流水作业图是空间——时间图表的另一种形式，它产生于其他工业对流水线操作的计划，其目的在于优化重复性工作的时间和资源。

流水作业图首先使用在建筑工程施工组织计划上，因为在建筑工程施工中具有大量的、总是重复的工作，如支模、扎筋、浇混凝土，通过流水作业可以对模板等周转材料的投入进行优化控制。

6. 网络计划技术

网络计划技术有诸多形式。由于它比较简单、有效，在近几十年内得到广泛应用。这是本章的重点，将在后续章节中详细介绍。

7.1.3　建设工程项目进度计划系统

建设工程项目进度计划系统是由多个相互关联的进度计划组成的系统，它是项目进度控制的基本依据。由于各种进度计划编制所需要的必要资料是在项目进展过程中逐步形成的，因此项目进度计划系统的建立和完善也有一个过程，它是逐步形成的。建设项目进度计划系统如图 7.3 所示。

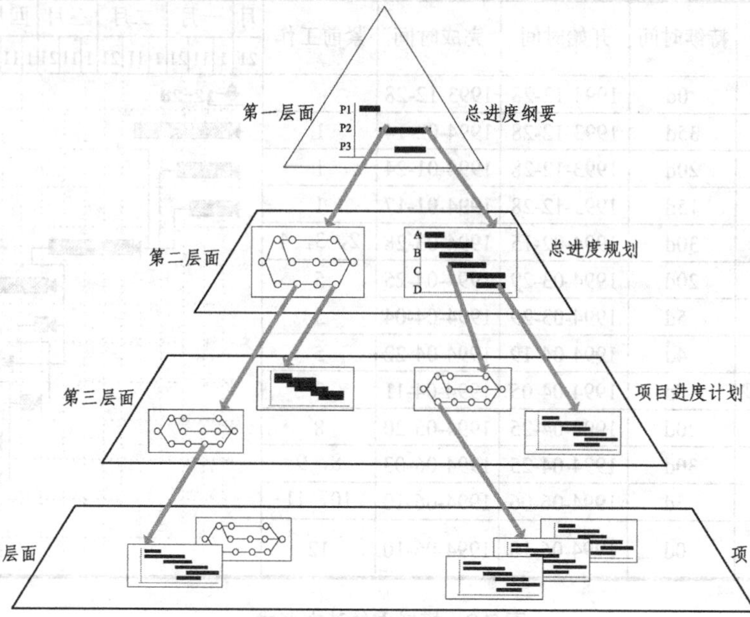

图 7.3 建设项目进度计划系统

第一层面是总进度纲要，是进度计划系统的总指挥，统领着整个建设工程项目的进度计划；第二层面是总进度规划，比总进度纲要详细，但仍然属于控制性进度计划；第三层面是项目进度计划，属于较详细的进度计划，一般反映单体项目的进度计划；第四层面是实施性进度计划，即项目实施计划，是具体到操作人员、技术人员手中的实际执行的进度计划。

建设工程项目进度计划系统的组成部分可以根据不同的内容进行选择，具体如下:

(1) 由不同深度的计划构成进度计划系统；

(2) 由不同功能的计划构成进度计划系统；

(3) 由不同项目建设参与方的计划构成进度计划系统；

(4) 由不同周期的计划构成进度计划系统。

可见根据建设工程项目进度控制不同的需要和不同的用途，业主方和项目建设参与其他各方可以构建多个不同的建设项目进度计划系统，并且在建设工程项目进度计划系统中，各进度计划或各子系统进度计划编制和调整时必须注意其相互间的联系和协调。

7.1.4 建设项目总进度目标的论证

进行建设工程项目总进度目标论证时，应分析和论证各子项工作的进度，以及各子项工作交叉进行的关系。同时应该注意的是，在进行项目总进度目标论证时，往往缺乏比较详细的设计资料、比较全面的有关工程承发包的组织结构、施工的组织和施工技术等方面的资料，以及其他有关工程实施条件的资料。因此在进行建设工程项目总进度目标论证的时候，不仅仅是总进度规划的编制和论证，也是对许多工程实施条件和实施策划方面的分析论证。

1. 总进度目标论证的工作内容

在项目实施阶段，项目总进度包括：设计前准备阶段的工作进度；设计阶段工作进度；招标阶段工作进度；施工前准备阶段工作进度；工程施工和设备安装阶段工作进度；工程物资采购工作进度；项目动用前的准备工作进度等。建设工程项目总进度目标论证应分析和论证上述各项工作的进度，以及上述各项工作进展的相互关系。

大型建设项目总进度目标论证的核心工作是通过编制总进度纲要来论证总进度目标实现的可能性。总进度纲要的主要内容包括：

(1) 项目实施的总体部署；

(2) 总进度规划；

(3) 各子系统进度规划；

(4) 确定里程碑事件的计划进度目标；

(5) 总进度目标实现的条件和应采取的措施等。

2. 总进度目标论证的工作步骤

建设项目总进度目标论证的工作步骤如下：

(1) 调查研究和收集资料；

(2) 项目结构分析；

(3) 进度计划系统的结构分析；

(4) 项目的工作编码；

(5) 编制各层进度计划；

(6) 协调各层进度计划的关系，编制总进度计划；

(7) 如果编制的总进度计划不符合项目的进度目标，则设法调整；

(8) 若经过多次调整，进度目标无法实现，则报告项目决策者。

在上述程序中，调查研究和收集资料的工作包括：了解和收集项目决策阶段有关项目进度目标确定的情况和资料；收集与进度有关的该项目组织、管理、经济和技术资料；收集类似项目的进度资料；了解和调查该项目的总体部署；了解和调查该项目实施的主客观条件等。

大型建设工程项目的结构分析是根据编制总进度纲要的需要，将整个项目进行逐层分解，并确立相应的工作目录。例如，一级工作任务目录，将整个项目划分成若干个子系统；二级工作任务目录，将每一个子系统分解为若干个子项目；三级工作任务目录，将每一个子项目分解为若干个工作项。但是应该注意的是，整个建设工程项目划分成多少结构层应根据建设工程项目的规模和特点而定，同时大型建设工程项目的计划系统也是由多个层次的计划构成的。例如，第一层进度计划，将整个项目划分成若干个进度计划子系统；第二层进度计划，将每一个进度计划子系统分解为若干个子项目进度计划；第三层进度计划，将每一个子项目进度计划分解为若干个工作项。

分析与思考：

建设工程项目进度计划系统和总目标论证之间存在哪些关系？

7.2 建设工程进度计划的编制方法

7.2.1 横道图进度计划的编制方法

1. 横道图的编制

横道图是在标有时间的图表中用横道线来表示进度计划、资源投入和工作之间逻辑关系的图，是一种目前而言最简单，也是运用范围最广的传统的进度计划编制的方法。虽然目前有许多新的进度计划的编制和表达方法，但是因为横道图形象直观，因此在工程实践中仍然普遍运用。

如图 7.4 所示的横道图，表头主要表示的是工作名称和时间，图中用横道线表示工作持续时间，如果需要表示资源的投入情况只需在横道线上方标示就可。时间单位可以根据横道图的详细程度进行划分，如小时、天、周、月、季、半年、年等，同时应该注意的是，这些时间均表示的是日历天数，包括非工作时间，如停工时间、法定节假日等时间。同时横道图中的工作可以根据使用方的需求按照时间顺序、责任方、项目对象、资源配置等进行排序。

序号	时间 工作名称	2013年1月	2013年2月	2013年3月	2013年4月	2013年5月	2013年6月	2013年7月	2013年8月
1	场地平整	A标段							
2	基础垫层			A标段					
3	场地平整			B标段					
4	基础垫层						B标段		

图 7.4 横道图

另外，在横道图中，也可将工作简要说明直接放在横道上，这样一行上可以容纳多项工作，横道线会比较清晰，多运用在重复性的任务上。同时，横道图也可将最重要的逻辑关系标注在内，但是，如果将所有逻辑关系均标注在图上，横道图就会失去简洁性这个最大的优点。

2. 横道图的优缺点

横道图的最大优点就是横道图计划表中的进度线(横道)与时间坐标相对应，这样的表达方式形象直观，容易看懂进度计划编制的意图。但是，横道图表示进度计划法也存在一些问题，例如，工序(工作)之间的逻辑关系可以设法表达，但不容易表达清楚；大部分情况下适用于手工编制计划；没有通过严谨的进度计划时间参数计算，不能确定计划中的关键工作、关键路线与时差；计划调整只能用手工方式进行，工作量较大；难以适应大的进度计划系统。

3. 横道图的适用范围

横道图用于小型项目或大型项目的子项目上，或用于计算资源需要量和概要预示进度，也可用于其他计划技术的表示结果。一般情况下，横道图和其他进度计划编制方法是并用的，作为其他进度计划编制的补充，例如，横道图经常和流水作业进度计划一起使用。

重点提示：

横道图是目前实际工程建设项目中运用最广泛的进度计划编制和表达方式。

7.2.2 流水进度计划的编制方法

1. 流水进度计划编制

流水作业法是在建设工程项目施工中广泛使用的组织科学的计划方法，用流水作业方法组织施工，可以产生良好的经济技术效果。用流水作业方法组织施工，根本上而言就是组织连续作业，均衡施工。从逻辑关系方面的角度来讲，在流水施工组织中既要考虑组织关系又要考虑工艺关系。在同一流水上有衔接关系，也就是说同一个工种在不同的工作面上工作要保证连续，还要保证衔接；在不同的流水线上不同的工作又是平行搭接的。于是很难用流水进度计划明确地表示流水作业组织施工的各项工作之间的逻辑关系。下文借助一个案例简单介绍流水作业法的进度计划管理。

2. 流水进度计划管理案例

某基础工程，可以分为四个施工阶段，其相应工作量以及定额资料如表 7.2 所示。

表 7.2　某基础工程工作量及定额资料表

序号	工作名称	工程量/m^3				产量定额/(m^3/工日)	专业队(组)人数(机械台班)
		(1)	(2)	(3)	(4)		
1	人工挖土	150	112.5	112.5	150	2.5	15
2	混凝土垫层	45	45	30	30	1.5	10
3	砌砖基础	89.6	89.6	67.2	44.8	1.6	14.9
4	回填土	60	30	60	60	3	10

(1) 确定施工过程，$m=4$。

(2) 确定施工段落，$n=4$。

(3) 组织专业队伍(或专业组)，已知为 4 个，即挖土、垫层、砌砖和回填土各一个施工队(或作业组)。

(4) 计算流水节拍。流水节拍是指每个专业工作队在各个施工阶段上完成相应的施工任务所需要的工作持续时间。如果采用定额计算法，工作的持续时间的计算公式如下：

$$D = Q/(R \times S)$$

式中：D——工作持续时间；

Q——工作的工程量，以实物度量单位表示；

R——人工或机械设备的数额，以人或台数表示；

S——产量定额，以单位时间完成的工作量表示。

例如，人工挖土在第一阶段上的流水节拍，$D_{11} = Q_{11}/(R_{11} \times S_{11}) = 150/(15 \times 2.5) = 4$天。用同样的方法算出各个施工段落上的流水节拍，得到流水节拍表，如表 7.3 所示。

表 7.3　某基础工程流水节拍表

m / n	(1)	(2)	(3)	(4)
人工挖土	4	3	3	4
混凝土垫层	3	3	2	2
砌砖基础	4	4	3	2
回填土	2	1	2	2

(5) 计算流水步距K。流水步距是相邻两个专业队在保证施工顺序并满足连续施工，最大限度地搭接和保证工程质量要求的前提下，相继投入施工的最小工作时间间隔。

流水步距的计算方法是累加数列错位相减取最大值。首先累加各施工队上的流水节拍，形成累加数列；其次将相邻两个施工段的累加数列错位相减，取差数大的为两个施工段的流水步距。假设有 m 个施工过程，则有 $m-1$ 个流水步距。

例如，人工挖土的累加数列与混凝土垫层的累加数列错位相减：

$$\begin{array}{ccccc} 4 & 7 & 10 & 14 & \\ & 3 & 6 & 8 & 10 \\ \hline 4 & 4 & 4 & 6 & -10 \end{array}$$

$K_1 = 6$，即人工挖土和混凝土垫层这两个相邻工序开工的时间间隔为 6。用同样的方法求出 $K_2 = 3$(混凝土垫层与砌砖基础)、$K_3 = 8$(砌砖基础与回填土) 各相邻工序的流水步距。

(6) 计算工期T。

$$T = \sum_{i=1}^{m-1} K_i + \sum_{j=1}^{n} D_{i,j} = (K_1 + K_2 + K_3) + (D_{41} + D_{42} + D_{43} + D_{44}) = (6+3+8) + (2+1+2+2) = 24$$

(7) 绘制进度图。

在一般流水作业方式中，每个施工过程在每段上的流水节拍一般是不等的，不同的施工过程在同一施工段落上的作业时间也是不相同的，如图 7.5 所示。当在组织流水作业时，使得每个施工过程在每段上的流水节拍都相等；同时不同施工过程在同一段落上也相同，这样的流水作业就是等节奏流水施工(等节拍等步距流水作业)。如果每个施工过程在各段上的流水节拍都相等，而不同的施工过程在同一段落上的流水节拍成倍数，这样的流水作业就是异节奏流水组织方法(成倍节拍流水)。

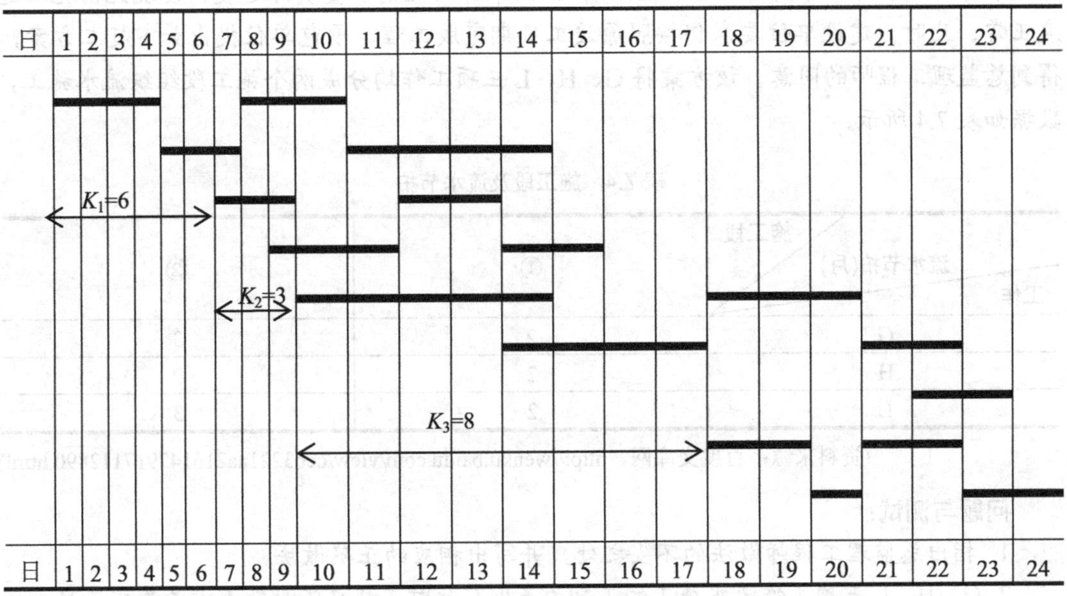

图 7.5　一般流水作业进度计划

重点提示：

流水进度计划是施工现场运用较多的表达进度的方式。

【案例 7-1】

某项目的施工进度计划

某工程项目合同工期为 20 个月，建设单位委托某监理公司承担施工阶段监理任务。经总监理工程师审核批准的施工进度计划如图 7.6 所示(时间单位：月)，各项工作均匀速施工。

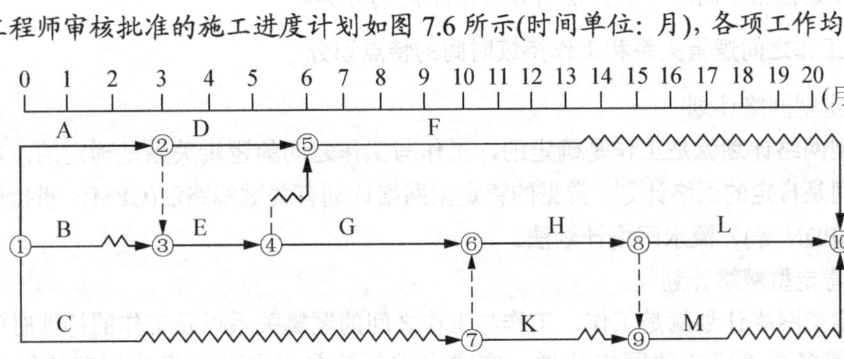

图 7.6　施工进度计划

施工过程中发生如下事件。

事件 1：由于建设单位负责的施工现场拆迁工作未能按时完成，总监理工程师口头指令承包单位开工日期顺延 4 个月，鉴于工程尚未开工，因延期开工给承包单位造成的损失不予补偿。

事件 2：推迟 4 个月开工后，当工作 G 尚未开始之前检查实际进度，发现此前施工进度正常。此时，建设单位要求仍按照原竣工日期完成工程，承包单位提出如下赶工方案，得到总监理工程师的同意。该方案将 G、H、L 三项工作均分成两个施工段组织流水施工，数据如表 7.4 所示。

表 7.4　施工段及流水节拍

工作 \ 流水节拍(月) \ 施工段	①	②
G	2	3
H	2	2
L	2	3

(资料来源：百度文库网，http://wenku.baidu.com/view/ccb3221aa216147917112890.html)

问题与测试：

1. 指出总监理工程师做法的不妥之处，并写出相应的正确做法。

2. G、H、L 三项工作流水施工的工期为多少？此时工程总工期能否满足原竣工日期的要求？为什么？

7.3　工程网络进度计划的编制方法

7.3.1　工程网络计划的分类

建设工程网络计划在国际上有许多名称，如 CPM、PERT、CPA、MPM 等，同时建设工程网络计划根据不同的分类方法可以得出不同的分类。

1. 按工作之间逻辑关系和工作持续时间的特点划分

1) 肯定型网络计划

肯定型网络计划就是工作是确定的，工作与工作之间的逻辑关系是确定的，以及工作的持续时间是肯定的网络计划。常见的肯定型网络计划有关键线路法(CPM)、搭接网络计划法(MPM、PDN 等)、流水网络计划法。

2) 非肯定型网络计划

非肯定型网络计划就是工作、工作与工作之间的逻辑关系以及工作的持续时间这三者中有一项或多项不确定的网络计划。实践中常见的非肯定型网络计划有计划评审技术(PERT)、图示评审技术(GERT)、决策网络计划法(DN)、风险评审技术(VERT)、仿真网络计划法(GERTS/QGERT)。

2. 按工作和事件在网络图中的表示方法划分

1) 事件网络

事件网络以节点表示事件的网络计划。

2) 工作网络

(1) 以箭线表示工作的网络计划(我国《工程网络计划技术规程》(JGJ/T 121—99)称为双代号网络计划)。

(2) 以节点表示工作的网络计划(我国《工程网络计划技术规程》(JGJ/T 121—99)称为单代号网络计划)。

3. 按计划平面的个数划分

1) 单平面网络计划

不区分管理层次，按照统一的要求制定的网络计划。

2) 多平面网络计划

按照不同管理层次的需要而编制的范围大小不同、详略不同的分级网络计划；按照建设项目的不同阶段制定的多阶段网络计划。

4. 国际上对工程网络计划的使用情况

美国较多使用双代号网络计划，欧洲则倾向于使用单代号搭接网络计划，而我国《工程网络计划技术规程》(JGJ/T 121—99)推荐的常用的工程网络计划类型包括：双代号网络计划、单代号网络计划、双代号时标网络计划、单代号搭接网络计划。

7.3.2 工程网络计划的基本概念

1. 双代号网络计划

双代号网络计划是以箭线和箭线两端点的编号表示工作的网络图，并在箭线上方标注工作名称和在箭线下方标注工作持续时间，以形成双代号网络图，如图 7.7 所示。

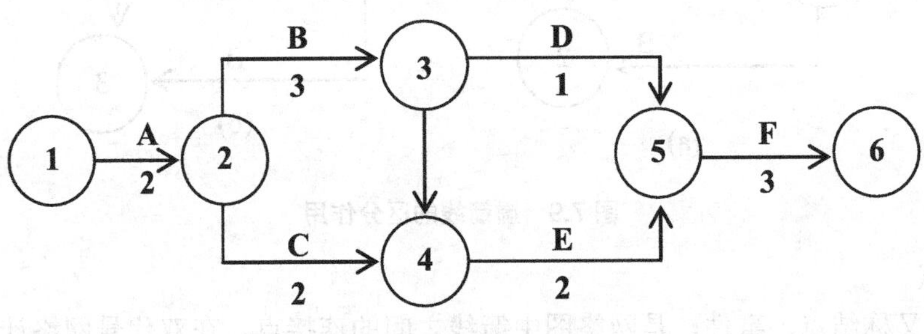

图 7.7 双代号网络计划图

双代号网络图中几个基本的概念需要明确。

1) 箭线

箭线又称为工作，工作泛指一项需要消耗人力、物力和时间的具体活动过程，也称工序、活动、作业。箭线按划线是实线还是虚线可分为实箭线和虚箭线。

(1) 实箭线。

在双代号网络计划图中，每一条实箭线表示一项具体工作。实箭线的箭尾节点 i 表示该工作的开始，实箭线的箭头节点 j 表示该工作的完成，工作名称可标注在实箭线的上方，完成该项工作所需要的持续时间可标注在实箭线的下方，如图 7.8 所示。因为每一项工作需用一条实箭线和其箭尾与箭头处两个圆圈中的号码来表示，所以称为双代号网络计划。

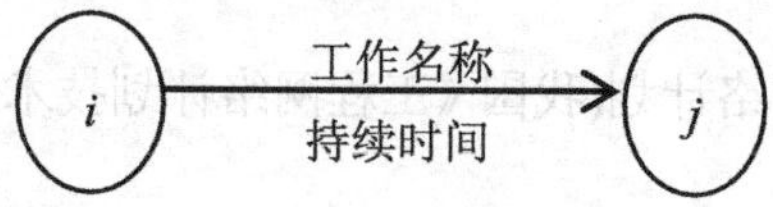

图 7.8　双代号网络计划工作的表示方法

应当注意的是，在双代号网络计划图中，只要是实线都要占用时间，一般情况下还要消耗资源。在建设工程项目中，一条实箭线表示项目中的一个施工过程，它可以是一道工序、一个分项工程、一个分部工程或一个单位工程，其粗细程度和工作范围的划分根据计划任务的需要确定。

(2) 虚箭线。

虚箭线，主要用于表达双代号网络计划图工作之间的逻辑关系，与实箭线相对应，虚箭线表示的是虚工作，是实际工作中不存在的假设的工作，不占用时间，也不消耗资源，仅仅是为了绘制双代号网络计划的便利。虚箭线的作用一般为三种。

① 联系作用，是指应用虚箭线正确表达工作之间相互依存的关系；

② 区分作用，是指双代号网络图中每一项工作都必须用一条箭线和两个代号表示，若两项工作的代号相同时，应使用虚工作加以区分，如图 7.9(a)和图 7.9(b)所示；

③ 断路作用，是用虚箭线断掉多余联系，即在网络图中把无联系的工作连接上时，应加上虚工作将其断开。

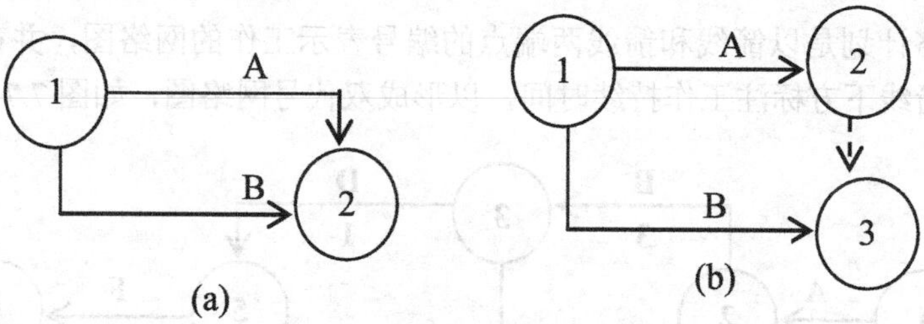

图 7.9　虚箭线的区分作用

2) 节点

节点，又称结点、事件，是网络图中箭线之间的连接点。在双代号网络计划中节点表示指向某节点的工作全部完成后该节点后面的工作才能开始的瞬间，它反映前后工作的交接点。双代号网络计划图中有三种类型的节点。

(1) 起点节点。即网络图的第一个节点，它只有外向箭线(由节点向外指的箭线)，一般表示一项任务或一个项目的开始。

(2) 终点节点。即网络图的最后一个节点，它只有内向箭线(指向节点的箭线)，一般表示一项任务或一个项目的完成。

(3) 中间节点。即网络图中既有内向箭线，又有外向箭线的节点。

如图 7.7 和 7.8 所示，在双代号网络图中，节点用圆圈表示，并在圆圈内标注编号。一项工作应当只有唯一的一条箭线和相应的一对节点，且要求箭尾节点的编号小于其箭头节点的编号，即 $i<j$ 。网络图节点的编号顺序应从小到大，可不连续，但不允许重复。

3) 线路

网络图中从起始节点开始，沿箭头方向顺序通过一系列箭线与节点，最后到达终点节点的通路称为线路。在一个网络图中可能有很多条线路，线路中各项工作的持续时间之和就是该线路的长度，即线路所需要的时间。一般网络图有多条线路，可依次用该线路上的节点代号来表示，如图 7.7 中，一共有三条线路：①-②-③-④-⑤-⑥, ①-②-③-⑤-⑥, ①-②-④-⑤-⑥。

在双代号网络计划图中，有一条或几条线路的总时间最长，该条线路被称为关键线路，用双线表示或用加粗的方式表示，其他的线路则称为非关键线路。

4) 逻辑关系

在双代号网络计划图中工作之间相互制约或相互依赖的关系称为逻辑关系，它包括工艺关系和组织关系，在网络计划中均应表现为工作之间的先后顺序，如表 7.5 所示。

(1) 工艺关系。生产性工作之间由工艺过程决定的、非生产性工作之间由工作程序决定的先后顺序称为工艺关系。

(2) 组织关系。工作之间由于组织安排需要或资源(人力、材料、机械设备和资金等)调配需要而确定的先后顺序关系称为组织关系。

表 7.5　网络计划中各种工作逻辑关系的表示方法

序号	工作之间的逻辑关系	网络图中的表示方法
1	工作 A 完成之后进行工作 B、C	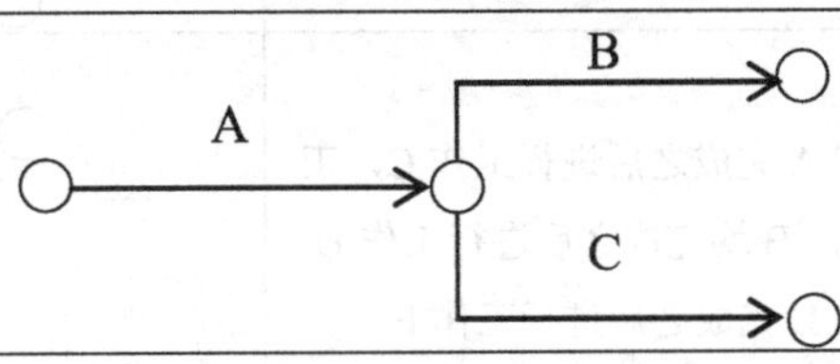
2	工作 A、B 均完成之后进行工作 C	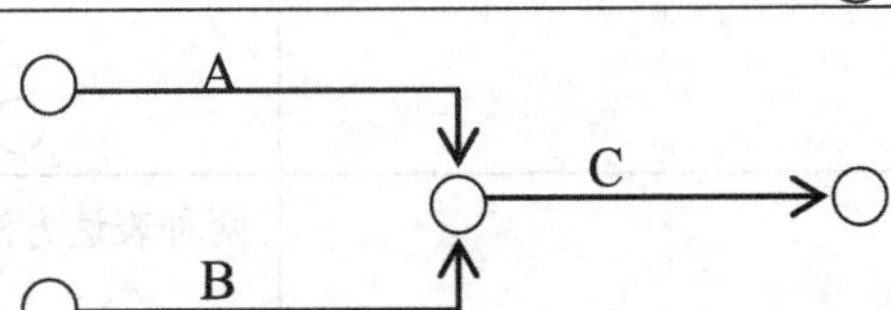
3	工作 A、B 均完成之后同时进行 C 和工作 D	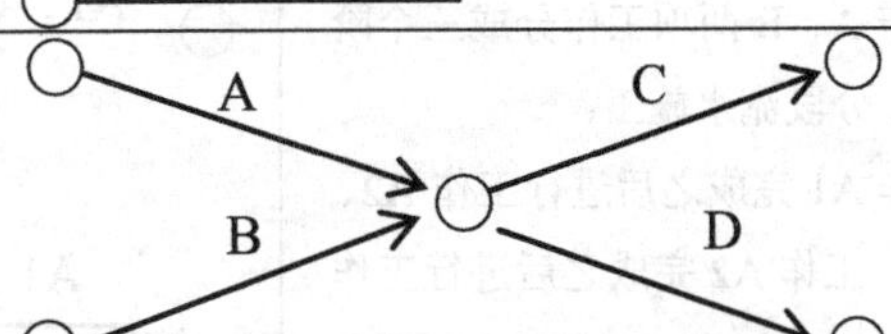
4	工作 A 完成之后进行工作 B，工作 A、C 均完成之后进行工作 D	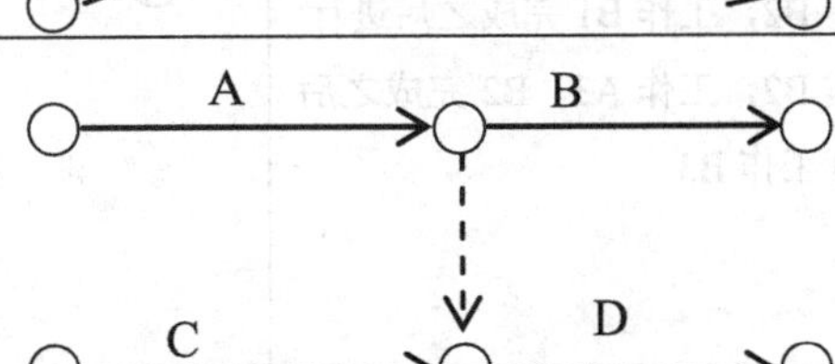

续表

序号	工作之间的逻辑关系	网络图中的表示方法
5	工作 A、B 均完成之后进行工作 D，工作 A、B、C 均完成之后进行工作 E，工作 D、E 完成之后进行工作 F	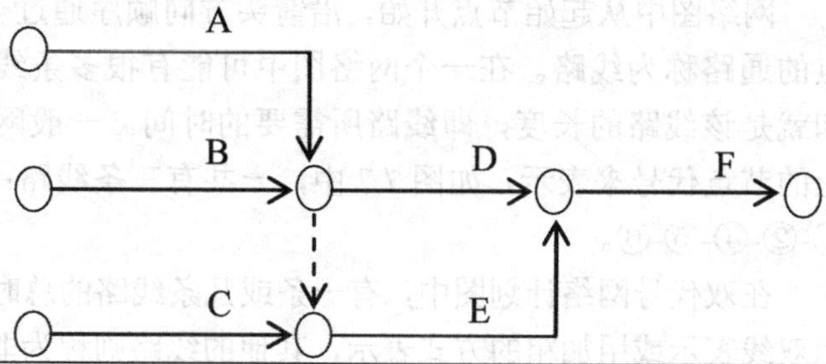
6	工作 A、B 均完成之后进行工作 C，工作 B、D 均完成之后进行工作 E	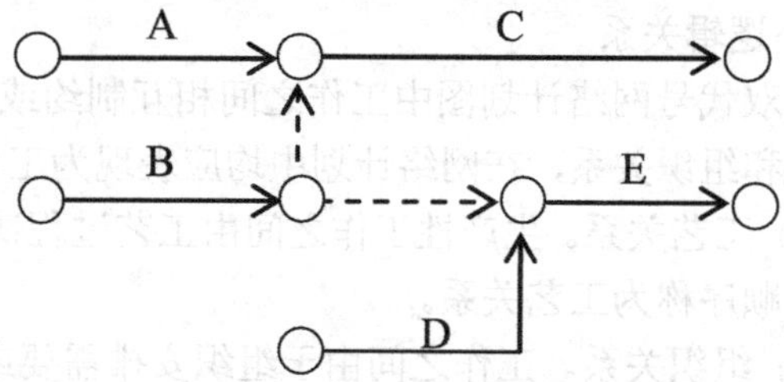
7	工作 A、B、C 均完成之后进行工作 D，工作 B、C 均完成之后进行工作 E	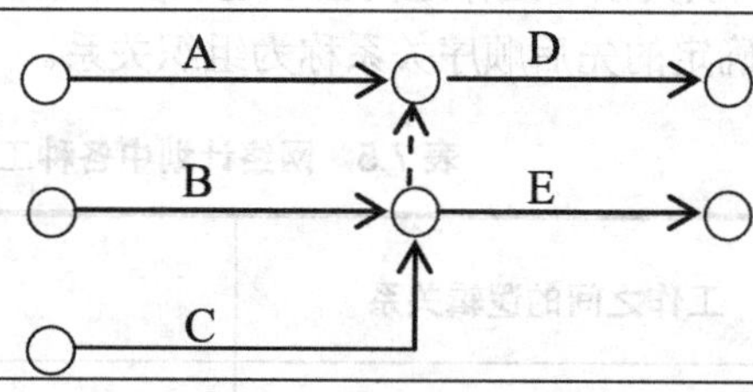
8	工作 A 完成之后进行工作 C，工作 A、B 均完成之后进行工作 D，工作 B 完成之后进行工作 E	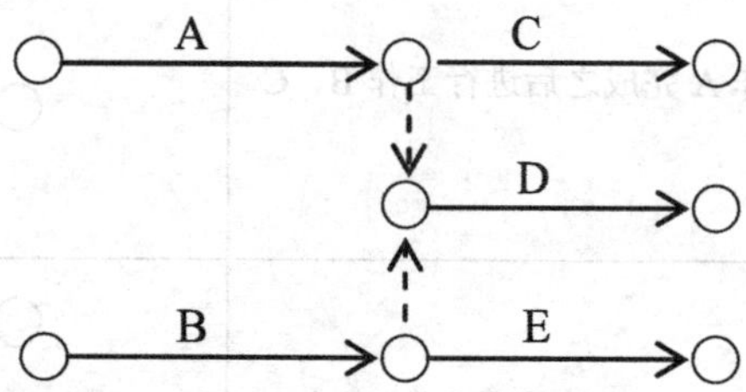
9	工作 A、B 两项工作分成三个阶段，分段流水施工：工作 A1 完成之后进行工作 A2、B1，工作 A2 完成之后进行工作 A3、B2，工作 B1 完成之后进行工作 B2，工作 A3、B2 完成之后进行工作 B3	两种表达方法：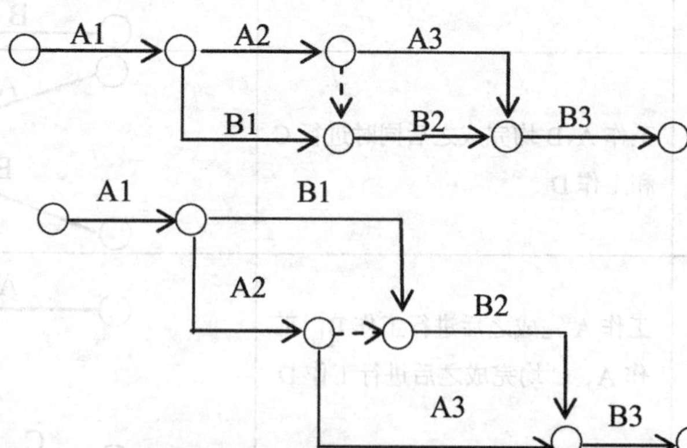

5) 双代号网络计划图的绘图规则

网络图必须正确地表达整个工程或任务的工艺流程和各工作开展的先后顺序，以及它们之间相互依赖和相互制约的逻辑关系。因此，绘制网络图时必须遵循一定的基本规则和要求。

(1) 双代号网络计划图必须正确表达已确定的逻辑关系。网络图中常见的各种工作逻辑关系的表示方法如表7.6所示。

(2) 双代号网络计划图中，不允许出现循环回路。所谓循环回路是指从网络图中的某一个节点出发，顺着箭线方向又回到了原来出发点的线路。

(3) 双代号网络计划图中，在节点之间不能出现带双向箭头或无箭头的连线。

(4) 双代号网络计划图中不能出现没有箭头节点或没有箭尾节点的箭线。

(5) 当双代号网络图的某些节点有多条外向箭线或多条内向箭线时，为使图形简洁，可使用母线法绘制(但应满足一项工作用一条箭线和相应的一对节点表示的要求)，如图7.10所示。

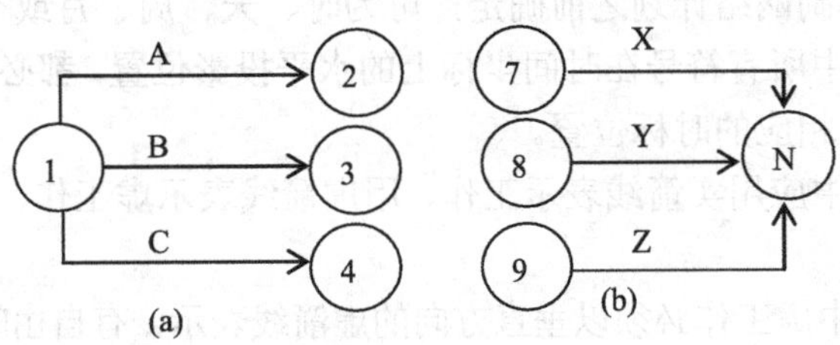

图7.10 母线法绘图

(6) 绘制双代号网络计划图时，箭线不宜交叉。当交叉不可避免时，可用过桥法或指向法，如图7.11所示。

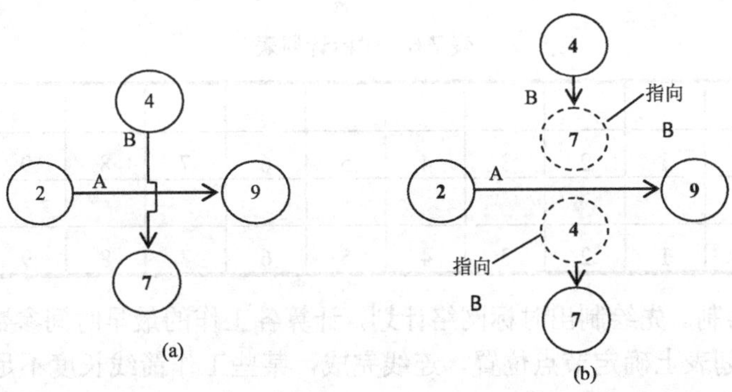

图7.11 箭线交叉的表达方法

(7) 双代号网络计划图中只能有一个起点节点和一个终点节点(多目标网络计划除外)，而其他所有节点均应是中间节点。

(8) 双代号网络计划图应注意布局合理。例如，网络图中的工作箭线不宜画成任意方向或曲线形状，尽可能用水平线或斜线；关键线路、关键工作尽可能安排在图面中心位置，其他工作分散在两边；避免倒回箭头等，这样双代号网络图看起来会比较干净利落。

2. 双代号时标网络计划

1) 双代号时标网络计划的定义及其特点

双代号时标网络计划是以水平时间坐标为尺度编制的双代号网络计划，也就是将双代号网络计划图和时间坐标相结合，其主要特点如下：

(1) 时标网络计划兼有网络计划与横道计划的优点，它能够清楚地表明计划的时间进程，使用方便；

(2) 时标网络计划能在图上直接显示出各项工作的开始时间和完成时间、工作的自由时差及关键线路，工作的自由时差由波浪线表示；

(3) 在时标网络计划中可以统计每一个单位时间对资源的需要量，以便进行资源优化和调整。

2) 双代号时标网络计划的一般规定

(1) 双代号时标网络计划必须以水平时间坐标为尺度表示工作时间。时标网络计划的时间单位应根据需要在编制网络计划之前确定，可为时、天、周、月或季。

(2) 时标网络计划中所有符号在时间坐标上的水平投影位置，都必须与其时间参数相对应。节点中心必须对准相应的时标位置。

(3) 时标网络计划中应用实箭线表示工作，用虚箭线表示虚工作，用波浪线表示工作的自由时差。

(4) 时标网络计划中虚工作必须以垂直方向的虚箭线表示，有自由时差时加波浪线表示。

3) 双代号时标网络图的绘制

双代号时标网络计划应按各个工作的最早开始时间编制。在编制时标网络计划之前，应先按已确定的时间单位绘制出时标计划表，如表 7.6 所示，然后再将双代号网络计划图绘制上去。双代号时标网络计划的编制方法有间接法绘制和直接法绘制两种。

表 7.6　时标计划表

日历											
时间单位	1	2	3	4	5	6	7	8	9	10	11
网络计划											
时间单位	1	2	3	4	5	6	7	8	9	10	11

(1) 间接法绘制。先绘制出时标网络计划，计算各工作的最早时间参数；再根据最早时间参数在时标计划表上确定节点位置，连线完成，某些工作箭线长度不足以到达该工作的完成节点时，用波浪线补足。

(2) 直接法绘制。根据网络计划中工作之间的逻辑关系及各工作的持续时间，直接在时标计划表上绘制时标网络计划。绘制步骤如下：

① 将起点节点定位在时标计划表的起始刻度线上；

② 按工作持续时间在时标计划表上绘制起点节点的外向箭线；

③ 其他工作的开始节点必须在其所有紧前工作都绘出以后，定位在这些紧前工作最早完成时间最大值的时间刻度上，某些工作的箭线长度不足以到达该节点时，用波浪线补足，箭头画在波浪线与节点连接处；

④ 用上述方法从左至右依次确定其他节点位置，直至网络计划终点节点定位，绘图完成。

3. 单代号网络计划

1) 单代号网络计划的概念及特点

和双代号网络计划图不同，单代号网络计划图是以节点及其编号表示工作，以箭线表示工作之间逻辑关系的网络图，并在节点中加注工作代号、名称和持续时间，如图 7.12 所示。

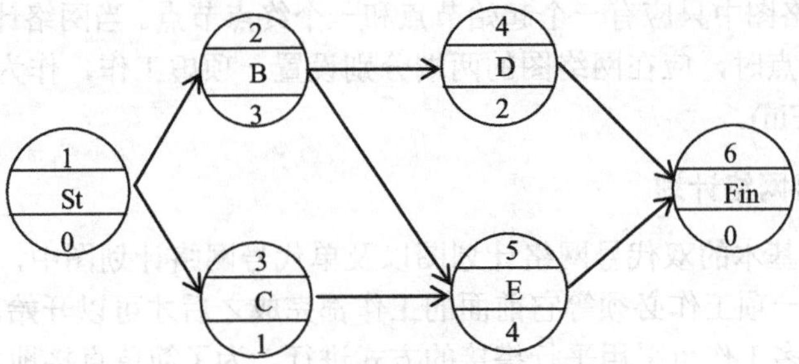

图 7.12　单代号网络计划图

单代号网络计划图与双代号网络计划图相比，具有以下特点：

(1) 工作之间的逻辑关系容易表达，且不用虚箭线，因此绘图较简单；

(2) 网络图便于检查和修改；

(3) 由于工作持续时间表示在节点之中，没有长度，不够形象直观；

(4) 表示工作之间逻辑关系的箭线可能产生较多的纵横交叉现象。

2) 单代号网络计划图的基本符号

(1) 节点。在单代号网络计划图中，一个节点表示一项工作，节点宜用圆圈或矩形表示。节点所表示的工作名称、持续时间和工作代号等应标注在节点内，如图 7.13 所示。

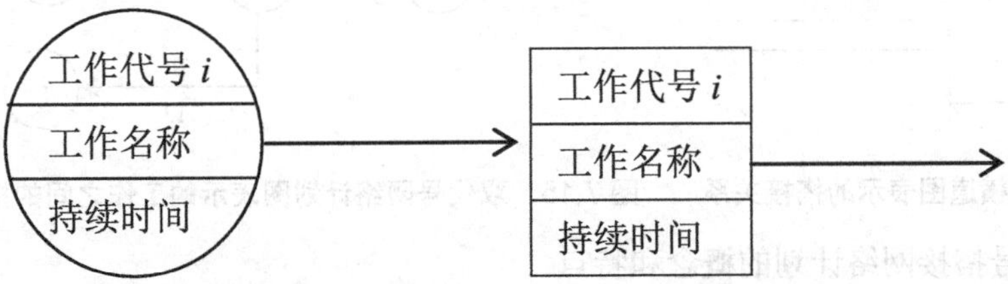

图 7.13　单代号网络计划图工作节点的表示方法

节点必须编号，编号标注在节点内，其编号可间断，但严禁重复，同时箭线的箭尾节点编号应小于箭头节点的编号，一项工作只能有唯一的一个节点及相应的一个编号。

(2) 箭线。单代号网络计划图中的箭线仅仅表示紧邻工作之间的逻辑关系，既不占用时间，也不消耗资源。一般而言，箭线应画成水平直线、折线或斜线，这样单代号网络计划图看起来整洁美观。箭线水平投影的方向应自左向右，表示工作的行进方向。工作之间的逻辑关系有工艺关系和组织关系，但在单代号网络计划图中均表现为工作之间的先后顺序。

(3) 线路。单代号网络计划图中，各条线路应用该线路上的节点编号从小到大依次表示，这一点和双代号网络计划图的线路表示一致。

3) 单代号网络计划图的绘图规则

(1) 单代号网络计划图，必须正确表达已确定的逻辑关系，如表 7.6 所示。

(2) 单代号网络计划图中，不允许出现循环回路。

(3) 单代号网络计划图中，连接线是单向箭头，也就是不能出现双向箭头或无箭头的连线。

(4) 单代号网络计划图中，不能出现没有箭尾节点和没有箭头节点的箭线，即所有的连接线应是有箭头指向的箭线。

(5) 绘制网络图时，箭线不宜交叉，当交叉不可避免时，可采用过桥法或指向法绘制，同双代号网络计划图。

(6) 单代号网络图中只应有一个起始节点和一个终点节点。当网络计划图中有多项起点节点或多项终点节点时，应在网络图的两端分别设置一项虚工作，作为该网络图的起点节点(St)和终点节点(Fin)。

4. 单代号搭接网络计划

一般而言，在基本的双代号网络计划图以及单代号网络计划图中，每项工作都是依次进行，也就是任何一项工作必须等它前面的工作都完成之后才可以开始。但在实际工作中，为了缩短工期，许多工作可采用平行搭接的方式进行。为了简单直接地表达这种搭接关系，使编制网络计划得以简化，于是出现了搭接网络计划方法。

例如，工作 A 需要 10 天完成，工作 B 需要 13 天完成，且工作 A 开始 3 天之后工作 B 就可以开始。如图 7.14 所示横道图。在不考虑搭接的情况下，绘制双代号网络计划图和单代号网络计划图时，可以将工作 A 分成工作 A1 和 A2，工作 A1 结束之后，工作 A2 和工作 B 同时开始，如图 7.15 和图 7.16 所示。如果不考虑搭接关系，那么所绘制出的双代号网络计划图和单代号网络计划图将非常复杂，为了简单表达工作之间的逻辑关系，于是就产生搭接的网络计划图。

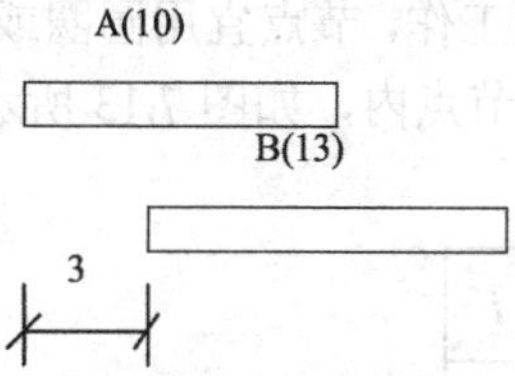

图 7.14　横道图表示的搭接关系

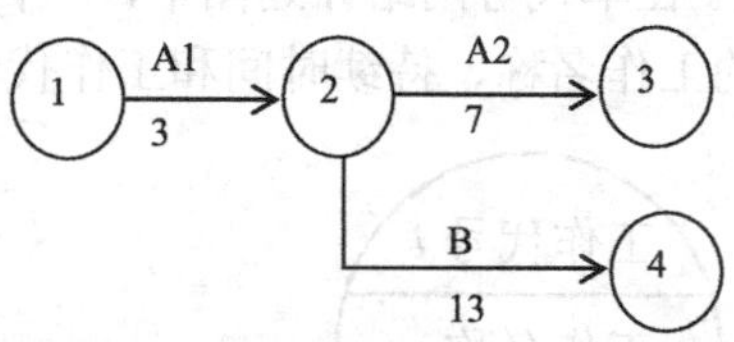

图 7.15　双代号网络计划图表示的工作之间的搭接关系

1) 单代号搭接网络计划的概念和特点

单代号搭接网络计划是以节点表示工作，箭线及其上的时距符号表示相邻工作间的逻辑关系的网络图，如图 7.17 所示。

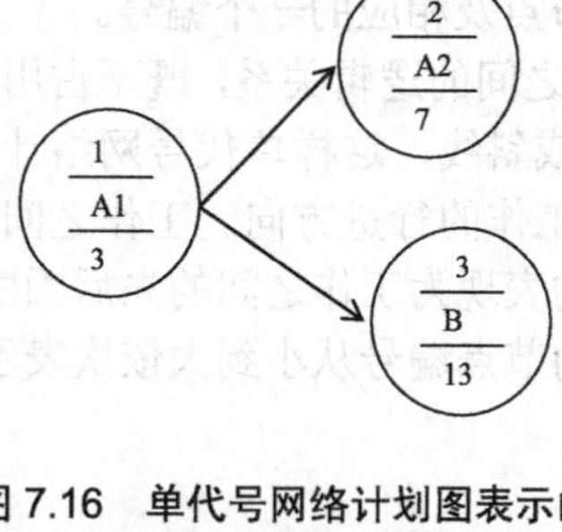

图 7.16　单代号网络计划图表示的工作之间的搭接关系

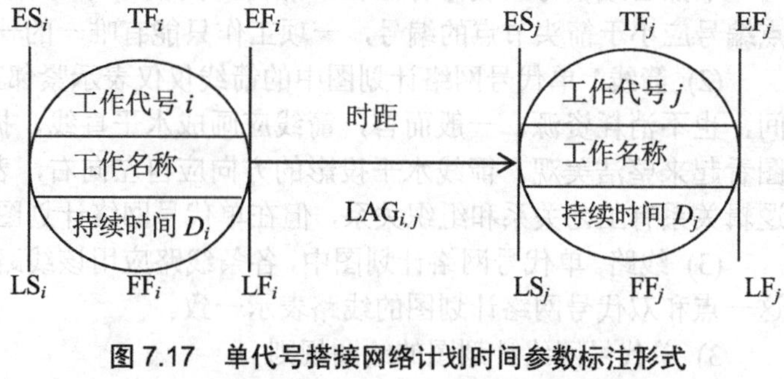

图 7.17　单代号搭接网络计划时间参数标注形式

单代号搭接网络计划图中的节点均要编号，编号标注在节点内，其编码可间断，但不允许重复，箭线的箭尾节点编号应小于箭头节点编号，并且一项工作必须有且仅有唯一的一个节点及相应的一个编号。节点工作之间的逻辑关系包括工艺关系和组织关系，但在单代号搭接网络图中均表现为工作之间的先后顺序。

2) 单代号搭接网络计划图中的基本符号

(1) 节点。单代号搭接网络图中每一个节点表示一项工作，宜用圆圈或矩形表示。节点所表示的工作名称、持续时间和工作代号等应标注在节点内。节点最基本的表示方法应符合图 7.18 的规定。

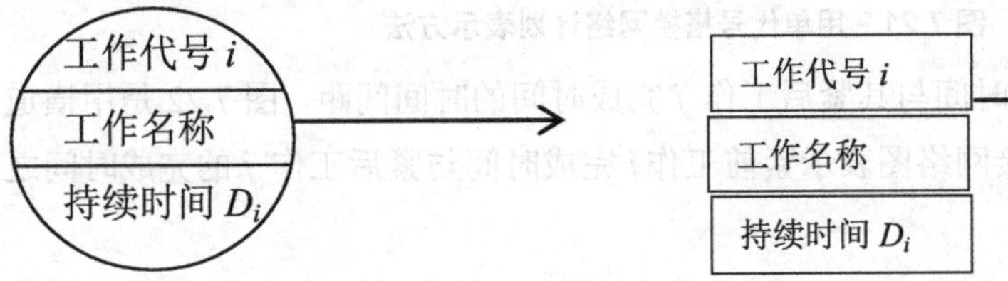

图 7.18　单代号搭接网络计划图工作节点的表示方法

(2) 箭线。单代号搭接网络图中，箭线及其上的时距符号表示相邻工作间的逻辑关系，如图 7.19 所示。箭线应画成水平直线、折线或斜线。箭线水平投影的方向应自左向右，表示工作的进行方向。

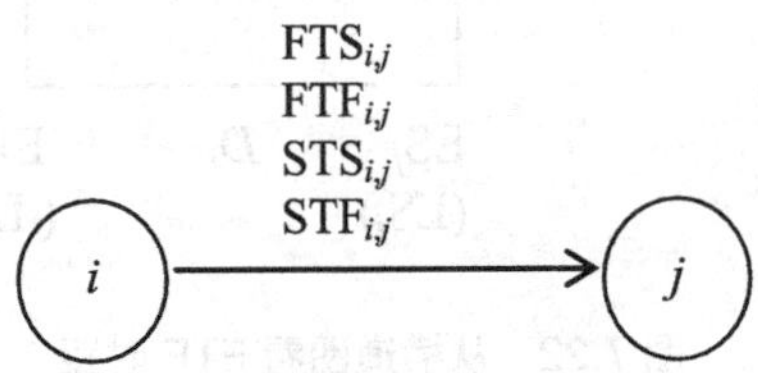

图 7.19　单代号搭接网络计划中箭线的表示方法

(3) 搭接关系。工作的搭接顺序关系是用前项工作的开始或完成时间与其接紧后工作的开始或完成时间之间的间距来表示，具体的类型包括以下四种。

$FTS_{i,j}$ 表示工作 i 完成时间与其紧后工作 j 开始时间的时间间距，图 7.20 是用横道图表示；图 7.21 则用单代号搭接网络图表示紧前工作 i 完成时间与紧后工作 j 的开始时间之间的距离和连接方法。

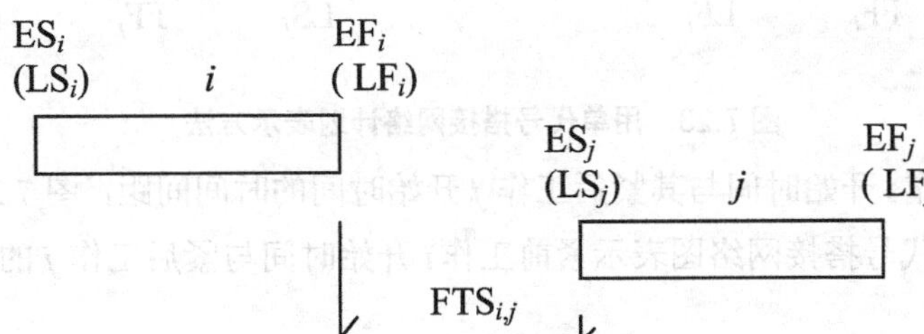

图 7.20　从横道图看 FTS 时距

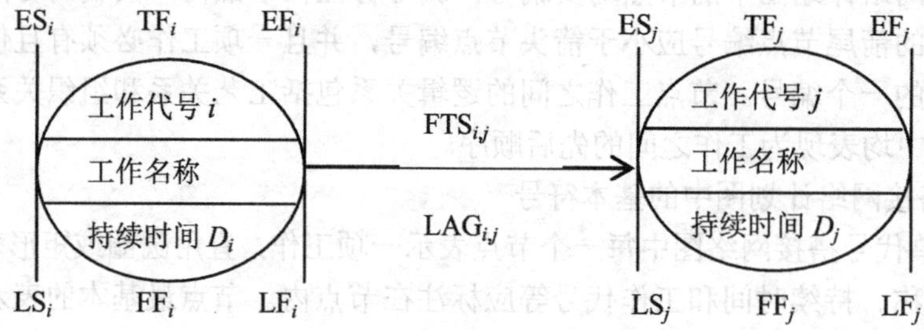

图 7.21　用单代号搭接网络计划表示方法

$FTF_{i,j}$ 表示工作 i 完成时间与其紧后工作 j 完成时间的时间间距，图 7.22 是用横道图表示；图 7.23 则用单代号搭接网络图表示紧前工作 i 完成时间与紧后工作 j 的完成时间之间的距离和连接方法。

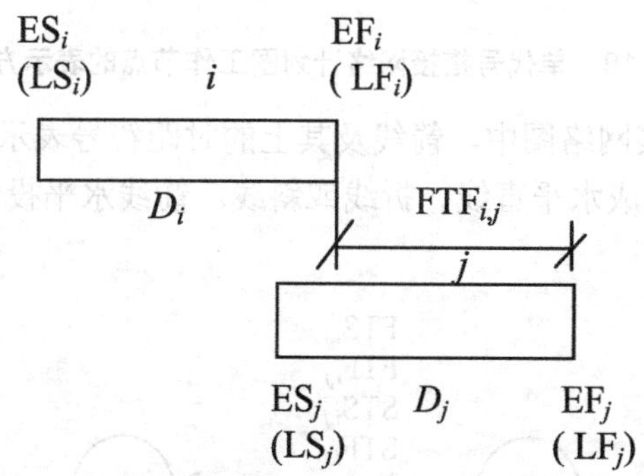

图 7.22　从横道图看 FTF 时距

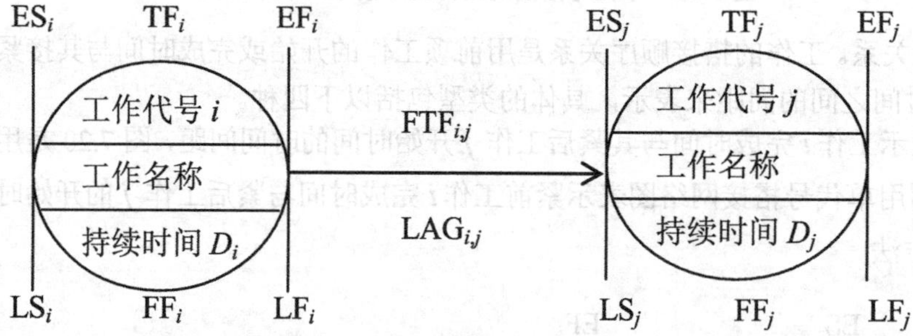

图 7.23　用单代号搭接网络计划表示方法

$STS_{i,j}$ 表示工作 i 开始时间与其紧后工作 j 开始时间的时间间距，图 7.24 是用横道图表示；图 7.25 则用单代号搭接网络图表示紧前工作 i 开始时间与紧后工作 j 的开始时间之间的距离和连接方法。

$STF_{i,j}$ 表示工作 i 开始时间与其紧后工作 j 完成时间的时间间距，图 7.26 是用横道图表示；图 7.27 则用单代号搭接网络图表示紧前工作 i 开始时间与紧后工作 j 的完成时间之间的距离和连接方法。

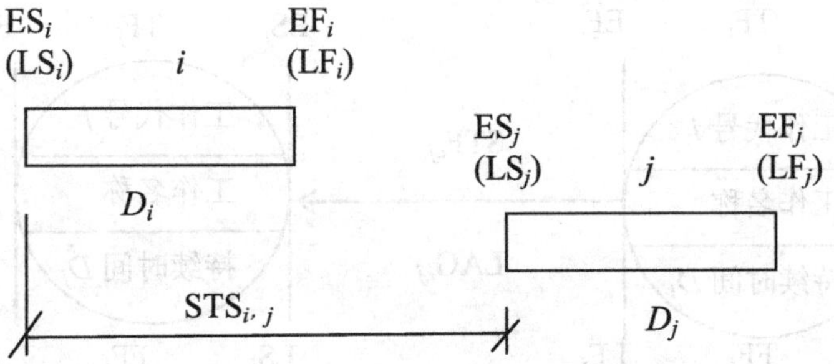

图 7.24　从横道图看 STS 时距

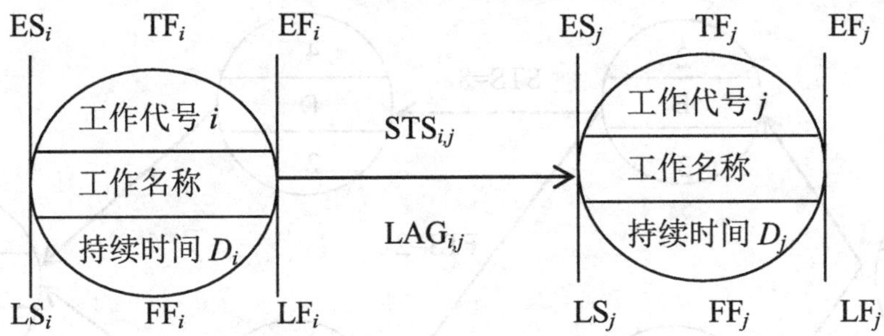

图 7.25　用单代号搭接网络计划表示方法

(4) 线路。单代号搭接网络图中，各条线路应用该线路上的节点编号自小到大依次表述，也可用工作名称依次表述。如图 7.28 所示单代号搭接网络计划图中的一条线路可表述为 1-2-5-6，也可以表述为 St – B – E – Fin 。

3) 单代号搭接网络计划中的绘图规则

(1) 单代号搭接网络计划图应该正确表述已经确定的逻辑关系。

(2) 单代号搭接网络计划图中不允许出现循环回路。

(3) 单代号搭接网络计划图中不能出现双向箭头或无箭头的连线。

(4) 单代号搭接网络计划图中不能出现没有箭尾节点的箭线和没有箭头节点的箭线。

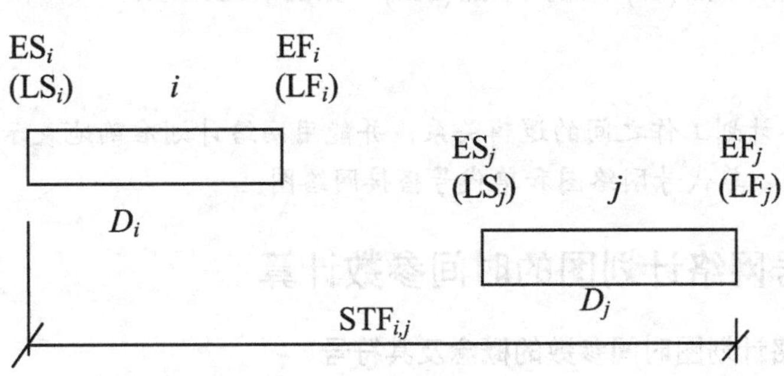

图 7.26　从横道图看 STF 时距

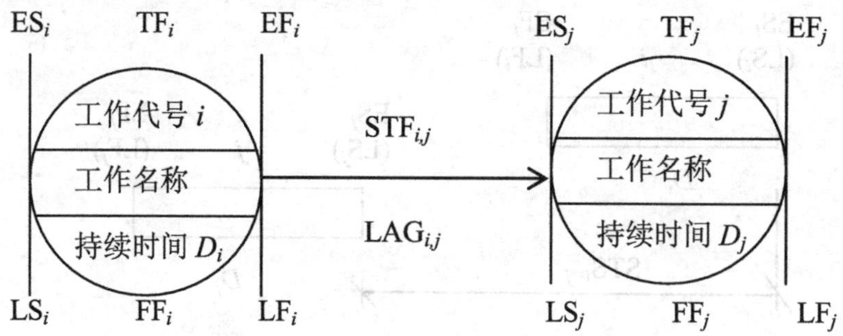

图 7.27　用单代号搭接网络计划表示方法

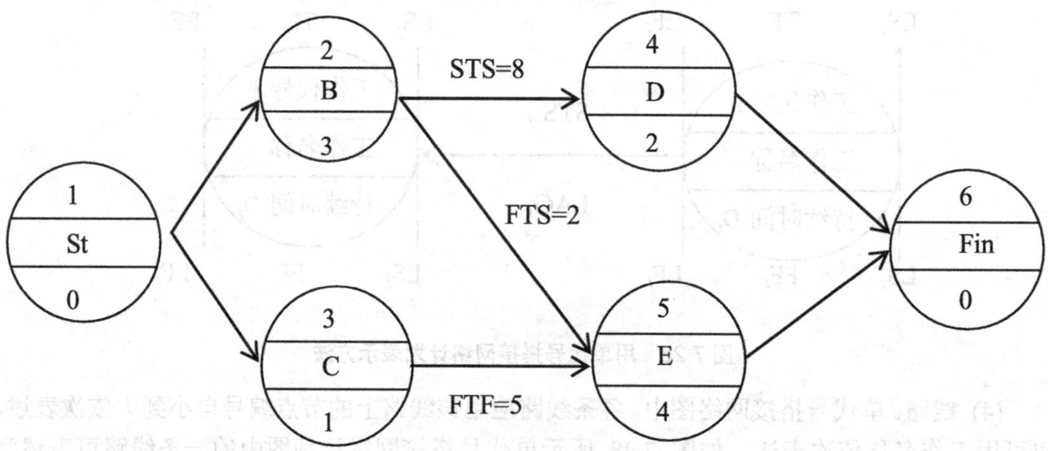

图 7.28　单代号搭接网络计划图

(5) 单代号搭接网络计划图中，箭线不宜交叉。当交叉不可避免时，可采用过桥法和指向法绘制，如图 7.11 所示。

(6) 单代号搭接网络图只应有一个起点节点和一个终点节点。当网络图中有多项起点节点或多项终点节点时，应在网络图的两端，即开始之处和终点之处分别设置一项虚工作，作为该网络图的起点节点(St)和终点节点(Fin)，如图 7.28 所示。

重点提示：

必须掌握网络计划工作之间的逻辑关系，并能用网络计划准确地表示，也就是准确绘制出双代号网络图、单代号网络图和单代号搭接网络图。

7.3.3　双代号网络计划图的时间参数计算

1. 双代号网络计划图时间参数的概念及其符号

1) 工作持续时间

工作持续时间$\left(D_{i-j}\right)$是一项工作从开始到完成的时间。

2) 工期

工期(T)泛指完成任务所需要的时间，一般有以下三种情况：

(1) 计算工期，是根据网络计划时间参数计算出来的工期，用T_c表示。

(2) 要求工期，是任务委托人所要求的工期，用T_r表示。

(3) 计划工期，是根据要求工期和计算工期所确定的作为实施目标的工期，用T_P表示。

网络计划的计划工期T_P应按下列情况分别确定：

当已规定了要求工期T_r时，

$$T_P \leqslant T_r \tag{7-1}$$

当未规定要求工期时，可令计划工期等于计算工期，

$$T_P = T_c \tag{7-2}$$

3) 网络计划中工作的六个时间参数

(1) 最早开始时间$\left(ES_{i-j}\right)$，是指各紧前工作全部完成后，工作$i-j$有可能开始的最早时刻。

(2) 最早完成时间$\left(EF_{i-j}\right)$，是指各紧前工作全部完成后，工作$i-j$有可能完成的最早时刻。

(3) 最迟开始时间$\left(LS_{i-j}\right)$，是指在不影响整个任务按期完成的前提下，工作$i-j$必须开始的最迟时刻。

(4) 最迟完成时间$\left(LF_{i-j}\right)$，是指在不影响整个任务按期完成的前提下，工作$i-j$必须完成的最迟时刻。

(5) 总时差$\left(TF_{i-j}\right)$，是指在不影响总工期的前提下，工作$i-j$可以利用的机动时间。

(6) 自由时差$\left(FF_{i-j}\right)$，是指在不影响紧后工作最早开始的前提下，工作$i-j$可以利用的机动时间。

2. 双代号网络计划图时间参数的计算步骤

按工作计算法计算网络计划中各时间参数，其计算结果应标注在箭线之上，如图 7.29 所示。

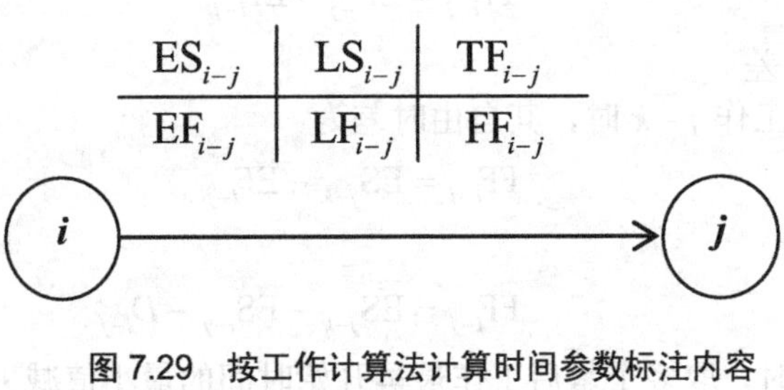

图 7.29 按工作计算法计算时间参数标注内容

1) 最早开始时间和最早完成时间的计算

工作最早时间参数会受到紧前工作的影响，其计算顺序应从起始节点开始，顺着箭线方向从左到右依次逐项进行计算，并且如果有多个紧前工作的情况下，本工作的最早开始

时间取其之前所有工作结束时间的最大值。

以网络计划的起点节点为开始节点的工作最早开始时间为零，其他各项工作的最早开始时间等于各紧前工作的最早完成时间，即

$$ES_{i-j}=0 \quad i=0 \tag{7-3}$$

$$ES_{i-j}=\max\left\{EF_{h-i}\right\} \quad 或 \quad ES_{i-j}=\max\left\{ES_{h-i}+D_{h-i}\right\} \tag{7-4}$$

工作最早完成时间等于该工作最早开始时间加上其持续时间，即

$$EF_{i-j}=ES_{i-j}+D_{i-j} \tag{7-5}$$

2) 确定计算工期 T_c

计算工期等于以网络计划的终点节点为箭头节点的各个工作的最早完成时间的最大值。当网络计划的终点编号为 n 时，

$$T_c=\max\left\{EF_{i-n}\right\} \tag{7-6}$$

当无要求工期的限制时，令计划工期等于计算工期，$T_p=T_c$。

3) 计算最迟开始时间和最迟完成时间

工作最迟时间参数受到紧后工作的约束，因此其计算顺序应从终点节点起，逆着箭线方向依次逐项计算。网络计划的终点节点$(j=n)$，即最终箭头节点的工作的最迟完成时间等于计划工期；非终点节点时，该项工作最迟完成时间取其所有紧后工作最迟开始时间的最小值，即

$$LF_{i-n}=T_P \qquad j=n \tag{7-7}$$

$$LF_{i-j}=\min\left\{LS_{j-k}\right\} \quad 或 \quad LF_{i-j}=\min\left\{LF_{j-k}-D_{j-k}\right\} \tag{7-8}$$

本项工作的最迟开始时间等于其最迟完成时间减去其持续时间，即

$$LS_{i-j}=LF_{i-j}-D_{i-j} \tag{7-9}$$

4) 计算工作总时差

总时差等于其最迟开始时间减去最早开始时间，或等于最迟完成时间减去最早完成时间，即

$$TF_{i-j}=LS_{i-j}-ES_{i-j} \tag{7-10}$$

或

$$TF_{i-j}=LF_{i-j}-EF_{i-j} \tag{7-11}$$

5) 计算工作自由时差

当工作 $i-j$ 有紧后工作 $j-k$ 时，其自由时差为

$$FF_{i-j}=ES_{j-k}-EF_{i-j} \tag{7-12}$$

或

$$FF_{i-j}=ES_{j-k}-ES_{i-j}-D_{i-j} \tag{7-13}$$

若有多项紧后工作时，取多个紧后工作最早开始时间的最小值减去本项工作最早时间。以网络计划的终点节点 $j=n$ 为箭头节点的工作，其自由时差 FF_{i-n} 应按网络计划的计划工期 T_p 确定，即

$$FF_{i-n}=T_p-EF_{i-n} \tag{7-14}$$

3. 关键工作和关键线路的确定

1) 关键工作

网络计划中总时差最小的工作是关键工作。

2) 关键线路

自始至终全部由关键工作组成的线路为关键线路，或线路上总的工作持续时间最长的线路为关键线路。网络图上的关键线路可用双线或粗线标注。

4. 双代号网络计划图算例

【例 7-1】　已知网络计划的资料如表 7.7 所示，请绘制双代号网络图。按计划工期等于计算工期，计算各个工作的 6 个时间参数，并确定关键线路，标注在网络计划图上。

表 7.7　某网络计划工作逻辑关系及持续时间表

工作	紧前工作	紧后工作	持续时间	工作	紧前工作	紧后工作	持续时间
A	—	B、D	2	E	B、D	G	4
B	A	C、E	3	F	B、E	—	2
C	B	F	3	G	E	—	3
D	A	E 、G	2				

解：(1) 根据双代号网络图的绘图规则，绘制双代号网络图，如图 7.30 所示。

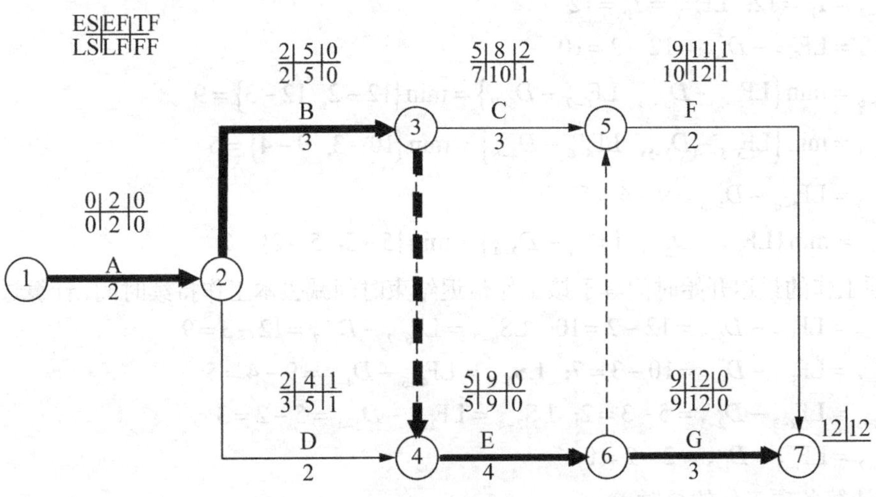

图 7.30　双代号网络计划计算图例

(2) 计算各项工作的时间参数，并将结果标注在箭线上方相应的位置。

① 计算各项工作的最早开始时间和最早结束时间。

计算最早开始时间和最早结束时间是沿着箭线的方向从起始节点开始一直算到终点节点。

起始节点的最早开始时间为 0，其他节点的最早开始时间按公式进行计算，可得

$ES_{1-2}=0$

$ES_{2-3}=ES_{1-2}+D_{1-2}=0+2=2$；$ES_{2-4}=ES_{1-2}+D_{1-2}=0+2=2$

$ES_{3-5}=ES_{2-3}+D_{2-3}=2+3=5$

$ES_{4-6}=\max\{ES_{2-3}+D_{2-3},\ ES_{2-4}+D_{2-4}\}=\max\{2+3,\ 2+2\}=5$

$ES_{6-7}=ES_{4-6}+D_{4-6}=5+4=9$

$ES_{5-7}=\max\{ES_{4-6}+D_{4-6},\ ES_{3-5}+D_{3-5}\}=\max\{5+4,\ 5+3\}=9$

工作的最早完成时间就是本工作的最早开始时间与本工作的持续时间之和，按公式进行计算，可得

$EF_{1-2}=ES_{1-2}+D_{1-2}=0+2=2$；$EF_{2-3}=ES_{2-3}+D_{2-3}=2+3=5$

$EF_{2-4}=ES_{2-4}+D_{2-4}=2+2=4$；$EF_{3-5}=ES_{3-5}+D_{3-5}=5+3=8$

$EF_{4-6}=ES_{4-6}+D_{4-6}=5+4=9$；$EF_{5-7}=ES_{5-7}+D_{5-7}=9+2=11$

$EF_{6-7}=ES_{6-7}+D_{6-7}=9+3=12$

② 确定计算工期T_c及计划工期T_p。

从题意中可知计划工期等于计算工期，也就是该网络计划的计算工期T_c取终点节点 7 为箭头节点的工作 5—7 和工作 6—7 的最早完成时间的最大值，即

$$T_c=\max\{EF_{5-7},\ EF_{6-7}\}=\max\{11,\ 12\}=12$$

③ 计算各项工作的最迟开始时间和最迟完成时间。

最迟开始时间和最迟完成时间是从终点节点开始计算逆着箭线方向依次逐项计算到开始节点完成，计算公式如下：

$LF_{5-7}=T_P=12$；$LF_{6-7}=T_P=12$

$LF_{3-5}=LF_{5-7}-D_{5-7}=12-2=10$

$LF_{4-6}=\min\{LF_{5-7}-D_{5-7},\ LF_{6-7}-D_{6-7}\}=\min\{12-2,\ 12-3\}=9$

$LF_{2-3}=\min\{LF_{3-5}-D_{3-5},\ LF_{4-6}-D_{4-6}\}=\min\{10-3,\ 9-4\}=5$

$LF_{2-4}=LF_{4-6}-D_{4-6}=9-4=5$

$LF_{1-2}=\min\{LF_{2-3}-D_{2-3},\ LF_{2-4}-D_{2-4}\}=\min\{5-3,\ 5-2\}=2$

各项工作的最迟开始时间等于该工作最迟结束时间减去本工作持续时间，计算过程如下：

$LS_{5-7}=LF_{5-7}-D_{5-7}=12-2=10$；$LS_{6-7}=LF_{6-7}-D_{6-7}=12-3=9$

$LS_{3-5}=LF_{3-5}-D_{3-5}=10-3=7$；$LS_{4-6}=LF_{4-6}-D_{4-6}=9-4=5$

$LS_{2-3}=LF_{2-3}-D_{2-3}=5-3=2$；$LS_{2-4}=LF_{2-4}-D_{2-4}=5-2=3$

$LS_{1-2}=LF_{1-2}-D_{1-2}=2-2=0$

④ 计算各项工作的总时差。

工作的总时差可以用最迟开始时间减去最早开始时间，或者是最迟结束时间减去最早结束时间，计算过程如下：

$TF_{1-2}=LS_{1-2}-ES_{1-2}=0-0=0$；$TF_{1-2}=LF_{1-2}-EF_{1-2}=2-2=0$

$TF_{2-3}=LS_{2-3}-ES_{2-3}=2-2=0$；$TF_{2-3}=LF_{2-3}-EF_{2-3}=5-5=0$

$TF_{2-4}=LS_{2-4}-ES_{2-4}=3-2=1$；$TF_{2-4}=LF_{2-4}-EF_{2-4}=5-4=1$

$TF_{3-5}=LS_{3-5}-ES_{3-5}=7-5=2$；$TF_{3-5}=LF_{3-5}-EF_{3-5}=10-8=2$

$TF_{4-6}=LS_{4-6}-ES_{4-6}=5-5=0$；$TF_{4-6}=LF_{4-6}-EF_{4-6}=9-9=0$

$TF_{5-7}=LS_{5-7}-ES_{5-7}=10-9=1$；$TF_{5-7}=LF_{5-7}-EF_{5-7}=12-11=1$

$TF_{6-7}=LS_{6-7}-ES_{6-7}=9-9=0$；$TF_{6-7}=LF_{6-7}-EF_{6-7}=12-12=0$

⑤ 计算各项工作的自由时差。

各项工作的自由时差等于其紧后工作的最早开始时间的最小值减去本工作的最早完成时间，计算过程如下：

$FF_{1-2}=\min\{ES_{2-3}，ES_{2-4}\}-EF_{1-2}=\min\{2，2\}-2=2-2=0$

$FF_{2-3}=\min\{ES_{3-5}，ES_{4-6}\}-EF_{2-3}=\min\{5，5\}-5=5-5=0$

$FF_{2-4}=ES_{4-6}-EF_{2-4}=5-4=1$；$FF_{3-5}=ES_{5-7}-EF_{3-5}=9-8=1$

$FF_{4-6}=\min\{ES_{5-7}，ES_{6-7}\}-EF_{4-6}=\min\{9，9\}-9=9-9=0$

$FF_{5-7}=T_P-EF_{5-7}=12-11=1$；$FF_{6-7}=T_P-EF_{6-7}=12-12=0$

(3) 确定关键工作及关键线路。

根据计算结果，最小总时差是 0，因此，总时差为 0 的工作均为关键工作，该网络计划中的关键工作为 A、B、E、G，由关键工作组成的线路为关键线路，在图 7.30 中用粗箭线表示。

【案例 7-2】

关键路径

希赛信息技术有限公司(CSAI)是一家从事制造行业信息系统集成的公司。最近，公司承接一家企业的信息系统集成的业务。经过公司董事会的讨论，决定任命小李作为新的系统集成项目的项目经理。在小李接到任命后，开始制定进度表，这样项目才可以依照进度表继续下去。

在与项目团队成员探讨后，已经确认了 12 项基本活动。所有这些活动的名称、完成每项活动所需的时间，以及与其他活动之间的约束关系如表 7.8 所示。

表 7.8　工作分解结构

活动名称	持续时间	紧前工作
A	3	—
B	4	—
C	2	A
D	5	A
E	4	B、C
F	6	B、C
G	2	D、E
H	4	D、E
I	3	G、F
J	3	G、F
K	3	H、I
L	4	H、J

(资料来源：百度文库网，http://wenku.baidu.com/view/286b6ac4aa00b52acfc7caad.html)

问题与测试：

1. 试用双代号网络计划方法绘制该项目进度计划图。
2. 本进度计划中的关键线路有哪几条？

7.3.4 单代号网络计划图的时间参数计算

1. 单代号网络计划图时间参数的概念及其符号

如图 7.31 所示，单代号网络计划图中的时间参数有如下几种。

ES_i：工作 i 最早开始时间；EF_i：工作 i 最早完成时间；

LS_i：工作 i 最迟开始时间；LF_i：工作 i 最迟完成时间；

D_i：工作 i 持续时间；TF_i：工作 i 的总时差；

FF_i：工作 i 的自由时差；$LAG_{i,j}$：工作 i 和工作 j 之间的时间间隔。

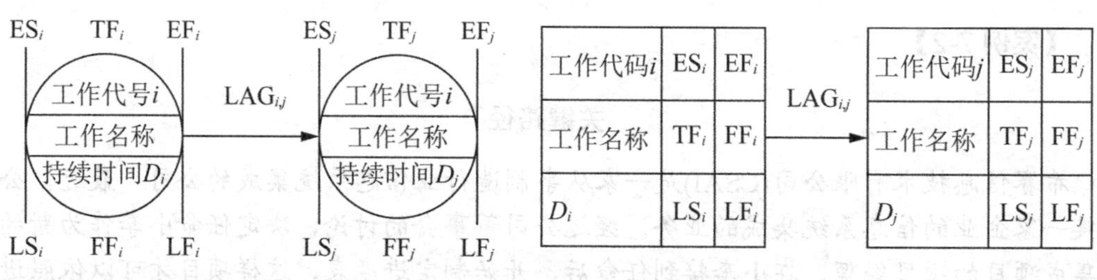

图 7.31 单代号网络计划时间参数的表示方法

2. 单代号网络计划图时间参数的计算步骤

单代号网络计划的最早开始时间、最早完成时间、最迟开始时间、最迟完成时间、自由时差和总时差的计算方法与双代号网络计划图相同。

1) 计算最早开始时间和最早完成时间

和双代号网络计划图一样，单代号网络计划中各项工作的最早开始时间和最早完成时间的计算应从网络计划的起点节点开始，顺着箭线方向依次逐项计算。

起点节点的最早开始时间为 0，其他工作最早开始时间等于该工作的各个紧前工作的最早完成时间的最大值，如式(7-15)和式(7-16)：

$$ES_i = 0 \quad (i=1) \tag{7-15}$$

$$ES_i = \max\{ES_{i-1}\} \quad (i \neq 1)\text{或}ES_i = \max\{ES_{i-1}+D_{i-1}\} \quad (i \neq 1) \tag{7-16}$$

工作最早完成时间等于该工作最早开始时间加上其持续时间，如式(7-17)：

$$EF_i = ES_i + D_i \tag{7-17}$$

2) 单代号网络计划图的计算工期 T_c

单代号网络计划图的计算工期 T_c 等于终点节点 n 的最早完成时间 EF_n，如式(7-18)：

$$T_c = EF_n \tag{7-18}$$

3) 计算相邻两项工作之间的时间间隔 $LAG_{i,j}$

相邻两项工作 i 和 j 之间的时间间隔 $LAG_{i,j}$ 等于紧后工作 j 的最早开始时间 ES_j 和本项

工作的最早完成时间 EF_i 之差，即

$$LAG_{i,j}=ES_j-EF_i \tag{7-19}$$

4) 计算工作总时差 TF_i

单代号网络计划图中的总时差应该从网络计划的终点节点开始计算，逆着箭线方向依次计算。当计划工期等于计算工期的时候，终点节点的总时差等于 0，非终点节点 i 的工作总时差 TF_i 等于该工作 i 的各个紧后工作 j 的总时差 TF_j 加该工作和紧后工作之间的时间间隔 $LAG_{i,j}$ 的最小值，如式(7-20)和式(7-21)：

$$TF_i=0 \quad (i=n) \tag{7-20}$$

$$TF_i=\min\left\{TF_j+LAG_{i,j}\right\} \quad (i\neq n) \tag{7-21}$$

5) 计算工作自由时差 FF_i

工作 i 若无紧后工作，其自由时差 FF_i 等于计划工期 T_p 减去该工作的最早完成时间 EF_n；当工作 i 有紧后工作 j 时，其自由时差 FF_i 等于该工作与其紧后工作 j 之间的时间间隔 $LAG_{i,j}$ 的最小值，如式(7-22)和式(7-23)：

$$FF_n=T_p-EF_n \quad (i=n) \tag{7-22}$$

$$FF_i=\min\left\{LAG_{i,j}\right\} \quad (i\neq n) \tag{7-23}$$

6) 计算工作的最迟开始时间和最迟完成时间

工作 i 的最迟开始时间 LS_i 等于该工作的最早开始时间 ES_i 与其总时差 TF_i 之和，工作 i 的最迟完成时间 LF_i 等于该工作的最早完成时间 EF_i 与其总时差 TF_i 之和，如式(7-24)和式(7-25)：

$$LS_i=ES_i+TF_i \tag{7-24}$$

$$LF_i=EF_i+TF_i \tag{7-25}$$

7) 关键工作和关键线路的确定

在单代号网络计划图中，总时差最小的工作是关键工作。从起点节点开始到终点节点均为关键工作，且所有工作的时间间隔为零的线路为关键线路。

3. 单代号网络计划时间参数算例

【例 7-2】 网络计划的资料如表 7.9 所示，根据材料绘制单代号网络计划，如果计划工期等于计算工期，试计算各项工作的 6 个时间参数并确定关键线路，标注在网络计划上。

表 7.9　某网络计划工作逻辑关系及持续时间表

工作	紧前工作	紧后工作	持续时间	工作	紧前工作	紧后工作	持续时间
A	—	B、D	2	E	B、D	G	4
B	A	C、E	3	F	C、E	—	3
C	B	F	3	G	E	—	2
D	A	E 、G	2				

解：(1)根据表 7.9 中的资料绘制单代号网络图，按照单代号网络图的绘制规则，绘制出单代号图，如图 7.32 所示。

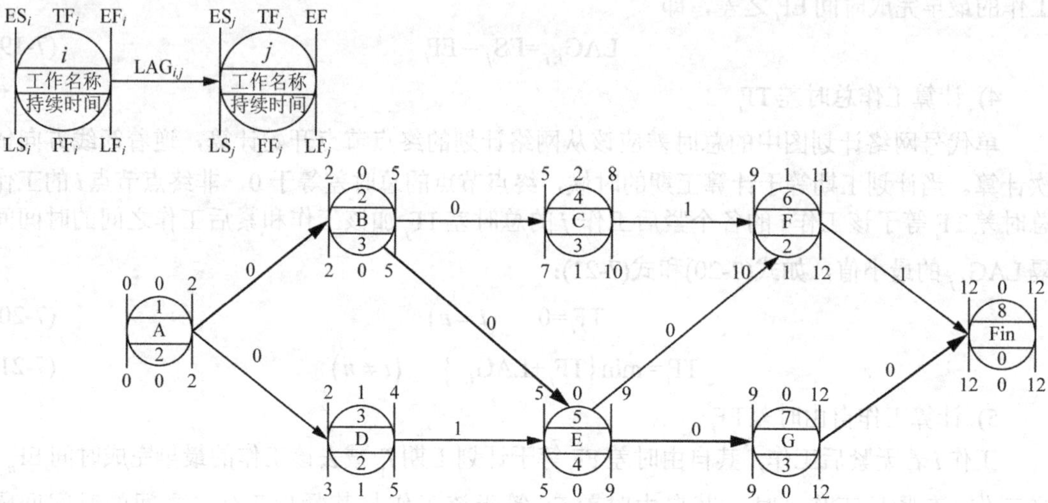

图 7.32 单代号网络计算图例

(2) 计算最早开始时间和最早完成时间。

因为没有规定最早开始时间，因此初始节点的最早开始时间是 0。

$$ES_1 = 0$$

$$ES_2 = ES_1 + D_1 = 0 + 2 = 2;\ ES_3 = ES_1 + D_1 = 0 + 2 = 2$$

$$ES_4 = ES_2 + D_2 = 2 + 3 = 5$$

$$ES_5 = \max\{ES_2 + D_2,\ ES_3 + D_3\} = \max\{2 + 3,\ 2 + 2\} = 5$$

$$ES_7 = ES_5 + D_5 = 5 + 4 = 9$$

$$ES_6 = \max\{ES_4 + D_4,\ ES_5 + D_5\} = \max\{5 + 3,\ 5 + 4\} = 9$$

节点 8 是虚拟的结束节点，根据计算规则可得其最早开始时间，如下：

$$ES_8 = \max\{ES_6 + D_6,\ ES_7 + D_7\} = \max\{9 + 2,\ 9 + 3\} = 12$$

各项工作的最早完成时间如下：

$$EF_1 = ES_1 + D_1 = 0 + 2 = 2;\ EF_2 = ES_2 + D_2 = 2 + 3 = 5$$

$$EF_3 = ES_3 + D_3 = 2 + 2 = 4;\ EF_4 = ES_4 + D_4 = 5 + 3 = 8$$

$$EF_5 = ES_5 + D_5 = 5 + 4 = 9;\ EF_6 = ES_6 + D_6 = 9 + 2 = 11$$

$$EF_7 = ES_7 + D_7 = 9 + 3 = 12;\ EF_8 = ES_8 + D_8 = 12 + 0 = 12$$

根据题意，计划工期等于计算工期，即 $T_P = T_c = EF_8 = 12$

(3) 计算相邻两工作之间的时间间隔 LAG_{i-j}。

$$LAG_{7,8} = T_P - EF_7 = 12 - 12 = 0;\ LAG_{6,8} = T_P - EF_6 = 12 - 11 = 1$$

$$LAG_{4,6} = ES_6 - EF_4 = 9 - 8 = 1;\ LAG_{5,6} = ES_6 - EF_5 = 9 - 9 = 0$$

$$LAG_{5,7} = ES_7 - EF_5 = 9 - 9 = 0;\ LAG_{2,4} = ES_4 - EF_2 = 5 - 5 = 0$$

$$LAG_{2,5} = ES_5 - EF_2 = 5 - 5 = 0;\ LAG_{3,5} = ES_5 - EF_3 = 5 - 4 = 1$$

$$LAG_{1,2} = ES_2 - EF_1 = 2 - 2 = 0;\ LAG_{1,3} = ES_3 - EF_1 = 2 - 2 = 0$$

(4) 计算工作的总时差。

根据题意得计划工期等于计算工期，因此终点节点 8 的总时差为 0，即

$$TF_8 = T_p - EF_8 = 12 - 12 = 0$$

其他工作总时差的计算过程如下：

$$TF_6 = TF_8 + LAG_{6,8} = 0 + 1 = 1;\ TF_7 = TF_8 + LAG_{7,8} = 0 + 0 = 0$$

$$TF_4 = TF_6 + LAG_{4,6} = 1 + 1 = 2;\ TF_3 = TF_5 + LAG_{3,5} = 1 + 0 = 1$$

$$TF_5 = \min\{(TF_6 + LAG_{5,6}),(TF_7 + LAG_{5,7})\} = \min\{(1+0),(0+0)\} = 0$$

$$TF_2 = \min\{(TF_4 + LAG_{2,4}),(TF_5 + LAG_{2,5})\} = \min\{(2+0),(0+0)\} = 0$$

$$TF_1 = \min\{(TF_2 + LAG_{1,2}),(TF_3 + LAG_{1,3})\} = \min\{(0+0),(1+0)\} = 0$$

(5) 计算工作的自由时差。

根据计算规则，可得各项工作的自由时差计算过程如下：

$$FF_8 = T_p - EF_8 = 12 - 12 = 0;\ FF_6 = LAG_{6,8} = 1;\ FF_7 = LAG_{7,8} = 0$$

$$FF_4 = LAG_{4,6} = 1;\ FF_5 = \min\{LAG_{5,6},\ LAG_{5,7}\} = \min\{0,0\} = 0$$

$$FF_3 = LAG_{3,5} = 1;\ FF_2 = \min\{LAG_{2,4},\ LAG_{2,5}\} = \min\{0,0\} = 0$$

$$FF_1 = \min\{LAG_{1,2},\ LAG_{1,3}\} = \min\{0,0\} = 0$$

(6) 计算各项工作的最迟开始时间和最迟结束时间。

$$LS_1 = ES_1 + TF_1 = 0 + 0 = 0;\ LF_1 = EF_1 + TF_1 = 2 + 0 = 2$$

$$LS_2 = ES_2 + TF_2 = 2 + 0 = 2;\ LF_2 = EF_2 + TF_2 = 5 + 0 = 5$$

$$LS_3 = ES_3 + TF_3 = 2 + 1 = 3;\ LF_3 = EF_3 + TF_3 = 4 + 1 = 5$$

$$LS_4 = ES_4 + TF_4 = 5 + 2 = 7;\ LF_4 = EF_4 + TF_4 = 8 + 2 = 10$$

$$LS_5 = ES_5 + TF_5 = 5 + 0 = 5;\ LF_5 = EF_5 + TF_5 = 9 + 0 = 9$$

$$LS_6 = ES_6 + TF_6 = 9 + 1 = 10;\ LF_6 = EF_6 + TF_6 = 11 + 1 = 12$$

$$LS_7 = ES_7 + TF_7 = 9 + 0 = 9;\ LF_7 = EF_7 + TF_7 = 12 + 0 = 12$$

$$LS_8 = ES_8 + TF_8 = 12 + 0 = 12;\ LF_8 = EF_8 + TF_8 = 12 + 0 = 12$$

(7) 关键工作和关键线路的确定。

根据以上的计算结果，总时差为 0 的工作 A、B、E、G 为关键工作，关键工作组成的路线为关键线路，在图中用粗箭线表示，如图 7.32 所示。

7.3.5 单代号搭接网络计划图的时间参数计算

1. 单代号搭接网络计划图时间参数的概念及其符号

ES_i：工作 i 最早开始时间；EF_i：工作 i 最早完成时间；

LS_i：工作 i 最迟开始时间；LF_i：工作 i 最迟完成时间；

D_i：工作 i 持续时间；TF_i：工作 i 的总时差；

FF_i：工作 i 的自由时差；$LAG_{i,j}$：工作 i 和工作 j 之间的时间间隔。

$STS_{i,j}$、$FTF_{i,j}$、$STF_{i,j}$、$FTS_{i,j}$：工作i和工作j之间的时距，也就是工作i和工作j之间的搭接关系。

2. 单代号搭接网络计划图时间参数的计算步骤

1) 计算最早开始时间和最早完成时间

计算最早时间参数必须从起点节点开始依次进行计算，只有紧前工作计算完毕，才能计算本工作，也就是最早时间是沿着箭线的方向依次进行计算的。在单代号搭接网络计划图时间参数的计算中，要考虑相邻工作之间的时距问题。

起始节点最早开始时间的计算如式(7-26)：

$$ES_i = 0 \qquad (i = \text{起始节点编号}) \tag{7-26}$$

其他工作j的最早开始时间ES_j的计算公式如下：

$$ES_j = ES_i + STS_{i,j} \qquad (\text{相邻时距为}STS_{i,j}) \tag{7-27}$$

$$ES_j = ES_i + D_i + FTF_{i,j} - D_j \qquad (\text{相邻时距为}FTF_{i,j}) \tag{7-28}$$

$$ES_j = ES_i + STF_{i,j} - D_j \qquad (\text{相邻时距为}STF_{i,j}) \tag{7-29}$$

$$ES_j = ES_i + D_i + FTS_{i,j} \qquad (\text{相邻时距为}FTS_{i,j}) \tag{7-30}$$

在计算最早开始时间参数时，如果计算出的参数是负值，那么应该将该工作j和起始节点用虚箭线连接，并确定其时距为$STS_{\text{起始节点},\ j} = 0$。

工作j的最早完成时间EF_j的计算公式如下：

$$EF_j = ES_j + D_j \tag{7-31}$$

当有两种以上的时距(有两项或者两项以上紧前工作)限制工作之间的逻辑关系时，应分别计算该项工作的最早时间，取其最大值。

搭接网络计划中，全部工作的最早完成时间的最大值若在中间工作k，则该中间工作应与终点节点用虚箭线相连接，并确定其时距为

$$FTF_{k,\ \text{终点节点}}=0 \tag{7-32}$$

单代号搭接网络计划的计算工期T_c由与终点相联系的工作的最早完成时间中的最大值决定；而计划工期T_p的计算应按下列情况分别确定：当已规定了要求工期T_r时，$T_p \leqslant T_r$；当未规定要求工期时，$T_p=T_c$。

2) 计算相邻两工作时间间隔$LAG_{i,j}$

相邻两项工作i和j在满足时距之外，还有多余的时间间隔$LAG_{i,j}$，如式(7-33)：

$$LAG_{i,j}=\min\begin{bmatrix} ES_j - EF_i - FTS_{i,j} \\ ES_j - ES_i - STS_{i,j} \\ EF_j - EF_i - FTF_{i,j} \\ EF_j - ES_i - STF_{i,j} \end{bmatrix} \tag{7-33}$$

3) 计算工作总时差

工作i的总时差TF_i应从网络计划的终点节点开始，逆着箭线方向依次逐项计算。当部

分工作分期完成时，有关工作的总时差必须从分期完成的节点开始逆向逐项计算。终点节点所代表工作 n 的总时差 TF_n 按式(7-34)进行计算。其他工作 i 的总时差 TF_i 按式(7-35)进行计算。

$$TF_n = T_p - EF_n \quad (i=n) \tag{7-34}$$

$$TF_i = \min\{TF_j + LAG_{i,j}\} \tag{7-35}$$

4) 计算工作自由时差

终点节点所代表工作的自由时差 FF_n 应为

$$FF_n = T_p - EF_n \tag{7-36}$$

其他工作 i 的自由时差 FF_i 应为

$$FF_i = \min\{LAG_{i,j}\} \tag{7-37}$$

5) 计算工作最迟完成时间

工作 i 的最迟完成时间 LF_i 应从网络计划的终点节点开始，逆着箭线方向依次逐项计算。当部分工作分期完成时，有关工作的最迟完成时间应从分期完成的节点开始逆向逐项计算。

终点节点所代表的工作 n 的最迟完成时间 LF_n 应按网络计划的计划工期 T_p 确定，即：

$$LF_n = T_p \tag{7-38}$$

其他工作 i 的最迟完成时间 LF_i 的计算方法，按式(7-39)和式(7-40)计算。

$$LF_i = EF_i + TF_i \tag{7-39}$$

或

$$LF_i = \min\begin{Bmatrix} LS_j - LF_i - FTS_{i,j} \\ LS_j - LS_i - STS_{i,j} \\ LF_j - LF_i - FTF_{i,j} \\ LF_j - LS_i - STF_{i,j} \end{Bmatrix} \tag{7-40}$$

6) 计算工作最迟开始时间

工作 i 的最迟开始时间 LS_i 按式(7-41)和式(7-42)进行计算。

$$LS_i = LF_i - D_i \tag{7-41}$$

或

$$LS_i = ES_i + TF_i \tag{7-42}$$

7) 关键工作和关键线路的确定

关键工作是总时差最小的工作。在搭接网络计划中工作总时差最小的工作，也就是其具有的机动时间最小，如果延长它的持续时间就会影响计划工期，因此为关键工作。当计划工期等于计算工期时，工作的总时差等于 0 是最小的总时差。当有要求工期，且要求工期小于计算工期时，总时差最小的为负值，当要求工期大于计算工期时，总时差最小的为正值。

关键线路是自始至终全部由关键工作组成的线路或线路上总的工作持续时间最长的线路，该线路在网络图上应用粗线、双线或彩色线标注。

在搭接网络计划中，从起点节点开始到终点节点均为关键工作，且所有工作的时间间隔均为 0 的线路应为关键线路。

3. 单代号搭接网络计划算例

【例 7-3】 已知单代号搭接网络计划如图 7.33 所示，若计划工期等于计算工期，试计算各项工作的 6 个时间参数并确定关键线路，标注在网络计划上。

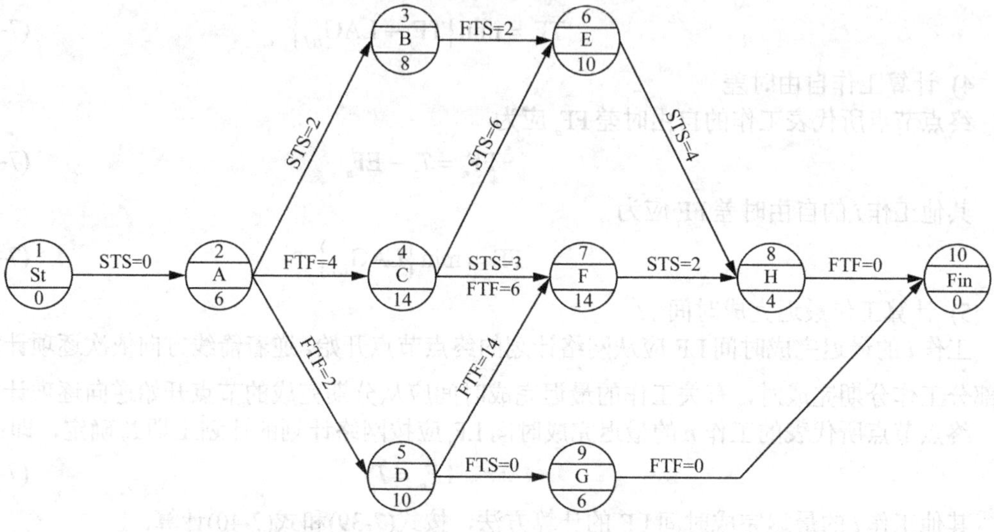

图 7.33 单代号搭接网络计划图

解：单代号搭接网络时间参数计算总图如图 7.34 所示，其具体计算步骤略。

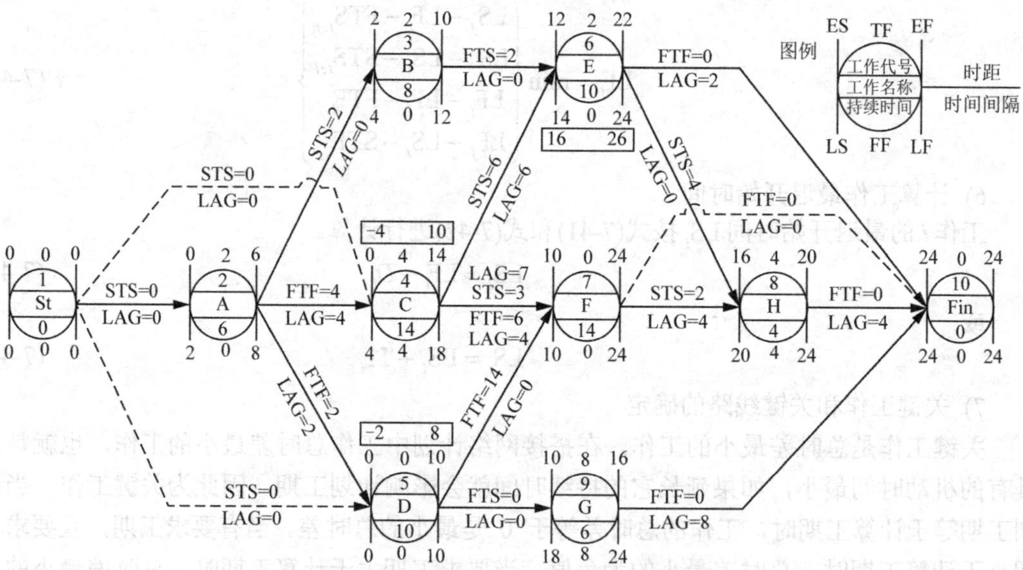

图 7.34 单代号搭接网络计划计算结果图示

重点提示：

重点掌握双代号网络计划图、单代号网络计划图时间参数的计算以及关键线路的标注；在熟练绘制、计算该两种网络计划图的基础上，绘制单代号搭接网络图。

7.4　建设工程项目进度控制

7.4.1　建设工程项目进度控制的含义和目的

建设工程项目管理有多种类型，代表不同参与方的建设工程项目管理(如业主、施工单位、材料设备供应方等参与各方)都有进度控制的任务，但不同的参与方对建设工程项目进度控制的目标和时间范畴是不同的。

由于建设工程项目的特殊性，其计划也是动态的，那么进度控制也是动态的管理过程。建设工程项目进度控制一般的任务包括进度目标的分析和论证，在收集资料和调查研究的基础上编制进度计划，对进行计划进行跟踪和检查，保持进度计划具有现实的操作意义。为了实现进度目标，进度控制的过程也就是随着项目的进展，进度计划不断调整的过程。

首先，进度目标分析和论证的目的是论证进度目标是否合理，进度目标是否有可能实现。如果经过科学的论证，目标不可能实现，则必须调整目标。

其次，进度计划的跟踪检查与调整包括定期跟踪检查所编制的进度计划执行情况，以及若其执行有偏差，则采取纠偏措施，并视必要调整进度计划。

最后，进度控制的目的是通过控制以实现工程的进度目标。

7.4.2　建设工程项目进度控制的任务

建设工程项目进度计划的制定者具有各自的进度目标，也就决定了建设工程项目参与各方的进度控制的任务。具体任务主要表现在以下各个方面。

业主方进度控制的任务是控制整个项目实施阶段的进度，包括控制设计准备阶段的工作进度、设计工作进度、施工进度、物资采购工作进度，以及项目动用前准备阶段的工作进度。

设计方进度控制的任务是依据设计任务委托合同对设计工作进度的要求控制设计工作进度，这是设计方履行合同的义务。

施工方进度控制的任务是依据施工任务委托合同对施工进度的要求控制施工进度，这是施工方履行合同的义务。

供货方进度控制的任务是依据供货合同对供货的要求来控制供货进度，这是供货方履行合同的义务。

7.4.3　建设工程项目进度控制的措施

建设工程项目进度控制的目的就是通过控制以实现建设工程的进度目标，通俗而言就是使实际的建设周期不得超过计划建设周期。进度控制所涉及的时间范畴包括从建设工程项目立项开始到建设工程项目正式动用，所涉及的建设工程项目范围包括与建设工程项目动用有关的一切子项目，所涉及的单位覆盖范围包括设计、科研、材料供应、构配件供应、设备供应、施工安装单位及审批单位等。

建设工程项目进度控制的纠偏措施主要有组织措施、管理措施、经济措施和技术措施。

1. 建设工程项目进度控制的组织措施

组织是目标能否实现的决定性因素，建设工程项目进度纠偏工作应当重视组织措施。建设工程项目进度控制的组织措施主要包括以下内容。

(1) 组织是目标能否实现的决定性因素，为实现项目的进度目标，应充分重视健全项目管理的组织体系。

(2) 在项目组织结构中应有专门的工作部门和符合进度控制岗位资格的专人负责进度控制工作。

(3) 进度控制的主要工作环节包括进度目标的分析和论证、编制进度计划、定期跟踪进度计划的执行情况、采取纠偏措施，以及调整进度计划。

(4) 应编制项目进度控制的工作流程，例如，确定项目进度计划系统的组成；各类进度计划的编制程序、审批程序和计划调整程序等。

(5) 进度控制工作包含了大量的组织和协调工作，而会议是组织和协调的重要手段，应进行有关进度控制会议的组织设计，以明确会议的类型，各类会议的主持人及参加单位和人员，各类会议的召开时间，各类会议文件的整理、分发和确认等内容。

2. 建设工程项目进度控制的管理措施

建设工程项目进度控制的管理措施涉及管理的思想、管理的方法、管理的手段、承发包模式、合同管理和风险管理等。在理顺组织的前提下，科学和严谨的管理显得十分重要。

在具体的建设工程项目进度控制实践中，项目参与各方在管理理念方面可能会导致进度拖延问题，其原因主要包括：

(1) 缺乏进度计划系统的观念，分别制定各种独立而互不联系的计划，无法形成整个建设工程项目的进度计划系统。

(2) 缺乏动态控制的理念，只重视计划的编制而忽略计划的动态跟踪和调整。

(3) 缺乏进行计划多方案比较和选优的观念，在制定进度计划的时候，没有进行多个方案间的比选，合理的进度计划应体现资源的合理使用，工作面的合理安排，有利于提高建设质量，有利于文明施工和有利于合理地缩短建设周期。

建设工程项目进度控制管理上的措施主要包括以下几个方面。

(1) 采用工程网络计划方法编制进度计划和进行进度计划的纠偏。用工程网络计划的方法编制进度计划必须很严谨地分析和考虑工作之间的逻辑关系，通过工程网络的计算可发现关键工作和关键路线，也可知道非关键工作可使用的时差，有利于实现进度控制的科学化。如果进度出现偏差时，可以改变网络计划中的活动的逻辑关系。通过利用网络计划中的时差，改变工作之间的逻辑关系，变前后的顺序为平行关系，或者采用流水施工的方法，或将工作进行合并，特别是关键线路上的工作进行合并，与具体实施者一起研究，通过局部地调整实施过程和人力、物力的分配，达到缩短工期的目的。

(2) 选择合理的承发包模式。承发包模式的选择直接关系到工程实施的组织和协调。为了实现进度目标，应选择合理的合同结构，以避免过多的合同交界面而影响工程的进展。工程物资的采购模式对进度也有直接的影响，对此应作比较分析。

(3) 注意分析影响工程进度的风险，并在分析的基础上采取风险管理措施，以减少进度失控的风险量。常见的影响工程进度的风险有组织风险、管理风险、合同风险、资源(人力、物力和财力)风险、技术风险等。

(4) 利用信息技术，包括相应的软件、局域网、互联网以及数据处理设备，进行进度控制。虽然信息技术对进度控制而言只是一种管理手段，但它的应用有利于提高进度信息处理的效率，有利于提高进度信息的透明度，有利于促进进度信息的交流和项目各参与方的协同工作。特别是在一些大型项目中，或者是在分布区域比较分散的情况下，利用专业进度控制软件有助于进度控制的实施。

3. 建设工程项目进度控制的经济措施

建设工程项目进度控制的经济措施涉及资金需求计划、资金供应的条件和经济激励措施等。建设工程项目进度控制的经济措施主要包括以下几项内容。

(1) 应编制与进度计划相适应的资源需求计划(资源进度计划)，包括资金需求计划和其他资源(人力和物力资源)需求计划，以反映工程实施的各时段所需要的资源。

(2) 注意建设工程项目的资金供应条件，资金供应条件包括可能的资金总供应量、资金来源(自有资金和外来资金)以及资金供应的时间。

(3) 在工程预算中应考虑加快工程进度所需要的资金，其中包括为实现进度目标将要采取的经济激励措施所需要的费用。

4. 建设工程项目进度控制的技术措施

建设工程项目进度控制的技术措施涉及对实现进度目标有利的设计技术和施工技术的选用。

(1) 不同的设计理念、设计技术路线、设计方案会对工程进度产生不同的影响。在设计工作的前期，特别是在设计方案评审和选用时，应对设计技术与工程进度的关系作分析比较。在工程进度受阻时，应分析是否存在设计技术的影响因素，为实现进度目标有无设计变更的可能性。

(2) 施工方案对工程进度有直接的影响，在选用施工方案时，不仅应分析技术的先进性和经济合理性，还应考虑其对进度的影响。在工程进度受阻时，应分析是否存在施工技术的影响因素，为实现进度目标有无改变施工技术、施工方法和施工机械的可能性。

7.4.4　建设工程项目进度控制的方法

建设工程项目进度控制的目的是通过将实际与计划进行比较，得出实际进度比计划进度是超前还是滞后，并进一步判定计划的完整程度，以及通过预测后期建设工程项目进度，预测建设工程项目是否能按期完工。建设工程项目进度控制的方法有横道图比较法、S 形曲线比较法、香蕉型曲线比较法、前锋线比较法和列表比较法。

1. 横道图比较法

横道图比较法，是将项目实施过程中检查的实际进度收集到的信息，经过整理之后直接用横道线并列在原来横道图中的横道线处，可以形象直观地得出实际进度的情况。如图 7.35 所示，细黑线表示的是原来的进度计划，黑粗线表示的是实际进度情况，那么挖土 1 工作按计划完成，而挖土 2 工作比计划提前 2 周完成。

工作序号	工作名称	工作时间	进度(周)															
			1	2	3	4	5	6	7	8	9	10	11	12	13	14	15	16
1	挖土 1	2																
2	挖土 2	6																
3	混凝土 1	3																
4	混凝土 1	3																
5	防水处理	6																
6	回填土	2																

图 7.35　某基础工程实际进度与计划进度比较横道图

2. S 形曲线比较法

从整个工程建设项目发展的全过程来看，单位时间内完成的工作任务量一般都随着时间的递进而出现两头少、中间多的分布规律。在工程建设开工阶段和工程建设竣工收尾阶段，工作任务比较少，而具体的工程施工阶段，工作任务量比较多。S 形曲线比较法，就是以横坐标表示进度时间，以纵坐标表示累计完成工作任务量而绘制出的曲线，这条根据累计完成工作任务量绘制的曲线就是一条 S 形曲线。

S 形曲线比较法就是将进度计划确定的计划累计完成工作任务量和实际累计完成工作任务量分别绘制成 S 形曲线，并通过两者的比较以判断实际进度与计划进度，实际进度是超前还是滞后，以及得出其他各种有关进度信息的进度计划执行情况的检查方法。

如图 7.36 所示，应用 S 形曲线比较法比较实际和计划两条 S 形曲线可以得出以下几种分析和判断结果。

1) 建设工程项目实际进度与计划进度比较情况

对应于任意检查日期与相应的实际 S 形曲线上的一点，如果该点位于计划 S 形曲线左侧，表示此时实际进度比计划进度超前，若位于右侧则表示实际进度比计划进度滞后。

2) 建设工程项目实际进度比计划进度超前或滞后的时间

通过纵坐标上同一个水平线，可以在计划 S 形曲线和实际 S 形曲线上有两个交点，用该交点，绘制横坐标的垂直线，通过横坐标上的距离可以直接读出建设工程项目实际进度比计划进度超前还是滞后的时间。如图 7.36 所示，ΔT_a 表示 T_a 时刻实际进度超前的时间，ΔT_b 表示 T_b 时刻实际进度滞后的时间。

3) 建设工程项目实际比计划超出或拖欠的工作任务量

如图 7.36 所示，ΔQ_a 表示 T_a 时刻超额完成的工作任务量，ΔQ_b 表示 T_b 时刻拖欠的工作任务量。

4) 预测工作进度

如图 7.36 所示，若工程按原计划速度进行，则该项工作的总计拖延时间的预测值为 ΔT_c。

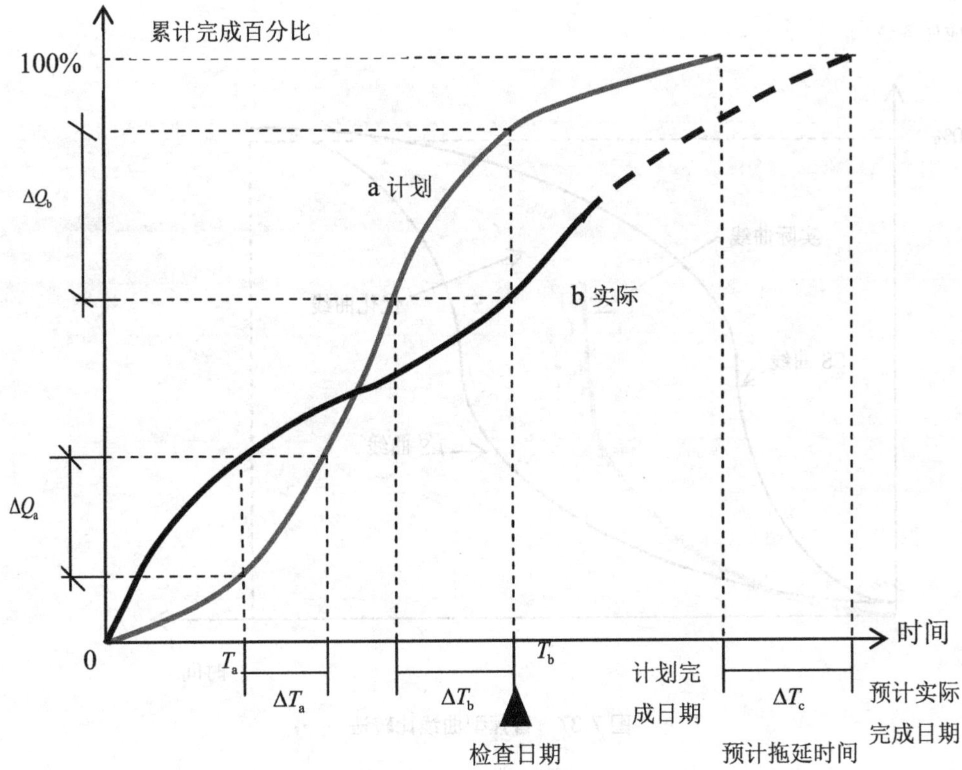

图 7.36　S 形曲线比较法

3. 香蕉型曲线比较法

根据工程网络计划图的时间参数可知，任何一项工作都有最早开始时间和最迟必须开始时间。按照最早开始时间可以绘制一条根据最早开始时间推移逐日累计完成工作任务量的 S 形曲线，称为 ES 曲线；同时也可以绘制另一条根据最迟开始时间展开逐日累计完成工作任务量的 S 形曲线，称为 LS 曲线。这两条曲线除了在开始点和结束点相互重合之外，ES 曲线上的其他点都落在 LS 曲线的左侧，从而使得 ES 曲线和 LS 曲线围成一个形状像香蕉的曲线，因此该图被称为香蕉型曲线图，如图 7.37 所示。

正常情况下，在建设工程项目实际进度管理的理想状况是，在任意时刻上按照实际进度绘制的点均落在香蕉型曲线内部，说明实际工程进度被控制在工作最早开始时间和最迟必须开始时间的要求范围之内，是正常的状态。相反，当建设工程项目实际进度的点落在香蕉型曲线之外，也就是落在 ES 曲线的左侧和 LS 曲线的右侧，则出现了实际进度和计划进度超前和滞后的状况，建设工程进度产生偏差，要及时采取措施进行进度控制。香蕉型曲线图除了对建设工程项目的实际与计划进度进行比较之外，还可以对建设工程项目的实际进度进行合理的调整与安排，或确定在计划执行情况检查状态下后期工程的 ES 曲线和 LS 曲线的变化趋势。

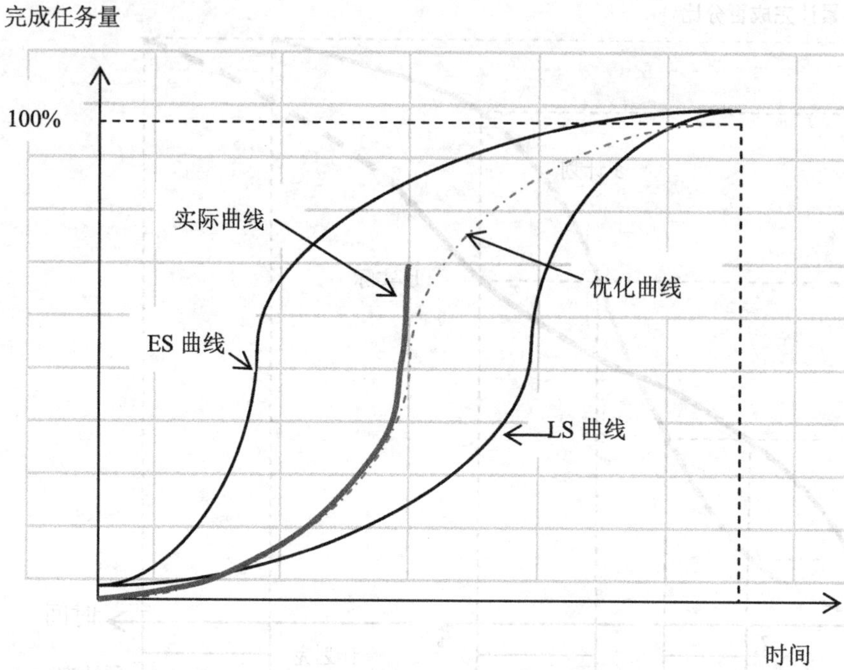

图 7.37　香蕉型曲线比较法

4. 前锋线比较法

前锋线比较法是一种适用于时标网络计划的实际与计划进度的比较方法。前锋线是从计划执行情况检查时刻的时标位置出发，经依次连接时标网络图上每一工作箭线的实际进度点，最终结束于检查时刻的时标位置而形成的对应于检查时刻各项工作实际进度前锋点位置的折线(一般用点划线标出)。因此前锋线又可以称为实际进度前锋线。因此前锋线比较法就是借助于实际进度前锋线比较工程实际与计划进度偏差的方法。

在运用前锋线比较法的过程中，实际前锋点的标注方法通常有两种，一种是按已经完成的工程量实物量进行标定；另一种是按照工作尚需的作业天数来进行标定，或按工作已经完成的天数来确定，如图 7.38 所示。

前锋线比较法的作用主要有比较实际进度和计划进度，分析工作的实际进度能力和预测工作的进度。

1) 比较实际与计划进度

在时标网络图中对应于任意的检查日期，如果工作实际进度的点和检查日期时间坐标相同，则被检查工作的实际进度和计划进度一致，如果工作实际进度位于检查日时间坐标的左侧或者右侧，则表示被检查的工作实际进度滞后或者超前，滞后或者超前的天数就是实际进度点所在位置与检查日期两者之间的时间间隔。如图 7.38 所示，在第二次检查的时候，工作 E 超前于计划进度 1 天，工作 D 正常，工作 C、B 则分别滞后于计划 2 天、1 天。

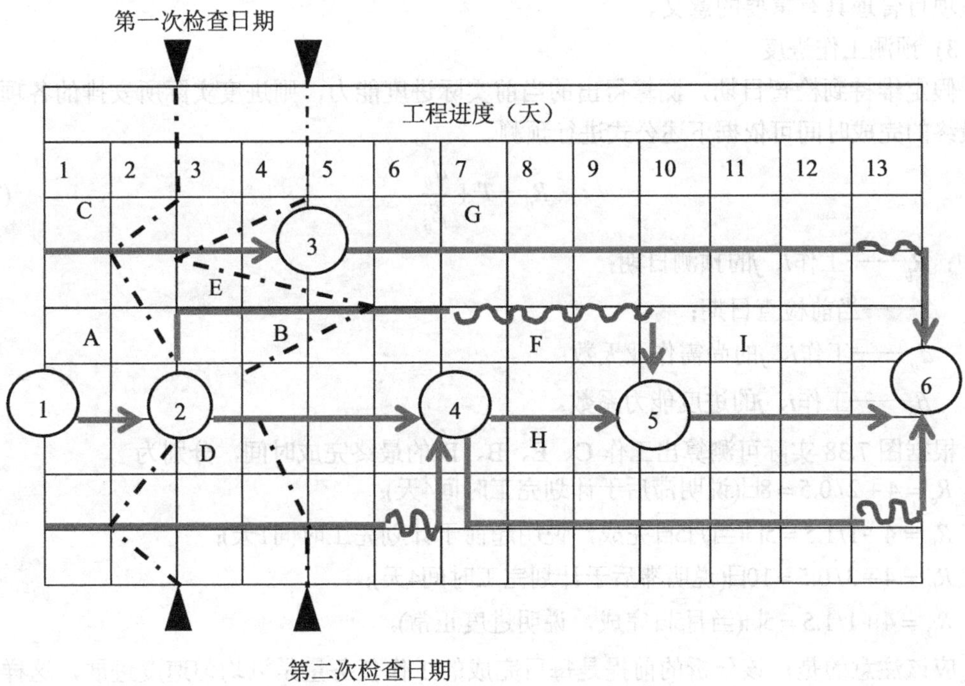

图 7.38　某工程网络计划前锋线比较图

2) 分析工作的实际进度能力

工作进度能力是指按当前实际进度状况完成计划工作的能力，工作的实际进度能力可用工作进度能力系数表示，其计算公式为

$$\beta_{ij}=\frac{\Delta t}{\Delta T} \tag{7-43}$$

式中：β_{ij}——工作i、j的进度能力系数；

Δt——相邻两实际进度前锋点的时间间隔；

ΔT——相邻两次检查日期的时间间隔。

工作能力系数的判断标准：

$\beta_{ij}=1$ 表示当前实际进度恰好满足计划进度的要求，工程刚好如期完成；

$\beta_{ij}>1$ 表示当前实际进度充分满足计划进度的要求，工程将提前完成；

$\beta_{ij}<1$ 表示当前实际进度不能满足计划进度的要求，工程将滞后。

结合图 7.38 所示，C、E、B、D 当前的工作能力系数分别为：

$$\beta_{\mathrm{C}}=(2-1)/(4-2)=0.5$$
$$\beta_{\mathrm{E}}=(5-2)/(4-2)=1.5$$
$$\beta_{\mathrm{B}}=(3-2)/(4-2)=0.5$$
$$\beta_{\mathrm{D}}=(4-1)/(4-2)=1.5$$

可见工作 E 和工作 D 的能力系数大于 1，工作将提前完成，而工作 C 和工作 B 的能力系数小于 1，则工程实际进度滞后于计划进度。因此对工作进行实际进度能力的分析对建设工程项目管理具有重要的意义。

3) 预测工作进度

假定维持到检查日期，测算得出的当前实际进度能力，则进度实际所安排的各项工作其最终的完成时间可依据下述公式进行预测。

$$R_{ij} = T + \frac{d_{ij}}{\beta_{ij}} \tag{7-44}$$

式中：R_{ij}——工作i、j的预测日期；

T——当前检查日期；

d_{ij}——工作i、j的尚需作业天数；

β_{ij}——工作i、j的进度能力系数。

根据图 7.38 实际可测算出工作 C、E、B、D 的最终完成时间，分别为

$R_{\mathrm{C}} = 4 + 2/0.5 = 8$日(说明滞后于计划完工时间4天)；

$R_{\mathrm{E}} = 4 + 1/1.5 = 5$日(当月5日完成，说明超前于计划完工时间1天)；

$R_{\mathrm{B}} = 4 + 3/0.5 = 10$日(说明滞后于计划完工时间4天)；

$R_{\mathrm{D}} = 4 + 1/1.5 = 5$日(当月5日完成，说明进度正常)。

应该注意的是，该分析的前提是每日完成的工作任务量是以均匀速度进展，这样就可能和工程实际情况中的开工和竣工阶段的工作任务量较少，而中间施工阶段的工作任务量较多的情况不符，所以预测的结果会有一定的偏差。

5. 列表比较法

列表比较法是通过将截止某一检查日期工作的尚有总时差与其原有总时差的计算结果列于表格之中进行比较，用来判断工程实际进度与计划进度相比超前或滞后情况的方法。

从网络计划的时间参数可知，工作总时差是在不影响整个工作任务按原计划工期完成的前提下，该项工作在开工时间上所具有的最大的选择权。因而某一项检查日期各项工作尚有总时差的取值，实际上标志着工作进度偏差及能否如期完成整个工程进度计划的不同情况。

工作尚有总时差可定义为检查日到此项工作的最迟必须完成时间的尚余天数与自检查日算起该工作还需要的作业天数这两者之差。将工作尚余总时差与原有总时差进行比较而形成的进度计划执行情况检查的具体结论可以归纳为以下几点。

(1) 如果工作尚有总时差大于原有总时差，则说明该工作的实际进度比计划进度超前，超前的天数为二者之差。

(2) 如果工作尚有总时差等于原有总时差，则说明该工作的实际进度与计划进度一致。

(3) 如果工作尚有总时差小于原有总时差，但仍为正值，则说明该工作的实际进度比计划进度滞后，但是计划工期不受影响，此时工作实际进度的滞后的天数为二者之差。

(4) 如果工作尚有总时差小于原有总时差，且为负值，则说明该工作的实际进度比计划进度滞后，并且计划进度受到影响，工作实际进度的滞后天数为二者之差，而计划工期的延迟天数则与工序尚有总时差天数相等。

列表比较法可以同时适用于网络计划执行情况的检查。如图 7-38 所示，对第二次检查

工程进度时网络计划的实际执行情况列表进行比较和判断，如表 7.10 所示。

表 7.10　工程进度检查比较表

工作名称或代号	检查日	自检查日期工作尚需作业天数	工作的最迟完成时间	检查日到最迟完成时间尚余天数	工作原有总时差	工作尚有总时差	判断结论		
							工作进度(天)		工期
							超前	滞后	
(1)	(2)	(3)	(4)	(5)=(4)-(1)	(6)	(7)=(5)-(3)	(8)=(7)-(6)	(9)=(7)-(6)	(10)
C	4	2	5	1	1	-1		2	延迟 1 天
E	4	1	9	5	3	4	1		
B	4	3	6	2	0	-1		1	延迟 1 天
D	4	1	6	2	1	1	0	0	

分析与思考：

建设工程项目进度控制措施和进度控制方法有何不同？

本 章 小 结

本章主要对建设工程项目进度计划的表达方式进行说明。本章重点对单代号、双代号网络计划图的绘图规则进行阐述，并对双代号网络计划、单代号网络计划和单代号搭接网络计划的 6 个时间参数计算进行说明，随后对建设工程项目进度控制的措施和方法进行了阐述。

思 考 题

1. 建设项目进度管理的种类有哪些？进度计划的编制方法是什么？
2. 什么是横道图？什么是流水作业？
3. 网络计划技术是如何进行分类的？
4. 双代号网络计划图如何绘制，时间参数如何进行计算，关键线路和关键工作如何确定？
5. 单代号网络计划图如何绘制，时间参数如何进行计算，关键线路和关键工作如何确定？
6. 双代号时标网络图如何绘制？
7. 单代号搭接网络计划图如何绘制？时间参数如何进行计算，关键线路和关键工作如何确定？
8. 建设工程项目进度控制的措施有哪些？进度控制的含义是什么？进度控制的任务有哪些？

第8章

建设工程项目费用管理

学习目标

- 熟悉建设工程项目费用的组成。
- 掌握建设方的工程项目费用管理的内容。
- 熟悉施工项目成本管理的内容。
- 掌握费用与进度综合控制的赢得值法。

本章导读

本章主要学习建设方的工程项目费用管理、施工项目成本管理、费用与进度综合控制的赢得值法等内容。

项目案例导入

中国中央电视台新台址位于北京市朝阳区东三环中路，紧临东三环，地处北京商务中心区，占地197 000平方米，总建筑面积约55万平方米，地上52层，地下4层，最高建筑234米，最初的工程建筑安装总投资预算约50亿元人民币。建设内容主要包括：主楼、电视文化中心、服务楼及媒体公园。该建筑由世界著名建筑设计师、荷兰雷姆•库哈斯担任主建筑师，荷兰大都会建筑事务所负责设计。中央电视台总部大楼建筑外形前卫，被美国《时代》评选为2007年世界十大建筑奇迹。据资料称，在项目实施中，工程建设费用从最初的50亿工程预算，一路攀升至近200亿，并且支付给设计方荷兰大都会建筑事务所高达3.5亿的设计费用，平均达630元每平方米，远远超过国内一般设计师事务所的几十元每平方米的收费水平。

问题导入

上述案例中，建筑安装总投资预算费用由哪些因素组成？在项目建设中，建设方如何控制项目的费用？施工方如何降低施工项目的成本？如何采用赢得值法实现对费用和进度的综合控制？通过本章的学习将会解答这些问题，初步掌握建设工程费用管理的能力。

8.1 建设工程项目费用组成

根据原国家计委审定发行(计办投资〔2002〕15号文《投资项目可行性研究指南》)规定，现行建设工程项目总费用(总投资)由工程费用、工程建设其他费用、预备费及专项费用四部分构成。其中，工程费用由建筑安装工程费、设备及工器具购置费构成。

8.1.1 建筑安装工程费的组成

我国现行建筑安装工程费用项目组成(建标〔2003〕206 号关于印发《建筑安装工程费用项目组成》的通知)包括直接费、间接费、利润和税金。

1. 直接费

直接费包括直接工程费和措施费部分。

1) 直接工程费

直接工程费是指施工过程中耗用的构成工程实体的各项费用，包括人工费、材料费、机械使用费。

2) 措施费

措施费是指为完成工程项目施工，发生于该工程施工前和施工过程中非工程实体项目的费用，包括环境保护费、文明施工费、安全施工费、临时设施费、夜间施工增加费、二次搬运费、大型设备进出场及安拆费、模板及支架费、脚手架费、已完工程及设备保护费、施工排水降水费。

2. 间接费

间接费是指为施工准备、组织和管理施工生产的全部费用的支出，是非直接用于也无法直接计入工程对象，但为进行工程施工所必须发生的费用。间接费由规费和企业管理费组成，通常是按照直接费的比例进行计算。

1) 规费

规费是指政府和有关权力部门规定必须缴纳的费用，包括工程排污费、定额测定费、社会保障费、住房公积金、危险作业意外伤害保险等。

2) 企业管理费

企业管理费是指建筑安装企业组织施工生产和经营管理所需费用，包括：企业管理人员工资、办公费、差旅交通费、固定资产使用费、工具用具使用费、劳动保险费、工会经费、职工教育经费、财产保险费、财务费、税金等。

3. 利润

利润是指按规定应计入建筑安装工程造价的，施工企业完成所承包工程获得的盈利。它是按单位工程类别来划分不同的利润率，以人工费、材料费、施工机械使用费和企业管理费之和作为取费基数乘以利润率确定。在投标报价时，企业可以根据工程的难易程度、市场竞争情况和自身的经营管理水平自行确定合理的利润率。

4. 税金

税金是国家税法规定的应计入建筑安装工程造价内的营业税、城市维护建设税及教育费附加等。

1) 营业税

营业税是按营业额乘以营业税税率确定，计算公式为：

$$应纳营业税=营业额\times营业税税率 \tag{8-1}$$

营业额是指从事建筑、安装、修缮、装饰及其他工程作业收取的全部收入，还包括建筑、修缮、装饰工程所用原材料及其他物质和动力的价款。当安装的设备价值作为安装工程产值时，亦包括所安装设备的价款。但建筑安装工程总承包方将工程分包或转包给他人的，以工程的全部承包额减去付给分包人或转包人的价款后的余额作为营业额。

2) 城市维护建设税

城市维护建设税是国家为了加强城乡的维护建设，稳定和扩大城市、乡镇维护建设的资金来源，而对有经营收入的单位和个人征收的一种税。城市维护建设税是按应纳营业税额乘以适用税率确定，计算公式为：

$$应纳税额=应纳营业税额\times适用税率 \tag{8-2}$$

城市维护建设税的纳税人所在地为市区的，其适用税率为营业税的 7%；所在地为县镇的，其适用税率为营业税的 5%；所在地为农村的，其适用税率为营业税的 1%。

3) 教育费附加

教育费附加税额为营业税的 3%，计算公式为：

$$应纳税金=应纳营业税额\times3\% \tag{8-3}$$

为了计算上的方便，可将营业税、城市维护建设税和教育费附加合并在一起计算，以工程成本加利润为基数计算税金，即：

$$税金=(直接费+间接费+利润)\times税率 \tag{8-4}$$

式中，纳税人所在地为市区的，税率取3.41%；纳税人所在地为县镇的，取3.35%；纳税人所在地为农村的，取3.22%。

8.1.2 设备及工器具购置费的组成

设备及工器具购置费由设备购置费和工器具及生产家具购置费组成。

1. 设备购置费

设备购置费是指购置设计文件规定的各种机械和电气设备的全部费用，包括设备原价或进口设备抵岸价和设备运杂费，即

$$设备购置费=国产设备原价或进口设备抵岸价+设备运杂费 \tag{8-5}$$

2. 工器具及生产家具购置费

工器具及生产家具购置费是指按照有关规定，为保证初期正常生产必须购置的没有达到固定资产标准的设备、仪器、工具、器具、生产家具和备品备件等的购置费用。一般以设备购置费为计算基数，按照部门或行业规定的工具、器具及生产家具费率计算。

8.1.3 工程建设其他费用的组成

工程建设其他费用是指从工程筹建到工程竣工验收交付使用的整个建设期间，除建筑安装工程费用和设备工器具购置费外，为保证工程建设顺利完成和交付使用后能够正常发挥效用而发生的各项费用总和。一般项目建设投资中较常发生的费用，按内容大体可分为三类：第一类为土地使用费；第二类是与项目建设有关的其他费用，包括建设单位管理费、勘察设计费、研究试验费、建设单位场地准备及临时设施费、工程监理费、引进技术及专利技术使用费等；第三类是与项目投入使用或生产以后有关的费用，包括生产准备费、联合试运转费、办公和生活家具购置费等。

需要说明的是，并非每个项目都会发生这些费用，项目具体费用组成由项目本身情况决定。此外，一些具有较明显行业特征的工程建设其他费用项目，如移民安置费、水土保持评价费、地质灾害危险性评价费、航道维护费、植被恢复费等，可在具体项目发生时依据有关政策规定计取。

8.1.4 预备费

预备费包括基本预备费和价差预备费。

1. 基本预备费

基本预备费又称不可预见费，是指在初步设计及概算内难以预料的工程费用，主要指设计变更及施工过程中所增加的工程费用；一般自然灾害造成的损失和预防自然灾害所采取的措施费用；竣工验收时为鉴定工程质量对隐蔽工程进行必要的挖掘和修复费用。

2. 价差预备费

价差预备费指建设项目在建设期间内由于价格等变化引起工程造价变化的预测预留费用，包括：人工、设备、材料、施工机械的价差费，建筑安装工程费及工程建设其他费用调整，利率、汇率调整等增加的费用。

8.1.5　专项费用

专项费用包括建设期贷款利息、铺底流动资金和固定资产投资方向调节税。

1. 建设期贷款利息

建设期贷款利息指工程项目在建设期间发生并计入固定资产的利息，包括国内银行和其他非银行金融机构贷款、出口信贷、外国政府贷款、国际商业银行贷款以及在境内外发行的债券等在建设期间内应偿还的借款利息。

2. 铺底流动资金

铺底流动资金指为保证项目投产后能正常生产经营所需要的最基本的周转资金数额。铺底流动资金属于项目总投资中的一个组成部分，需在项目决策阶段落实，其数额取决于流动资金的大小，一般为定额流动资金的30%。其中，定额流动资金是指财务中的营运资金。

3. 固定资产投资方向调节税

固定资产投资方向调节税是按照国家有关法律条例，对我国境内进行固定资产投资的单位和个人(不含中外合资经营企业、中外合作经营企业和外商独资企业)用于固定资产投资的各种资金而征收的一种调节税款。国务院 1991 年 4 月 16 日发布《中华人民共和国固定资产投资方向调节税暂行条例》，但从 2000 年 1 月 1 日起新发生的投资额暂停征收固定资产投资方向调节税，但该税种并未取消。

分析与思考：

掌握建筑安装工程费的组成。

8.2　建设方的工程项目费用管理

8.2.1　建设方费用管理的概念和基本原则

1. 建设方费用管理的概念

建设方的工程项目费用管理贯穿于项目建设全过程，即从项目投资决策阶段、设计阶段、招标发包阶段、施工阶段到竣工验收阶段。其工程项目费用管理工作可概括为两个方面：一是在项目建设的各个阶段，合理确定项目的投资估算、初步设计概算、施工图预算、承包合同价、竣工结算和竣工决算；二是在项目建设的各个阶段，把工程项目费用控制在批准的目标限额以内，随时纠正发生的偏差以确保工程项目目标的实现。

2. 建设方费用管理的基本原则

要做好工程费用控制工作，必须遵循以下几项原则。

1) 合理设置工程费用控制目标

工程费用控制目标的设置应随工程项目建设过程的不断深入而分阶段进行。费用控制目标是有机联系的整体，各阶段目标相互制约、相互补充，前者控制后者，后者补充前者，共同组成工程费用控制的目标系统。

2) 以设计阶段为重点的建设全过程控制

工程费用控制贯穿于项目建设全过程，但工程造价控制的关键在于施工前的投资决策和设计阶段。据西方一些国家分析，设计费一般只相当于建设工程全寿命费用的1%以下，但正是这少于1%的费用对工程造价的影响度占75%以上。由此可见，设计质量对整个工程建设的效益是至关重要的。

3) 对工程费用进行主动控制

工程费用的控制不仅要及时地分析目标值与实际值的偏差及产生偏差的原因，并确定下一步的对策，更重要的是要立足于事先主动地采取预防控制措施，以尽可能地减少以至避免目标值与实际值的偏离。

4) 技术与经济相结合进行工程费用的控制

要有效地控制工程费用，应从组织、技术、经济、合同及信息管理等多方面采取措施。例如，在技术上采取措施，包括择优选择设计方案，严格审查监督初步设计、技术设计、施工图设计、施工组织设计，深入技术领域研究节约投资的可能等。

8.2.2 工程项目投资决策阶段的费用控制

在建设项目投资决策阶段，项目的各项技术经济决策对工程费用以及项目建成后的经济效益有着决定性的影响，是工程费用控制的重要阶段。该阶段工程费用控制主要包括：

(1) 分析决策阶段影响工程费用的主要因素；

(2) 进行建设项目的可行性研究，并对拟建项目进行经济评价(包括财务评价和国民经济评价)，社会评价，环境影响评价，选择技术上可行、经济上合理、效益上适用的建设方案；

(3) 在优化建设方案的基础上，编制项目投资估算，全面准确地估算建设项目的总费用，并以此作为项目建设过程中控制工程费用的总目标。

8.2.3 工程项目设计阶段的费用控制

设计阶段是控制工程造价费用的关键阶段。建设方应通过经济、合同措施，组织设计单位共同做好如下工作，使工程设计在满足工程质量和功能要求的前提下，工程项目费用达到相对较少的水平，最大不应超过投资估算。

1. 严格执行设计标准和标准设计

设计标准是国家的重要技术规范，来源于工程建设实践经验和科研成果，是工程建设必须遵循的科学依据。设计标准及规范的执行，有利于降低投资或建筑全寿命周期费用，缩短工期，保障生命财产安全。

标准设计是指按照国家规定的现行标准规范，对各种建筑、结构和构配件等编制具有重复作用性质的整套技术文件。推广标准设计，能加快设计速度，节约设计费用；可进行机械化、工厂化生产，提高劳动生产率，缩短建设周期；有利于节约建筑材料，降低工程造价。

2. 应用价值工程优化设计方案

1) 价值工程原理

价值工程方法是 20 世纪 40 年代由美国通用电气公司劳伦斯·麦尔斯提出的。价值工程中价值的含义是产品的一定功能与获得这种功能所支出的费用之比，即

$$价值V = \frac{功能F}{成本C} \tag{8-6}$$

式中，功能属于技术指标，成本属于经济指标，它要求从技术和经济两方面来提高产品的经济效益。

2) 提高产品价值的五种途径

(1) 功能提高，成本降低。这是提高价值的最理想途径。例如，运用新技术、新工艺、新材料、新设备，在提高产品功能的同时，降低产品成本，使产品的价值有大幅度的提高。

(2) 功能不变，成本降低。这是应用价值工程提高产品价值最常用的途径。如通过材料的有效替换来实现。

(3) 功能提高，成本不变。如通过改进设计来实现。

(4) 功能大幅提高，成本小幅上升。例如，经过科研和设计的努力，通过增加少量成本，使产品功能有较大幅度的提高。

(5) 功能小幅降低，成本大幅下降。根据用户的需要，适当降低产品的某些功能，以使产品成本有较大幅度的降低。

总之，实施价值工程项目，不是单纯强调功能提高，也不是片面强调成本降低，而是不断寻求功能与成本的最佳关系，提出新的改进设计方案，以确保提高产品价值，使工程项目的经济效益得到明显提高。

3. 推行限额设计

限额设计就是按照批准的可行性研究和投资估算额进行初步设计，按照初步设计的概算额进行施工图设计，根据施工图预算额对各专业设计进行限额分配，使各专业在分配的投资限额内进行设计并保证各专业满足使用功能的要求，严格控制技术设计和施工图设计中的不合理变更，最终保证总的投资额不被突破。

4. 编制和审查设计概算

设计概算是指在初步设计或扩大初步设计阶段，由设计方根据初步设计图、概算定额或概算指标、设备价格、各项费用定额或取费标准、建设地区的技术经济条件等资料，预先对工程造价进行的概略计算，它是设计文件的组成部分，其内容包括建设项目从筹建到竣工验收的全部建设费用。

设计概算是确定和控制建设项目总投资的依据，是编制基本建设计划的依据，是实行

投资包干和办理工程拨款、贷款的依据，是评价设计方案的经济合理性、选择最优设计方案的重要尺度，同时也是控制施工图预算，考核建设成本和投资效果的依据。当采用三阶段设计时，在技术设计阶段，设计方还应对投资进行具体核算，对初步设计概算进行修正，编制修正概算。

5. 编制和审查施工图预算

施工图预算是指在施工图设计阶段，根据施工图、预算定额、取费标准、建设地区技术经济条件以及其他有关规定等编制的，用来确定建筑安装工程全部建设费用的文件。施工图预算主要是作为确定建筑安装工程预算造价和承发包合同价的依据，同时也是建设方与施工方签订施工合同，办理工程价款结算的依据，是落实和调整年度基本建设投资计划的依据，是设计方评价设计方案的经济尺度，是发包方编制标底的依据，是施工方加强经营管理、实行经济核算、考核工程成本以及进行施工准备、编制投标报价的依据。

8.2.4　工程项目施工发承包阶段的费用控制

工程项目施工发承包阶段费用控制工作主要包括：

(1) 发包方编制招标文件，合理确定招标工程标底；

(2) 承包方编制投标文件，合理确定投标报价；

(3) 通过评价定标，合理选择中标单位，并确定承包合同价。

8.2.5　工程项目施工阶段的费用控制

建设方在施工阶段对工程造价的控制主要应做好工程价款结算、控制工程变更、妥善处理施工索赔等工作。工程价款结算包括建筑安装工程价款结算，设备、工器具和材料价款的结算等，此处主要介绍建筑安装工程价款的计算。

1. 建筑安装工程价款结算

1) 工程预付备料款

实行包工包料的工程，发包方在开工前拨付给承包方一定数额的工程预付备料款。此预付款支付给施工方作为该工程储备主要材料、结构件所需的周转金。按工程承包合同规定，由发包方供应材料的，其材料可按材料预算价格转给承包方。材料价款在结算工程款时陆续抵扣。这部分材料，承包方不应收取备料款。

(1) 预付备料款的拨付时限和要求。建设工程施工合同示范文本中规定，实行工程预付款的，双方应当在专用条款内约定发包方向承包方预付工程款的时间和数额，开工后按约定的时间和比例逐次扣回。预付时间应不迟于约定的开工日期前 7 天。发包方不按约定预付，承包方在约定预付时间 7 天后向发包方发出要求预付的通知，发包方收到通知后仍不能按要求预付，承包方可在发出通知后 7 天停止施工，发包方应从约定应付之日起向承包方支付应付款的贷款利息，并承担违约责任。

(2) 预付备料款的数额。预付备料款的数额主要取决于主要材料(包括外购构件)占工程造价的比例、材料储备期、施工工期等。一般可按下式计算：

$$预付备料款数额=\frac{年度承包工程总价\times主要材料费比重}{年度施工天数}\times材料储备天数 \tag{8-7}$$

一般建筑工程的预付备料款数额不应超过当年建筑工作量(包括水、电、暖)的 30%，安装工程按年度安装工作量的 10%；材料占比重较多的安装工程可按年计划产值的 15%左右拨付。

在实际工作中，备料款的数额要根据工程类型、合同工期、承包方式和供应体制等条件而定。例如，工业项目中钢结构和管道安装占比重较大的工程，其主材费所占比重比一般安装工程要高，因而备料款数额也要相应提高；工期短的工程比工期长的工程备料款数额要高。

(3) 备料款的扣回。发包方拨付给承包方的备料款属于预支性质，随着工程的实施所需主要材料的储备会逐步减少，备料款应以抵充工程价款的方式陆续扣回，扣回的方法由双方在合同中约定。常见的备料款扣回方法有以下两种。

① 从未完工程尚需的主要材料及构件费等于备料款数额时起扣，从每次结算工程价款中，按材料费比重扣抵工程价款，竣工前全部扣清，其基本表达式：

$$T = P - \frac{M}{N} \tag{8-8}$$

式中，T 为起扣点，即预付备料款开始扣回时的累计完成工作量金额；M 为预付备料款限额；N 为主要材料所占比重；P 为承包工程价款总额。

② 从当承包方累计完成工作量金额达到合同总价的一定比例后，发包方应从每次应付给承包方的工程款中扣回工程预付备料款，发包方至少应在合同规定的完工期前将预付款全部逐次扣回。

在实际工程中，情况比较复杂，工期短、造价低的工程无须分期扣回；工期长、跨年度工程，当年可以扣回部分预付备料款，而将未扣回部分转入次年，直到竣工年度全部扣回。

【例 8-1】 某工程合同金额 200 万元，合同工期 5 个月，预付备料款 30 万元，主材费所占比重 60%，每月完成工程量 40 万元，预付备料款如何扣回?

解：(1) 预付款起扣点 $T = P - \frac{M}{N} = (200 - \frac{30}{60\%}) = 150(万元)$

即当累积完成工程量达到 150 万元时，起扣预付备料款。

(2) 预付款扣回时间及数额。

根据每月完成工程量(见表 8.1)可知，前 3 个月累积完成工程量为 120 万元＜150 万元，不扣除预付备料款；到第 4 个月结束累积完成工程量为 160 万元＞150 万元，应从第 4 个月开始扣预付款，数额为(160−150)×60%=6 万元，第 5 个月扣预付款数额为(30−6)万元=24 万元，计算结果列于表 8.1。

表 8.1　预付款扣回时间及数额　　万元

	月份				
	第 1 个月	第 2 个月	第 3 个月	第 4 个月	第 5 个月
完成工程量	40	40	40	40	40
扣预付款数额	—	—	—	6	24
进度款支付额	40	40	40	34	16

2) 工程计量与进度款支付

工程进度款的支付主要涉及两方面问题：一是工程量的计量；二是工程单价的确定。

采用单价合同的承包工程，工程量清单中的工程量，只是在图纸和规范基础上的估算值，不能作为工程款结算的依据。只有经过监理工程师计量确定的数量才是向承包商支付工程款的凭证。

(1) 工程计量的程序。《施工合同示范文本》中有如下较为详细的规定。

① 承包方统计经专业监理工程师质量验收合格的工程量，按施工合同的约定填报工程量清单和工程款支付申请表。

② 专业监理工程师进行现场计量，按施工合同的约定审核工程量清单和工程款支付申请表，并报总监理工程师审定。

③ 总监理工程师签署工程款支付证书，并报建设方。

(2) 工程单价的计算。工程单价主要根据合同约定的计价方法确定。目前我国工程价格的计价方法一般分为工料单价和综合单价两种方法。工料单价法指分部分项工程单价，只包括人工、材料、机械直接成本单价，间接成本、利润、税金等另按现行方法计算。综合单价法是指分部分项工程量的单价是全部费用单价。两者在选择时，既可采取可调价格的方式，也可采取固定价格的方式。实践中采用较多的是可调工料单价法和固定综合单价法。

(3) 工程款的支付。工程进度款的支付，一般按当月实际完成工程量进行结算，工程竣工后办理竣工结算。在工程竣工前，承包方收取的工程预付款和进度款的总额一般不超过合同总额(包括工程合同签订后经发包方签证认可的增减工程款)的 95%，其余 5%作为尾款，在工程竣工结算时扣除保修金后清算。

3) 工程保修金的预留与返还

(1) 工程保修金的预留。按照有关规定，工程项目合同总额中应预留出一定比例(约 3%～5%)的尾留款作为质量保修费用(又称保留金)。预留方法一般有两种：当工程进度款拨付累计额达到该建筑安装工程造价的一定比例(95%～97%)时，停止支付，剩余部分作为尾留款；也可以从第一次支付工程进度款开始，在每次承包方应得的工程款中扣留投标书附录中规定的金额作为保留金，直至保留金总额达到投标书附录中规定的限额为止。

(2) 工程保修金的返还。发包方在质量保修期满后 14 天内，将剩余保修金和利息返还给承包商。

4) 工程其他费用的支付

(1) 安全施工方面的费用。承包方按工程质量、安全及消防管理有关规定组织施工，采取严格的安全防护措施，承担由于自身的安全措施不力造成事故的责任和因此发生的费用。非承包方责任造成安全事故，由责任方承担责任和发生的费用。

(2) 专利技术及特殊工艺涉及的费用。发包方要求使用专利技术或特殊工艺，须负责办理相应的申报手续，承担申报、试验、使用等费用。承包方按发包方要求使用，并负责试验等有关工作。承包方提出使用专利技术或特殊工艺，报工程师认可后实施。承包方负责办理申报手续并承担有关费用。擅自使用专利技术侵犯他人专利权，责任者承担全部后果及所发生的费用。

(3) 文物和地下障碍物涉及的费用。在施工中发现古墓、遗址等文物及化石或其他有考古研究价值的物品时，承包方应立即保护好现场并于 4 小时内以书面形式通知工程师，工程师应于收到书面通知后 24 小时内报告当地文物管理部门，承发包双方按文物管理部门的要求采取妥善保护措施。发包方承担由此发生的费用，延误的工期相应顺延。施工中发现影响施工的地下障碍物时，承包方应于 8 小时内以书面形式通知工程师，同时提出处置方案，工程师收到处置方案后 8 小时内予以认可或提出修正方案。发包方承担由此发生的费用，延误的工期相应顺延。

5) 工程竣工结算

(1) 工程竣工结算的含义及要求。工程竣工结算是指施工方按照合同规定的内容和要求全部完成所承包的工程，经验收质量合格，向发包方进行的最终工程价款结算的文件。《施工合同示范文本》对竣工结算作了以下详细规定。

工程竣工验收报告经发包方认可后 28 天内，承包方向发包方递交竣工结算报告及完整的结算资料，按合同约定的结算价款及调整内容，进行工程竣工结算。

发包方收到竣工结算报告及结算资料后 28 天内给予确认或者提出修改意见，确认后向承包方支付竣工结算价款。承包方收到竣工结算价款后 14 天内将竣工工程交付发包方。

发包方收到竣工结算报告后 28 天内无正当理由不支付竣工结算价款，承包方可以催告发包方支付结算价款，且从第 29 天起按承包方同期向银行贷款利率支付拖欠工程价款的利息。自发包方收到竣工结算报告后 56 天内仍不支付的，承包方可以与发包方协商将该工程折价，或由承包方申请人民法院将该工程依法拍卖，承包方优先受偿拍卖的价款或折价款。

工程竣工验收报告经发包方认可后 28 天内，承包方未能向发包方递交竣工结算报告，造成工程竣工结算不能正常进行或竣工结算价款不能及时支付，发包方要求交付工程的，承包方应当交付；发包方不要求交付工程的，承包方承担保管责任。

(2) 竣工结算公式。

竣工结算工程款=合同价款+施工中合同价款调整额-预计及已结算工程款-保修金　(8-9)

(3) 竣工结算的审查。一般的审查工作主要包括：核对质量验收合格证书；明确结算要求；检查隐蔽验收记录；核对设计变更签证；按图核实工程量；认真核实单价；核实结算子目及计算结果，防止漏算、重算和计算偏差。认真审查竣工结算是建设方及审计部门等在竣工阶段控制工程费用的一项重要工作。经审查核定的工程竣工结算是核定建设工程造价的依据，也是建设项目验收后编制竣工决算和核定新增固定资产价值的依据。

【例 8-2】　某工程承包合同总额为 600 万元，主材费占合同总额的 62.5%，预付备料款额度为 25%，当未完工程尚需的主材费相等于预付款数额时起扣，从每次中间结算工程价款中，按材料费比重抵扣工程价款，保留金为合同总额的 5%。实际施工中因设计变更和现场签证发生了 60 万元合同调增额，在竣工结算时支付。各月实际完成合同价值如表 8.2 所示。试计算各月工程款结算额及竣工价款结算额。

表 8.2　实际完成合同价值　　万元

月份	一月	二月	三月	四月	五月
工作量	80	120	180	180	40

解：(1) 预付备料款=600×25%=150 万元。

(2) 预付备料款的起扣点=(600−150/62.5%)=360 万元。

(3) 一月完成合同价值 80 万元，结算工程款 80 万元。

(4) 二月完成合同价值 120 万元，结算工程款 120 万元，累计结算工程款 200 万元。

(5) 三月完成合同价值 180 万元，到三月份累计完成合同价值 380 万元，超过了预付备料款的起扣点。

三月份应扣预付款=(380−360)×62.5%=12.5 万元。

三月份结算工程款=180−12.5=167.5 万元，累计结算工程款 367.5 万元。

(6) 四月份完成合同价值 180 万元，应扣预付款=180×62.5%=112.5 万元。

四月份结算工程款=180−112.5=67.5 万元，累计结算工程款 435 万元。

(7) 五月份完成合同价值 40 万元，应扣预付款=40×62.5% =25 万元。

五月份本应扣保留金，但本题中有足够的合同调增价可用来支付，故可以不扣保留金。如果变更发生时，在当月进度款中已支付过合同调增价，则仍应在最后一月进度款中预扣保留金。

五月份结算价款=40−25=15 万元，累计结算价款 450 万元，已支付总价款=450+150=600 万元。

(8) 保留金数额=(600+60)×5%=33 万元。

(9) 竣工结算价款=合同总价−已支付价款−保留金= 660−600−33=27 万元。

6) 工程价款的动态结算

由于工程建设周期较长，人工、材料等价格常会发生较大变化，为准确反映工程实际耗费，维护双方正当权益，可对工程价款进行动态结算。常用的动态结算方法有以下几种。

(1) 按实际价格结算法。该方法是按主要材料的实际价格对原合同价进行调整，承包方可凭发票实报实销。该方法优点是简便具体，但建设方承担风险过大，为此，造价管理部门要定期公布最高结算限价，同时合同文件中应规定建设方有权要求承包方选择更廉价的供应来源。

(2) 按主材计算价差。发包方在招标文件中列出需要调整价差的主要材料表及其基期价格(一般采用当时当地造价管理机构公布的信息价或结算价)，工程竣工结算时按竣工当时当地造价管理机构公布的材料信息价或结算价，与招标文件中列出的基期价比较计算材料价差。

(3) 主料按量计算价差，其他材料按系数计算价差。主要材料按施工图预算计算的用量和竣工当月当地造价管理机构公布的材料结算价或信息价与基价对比计算价差；其他材料按当地造价管理机构公布的竣工调价系数计算价差。

(4) 竣工调价系数法。按工程造价管理机构公布的竣工调价系数及调价计算方法计算价差。

(5) 调值公式法(又称动态结算公式法)。根据国际惯例，对建设工程已完成投资费用的结算，一般采用此法。建筑安装工程费用价格调值公式包括固定部分、材料部分和人工部分三项，其调值公式为：

$$P = P_0\left(a_0 + a_1\frac{A}{A_0} + a_2\frac{B}{B_0} + a_3\frac{C}{C_0} + a_4\frac{D}{D_0} + \cdots\cdots\right) \tag{8-10}$$

式中，P 为调值后合同价款或工程实际结算款；P_0 为合同价款中工程预算进度款；a_0 为固定要素，代表合同支付中不能调整的部分；a_1、a_2、a_3、a_4…代表有关成本要素(如人工、钢筋、水泥、木材、钢构件、运输费用等)在合同总价中所占的比重，$a_1 + a_2 + a_3 + a_4 + \cdots=1$；$A_0$、$B_0$、$C_0$、$D_0$…为基准日期与 a_1、a_2、a_3、a_4…对应的各项费用的基期价格指数或价格；

A、B、C、D 为工程结算部分与 a_1、a_2、a_3、a_4…对应的各项费用的现行价格指数或价格。

2. 工程变更

1) 工程变更的概念

工程变更是指在工程施工过程中，对施工的程序、工程的内容、数量、质量要求和标准等作出的改变。根据我国《施工合同示范文本》，工程变更主要有以下几种。

(1) 变更工程质量标准；

(2) 更改工程有关部分的标高、基线、位置和尺寸；

(3) 增减合同中约定的工程项目内容和工程量；

(4) 改变有关工程的施工时间和顺序；

(5) 其他有关工程变更需要的附加工作。

2) 工程变更的控制及处理程序

工程变更会导致工程费用和工期的改变，甚至会影响工程质量，建设方应该严格控制。

(1) 设计方提出的工程变更，应编制设计变更文件，报监理工程师审查。建设方或承包方提出的变更，应先交监理工程师审查并批准，再交原设计方编制设计变更文件。当工程变更涉及安全、环保，或超过原批准的建设规模时，应按规定经有关部门批准审定。

(2) 监理工程师审查同意后，必须根据实际情况、设计变更文件以及施工合同等其他有关资料，对工程变更的费用和工期做出评估，确定工程变更项目的工程量；确定工程变更的单价或总价；确定工期调整时间。

(3) 监理工程师应就工程变更费用及工期的评估情况与承包方和建设方进行协调。如果双方未能就工程变更费用达成协议时，监理工程师应提出一个暂定价格，作为临时支付工程款的依据。竣工结算时，应以双方达成的协议为依据。

(4) 监理工程师签发工程变更单。工程变更单内容包括变更要求及说明、变更费用和工期等内容。设计变更应附设计变更文件。

(5) 监理工程师根据工程变更单监督承包方实施。未经监理工程师审查同意而实施的工程变更，不予计量，由此导致的发包方的直接损失，由承包方承担，延误的工期不得顺延。

3) 工程变更价款的确定方法

《施工合同示范文本》有以下相关规定。

(1) 承包方在工程变更确定后 14 天内，提出变更工程价款的报告，经工程师确认后调整合同价款。合同中已有适用于变更工程的价格，按合同已有的价格计算合同价款；合同中只有类似于变更工程的价格，可以参照类似价格变更合同价款；合同中没有适用或类似于变更工程的价格，由承包方提出适当的变更价格，经工程师确认后执行。

(2) 承包方在确定变更后 14 天内不向工程师提出变更工程价款报告时，视为该项变更不涉及合同价款的变更。

(3) 工程师收到变更工程价款报告之日起 14 天内，应予以确认。工程师无正当理由不确认时，自变更价款报告送达之日起 14 天后自动生效。

(4) 工程师不同意承包方提出的变更价款，可以通过当地建设行政主管部门调解，或由造价管理部门裁定，以及采用仲裁或诉讼的方式解决。

3. 工程索赔

1) 工程索赔的概念及特征

工程索赔是指在合同履行过程中，合同当事人一方因非自身原因而遭受到经济损失或权利损害时，通过一定的合法程序向对方提出经济或时间补偿的要求，其特征主要包括以下几个方面。

(1) 索赔是双向的，不仅承包方可以向发包方索赔，发包方同样也可以向承包方索赔。

(2) 提出索赔的前提条件是由于非己方原因造成的，且实际发生了经济损失或权利损害。

(3) 索赔是一种未经确认的单方行为。它与工程签证不同，签证是双方达成一致的补充协议，可以直接作为工程款结算的依据，而索赔必须通过确认后才能实现。

2) 索赔事件产生的原因

(1) 当事人违约。当事人违约常常表现为没有按照合同约定履行自己的义务。

(2) 不可抗力事件。不可抗力是指某种异常事件或情况，例如施工过程中遇到地震、洪水、战争、罢工等造成工期延误或经济损失。

(3) 合同缺陷。合同缺陷表现为合同文件规定的不严谨甚至矛盾，以及合同中的遗漏或错误等。

(4) 合同变更。合同变更表现为设计变更、施工方法变更、工程范围变更等，合同变更通常会导致施工成本增加或工期延长。

(5) 工程师指令。工程师指令有时也会产生索赔，例如，工程师指令承包方加速施工导致施工成本增加，引起索赔。

(6) 其他原因引起的索赔。

3) 工程索赔的分类

(1) 按提出索赔的主体分为索赔与反索赔。索赔是合同一方向对方提出经济补偿或时间补偿的要求。反索赔则是针对对方的索赔，另一方所实施的反驳。在实践中，通常把承包方向发包方提出的补偿要求，称为索赔；把发包方向承包方提出的相关补偿要求，称为反索赔。

(2) 按索赔的目的分为工期索赔和费用索赔。工期索赔是承包方向发包方要求延长工期，推迟竣工日期。费用索赔是承包方向发包方要求补偿费用，调整合同价格，弥补经济损失或额外开支。

(3) 按索赔的复杂程度分为单项索赔和综合索赔。单项索赔通常原因单一，责任单一，涉及的金额一般较小，双方容易达成协议。综合索赔又称一揽子索赔，一般在工程竣工移交前，将工程实施过程中因各种原因未能及时解决的单项索赔集中起来进行综合考虑，提出综合索赔报告。

(4) 按索赔涉及有关当事人可分为承包方同发包方之间的索赔、承包方同分包方之间的索赔、承包方同供货方之间的索赔等。

4) 索赔事件的处理原则

索赔是一种正当的权利要求，是合同履行过程中经常发生的正常现象。索赔的性质是一种补偿行为，而不是惩罚行为。处理索赔事件的原则包括：

(1) 有正当索赔理由和充分证据；

(2) 索赔必须以合同为依据，按施工合同文件办理；

(3) 准确、合理地记录索赔事件和计算工期、费用；

(4) 及时、合理地处理索赔，防止新的索赔发生。

5) 索赔的处理程序及规定

《施工合同示范文本》中对索赔的程序和时间要求有明确而严格的限定。

(1) 递交索赔意向通知。承包方应在索赔事件发生后的 28 天内向工程师递交索赔意向通知，表明将对此事件提出索赔。如果超出这个期限，工程师和发包方有权拒绝承包方的索赔要求。

(2) 递交索赔报告。索赔意向通知提交后的 28 天内，承包方应递交正式的索赔报告。如果索赔事件持续进行时，承包方应当阶段性地提出索赔要求和证据资料。在索赔事件终了后 28 天内，报出最终索赔报告。

(3) 工程师审查索赔报告。工程师在收到承包方送交的索赔报告和有关资料后，于 28 天内给予答复，或要求承包方进一步补充索赔理由和证据。工程师在 28 天内未予答复或未对承包方作进一步要求，视为该项索赔已经认可。

(4) 工程师与承包方协商补偿办法，做出索赔处理决定。通过协商达不成共识的话，工程师有权确定一个他认为合理的价格作为最终处理意见报请发包方批准并通知承包方。

(5) 发包方审查工程师的索赔处理报告，决定是否批准工程师的处理意见。索赔报告经发包方批准后工程师即可签发有关证书。

(6) 承包方决定是否接受最终索赔处理。如果承包方接受最终的索赔处理决定，索赔事件的处理即告结束。如果承包方不同意，就会导致合同争议，可进一步通过协商、仲裁或诉讼解决。承包方未能按合同履行自己的义务给发包方造成损失的，发包方也可按上述时限向承包方提出索赔。

6) 承包方向业主的索赔

(1) 业主风险、不可抗力、不利自然条件或人为障碍引起的索赔。战争、政变、恐怖活动，法律、货币及汇率变化，物价上涨，比招标文件中所描述的更为困难和恶劣，且是有经验的承包方难以合理预见和预期的施工条件、自然条件或人为障碍，会造成工程延误或施工成本增加，承包方可以向业主提出索赔要求。

(2) 工程变更引起的索赔。工程施工项目已进行施工又进行变更，工程施工项目增加或局部尺寸、数量变化等，承包方有权就此向业主进行工期和费用的索赔。

(3) 工程延期引起的索赔。由于合同文件的内容出错、业主未能按时提供施工图纸或现场、现场发现有价值的文物等导致工程延期，此时承包方可以提出要求延长工期和补偿经济损失两方面的索赔。

(4) 加速施工引起的索赔。如果由于业主的原因，迫使承包方加班赶工来完成工程，从而导致工程成本增加，承包方可以要求费用补偿。

(5) 业主不正当地终止工程而引起的索赔。由于业主不正当地终止工程，承包方有权要求补偿损失，其数额是承包方在被终止工程中的人工、材料、机械设备的全部支出，以及各项管理费用、保险费、贷款利息、保函费用的支出，并有权要求赔偿其盈利损失。

(6) 拖延支付工程款引起的索赔。如果业主在规定的应付款时间内未能按工程师的证书向承包方支付应支付的款额，承包方可在提前通知业主的情况下，暂停工作或减缓工作速度，并有权获得任何误期的补偿和其他额外费用的补偿(如利息)。

7) 业主向承包方的索赔

由于承包方不履行或不完全履行约定的义务，或者由于承包方的行为使业主受到损失时，业主可向承包方提出索赔。

(1) 工期延误索赔。由于承包方原因使工期延误，影响到业主对该工程的使用，给业主带来经济损失，业主可按合同条款向承包方索赔。

(2) 质量不满足合同要求的索赔。当承包方使用的设备、材料或施工质量不符合合同的要求，以及在缺陷责任期未满前未完成应该负责修补的工程时，业主有权向承包方追究责任，要求补偿所受的经济损失。

(3) 承包方不履行的保险费用索赔。如果承包方未能按照合同条款指定的项目投保，并保证保险有效，业主可以投保并保证保险有效，业主所支付的必要的保险费可在应付给承包方的款项中扣回。

(4) 对超额利润的索赔。如果工程量增加很多或由于法规的变化，使承包方预期的收入增大，应重新调整合同价格，收回部分超额利润。

(5) 对指定分包商的付款索赔。在承包方未能提供已向指定分包商付款的合理证明时，业主可以直接按照工程师的证明书，将承包方未付给指定分包商的所有款项(扣除保留金)付给此分包商，并从应付给承包方的任何款项中如数扣回。

(6) 业主合理终止合同或承包方不正当地放弃工程的索赔。如果业主合理地终止承包方的承包，或者承包方不合理放弃工程，则业主有权从承包方手中收回由新的承包方完成工程所需的工程款与原合同未付部分的差额。

8) 索赔费用的组成

不同的索赔事件可索赔的费用不同，一般包括以下内容。

(1) 人工费。索赔费用中的人工费指完成合同计划以外的额外工作所增加的人工费用；由于非承包方责任的劳动效率降低所增加的人工费用；超过法定工作时间加班劳动以及法定人工费的增长等。

(2) 材料费。由于索赔事件导致材料实际用量超过计划用量和材料价格大幅度上涨可以进行材料费的索赔。为了证明材料单价的上涨，承包方应提供可靠的订货单、采购单或官方公布的材料价格调整指数。

(3) 施工机械费。索赔费用的施工机械费包括由于索赔事件导致施工机械额外工作、工效降低而增加的机械使用费、机械窝工费及机械台班单价上涨费等。

(4) 工地管理费。索赔费用中的工地管理费，是指承包方完成额外工程以及工期延长期间的现场管理费用。

(5) 总部管理费。索赔费用中的总部管理费指由于索赔事件使施工企业为此而多支付的对该工程进行指导和管理的费用。

(6) 利息。利息索赔常包括：延时付款的利息；增加施工成本的利息；索赔款的利息；错误扣款的利息等。

(7) 分包费。由于发包方的原因而使工程费用增加时，分包商可以提出索赔，但分包商的索赔应如数列入总包方的索赔款总额以内。

(8) 保险费。索赔费用中的保险费指由于发包方原因导致工程延期增加的保险费。

(9) 保函手续费。索赔费用中的保函手续费指由于发包方原因导致工程延期增加的保函手续费。

(10) 利润。一般来说，由于工程范围的变更以及业主未能提供现场等引起的索赔，承包方可列入利润。而延误工期的索赔，由于利润是包括在每项工程内容的价格之内，工程暂停并未导致利润减少。所以，工程师很难同意在工程暂停的费用索赔中加进利润损失。

9) 索赔费用的计算方法

索赔费用的计算方法有实际费用法、总费用法和修正总费用法。

(1) 实际费用法。实际费用法是工程索赔计算时最常用的一种方法，是以承包方为某项索赔事件所支付的实际开支为根据，向业主要求费用补偿。每一项工程索赔的费用，仅限于在该项工程施工中所发生的额外人工费、材料费和施工机械使用费，以及相应的管理费。

(2) 总费用法。总费用法即总成本法，是当发生多次索赔事件以后，重新计算出该工程项目的实际总费用，实际总费用减去投标报价时的估算总费用，即为要求补偿的索赔费用，即：

$$索赔金额=实际总费用-投标价估算总费用 \tag{8-11}$$

在实际索赔工作中，总费用法采用得不多，因为实际发生的总费用中可能包括了承包方自身的原因(如施工组织不善、施工方案不当等)而增加的费用。

(3) 修正总费用法。在总费用计算的基础上，只计算受影响的某项工作所受的损失，并按受影响工作的实际单价重新核算投标报价费用，即：

$$索赔金额=某项工作调整后的实际总费用-该项工作的报价费用 \tag{8-12}$$

修正总费用法较总费用法有了实质性的改进，它的准确程度已接近于实际费用法。

重要提示：

掌握工程价款结算、控制工程变更、妥善处理施工索赔的内容。

8.2.6　竣工验收阶段工程费用的控制

竣工验收阶段工程费用控制工作主要内容包括：及时组织竣工验收；及时准确地编报竣工决算；认真做好项目回访与保修工作，以使项目达到最佳的使用状况，降低生产运行费用，发挥最大的经济效益。具体内容参见本书第 13 章的相关内容。

8.3　施工项目成本管理

8.3.1　施工项目成本管理概述

施工项目成本是指建筑施工企业以施工项目作为成本核算对象，是施工项目在施工过程中发生的全部生产费用总和，包括所消耗的主辅材料、构配件费用及周转材料的摊销费或租赁费，施工机械台班费或租赁费，支付给生产工人的工资、奖金，以及项目经理部为组织和管理工程施工所发生的全部费用支出。

施工项目成本管理应从工程投标报价开始，直至项目竣工结算完成为止，贯穿于项目实施的全过程。施工项目成本管理是施工项目经理部在项目施工过程中，着眼于执行企业确定的施工成本管理目标，发挥现场生产成本控制中心的管理职能，对所发生的各种成本信息，有组织、有系统地进行预测、计划、控制、核算和分析等的一系列工作，使施工项目系统内各种要素按照一定的目标运行，使施工项目的实际成本能够控制在预定的计划成本范围内。施工项目成本管理的工作内容包括：成本预测、成本计划、成本控制、成本核算、成本分析和成本考核等。

8.3.2 施工项目成本的分类

根据成本管理的需要，可将成本划分为不同的成本形式。

1. 按成本发生的时间划分

1) 工程预算成本

工程预算成本反映各地区建筑业的平均成本水平。它根据由施工图，全国统一的工程量计算规则计算出来的工程量，全国统一的建筑、安装基础定额和由各地区的市场劳务价格、材料价格信息及价差系数，并按有关取费的指导性费率进行计算。

2) 合同价

合同价是承包方通过报价竞争获得承包资格而确定的工程价格，是工程承包合同文件里确认的工程结算的依据，是项目经理部确定成本计划和目标成本的主要依据。

3) 计划成本

计划成本是在项目经理领导下组织施工、充分挖掘潜力、采取有效的技术措施和加强管理与经济核算的基础上，预先确定的施工项目的成本目标。它是根据合同价以及企业下达的成本降低指标，在成本发生前预先计算的。它对于企业和项目经理部的经济核算、建立和健全成本管理责任制、控制施工过程中生产费用、降低项目成本等具有十分重要的作用。

4) 实际成本

实际成本是项目施工在报告期内实际发生的各项生产费用的总和。把实际成本与计划成本比较，可以反映成本的节约和超支情况，可以考核企业的施工技术水平及技术组织措施的执行情况和企业的经营效果。通过实际成本与预算成本的比较，可以反映工程盈亏情况。计划成本和实际成本能够反映建筑企业成本水平，并且受企业本身的生产技术、施工条件及生产经营管理水平所制约。

2. 按生产费用计入成本的方法划分

1) 直接成本

直接成本由直接工程费(人工费、材料费、施工机械使用费)和措施费组成。

2) 间接成本

间接成本由规费和企业管理费组成，通常是按照直接成本的比例进行计算。

3. 按成本习性划分

1) 固定成本

固定成本是为了保持企业一定的生产经营条件而发生的，是在一定期间、一定的工程范围内，其发生额不受工程量增减变动的影响而相对固定的成本，如折旧费、大修理费、管理人员工资、办公费、物业管理费等。

2) 变动成本

变动成本是指发生额随着工程量的增加而成正比例变动的费用，如直接用于工程的材料费、二次搬运费、机械使用费中的燃料动力费等。

8.3.3　施工项目成本预测

施工项目成本预测是项目施工以前，根据企业利润目标、合同价格、施工项目具体情况、项目计划工期内影响其成本变化的各个因素及影响程度、项目成本估算、企业同类项目施工的降低成本水平等有关资料，运用一定的专门方法，对项目未来的成本水平及其可能发展趋势进行的测算和估计。通过成本预测，可以在满足项目业主和本企业要求的前提下，选择成本低、效益好的最佳施工方案，并能够在施工项目成本形成过程中，针对薄弱环节，加强成本控制。因此，施工项目成本预测是施工项目成本决策与计划的依据，是加强成本管理，降低施工成本的重要措施，是投标决策的依据。

施工项目成本预测方法较多，其定性预测方法主要包括：专家会议法、德尔菲法、主观概率法、调查访问法等；定量预测方法可归纳为：时间序列预测法、回归预测法和详细预测法。其中，时间序列预测法和回归预测法属于一种简单预测法，即以过去的类似工程作为参照，预测目前施工项目成本；详细预测法属于一种修正预测法，即以近期内的类似工程成本为基数，通过结构与建筑差异调整，以及人工费、材料费等直接费和间接费的修正来测算目前施工项目的成本。

8.3.4　施工项目成本计划

施工项目成本计划是在成本预测的基础上，以货币形式编制的施工项目在计划期内的生产费用、成本水平、成本降低率，以及为降低成本所采取的主要措施和规划的书面方案，是建立施工项目成本管理责任制、开展成本控制和核算的基础，是指导施工项目降低成本的技术经济文件，是设立目标成本的依据，也是检验施工企业技术水平和管理水平的重要手段。

施工项目成本计划应满足合同规定的项目质量和工期要求，企业对项目成本管理目标的要求，经济合理的项目实施方案的要求，有关定额及市场价格的要求，以及类似项目提供的启示。

1. 施工项目成本计划的类型

施工项目的成本计划是一个不断深化的过程，按其作用可分为以下三类。

1) 竞争性成本计划

竞争性成本计划即工程项目投标及签订合同阶段的估算成本计划。这类成本计划以招标文件中的合同条件、投标者须知、技术规程、设计图纸或工程量清单等为依据，以有关价格条件说明为基础，结合调研和现场考察获得的情况，根据本企业的工料消耗标准、技术及管理水平、价格资料和费用指标，对本企业完成招标工程所需要支出的全部费用的估算，总体上比较粗略。

2) 指导性成本计划

指导性成本计划即选派项目经理阶段的预算成本计划，是项目经理的责任成本目标。它是以合同标书为依据，按照企业的预算定额标准制定的设计预算成本计划，且一般只是确认责任总成本目标。

3) 实施性成本计划

实施性成本计划即项目施工准备阶段的施工预算成本计划，以项目实施方案为依据，以落实项目经理责任目标为出发点，采用企业的施工定额通过施工预算编制而成的实施性施工成本计划。

以上三类成本计划互相衔接和不断深化，构成了整个工程施工成本的计划过程。其中，竞争性成本计划带有成本战略的性质，是项目投标阶段商务标书的基础，奠定了施工成本的基本框架和水平。指导性成本计划和实施性成本计划，都是战略性成本计划的进一步展开和深化，是对战略性成本计划的战术安排。

2. 施工项目成本计划的编制依据

施工项目成本计划的编制依据包括：投标报价文件；企业定额、施工预算；施工组织设计或施工方案；人工、材料、机械台班的市场价；企业颁布的材料指导价、企业内部机械台班价格、劳动力内部挂牌价格；周转材料内部租赁价格、摊销损耗标准；已签订的工程合同、分包合同(或估价书)；结构件外加工计划和合同；有关财务成本核算制度和财务历史资料；施工成本预测资料；拟采取的降低成本的措施；其他相关资料。

3. 施工项目成本计划的编制方式

1) 按施工成本组成编制施工成本计划

施工成本按成本组成分解为人工费、材料费、施工机械使用费、措施费和间接费，编制按施工成本组成分解的施工成本计划。

2) 按施工项目组成编制施工成本计划

大中型工程项目通常是由若干单项工程构成的，而每个单项工程包括了多个单位工程，每个单位工程又是由若干个分部分项工程所构成。因此，首先要把项目总施工成本分解到单项工程和单位工程中，再进一步分解到分部工程和分项工程中。

3) 按工程进度编制施工成本计划

编制按工程进度的施工成本计划，通常可利用控制项目进度的网络图进一步扩充而得。即在建立网络图时，一方面确定完成各项工作所需花费的时间；另一方面确定完成这一工作的合适的施工成本支出计划。

以上三种编制施工成本计划的方式并不是相互独立的，在实践中，常常是把这三种方式结合起来使用，从而可以取得扬长避短的效果。

4. 施工项目成本计划的编制程序

施工项目成本计划一般采用分级编制的方式，即先编制各部门提出部门成本计划，再汇总编制全项目的成本计划，其编制的基本程序如下。

1) 收集和整理资料

收集和整理资料是编制成本计划的首要步骤，这些资料正是编制成本计划的依据。

2) 估算计划成本，确定目标成本

对所收集到的各种资料进行整理分析，根据有关的施工安排和资源投入计划，结合计划期内拟采取的各种增产节约措施，进行反复测算、修订，估算生产费用支出的总水平，进而提出全项目的成本计划控制指标，最终确定目标成本。

3) 编制成本计划草案

对大中型项目，各职能部门根据项目经理下达的成本计划指标，结合计划期的实际情况，挖掘潜力，提出降低成本的具体措施，编制各部门的成本计划和费用预算。

4) 综合平衡，编制正式的成本计划

项目经理部首先应结合各项技术组织措施，检查各职能部门上报的各计划和费用预算是否合理可行，并进行综合平衡，使各部门计划和费用预算之间相互协调、衔接；其次，要从全局出发，在保证企业下达的成本降低任务或本项目目标成本实现的情况下，分析研究成本计划与生产计划、资源投入(劳动力、材料、物质供应)计划、资金计划等的相互协调平衡。经多次综合平衡，最后确定的成本计划指标，即可作为编制成本计划的依据。项目经理部正式编制的成本计划，上报企业有关部门经批准后即可正式下达至各职能部门执行。

成本计划应在项目实施方案确定和不断优化的前提下进行编制，并在工程开工前编制完成，以将计划成本目标分解落实，实现对施工成本预控。

采用施工预算法计算得到的项目成本支出，是项目部根据企业下达的责任成本目标，在详细编制施工组织设计，不断优化施工技术方案和合理配置生产要素的基础上，通过工料消耗分析和节约措施制订的计划成本，又称现场目标成本。一般情况下，施工预算总额应控制在责任成本目标的范围内，并留有一定余地。在特殊情况下，若项目经理部经过反复挖掘措施，仍不能把施工预算总额控制在责任成本目标的范围内，应与公司主管部门进一步协商修正责任成本目标，或共同探索进一步降低成本的措施，以使施工预算切实可行，真正能作为控制施工生产成本的依据。

8.3.5　施工项目成本核算

1. 施工项目成本核算的含义

施工项目成本核算包括两层含义：一是按照规定的成本开支范围对施工费用进行归集，确定施工费用的实际发生额，即按照成本项目归集企业在施工生产经营过程中所发生的应计入成本核算对象的各项费用；二是根据成本核算对象，采用适当的方法，计算出该施工项目的总成本和单位成本。简言之，施工项目成本核算是对项目施工各种费用支出和成本的形成进行审核、汇总、计算，按照规定的成本核算对象进行归集和分配，以确定建筑安装工程单位成本和总成本的一种专门方法。

施工成本管理需要正确及时地核算施工过程中发生的各项费用，计算施工项目的实际成本。施工项目成本核算所提供的各种成本信息，是成本预测、成本计划、成本控制、成本分析和成本考核等各个环节的依据。成本核算是成本管理的一个重要环节，应贯穿于成本管理的全过程。

项目管理必须实行施工成本核算制，它和项目经理责任制等共同构成了项目管理的运行机制。项目经理部要建立一系列项目业务核算台账和施工成本会计账户，实施全过程的成本核算，具体可分为定期的成本核算和竣工工程成本核算。每天、每周、每月的定期成本核算，是竣工工程全面成本核算的基础。

形象进度、产值统计、实际成本归集三同步，即三者的取值范围应是一致的。形象进度表达的工程量、统计施工产值的工程量和实际成本归集所依据的工程量均应是相同的数值。

对竣工工程的成本核算，应区分为竣工工程现场成本和竣工工程完全成本，分别由项目经理部和企业财务部门进行核算分析，其目的在于分别考核项目管理绩效和企业经营效益。

2. 施工项目成本核算对象

施工成本一般以单位工程为成本核算对象，但也可以按照承包工程项目的规模、工期、结构类型、施工组织和施工现场等情况，结合成本管理要求，灵活划分成本核算对象。例如，一个单位工程由几个施工单位共同施工时，各施工单位都应以同一单位工程为成本核算对象，各自核算自行完成的部分；规模大、工期长的单位工程，可以将工程划分为若干部位，以分部位的工程作为成本核算对象。

3. 施工项目成本核算的内容

施工项目成本核算的基本内容包括：人工费核算；材料费核算；周转材料费核算；结构件费核算；机械使用费核算；措施费核算；分包工程成本核算；间接费核算；项目月度施工成本报告编制。

4. 施工项目成本核算的方法

施工项目成本核算的方法目前有表格核算法、会计核算法，以及两种方法的综合运用。相对而言，会计核算法对项目施工成本核算的内容更全面、结论更权威，已成为目前施工项目成本核算的重要方法。在实际运用中，用表格核算法核算项目岗位责任成本，用会计核算法进行施工项目成本核算，两者并行互补，可实现项目施工成本控制和核算，确保项目施工成本核算工作的顺利开展。

8.3.6 施工项目成本控制

施工项目成本控制是指施工企业在项目施工过程中，对影响施工项目成本的各种因素加强管理，并采取各种有效措施，将施工中实际发生的各种消耗和支出严格控制在成本计划范围内。施工项目成本控制的核心是对施工过程和成本计划进行实时监控，严格审查各项费用支出是否符合标准，计算实际成本和计划成本之间的差异并进行分析，最终实现预期的成本目标。

建设工程项目施工成本控制应贯穿于项目从投标阶段开始直至竣工验收的全过程，可分为事前控制、事中控制(过程控制)和事后控制。施工项目成本控制应遵循全面(全员、全过程)控制、责权利相结合的原则，实时动态控制管理。

1. 施工项目成本控制的依据

施工项目成本控制的依据主要包括：工程承包合同；施工成本计划；进度报告；工程

变更以及有关施工组织设计、分包合同文本等。

2. 施工项目成本控制的对象与内容

1) 以施工项目成本形成的过程作为控制对象

(1) 工程投标阶段，根据工程概况和招标文件，进行施工项目成本的预测，提出投标决策意见。

(2) 施工准备阶段，应结合设计图纸的自审、会审和其他资料(如地质勘探资料等)编制实施性施工组织设计，通过多方案的技术经济比较，从中选择经济合理、先进可行的施工方案，编制详细而具体的成本计划，对项目成本进行事前控制。

(3) 施工阶段，根据施工图预算、施工预算、劳动定额、材料消耗定额和费用开支标准等，对实际发生的成本费用进行控制。

(4) 竣工交付使用及保修期阶段，应对竣工验收过程发生的费用和保修费用进行控制。

2) 以施工项目的职能部门、施工队和生产班组作为成本控制的对象

项目的职能部门、施工队和生产班组进行的项目成本控制是最直接、最有效的成本控制。成本控制的具体内容是日常发生的各种费用和损失，而这些费用和损失，都发生在各个部门、施工队和生产班组。因此，也应以职能部门、施工队和生产班组作为成本控制对象，接受项目经理和企业有关部门的指导、监督、检查和考评。

3) 以分部分项工程作为项目成本的控制对象

为了把成本控制工作落到实处，还应以分部分项工程作为项目成本的控制对象。项目应该根据分部分项工程的实物量，参照施工预算定额，联系项目经理的技术素质、业务素质和技术组织措施的节约计划，编制包括工、料、机消耗数量、单价、金额在内的施工预算，作为对分部分项工程成本进行控制的依据。

4) 以对外经济合同作为成本控制对象

施工项目的对外经济业务，都要以经济合同为纽带建立合约关系，以明确双方的权利和义务。在签订各项对外经济合同时，要将合同的数量、单价、金额控制在预算收入之内，如合同金额超过预算收入，就意味着成本亏损。

3. 施工项目成本控制的方法

1) 人工费的控制

(1) 实行“量价分离”的方法，将作业用工及零星用工按定额工日的一定比例综合确定用工数量与单价，通过劳务合同进行控制。

(2) 加强劳动定额管理，提高劳动生产率，降低工程耗用人工工日，是控制人工费支出的主要手段。制定先进合理的企业内部劳动定额，严格执行劳动定额，并将安全生产、文明施工及零星用工下达到作业队进行控制；提高生产工人的技术水平和作业队的组织管理水平，根据施工进度、技术要求，合理搭配各工种工人的数量，减少和避免无效劳动；加强职工的技术培训和多种施工技能的培训，提高职工的业务技术水平和熟练操作程度，培养一专多能的技术工人，提高技术装备水平，提高作业工效和劳动生产率；实行弹性需求的劳务管理制度，提高劳动利用效率。

2) 材料费的控制

在建筑安装工程成本中，材料费约占 70%左右，材料成本是成本控制的重点。材料费

控制同样按照“量价分离”原则，控制材料用量和材料价格。

(1) 控制材料用量。制定合理的材料消耗定额，严格按定额控制领发和使用材料，是施工过程中成本控制的重要内容，也是保证降低工程成本的重要手段。

(2) 材料价格的控制。通过掌握市场信息，应用招标和询价等方式控制材料、设备的采购价格。

3) 施工机械使用费的控制

施工机械使用费主要是由台班数量和台班单价两方面决定，主要从以下几个方面进行控制：合理安排施工生产，加强设备租赁计划管理，减少因安排不当引起的设备闲置；加强机械设备的调度工作，尽量避免窝工，提高设备现场利用率；加强现场设备的维修保养，避免因不正确使用造成机械设备的停置；做好机上人员与辅助生产人员的协调与配合，提高施工机械台班产量。

4) 施工分包费用的控制

项目经理部应在确定施工方案的初期就要确定需要分包的工程范围。决定分包范围的因素主要是施工项目的专业性和项目规模。承包方应选择企业信誉好、质量保证能力强、施工技术有保证、符合资质条件的分包商。对分包费用的控制，主要是做好分包工程的询价；订立平等互利的分包合同；建立稳定的分包关系网络；加强施工验收和分包结算管理等工作。

4. 施工项目成本控制的措施

1) 组织措施

施工项目成本控制是全员参与的活动，如实行项目经理责任制，落实施工项目成本管理的组织机构和人员，将成本控制责任制落实到各个岗位、落实到专人，对成本进行全过程管理、全员管理、动态管理，形成一个分工明确、责任到人的成本控制责任体系。施工项目成本管理不仅是专业成本管理人员的工作，各级项目管理人员都负有成本控制责任。

组织措施的另一方面是编制施工成本控制工作计划，健全合理的成本控制工作流程。例如，做好施工采购规划，通过生产要素的优化配置、合理使用、动态管理，有效控制实际成本；加强施工定额管理和施工任务单管理，控制活劳动和物化劳动的消耗；加强施工调度，避免因施工计划不周和盲目调度造成窝工损失、机械利用率降低、物料积压等使施工成本增加。

组织措施是其他各类措施的前提和保障，而且一般不需要增加额外的费用，运用得当可以收到良好的效果。

2) 技术措施

技术措施是降低成本的保证。例如，进行技术经济分析，确定最佳的施工方案和方法；结合施工方法，进行材料使用的比选，在满足功能要求的前提下，通过代用、改变配合比、使用添加剂等方法降低材料消耗的费用；确定合适可行的施工机械、设备使用方案；结合项目的施工组织设计及自然地理条件，降低材料的存储成本及运输成本；采用先进的施工技术、新材料、新开发机械设备等，以降低施工成本。此外，企业还应注重技术改造，虽然这在一定时间内表现为成本的支出，但从长远的角度看，则是降低成本，增加效益的重要举措。

技术措施不仅对解决施工成本管理过程中的技术问题不可或缺，而且对纠正施工成本管理目标偏差也有相当重要的作用。

3) 经济措施

经济措施是最易被人们接受和采用的措施，具体内容包括：做好成本预测和各种成本计划，确定、分解施工成本管理目标；做好各种支出的资金使用计划，跟踪并严格控制各项开支；及时准确地记录、收集、整理、核算实际发生的成本，并对后期的成本作出分析和预测，做好成本的动态管理；对各种变更，及时做好增减账，及时找业主签证；及时结算工程款。

4) 合同措施

采用合同措施控制项目成本，应贯彻在合同的整个生命期，包括从合同谈判到合同终结的整个过程。首先是选用适合于工程规模、性质和特点的合同结构模式；其次是对合同条款应严谨细致，在合同条文中应细致地考虑一切影响成本、效益的因素，如对风险因素的应对策略，货币的支付方式等。在合同履行期间，项目经理部要做好工程施工记录，保存各种文件图纸和设计变更有关资料，注意积累素材，为正确处理可能发生的索赔提供依据；并要密切注视对方合同执行的情况，以寻求向对方索赔的机会；同时也要密切关注自己履行合同的情况，以防被对方索赔。当合同履行条件发生变化时，项目经理部应积极参与合同的修改、补充工作，并着重分析对成本控制的影响。

【案例 8-1】

某施工企业施工项目成本降低途径

一般来讲，降低成本的措施主要有增产和节支两种，施工企业的建筑产品具有单件性、生产周期长、固定成本所占比重相对较小、变动成本较大的特点，这样对施工项目成本控制的要求就更高一些，因此，该公司降低施工项目成本的途径，主要有以下几方面。

1. 认真审查图纸

在施工过程中，必须按图施工。该公司应在满足用户要求和保证工程质量的条件下，对设计图纸进行认真会审，并提出积极的修改意见，在取得用户和设计单位的同意后，修改设计图纸，同时办理费用增减账。

2. 加强合同预算管理，增加工程预算收入

在编制施工图预算时，要充分考虑可能发生的成本费用，包括合同规定的属于包干性质的各项定额外补贴，并将其全部列入施工图预算，然后通过工程结算向建设单位取得补偿。

3. 合理组织施工，正确选择施工方案，提高经营管理水平

为了全面完成施工任务，施工之前首先要做好施工准备阶段的管理工作，如编制施工组织设计，编制工程预算，落实施工任务和组织材料采购工作等。从降低工程成本角度来说，不仅在施工过程中要大力节约施工费用，而且在施工准备阶段也要十分注意经济效益。

4. 落实技术组织措施

为了保证技术措施计划的落实，并取得预期的效果，各施工项目应在项目经理的领导下，充分发动群众进行讨论，提出更多的措施，最后由项目经理召开有关负责人参加的会议进行讨论，做出决定，成为正式的计划。

5. 提高劳动生产率

提高劳动生产率意味着单位时间内产品数量的增加，也可表述为生产单位产品的劳动时间消耗的减少。提高劳动生产率可以加速施工进度，缩短工期，使建设项目早日竣工使用，增加新的生产能力，能够极大地促进工程成本的降低。

6. 降低材料和能源的消耗

在工程成本中，各种材料占有很大的比重，一般土建工程的材料费约占工程成本60%~70%，安装工程材料费的比重更大。所以，在施工过程中，大力节约材料消耗，是降低工程成本的主要途径。

7. 节约间接费用

间接费用项目多，涉及面广，关系复杂，如不加强控制，就容易造成浪费。因此，节约间接费用，也是降低成本的主要途径之一。该公司各施工项目本着艰苦奋斗，勤俭办企业的方针，量入为出，精打细算，节约开支，反对铺张浪费，提高工作效率，减少非生产人员，避免人浮于事的现象。

8. 保证工程质量，减少返工损失

在施工过程中，如果能够高度重视工程质量，不仅能减少返工损失，降低工程成本，而且工程竣工交付使用后能够延长使用寿命，方便用户和保障群众的安全。如果在施工过程中发生工程质量事故，就会造成人力、物力、财力的浪费，加大工程成本，甚至还可能给国家和人民生命财产造成重大的损失。

(资料来源：百度文库网，http://wenku.baidu.com/view/9481cd3e0912a216147929e0.html)

问题与测试：

1. 施工企业的施工项目成本由哪些要素组成?

2. 如何切实有效地进行施工项目成本的控制?

8.3.7 施工项目成本分析

1. 施工项目成本分析的概念

施工项目成本分析，就是根据会计核算、业务核算和统计核算提供的资料，对施工成本的形成过程和影响成本升降的因素进行分析，以寻求进一步降低成本的途径，并制定出切实可行的降低成本的方案，为加强成本控制，实现项目成本目标创造条件。

2. 施工项目成本分析的方法

施工项目成本分析的基本方法包括：比较法、因素分析法、差额计算法、比率法等。

1) 比较法

比较法又称指标对比分析法，是通过技术经济指标的对比，检查目标的完成情况，分析产生差异的原因，进而挖掘内部潜力的方法。该方法简单易行，应用广泛。通常有以下应用的形式：①实际指标与目标指标对比；②本期实际指标与上期实际指标对比；③与同行业平均水平、先进水平对比。

2) 因素分析法

因素分析法又称连锁置换法或连环替代法。这种方法可用来分析各种因素对成本的影响程度。在进行分析时，首先要假定众多因素中的一个因素发生了变化，而其他因素不变，然后逐个替换，分别比较其计算结果，以确定各个因素的变化对成本的影响程度。

因素分析法的计算步骤：①确定分析对象，即所分析的技术经济指标，并计算出实际数与目标数的差异；②确定该指标是由哪几个因素组成，并按其相互关系进行排序，排序规则是先实物量，后价值量；先绝对值，后相对值；③以目标数为基础，将各因素的目标数相乘，作为分析替代的基数；④将各个因素的实际数按照上面的排列顺序进行替换计算，并将替换后的实际数保留下来；⑤将每次替换计算所得的结果与前一次的计算结果相比较，两者的差异即为该因素对成本的影响程度；⑥各个因素的影响程度之和，应与分析对象的总差异相等。

下面结合例题介绍因素分析法的计算步骤。

【例 8-3】 某工程浇筑地下基础结构商品混凝土，目标成本 364 000 元，实际成本 383 760 元，比目标成本增加 19 760 元，用“因素分析法”分析其成本增加的原因。

解：(1)所分析对象是浇筑地下基础结构商品混凝土的成本，实际成本与目标成本差额 19 760 元，该指标是由产量、单价、损耗率三个因素组成的，其排序如表 8.3 所示。

表 8.3　商品混凝土目标成本与实际成本对比表

项　目	单　位	计　划	实　际	差　额
产量	吨	500	520	+ 20
单价	元	700	720	+ 20
损耗率	%	4	2.5	- 1.5
成本	元	364 000	383 760	+ 19 760

(2) 以目标数(500×700×1.04)元=364 000 元为分析替代的基础，则

第一次替换产量因素：以 520 替代 500，(520×700×1.04)元=378 560 元

第二次替换单价因素：以 720 替代 700，并保留上次替代，

(520×720×1.04)元=389 376 元

第三次替换损耗率因素：以 1.025 替代 1.04，并保留上两次替代，

(520×720×1.025)元=383 760 元

(3) 计算差额：

第一次替换与目标数的差额=378 560−364 000=14 560 元

即：产量增加使成本增加了 14 560 元。

第二次替换与第一次替换的差额=389 376−378 560=10 816 元

即：单价提高使成本增加了 10 816 元。

第三次替换与第二次替换的差额=383 760−389 376= - 5 616 元

即：损耗率下降使成本减少了 5 616 元。

(4) 各因素影响程度之和=14 560+10 816−5 616=19 760 元，等于实际成本与目标成本的总差额。

为使用方便，企业也可以通过运用因素分析表来求出各因素变动对实际成本的影响程度，其具体形式如表 8.4 所示。

表 8.4　商品混凝土成本变动因素分析表　　　单位：元

顺　序	连环替代计算	差　异	因素分析
目标数	500×700×1.04		
第一次替代	520×700×1.04	14 560	产量增加 20 吨，成本增加 14 560 元
第二次替代	520×720×1.04	10 816	单价提高 20 元，成本增加 10 816 元
第三次替代	520×720×1.025	−5 616	损耗率下降 1.5%，成本减少 5 616 元
合计	14 560+10 816−5 616 =19 760	19 760	

3) 差额计算法

差额计算法是因素分析法的一种简化形式，它是利用各个因素的目标值与实际值的差额来计算其对成本的影响程度。

4) 比率法

比率法是用两个以上指标的比率来分析，即先将分析的数据变成相对数，再观察其相互之间的关系。常用的比率法有相关比率、构成比率、动态比率。

5)“两算”对比法

“两算”对比法即施工预算和施工图预算进行对比。施工图预算确定的是施工预算成本，施工预算确定的是施工计划成本。通过“两算”对比，可预先找出节约或超支的原因，研究解决措施，实现对人工、材料和机械的事先控制，避免发生计划成本亏损。

3. 综合成本的分析方法

所谓综合成本，是指涉及多种生产要素，并受多种因素影响的成本费用，如分部分项工程成本、月(季)度成本、年度成本等。由于这些成本都是随着项目施工的进展而逐步形成的，与生产经营有着密切的关系。因此，做好上述成本的分析工作，无疑将促进项目的生产经营管理，提高项目的经济效益。

1) 分部分项工程成本分析

分部分项工程成本分析是施工项目成本分析的基础，其对象为已完成分部分项工程。分析的方法：进行预算成本、目标成本和实际成本的“三算”对比，分别计算实际偏差和目标偏差，分析偏差产生的原因，为今后的分部分项工程成本寻求节约途径。

分部分项工程成本分析的资料来源：预算成本来自投标报价成本，目标成本来自施工预算，实际成本来自施工任务单的实际工程量、实耗人工和限额领料单的实耗材料。

2) 月(季)度成本分析

月(季)度成本分析，是施工项目定期的、经常性的中间成本分析。对于一次性的施工项目来说，可以及时发现问题，以便按照成本目标指定的方向进行监督和控制，意义重大。月(季)度成本分析的依据是当月(季)的成本报表。

通过月(季)度成本分析，把实际成本与预算成本对比，可以分析当月(季)的成本降低水平；通过实际成本与目标成本的对比，可以分析目标成本的落实情况以及目标管理中的问题和不足，进而采取措施，加强成本管理，保证成本目标的落实；通过对各成本项目的成本分析，可以了解成本总量的构成比例和成本管理的薄弱环节；通过主要技术经济指标的实际值与目标值对比，可以分析产量、工期、质量、“三材”节约率、机械利用率等对成本的影响；通过对技术组织措施执行效果的分析，可以寻求更加有效的节约途径。

3) 年度成本分析

企业成本要求一年结算一次，不得将本年成本转入下一年度。年度成本分析的依据是当年的成本报表。年度成本分析的内容，除了月(季)度成本分析的几个方面外，重点是针对下一年度的施工进度情况规划切实可行的成本管理措施，以保证施工成本目标的实现。

4) 竣工成本的综合分析

单位工程竣工成本分析，应包括：竣工成本分析；主要资源节超对比分析；主要技术节约措施及经济效果分析。通过以上分析，可以全面了解单位工程的成本构成和降低成本的来源，可以为今后同类工程的成本管理提供参考和借鉴。

8.3.8　施工项目成本考核

施工项目成本考核，是指项目经理按施工项目成本目标责任制的有关规定，在施工过程中和项目施工竣工后对工程预算成本、计划成本及相关指标的完成情况进行对比和考核，评定施工项目成本计划的完成情况和各责任者的业绩，并以此给以相应的奖励和处罚，使工程成本得到更加有效的控制。因此，施工项目成本考核必须以降低成本，提高经济效益为考核目标，以国家的相关方针政策、成本管理制度、施工项目成本计划、真实可靠的项目施工成本核算资料为考核依据。

施工项目成本考核，一般可以分为两个层次：一是企业对施工项目现场管理机构(项目部)的考核；二是施工项目现场管理机构(项目部)内部的考核。

1. 企业对施工项目现场管理机构的考核

建筑企业对施工项目现场管理机构的考核可分为季度考核与阶段考核两种。季度考核是按日历时间划分，每个季度进行一次。阶段考核一般按结构、装修、竣工三个阶段，分别进行考核。

企业对施工项目现场管理机构考核的内容包括：项目成本目标和阶段成本目标的完成情况；成本管理责任制的落实情况；成本计划的编制和落实情况；各部门、各施工队组责任成本的执行情况；在成本管理中贯彻责权利相结合原则的执行情况。

2. 施工项目现场管理机构内部的考核

施工项目现场管理机构对所属各部门的考核内容包括：本部门、本岗位责任成本的完成情况和成本管理责任的执行情况。施工项目现场管理机构对各施工队的考核内容包括：对劳务合同规定的承包范围和承包内容的执行情况；劳务合同以外的补充收费情况；对班组施工任务单的管理情况，以及班组完成施工任务后的考核情况；班组责任成本的完成情况的考核。

施工项目现场管理机构的检查、考核重点是对分包成本、物质消耗成本、周转材料摊销成本、临建投入成本，应对照施工项目现场管理机构的成本计划进行检查。检查应按公司的检查时间与要求进行，并进一步细化，达到月结月清。

通过实际成本与预算成本的对比，考核施工成本的降低水平；通过实际成本与计划成本的对比，考核工程成本的管理水平，称之“二对比与二考核”。

通过以上层层考核，可以督促项目经理、责任部门和责任者更好地完成自己的责任成本，形成实现成本目标的层层保证体系，从而真正实现成本控制。

重点提示：

掌握施工项目成本管理的内容。

8.4　费用与进度综合控制的赢得值法

8.4.1　赢得值法的产生背景

建设工程项目费用管理过程中，仅仅依靠计划费用与实际费用的偏差无法判断费用是否超支或有节余。例如，某项工程计划第一个月完成 100 万元的工作量，监测结果表明第一个月实际完成了 110 万元的工作量。这种情况有可能是进度正常，费用超支了 10 万元；也有可能是费用支出正常，进度提前超额完成了 10 万元的工作量；或是更为复杂的其他情况。因此，有必要研究费用偏差和进度偏差之间的关系，引入费用/进度综合度量指标，此即为赢得值法。

赢得值法也称挣值法 (Earned Value Management，EVM)，是一种能全面衡量工程费用/进度整体状况的偏差分析方法，是由美国国防部于 1967 年首次确立的一项先进的项目管理技术。赢得值法的实质是用价值指标(工作量)代替实物工程量来测定工程进度的一种项目监控方法。

目前，赢得值法的概念在国际上被广泛采用，国际上先进的工程公司已普遍采用赢得值法进行工程项目的费用、进度综合分析控制。另外，赢得值法既可应用于承包方的成本控制，也可应用于业主的费用控制，此处对费用和成本的概念不加严格区分。

8.4.2　赢得值法的基本理论

1. 赢得值法的三个基本参数

用赢得值法进行费用、进度综合分析控制，基本参数有三项，分别是已完工作预算费用、计划工作预算费用和已完工作实际费用。

1) 已完工作预算费用

已完工作预算费用(Budgeted Cost for Work Performed，BCWP)是指在某一时间已经完成的工作，乘以批准认可的预算单价为标准所得的资金总额。由于业主正是根据这个值为承包方完成的工程量支付相应的费用，也就是承包方获得(挣得)的金额，故称赢得值或挣得值(Earned Value)。

已完工作预算费用(BCWP)=实际已完成工程量×预算(计划)单价

2) 计划工作预算费用

计划工作预算费用(Budgeted Cost for Work Scheduled，BCWS)是指根据进度计划，在某一时刻计划应当完成的工作，乘以预算单价为标准所得的资金总额。一般来说，除非合同有变更，计划工作预算费用在工作实施过程中应保持不变。

计划工作预算费用(BCWS)=计划完成工程量×预算(计划)单价　(8-13)

3) 已完工作实际费用

已完工作实际费用(Actual Cost for Work Performed，ACWP)是指在某一时刻为止，已经完成的工作实际所花费的资金总额。

已完工作实际费用(ACWP)=实际已完成工程量×实际单价　(8-14)

2. 赢得值法的四个评价指标

在以上三个基本参数的基础上，可以确定赢得值法的四个评价指标，即：费用偏差、进度偏差、费用绩效指数、进度绩效指数，它们也都是时间的函数。

1) 费用偏差(Cost Variance，CV)

费用偏差(CV)=已完工作预算费用(BCWP)−已完工作实际费用(ACWP)　(8-15)

当 CV＜0 时，表示项目运行的实际费用超出预算费用；当 CV＞0 时，表示项目实际运行费用节约(节支)，实际费用没有超出预算费用；当 CV=0 时，实际费用与预算费用一致。

2) 进度偏差(Schedule Variance，SV)

进度偏差(SV)=已完工作预算费用(BCWP)−计划工作预算费用(BCWS)　(8-16)

当 SV＜0 时，表示进度延误，即实际进度落后于计划进度；当 SV＞0 时，表示实际进度提前，即实际进度快于计划进度；当 SV=0 时，表示实际进度与计划进度一致。

3) 费用绩效指数(Cost Performed Index，CPI)

$$费用绩效指数(CPI)=\frac{已完工作预算费用(BCWP)}{已完工作实际费用(ACWP)} \quad (8\text{-}17)$$

当 CPI＜1 时，表示超支，即实际费用超出预算费用；当 CPI＞1 时，表示节支，即实际费用低于预算费用；当 CPI=1 时，表示实际费用与预算费用一致。

4) 进度绩效指数(Schedule Performed Index，SPI)

$$进度绩效指数(SPI)=\frac{已完工作预算费用(BCWP)}{计划工作预算费用(BCWS)} \quad (8\text{-}18)$$

当 SPI＜1 时，表示进度延误，即实际进度比计划进度拖后；当 SPI＞1 时，表示进度提前，即实际进度比计划进度提前；当 SPI=1 时，实际进度与计划进度一致。

【例 8-4】　某 800mm×800mm 瓷砖地面工程某月计划完成工程量为 2 000m^2，计划单价为 180 元/m^2，月底检查时实际完成工程量为 2 200 m^2，实际单价为 200 元/m^2，试分析该工程的费用、进度偏差。

解： 费用偏差=已完工作预算费用−已完工作实际费用

=2 200×180−2 200×200=−44 000 元

结果为负，表明费用超支 44 000 元。

进度偏差=已完工作预算费用−计划工作预算费用

=2 200×180−2 000×180=36 000 元

结果为正，表明 36 000 元的工程量比计划提前完成。

需要说明的是，费用(进度)偏差反映的是绝对偏差，可有助于费用管理人员了解项目费用出现偏差的绝对数额，并依此采取一定措施。但是，绝对偏差有其不容忽视的局限性。如同样是 10 万元的费用偏差，对于总费用 1000 万元的项目和总费用 1 亿元的项目而言，其严重性显然是不同的。因此，费用(进度)偏差仅适用于对同一项目做偏差分析。费用(进度)绩效指数反映的是相对偏差，它不受项目层次的限制，也不受项目实施时间的限制，因而在同一项目和不同项目比较中均可采用。

在项目的费用、进度综合控制中引入赢得值法，可以克服过去进度、费用分开控制的缺点，能定量地判断进度、费用的执行效果。

重点提示：

掌握赢得值法的三个基本参数、四个评价指标的计算。费用管理环节是建设执业资格建造师、监理工程师等考试常考知识点。

【案例 8-2】

某项目费用偏差分析及解决对策

1. 进度(费用)检查

某工程项目进行至第 7 天时进行检查，发现计划进度、实际进度及各项工作的预算费用和实际费用如表 8.5 所示。表中深色框格为计划进度，浅色框格为实际进度。

表 8.5　项目计划进度与实际进度横道图

序号	成本/万元		平均每天完成成本/万元		时间/天											
	预算	实际	计划	实际	1	2	3	4	5	6	7	8	9	10	11	12
1	15	18	5	6												
2	20	30	4	6												
3	36	40	9	10												
4	30	20	6	4												
5	24	9	8	3												
每天已完成工作实际费用 ACWP/万元					6	6	12	6	6	16	20	21	12	7	5	3
累计已完成工作实际费用 ACWP/万元					6	12	24	30	36	52	72	93	105	112	117	120
每天实际完成预算费用/万元					5	5	9	4	4	13	19	15	14	12	10	7
挣得值 BCWP/万元					5	10	19	23	27	40	59	74	88	100	110	117

在第 7 天检查费用偏差，由费用偏差 CV=已完工作预算费用(BCWP)−已完工作实际费用(ACWP)可得：

$$费用偏差=59-72=-13\ 万元$$

即在此时发现费用超预算 13 万元。

由上述赢得值法分析可知，项目的费用在第 7 天已超出预算费用 13 万元，必须找出原因，采取相应的措施，纠正已发生的偏差，把各项费用控制在预算费用的范围之内，以保证项目费用目标的实现。

2. 费用超支原因分析

(1) 由于材料进价高，提高了项目的成本；

(2) 由于业主提高了要求，致使工作量加大，提高了项目的成本。

3. 解决对策

根据上述问题原因，制定相应的解决对策，采取以下降低项目费用及成本控制方法。

(1) 对原材料供应商进行招标，选用符合要求、质量合格的且费用较低的供应商的材料。

(2) 向业主索赔以弥补超支费用。

(资料来源：百度文库网，http://wenku.baidu.com/view/3b4dffdba58da0116c174966.html)

问题与测试：

1. 如何应用赢得值法进行费用控制？
2. 一般情况下，造成费用超支的原因有哪些？

本章小结

工程项目成本管理是项目管理中的一个子系统，具体包括成本预测、成本计划、成本核算、成本控制及成本分析与考核。本章着重介绍了成本管理各个环节的工作程序和方法。项目成本管理系统中每一个环节都是相互联系和相互作用的。成本预测是成本决策的前提，成本计划是成本决策所确定目标的具体化，成本控制则是对成本计划的实施进行监督，保证决策的成本目标实现，而成本核算又是成本计划是否实现的最后检验，它所提供的成本信息又对下一个工程项目成本预测和决策提供基础资料，成本考核是实现成本目标责任制的保证和实现决策目标的重要手段。

思考题

1. 什么是工程项目成本、工程项目施工成本？
2. 工程项目施工成本管理的内容有哪些？
3. 施工项目成本预测的程序是什么？方法有哪些？
4. 施工项目成本计划的类型是如何划分的？编制程序是什么？
5. 施工项目成本核算的方法有哪些？
6. 施工项目成本控制的方法有哪些？
7. 施工项目成本分析的内容是什么？方法有哪些？
8. 施工项目成本考核的原则和内容分别是什么？
9. 赢得值法进行费用、进度控制的评价指标有哪些？如何计算？

第 9 章

建设工程项目合同管理

学习目标

- 熟悉建设项目合同管理的作用、合同类型和合同生命期。
- 掌握建设项目合同条款的内容。
- 掌握建设项目合同管理的内容。

本章导读

本章主要介绍建设项目合同体系、合同类型、合同策划、合同条款分析、合同控制等方面的内容。

项目案例导入

某施工单位根据领取的某2 000平方米两层厂房建设项目招标文件和全套施工图纸，采用低报价策略编制了投标文件，并获得中标。该施工单位与建设单位签订了该建设项目的固定价格施工合同，则该项目采用固定价格合同是否合适？

问题导入

上述案例中，由于施工单位低价中标，在施工过程中对成本控制要求比较严格，否则面临亏损的风险。建设单位也应考虑到这一情况，督促施工单位严格履行合同，减少合同争议，及时处理各种合同执行中的问题。那么建设单位在合同管理过程中应如何做好合同交底和控制？合同争议如何处理？合同档案管理有哪些内容？通过本章的学习将会解答这些问题，初步具备建设工程项目合同管理的能力。

9.1 建设项目合同管理概述

9.1.1 建设项目合同管理的作用

在现代工程项目管理中，合同管理已越来越受到人们的重视，其原因主要包括以下几方面。

1. 现代工程项目合同的复杂性

在工程中相关的合同多，一般都有几十份、几百份，甚至几千份合同，它们之间有复杂的关系；合同，特别是承包合同的文件多，包括合同条件、协议书、投标书、图纸、规范、工程量表等；合同条款越来越多；合同过程中争执多，索赔多。以上都说明了工程项目合同的复杂性。

2. 合同管理在项目管理中居于核心地位

由于合同将工期、成本、质量目标统一起来，划分各方面的责任和权力，所以在项目管理中合同管理居于核心地位，作为一条主线贯穿始终。没有合同管理，项目管理目标就不明确，就不能形成系统。

3. 严格的合同管理是国际惯例

工程项目管理的国际化是一个大趋势，这方面的国际惯例主要体现在：严格的符合国际惯例的招标投标制度、建设工程监理制度、国际通用的 FIDIC 合同条件等，这些都与合同管理有关。

9.1.2 建设项目中的主要合同关系

在复杂的工程项目合同体系中，业主和承包商是两个最重要的节点。

1. 业主的主要合同关系

与业主签订的合同通常被称为主合同。通常业主必须签订咨询(监理)合同、勘察设计合同、供应合同(业主负责材料和设备供应)、工程施工合同、贷款合同等。

2. 承包商的主要合同关系

承包商要完成合同所规定的责任，包括工程量表中所确定的工程范围的施工、竣工及保修，并为完成这些责任提供劳动力、施工设备、建筑材料、管理人员、临时设施，有时也包括设计工作。围绕着承包商常常会有复杂的合同关系，它必须签订工程分包合同、设备和材料供应合同、运输合同、加工合同、租赁合同、劳务合同、保险合同等。

3. 其他方面的合同关系

(1) 分包商有时也可把其工作再分包出去，形成多级分包合同；

(2) 设计单位，供应单位也可能有分包；

(3) 承包商有时承担部分工程的设计任务，它也需要委托设计单位；

(4) 如果工程的付款条件苛刻，承包商需垫资承包，它也必须订立贷款合同；

(5) 在许多大工程中，特别是全包工程中，承包商往往是几个企业的合伙或联营，则这些企业之间必须订立合伙合同(联营合同)。

4. 工程项目合同体系

上述合同便构成了该项目的合同体系。在这个体系中有不同层次的合同，如图 9.1 所示。合同控制应包括建立合适的合同关系，以及将这些关系的输出纳入到整个项目的管理中。

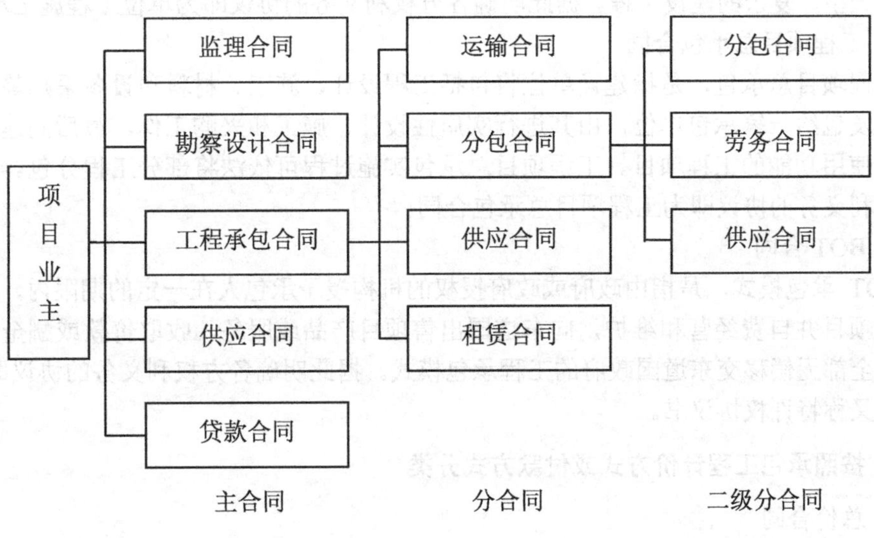

图 9.1　建设项目合同体系

从上述可见，项目的分标方式确定了项目的主要合同关系。

重点提示：

在项目管理中合同管理居于核心地位。

9.1.3 建设项目合同类型

1. 按照工程建设阶段分类

建设工程的建设过程大体上经过勘察、设计、施工 3 个阶段，围绕不同阶段订立相应合同。按照所处的阶段所完成的承包内容进行划分，可分为：建设工程勘察合同、建设工程设计合同、建设工程施工合同。

2. 按照承发包方式(范围)分类

1) 勘察、设计或施工总承包合同

勘察、设计或施工总承包，是指发包人将全部勘察、设计或施工的任务分别发包给一个勘察、设计单位或一个施工单位作为总承包人，经发包人同意，总承包人可以将勘察、设计或施工任务的一部分分包给其他符合资质的分包人。据此明确各方权利义务的协议即为勘察、设计或施工总承包合同。在这种模式中，发包人与总承包人订立总承包合同，总承包人与分包人订立分包合同，总承包人与分包人就工作成果对发包人承担连带责任。

2) 单位工程施工承包合同

单位工程施工承包，是指在一些大型、复杂的建设工程中，发包人可以将专业性很强的单位工程发包给不同的承包人，与承包人分别签订土木工程施工合同、电气与机械工程承包合同，这些承包人之间为平行关系。单位工程施工承包合同常见于大型工业建筑安装工程及大型、复杂的建设工程。据此明确各方权利义务的协议即为单位工程施工承包合同。

3) 工程项目总承包合同

工程项目总承包，是指建设单位将包括工程设计、施工、材料和设备采购等一系列工作全部发包给一家承包单位，由其进行实质性设计、施工和采购工作，最后向建设单位交付具有使用功能的工程项目。工程项目总承包实施过程可依法将部分工程分包。据此明确各方权利义务的协议即为工程项目总承包合同。

4) BOT 合同

BOT 承包模式，是指由政府或政府授权的机构授予承包人在一定的期限内，以自筹资金建设项目并自费经营和维护，向东道国出售项目产品或服务，收取价款或酬金，期满后将项目全部无偿移交东道国政府的工程承包模式。据此明确各方权利义务的协议即为 BOT 合同，又称特许权协议书。

3. 按照承包工程计价方式或付款方式分类

1) 总价合同

总价合同一般要求投标人按照招标文件要求报一个总价，在这个价格下完成合同规定的全部项目。总价合同还可以分为固定总价合同、可调价总价合同等。

2) 单价合同

单价合同指根据发包人提供的资料，双方在合同中确定每一单项工程单价，结算则按实际完成工程量乘以每项工程单价计算。单价合同可以分为：估计工程量单价合同、纯单价合同、单价与包干混合式合同等。

3) 成本加酬金合同

成本加酬金合同是指成本费按承包人的实际支出由发包人支付，发包人同时另外向承包人支付一定数额或百分比的管理费和商定的利润。成本加酬金合同可以分为：成本加固定酬金合同、成本加比例酬金合同、成本加奖金合同等。其中，成本加固定酬金合同的酬金是一个固定数额；成本加比例酬金合同的酬金按成本的某个百分比支付；成本加奖金合同的酬金按实际发生的成本相对于目标成本的情况进行奖励或罚款，因此目标成本的确定比较重要，也比较困难。

4) 混合合同

混合合同是指有部分固定价格、部分实际成本加酬金和阶段转换合同形式的情况。前者是对重要的设计内容已具体化的项目采用的较多，而后者对设计还未具体化的项目较适用。

9.1.4　建设项目合同的生命期

不同种类的合同有不同的委托方式和履行方式，它们经过不同的过程，就有不同的生命期。在项目的合同体系中比较典型的也最为复杂的是工程承包合同，它经历了以下两个阶段。

(1) 合同的形成阶段。合同一般通过招标投标来形成。它通常从起草招标文件开始直到合同签订为止。

(2) 合同的执行阶段。这个阶段从签订合同开始直到承包商按合同规定完成工程，并通过保修期为止。

工程承包合同的生命期可用图 9.2 表示。

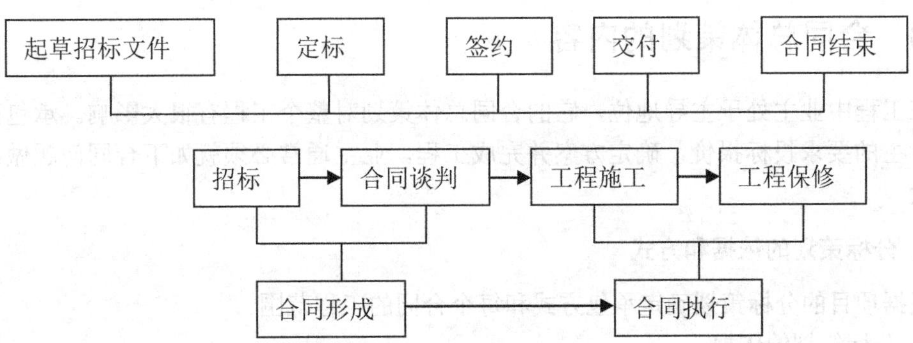

图 9.2　工程合同生命周期

重点提示：

理解 BOT 承包模式。

9.2 建设项目合同总体策划

9.2.1 合同总体策划的概念

在项目的实施战略确定后必须对与工程相关的合同进行总体策划，首先要确定带根本性和方向性的，对整个工程项目、整个合同实施有重大影响的问题。合同总体策划的目标是通过合同保证工程项目目标和项目实施战略的实现，它主要确定如下一些重大问题。

(1) 如何将项目分解成几个独立的合同？每个合同有多大的工程范围？

(2) 采用什么样的合同形式和合同条件？

(3) 采用什么方式委托工程？

(4) 合同中一些重要条件的确定，即如何通过合同实现对项目严格的全面的控制。

(5) 与项目相关的各个合同在内容上、时间上、组织上、技术上、价格上的协调等。

正确的合同策划不仅能够签订一个完备的有利的合同，而且可以保证圆满地履行各个合同，并使它们之间能完善地协调，以顺利地实现工程项目的根本目标。

9.2.2 合同总体策划的过程

合同总体策划的过程包括：

(1) 研究企业战略和项目战略，确定企业和项目对合同的要求；

(2) 确定合同相关的总体原则和目标，并对上述各种依据进行调查；

(3) 分层次、分对象对合同的一些重大问题进行研究，列出各种可能的选择，并按上述策划的依据综合分析各种选择的利弊得失；

(4) 对合同的各个重大问题做出决策和安排，提出合同措施。

9.2.3 合同总体策划的内容

在工程中业主处于主导地位，它的合同总体策划对整个工程有很大影响。承包商必须按照业主的要求投标报价，确定方案并完成工程。业主通常必须就如下合同问题做出策划和决策。

1. 分标策划的依据和方式

根据项目的分标策划确定承包方式和每个合同的工程范围。

1) 分标策划的依据

项目分标策划的依据主要包括以下几个方面。

(1) 业主方面：业主的目标以及目标的确定性、业主的项目实施战略、管理水平和具有的管理力量、期望对工程管理的介入深度、业主对工程师和承包商的信任程度、业主的管理风格、业主对工程的质量和工期要求等。

(2) 承包商方面：拟选择的承包商的能力(如是否具备施工总承包、“设计—施工”总承包，或“设计—施工—供应”总承包的能力)、承包商的资信、企业规模、管理风格和水平、抗御风险的能力、相关工程和相关承包方式的经验等。

(3) 工程方面：工程的类型、规模、特点、技术复杂程度、工程质量要求、设计深度和工程范围的确定性、工期的限制、项目的营利性、工程风险程度、工程资源(如资金、材料、设备等)供应及限制条件等。

(4) 环境方面：工程所处的法律环境、人们的诚实信用程度、人们常用的工程实施方式、建筑市场竞争激烈程度、资源供应的保证程度、获得额外资源的可能性等。

2) 主要的分标方式

在现代工程中，工程承包方式多种多样，各有优点、缺点和适用条件。主要的分标方式包括以下几方面。

(1) 分阶段分专业工程平行承包，即业主将设计、设备供应、土建、电器安装、机械安装、装饰等工程施工分别委托给不同的承包商，各承包商分别与业主签订合同，向业主负责，各承包商之间没有合同关系，如图 9.3 所示。

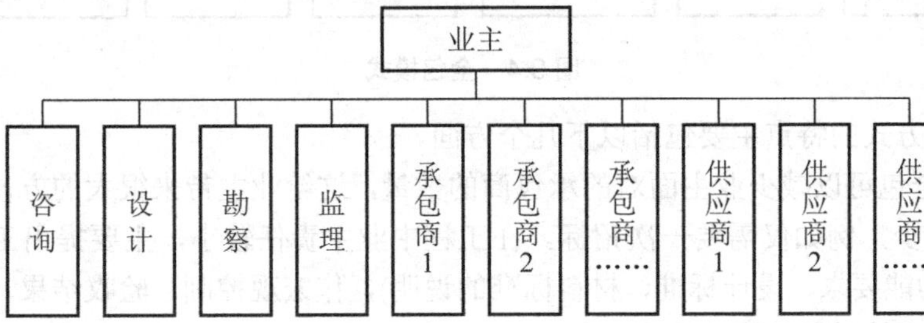

图 9.3　专业分包模式

这种方式的特点主要包括以下几个方面。

① 业主有大量的管理工作，有许多次招标，作比较精细的计划及控制，因此项目前期需要比较充裕的时间。

② 在工程中，业主必须负责各承包商之间的协调，对各承包商之间互相干扰造成的问题承担责任。在整个项目的责任体系中会存在着责任的“盲区”。所以在这类工程中组织争执较多，索赔较多，工期比较长。

③ 对这样的项目，业主管理和控制比较细，需要对出现的各种工程问题作中间决策，必须具备较强的项目管理能力。当然业主可以委托监理工程师进行工程管理。

④ 在大型工程项目中，采用这种方式业主将面对很多承包商(包括设计单位、供应单位、施工单位)，直接管理承包商的数量太多，管理跨度太大，容易造成项目协调的困难，造成工程中的混乱和项目失控现象。业主管理费用增加，最终导致总投资的增加和工期的延长。

⑤ 通过分散平行承包，业主可以分阶段进行招标，可以通过协调和项目管理加强对工程的干预。同时承包商之间存在着一定的制衡，如各专业设计、设备供应、专业工程施工之间存在制约关系。

⑥ 使用这种方式，项目的计划和设计必须周全、准确、细致。这样各承包商的工程范围容易确定，责任界限比较清楚，否则极容易造成项目实施中的混乱状态。

如果业主不是项目管理专家，或没有聘请得力的咨询(监理)工程师进行全过程的项目管理，则不能将项目分标太多。长期以来我国的工程项目都采用这种分标方式。例如，某城市地铁工程，业主签订了4000多份合同。

(2) 全包，又叫统包、一揽子承包、“设计—建造及交钥匙”工程，或“设计—施工—供应”总承包，即由一个承包商承包建筑工程项目的全部工作，包括设计、供应、各专业工程的施工以及管理工作，甚至包括项目前期筹划、方案选择、可行性研究。承包商向业主承担全部工程责任。当然总承包商可以将全部工程范围内的部分工程或工作分包出去，如图9.4所示。

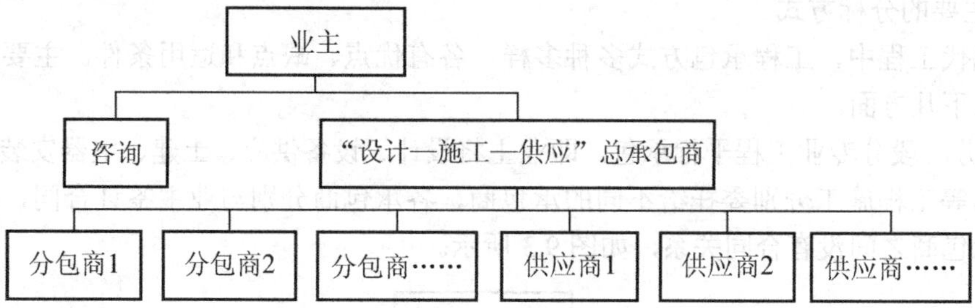

图9.4　全包模式

这种承包方式的特点主要包括以下几个方面。

① 通过全包可以减少业主面对的承包商的数量，这给业主带来很大的方便。业主事务性管理工作较少，例如仅需要一次招标。在工程中业主责任较小，主要提出工程的总体要求(如工程的功能要求、设计标准、材料标准的说明)，作宏观控制，验收结果，一般不干涉承包商的工程实施过程和项目管理工作。

② 这使得承包商能将整个项目管理形成一个统一的系统，避免多头领导，降低管理费用；方便协调和控制，减少大量的重复的管理工作，减少花费，使得信息沟通方便、快捷、不失真；它有利于施工现场的管理，减少中间检查、交接环节和手续，避免由此引起的工程拖延，从而工期(包括招标投标和建设期)大大缩短。

③ 项目的责任体系是完备的。无论是设计与施工、施工与供应之间的互相干扰，还是不同专业之间的干扰，都由总承包商负责，业主不承担任何责任，所以争执较少，索赔较少。所以，全包工程对双方都有利，工程整体效益高。目前这种承包方式在国际上受到普遍欢迎。

④ 在全包工程中业主必须加强对承包商的宏观控制，选择资信好、实力强、适应全方位工作的承包商。承包商不仅需要具备各专业工程施工力量，而且需要很强的设计能力、管理能力、供应能力，甚至很强的项目策划能力和融资能力。据统计，在国际工程中，国际上最大的承包商所承接的工程项目大多数都是采用全包形式。

由于全包对承包商的要求很高，对业主来说，承包商资信风险很大。业主可以让几个承包商联营投标，通过法律规定联营成员之间的连带责任“抓住”联营各方。这在国际上一些大型的和特大型的工程中是十分常见的。

(3) 当然业主也可以采用介于上述两者之间的中间形式，将工程委托给几个主要的承包商，如总设计承包商、总施工承包商、总供应承包商等。这种方式在工程中是极为常见的。

(4) 非代理型的CM承包方式，即CM/non—Agency方式。CM(Construction Management)有两种形式，其中非代理型的模式如图9.5所示。CM承包商直接与业主签订合同，接受整个工程施工的委托，再与分包商、供应商签订合同。可以认为它是一种工程承包方式。

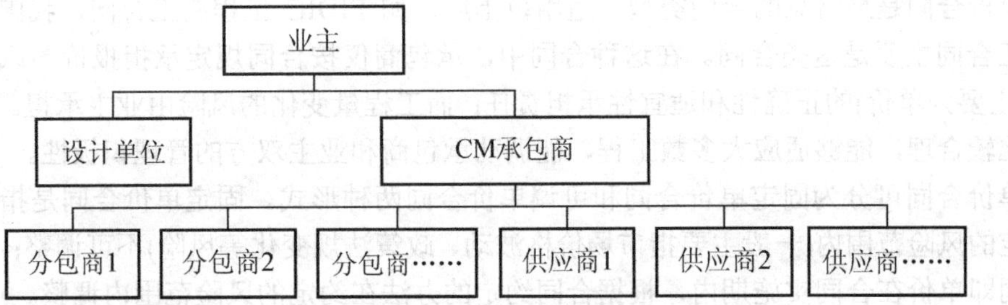

图 9.5　非代理型 CM 承包模式

2. 合同种类的选择

在实际工程中，合同计价方式有近 20 种。不同种类的合同，有不同的应用条件、不同的权力和责任的分配、不同的付款方式，对合同双方有不同的风险。应按具体情况选择合同类型。有时在一个工程承包合同中，不同的工程分项采用不同的计价方式。现代工程中最典型的合同类型有以下几种。这几种合同类型各有不同的优缺点，并适用于不同的工程项目，现在具体介绍如下，以满足合同策划的需要。

1) 总价合同

(1) 固定总价合同。这种合同以一次包死的总价格委托，除了设计有重大变更，一般不允许调整合同价格。所以在这类合同中承包商承担了全部的工程量和价格风险。在现代工程中，特别在合资项目中，业主喜欢采用这种合同形式，因为工程中双方结算方式较为简单、省事，承包商的索赔机会较少(但不可能根除索赔)。在正常情况下，可以免除业主由于要追加合同价款，追加投资带来的需上级(如董事会、甚至股东大会)审批的麻烦。

但出于承包商承担了全部风险，报价中不可预见风险费用较高。承包商报价的确定必须考虑施工期间物价变化以及工程量变化带来的影响。

在以前很长时间中，固定总价合同的应用范围很小，主要适用于具备以下特点的工程。①工程范围必须清楚明确，报价的工程量应准确而不是估计数字，对此承包商必须认真复核。②工程设计较细，图纸完整、详细、清楚。③工程量小、工期短，估计在工程过程中环境因素(特别是物价)变化小，工程条件稳定并合理。④工程结构、技术简单，风险小，报价估算方便。⑤工程投标期相对宽裕，承包商可以详细作现场调查、复核工程量，分析招标文件，拟定计划。⑥合同条件完备，双方的权利和义务十分清楚。

但在国内外的工程中，固定总价合同的适用范围有扩大的趋势，甚至一些大型的全包工程，工业项目也使用总价合同。有些工程中业主只用初步设计资料招标，却要求承包商以固定总价合同承包，对承包商来说，这个风险非常大。

(2) 可调价总价合同。在招标及签订合同时，以设计图纸及当时的市场价格计算签订总价合同，但在合同条款中双方商定，若在执行合同过程中由于发生合同内约定的风险，如物价上涨，引起工料成本增加时，合同总价应相应调整，并规定了调整方法。这时业主承担了物价上涨这一不可预测费用因素的风险。这种合同方式一般适用于工期较长，通货膨胀率难以预测，但现场条件较为简单的工程项目。

2) 单价合同

单价合同是最常见的合同类型，适用范围广，如 FIDIC 工程施工合同，我国的建设工程施工合同主要是这类合同。在这种合同中，承包商仅按合同规定承担报价的风险，即对报价(主要为单价)的正确性和适宜性承担责任；而工程量变化的风险由业主承担。由于风险分配比较合理，能够适应大多数工程，能调动承包商和业主双方的管理积极性。

单价合同可分为固定单价合同和可调单价合同两种形式。固定单价合同是指单价在合同约定的风险范围内(一般主要指市场价格波动、政策法规变化等风险)不可调整；可调价单价合同即单价在合同实施期内，根据合同约定的办法在约定的风险范围内调整。

另外，单价合同也可分为估计工程量单价合同、纯单价合同和单价与包干混合式合同三种形式。

(1) 估计工程量单价合同。这种合同方式要求承包人投标时按工程量表中的估计工程量为基础，填入相应的单价作为报价。合同总价是根据结算单中每项的工程数量和相应的单价计算得出，但合同总价一般不是支付工程款项的最终金额，因单价合同中的工程数量是一估计值。支付工程款项应按实际发生工程量计，但当实际工程量与估计工程量相差过大，超过规定的幅度时，允许调整单价以补偿承包人。

(2) 纯单价合同。这种合同方式的招标文件只给出各分项工程内的工作项目一览表、工程范围及必要说明，而不提供工程量。承包人只要给出各项目的单价即可，将来实施时按实际工程量计算。

(3) 单价与包干混合式合同。以单价合同为基础，但对其中某些不易计算工程量的分项工程，如施工导流、施工便道、施工期间交通维护，采用包干办法，而对能用某种单位计算工程量的，均要求报单价，按实际完成工程量及合同中的单价结账。很多大型土木工程都采用这种方式。

对业主方而言，单价合同的主要优点是可以减少招标准备工作，缩短招标准备时间，能鼓励承包商通过提高工效等手段从成本节约中提高利润，业主只按工程量表的项目开支，可减少意外开支，只需对少量遗漏的项目在执行合同过程中再报价，结算程序比较简单。但业主方存在的风险在于工程的总造价直到工程结束前都是个未知数，特别是当设计师对工程量的估算偏低，或是遇到了一个有经验的善于运用不平衡报价的承包商时，风险就会更大，因而设计师比较正确地估算工程量和减少项目实施中的变更可为业主避免大量的风险。对承包商而言，这种合同避免了总价合同中的许多风险因素，比总价合同风险小。

3) 成本加酬金合同

(1) 成本加固定酬金合同。这种合同的酬金是定值，不随实际成本数量的变化而变化。在这种合同中，合同条款应十分严格。业主应加强对工程的控制，参与工程方案(如施工方案、采购、分包等)的选择和决策，否则容易造成损失。同时，合同中应明确规定成本的开支和间接费范围，规定业主有权对成本开支作决策、监督和审查。

(2) 成本加比例酬金合同。这是与固定总价合同截然相反的合同类型。工程最终合同价格按承包商的实际成本加一定比率的酬金(间接费)计算。在合同签订时不能确定一个具体的合同价格，只能确定酬金的比率。由于合同价格按承包商的实际成本结算，所以在这类合同中，承包商不承担任何风险，而业主承担了全部工程量和价格风险，所以承包商在工程中没有成本控制的积极性，常常不仅不愿意压缩成本，相反期望提高成本以提高自己的工程经济效益，这样会损害工程的整体效益。所以这类合同的使用应受到严格限制，通常应用于如下情况。①投标阶段依据不准，工程的范围无法界定，无法准确估价，缺少工程的详细说明。②工程特别复杂，工程技术、结构方案不能预先确定，它们可能按工程中出现的新的情况确定。例如，在国外这一类合同经常被用于一些带有研究、开发性质的工程中。③时间特别紧，要求尽快开工。如抢救、抢险工程，人们无法详细地计划和商谈。

为了克服成本加比例酬金合同的缺点，扩大它的适用范围，人们对该种合同又作了许多改进，以调动承包商成本控制的积极性，如下面的成本加奖金合同。

(3) 成本加奖金合同。这种合同事先商定工程成本和酬金的预期水平。如果工程完工后，实际成本恰好等于预期水平，工程造价就是成本加酬金；如果实际成本低于预期水平，则增加酬金；如果实际成本高于预期水平，则减少酬金。从理论上讲，这种承包方式对承发包双方都没有太大风险，同时又能促使承包商关心降低成本、缩短工期，因而对双方都有好处。但实际上估算成本较为困难，要求双方都要具有丰富的经验。

4) 混合合同

在一些发达国家，混合合同广泛应用于工业项目、研究和开发项目、军事工程项目中。它是固定总价合同和成本加酬金合同的结合和改进形式。在这些项目中承包商在项目可行性研究阶段，甚至在混合设计阶段就介入工程，并以全包的形式承包工程。混合合同能够较大限度地发挥承包商工程管理的积极性，适用于工程范围没有完全界定或预测风险较大的情况。

3. 合同条件的选择

合同协议书和合同条件是合同文件中最重要的部分。在实际工程中，业主可以按照需要自己(通常委托咨询公司)起草合同协议书(包括合同条款)，也可以选择标准的合同条件。在具体应用时，可以按照自己的需要通过特殊条款对标准的文本作修改、限定或补充。

对一个工程，有时会有几个同类型的合同条件供选择，特别在国际工程中。合同条件的选择应注意如下问题。

(1) 大家从主观上都希望使用严密的、完备的合同条件，但合同条件应该与双方的管理水平相配套。如果双方的管理水平很低，而使用十分完备、周密、严格的合同条件，则这种合同条件没有可执行性。将我国的示范文本与 FIDIC 合同相比较就会发现，我国施工合同在许多条款中的时间限定严格得多。这说明在工程中如果使用我国的施工合同，则合同双方要比使用 FIDIC 合同有更高的管理水平，更快的信息反馈速度。发包人、承包人、项目经理、监理工程师的决策过程必须很快。但实际上做不到，所以在我国的承包工程中常常双方都不能准确执行合同。

(2) 最好选用双方都熟悉的标准的合同条件，这样能较好地执行。如果双方来自不同的国家，选用合同条件时应更多地考虑承包商的因素，使用承包商熟悉的合同条件。由于承包商是工程合同的具体实施者，所以应更多地偏向它，而不能仅从业主自身的角度考虑这个问题。当然在实际工程中，许多业主都选择自己熟悉的合同条件，以保证自己在工程管理中有利的地位和主动权，但结果工程不能顺利进行。例如，在国内某合资项目中，业主为英国人，承包商为中国的一个建筑公司，工程范围为一个工厂的土建施工，合同工期 9 个月。业主不顾承包商的要求，坚持用 ICE 合同条件，而承包商未承接过国际工程。承包商从做报价开始，在整个工程施工过程中一直不顺利，对自己的责任范围，对工程施工中许多问题的处理方法和程序不了解，业主代表和承包商代表之间对工程问题的处理差异很大。最终承包商受到很大损失，许多索赔未能得到解决。而业主的工程质量很差，工期拖延了一年多。由于工程迟迟不能交付使用，业主不得已又委托其他承包商进场施工，对工程的整体效益产生极大的影响。

(3) 合同条件的使用应注意到其他方面的制约。例如，我国工程估价有一整套定额和取费标准，这是与我国所采用的施工合同文本相配套的。如果在我国工程中使用 FIDIC 合同条件，或在使用我国标准的施工合同条件时，业主要求对合同双方的责权利关系作重大的调整，则必须让承包商自由报价，不能使用定额和规定取费标准。

4. 重要的合同条款的确定

确定重要的合同条款时应注意以下几个方面。

(1) 适用于合同关系的法律，以及合同争执仲裁的地点、程序等。

(2) 付款方式。如采用进度付款、分期付款、预付款或由承包商垫资承包，这由业主的资金来源保证情况等因素决定。让承包商在工程上过多地垫资，会对承包商的风险、财务状况、报价和履约积极性有直接影响。当然如果业主超过实际进度预付工程款，在承包商没有出具保函的情况下，又会给业主带来风险。

(3) 合同价格的调整条件、范围、调整方法，特别是由于物价上涨、汇率变化、法律变化、关税变化等对合同价格调整的规定。

(4) 合同双方风险的分担。即将工程风险在业主和承包商之间合理分配，其基本原则是通过风险分配激励承包商努力控制三大目标和风险，达到最好的工程经济效益。

(5) 对承包商的激励措施。各种合同中都可以订立奖励条款。恰当地采用奖励措施可以鼓励承包商缩短工期、提高质量、降低成本、提高管理积极性。通常的奖励措施包括以下几个方面。

① 提前竣工的奖励。这是最常见的，通常合同明文规定工期提前一天业主给承包商奖励的金额。

② 提前竣工后将项目提前投产实现的盈利在合同双方之间按一定比例分成。

③ 承包商如果能提出新的设计方案、新技术，使业主节约投资，则节约的投资额按一定比例分成。

④ 对具体的工程范围和工程要求，在成本加酬金合同中，确定一个目标成本额度，并规定，如果实际成本低于这个额度，则业主将节约的部分按一定比例给承包商奖励。

⑤质量奖。这在我国用得较多。合同规定，如工程质量达全优(或优良)，业主另外支付一笔奖励金。

(6) 设计合同条款，通过合同保证对工程的控制权力，并形成一个完整的控制体系。例如，工期控制过程，包括开工令、对详细进度计划的审批(同意)权、工程施工出现拖延时的指令加速的权力、拖延工期的违约金条款等；成本(投资)控制，包括工作量计算程序、付款期、账单的审查过程及权力、付款的控制、竣工结算和最终决策、索赔的处理、决定价格的权力等；质量控制过程，包括图纸的审批程序及权力，方案的审批(或同意)权，变更工程的权力，材料、工艺、工程的认可权、检查权和验收权，对分包和转让的控制权。

(7) 对失控状态或问题的处置权力。例如，材料、工艺、工程质量不符合要求的处置权，暂停工程的权力，在极端状态下中止合同的权力等。这些都有了具体的详细的规定，才能形成对实施控制的合同保证。

(8) 为了保证双方诚实信用，必须有相应的合同措施。例如，工程中的保函、保留金和其他担保措施；承包商的材料和设备进入施工现场，则作为业主的财产，没有业主(或工程师)的同意不得移出现场；合同中对违约行为的处罚规定和仲裁条款。例如，在国际工程中，在承包商严重违约情况下，业主可以将承包商逐出现场，而不解除他的合同责任，让其他承包商来完成合同，费用由违约的承包商承担。

5. 其他问题

1) 确定资格预审的标准和允许参加投标的单位的数量

业主要保证在工程招标中有比较激烈的竞争，必须保证有一定量的投标单位。这样能取得一个合理的价格，选择余地较大。但如果投标单位太多，则管理工作量大，招标期较长。

在资格预审期要对投标人有基本的了解和分析。一般从资格预审到开标，投标人会逐渐减少。即发布招标公告后，会有大量的承包商来了解情况，但提供资质预审文件的单位就要少一点；买标书的单位又会少一点；提交投标书的单位还会减少；甚至有的单位投标后又撤回标书。对此必须保证最终有一定量的投标商参加竞争，否则在开标时会很被动。

2) 定标的标准

确定定标的指标对整个合同的签订(承包商选择)和执行影响很大。实践证明，如果仅选择低价中标，又不分析报价的合理性和其他因素，工程过程中争执较多，工程合同失败的比例较高。因为它违反公平合理原则，承包商没有合理的利润，甚至要亏损，当然不会有好的履约积极性。所以人们越来越趋向采用综合评标，从报价、工期、方案、资信、管理组织等各方面综合评价，以选择中标者。

3) 标后谈判的处理

一般在招标文件中业主都申明不允许进行标后谈判。这是为了不留余地，掌握主动权。但从战略角度出发，业主还应积极开展标后谈判，因为可以利用这个机会获得更合理的报价和更优惠的服务，对双方和整个工程都有利。这已被许多工程实践所证明。

9.2.4　合同策划中应注意的问题

在实际工程中，合同策划和控制是一个十分复杂的问题，常会出现下列问题。

(1) 由于各个合同不在同一个时间内签订，容易引起失调，所以它们必须纳入到一个统一的完整的计划体系中统筹安排，做到各个合同之间互相兼顾。

(2) 在许多企业及工程项目中，不同的合同由不同的职能部门(或人员)管理。例如，采购合同归材料科管，承包合同和分包合同归经营科管，贷款合同归财务科管，则在管理程序上应注意各部门之间的协调。例如，提出采购条件时要符合承包合同的技术要求，供应计划应符合项目的工期安排，并与财务部门一起商讨付款方式；签订采购合同后要报财务部门备案，安排资金，并就运输等工作做出安排(签订运输合同)。这样才能形成一个完整的项目管理过程。

(3) 在项目实施中必须顾及各个合同之间的联系。例如，工程变更不仅要顾及相关的承包合同，而且要顾及与它平行的供应合同，以及它所属的分包合同、供应合同及租赁合同等。在采取调控措施时，也要考虑到对整个合同体系中各个合同的影响。

重点提示：

理解综合评标的评价参考因素。

9.3 建设项目合同条款分析

这里需要首先说明的是，本节所说的建设工程合同是指我国国内普遍采用的建设工程合同条款，而不是由国际咨询工程师联合会编制的 FIDIC 合同条款。下面主要介绍建设工程总承包合同、施工总承包合同、工程分包合同、劳务分包合同的主要内容。

9.3.1 建设项目总承包合同的主要内容

1. 建设工程总承包合同的主要条款

1) 词语含义及合同文件

建设工程总承包合同双方当事人应对合同中常用的或容易引起歧义的词语进行解释，赋予它们明确的含义。对合同文件的组成、顺序、合同使用的标准，也应做出明确的规定。

2) 总承包的内容

建设工程总承包合同双方当事人应对总承包的内容做出明确规定，一般包括从工程立项到交付使用的工程建设全过程，具体应包括：勘察设计、设备采购、施工管理、试车考核(或交付使用)等内容。具体的承包内容由当事人约定，如约定“设计—施工”的总承包、“投资—设计—施工”的总承包等。

3) 双方当事人的权利义务

发包人一般应当承担的义务包括：按照约定向承包人支付工程款；向承包人提供现场；协助承包人申请有关许可、执照和批准；如果发包人单方要求终止合同后，没有承包人的同意，在一定时期内不得重新开始实施该工程。

承包人一般应当承担的义务包括：完成满足发包人要求的工程以及相关的工作；提供履约保证；负责工程的协调与恰当实施；按照发包人的要求终止合同。

4) 合同履行期限

合同应当明确规定交工的时间，同时也应对各阶段的工作期限做出明确规定。

5) 合同价款

这一部分内容应规定合同价款的计算方式、结算方式，以及价款的支付期限等。

6) 工程质量与验收

合同应当明确规定对工程质量的要求，对工程质量的验收方法、验收时间及确认方式。工程质量检验的重点应当是竣工验收，通过竣工验收后发包人可以接收工程。

7) 合同的变更

工程建设的特点决定了建设工程总承包合同在履行中往往会出现一些事先没有估计到的情况。一般在合同期限内的任何时间，发包人代表可以通过发布指示或者要求承包人以递交建议书的方式提出变更。如果承包人认为这种变更是有价值的，也可以在任何时候向发包人代表提交此类建议书。当然，最后的批准权在发包人。

8) 风险、责任和保险

承包人应当保障和保护发包人、发包人代表以及雇员免遭由工程导致的一切索赔、损害和开支。应由发包人承担的风险也应作明确的规定。合同对保险的办理、保险事故的处理等都应作明确的规定。

9) 工程保修

合同应按国家的规定写明保修项目、内容、范围、期限及保修金额和支付办法。

10) 对设计、分包人的规定

承包人进行并负责工程的设计，设计应当由合格的设计人员进行。承包人还应当编制足够详细的施工文件，编制和提交竣工图、操作和维修手册。承包人应对所有分包方遵守合同规定的全部内容负责，任何分包方、分包方的代理人或者雇员的行为如果违约，完全视为承包人自己的行为违约，并负全部责任。

11) 索赔和争议的处理

合同应明确索赔的程序和争议的处理方式。对争议的处理，一般应以仲裁作为解决的最终方式。

12) 违约责任

合同应明确双方的违约责任，包括：发包人不按时支付合同价款的责任、超越合同规定干预承包人工作的责任等；承包人不能按合同约定的期限和质量完成工作的责任等。

2. 建设工程总承包合同的订立和履行

1) 建设工程总承包合同的订立

建设工程总承包合同通过招标投标方式订立。承包人一般应当根据发包人对项目的要求编制投标文件，可包括设计方案、施工方案、设备采购方案、报价等。双方在合同上签字盖章后合同即告成立。

2) 建设工程总承包合同的履行

建设工程总承包合同订立后，双方都应按合同的规定严格履行。总承包单位可以按合同规定对工程项目进行分包，但不得倒手转包。建设工程总承包单位可以将承包工程中的部分工程发包给具有相应资质条件的分包单位，但是除总承包合同中约定的工程分包外，必须经发包人认可。

9.3.2 施工总承包合同的主要内容

住房和城乡建设部和国家工商行政管理总局于2013年制定了《建设工程施工合同(示范文本)》(GF-2013-0201)。该文本由合同协议书、通用合同条款和专用合同条款三部分组成。

1. 合同协议书内容

《建设工程施工合同(示范文本)》合同协议书共计 13 条，主要包括：工程概况、合同工期、质量标准、签约合同价和合同价格形式、项目经理、合同文件构成、承诺以及合同生效条件等重要内容，集中约定了合同当事人基本的合同权利义务。

2. 通用合同条款内容

通用合同条款是合同当事人根据《中华人民共和国建筑法》(以下简称《建筑法》)、《中华人民共和国合同法》(以下简称《合同法》)等法律法规的规定，就工程建设的实施及相关事项，对合同当事人的权利义务作出的原则性约定。

通用合同条款共计 20 条，具体条款分别为：一般约定、发包人、承包人、监理人、工程质量、安全文明施工与环境保护、工期和进度、材料与设备、试验与检验、变更、价格调整、合同价格、计量与支付、验收和工程试车、竣工结算、缺陷责任与保修、违约、不可抗力、保险、索赔和争议解决。前述条款安排既考虑了现行法律法规对工程建设的有关要求，也考虑了建设工程施工管理的特殊需要。

3. 专用合同条款

专用合同条款是对通用合同条款原则性约定的细化、完善、补充、修改或另行约定的条款。合同当事人可以根据不同建设工程的特点及具体情况，通过双方的谈判、协商对相应的专用合同条款进行修改补充。在使用专用合同条款时，应注意的事项包括：

(1) 专用合同条款的编号应与相应的通用合同条款的编号一致；

(2) 合同当事人可以通过对专用合同条款的修改，满足具体建设工程的特殊要求，避免直接修改通用合同条款；

(3) 在专用合同条款中有横道线的地方，合同当事人可针对相应的通用合同条款进行细化、完善、补充、修改或另行约定；如无细化、完善、补充、修改或另行约定，则填写“无”或划“/”。

【案例 9-1】

某综合办公楼项目总承包案例

某施工单位承揽了一综合办公楼的总承包工程，施工过程中发生如下事件。

事件 1：施工单位与某材料供应商所签订的材料供应合同中未明确材料的供应时间。急需材料时，施工单位要求材料供应商马上将所需材料运抵施工现场，遭到供应商的拒绝。两天后才将材料运到施工现场。

事件 2：某设备供应商由于进行设备调试，超过合同约定的期限交付施工单位订购的设备，恰好此时该设备的价格下降，施工单位按下降后的价格支付给设备供应商。设备供应商要以原价执行，双方产生争执。

事件 3：该施工单位与某分包单位所签订的合同中明确规定要降低分包工程的质量，从而减少分包单位的合同价款，为施工单位创造更高的利润。

(资料来源：百度文库网，http://wenku.baidu.com/view/2768af4cc850ad02de8041ca.html)

问题与测试：

1. 事件 1 中材料供应商的做法是否正确？

2. 事件 2 中施工单位的做法是否正确？

3. 事件 3 中当事人签订的合同是否有效？

9.3.3 工程分包合同的主要内容

1. 工程分包的概念

工程分包，是相对总承包而言的。所谓工程分包，是施工总承包企业将所承包建设工程中的专业工程或劳务作业发包给其他建筑企业完成的活动。分包分为专业工程分包和劳务作业分包。

2. 分包资质管理

《建筑法》第二十九条和《合同法》第 272 条同时规定，“禁止承包人将工程分包给不具备相应资质条件的单位”。这是维护建设市场秩序和保证建设工程质量的需要。

1) 专业承包资质

专业承包序列企业资质设 2 至 3 个等级，60 个资质类别，其中常用类别有：地基与基础、建筑装饰装修、建筑幕墙、钢结构、机电设备安装、电梯安装、消防设施、建筑防水、防腐保温、园林古建筑、爆破与拆除、电信工程、管道工程等。

2) 劳务分包资质

劳务分包序列企业资质设 1 至 2 个等级，13 个资质类别，其中常用类别有：木工作业、砌筑作业、抹灰作业、油漆作业、钢筋作业、混凝土作业、脚手架作业、模板作业、焊接作业、水暖电安装作业等。如同时发生多类作业可划分为结构劳务作业、装修劳务作业、综合劳务作业。

3. 总、分包的连带责任

《建筑法》第二十九条规定，“建筑工程总承包单位按照总承包合同的约定对建设单位负责；分包单位按照分包合同的约定对总承包单位负责；总承包单位和分包单位就分包工程对建设单位承担连带责任”。

4. 关于分包的法律禁止性规定

《建设工程质量管理条例》第二十五条明确规定，“施工单位不得转包或者违法分包工程”。

1) 违法分包

根据《建设工程质量管理条例》第七十八条的规定，违法分包的行为包括：

(1) 总承包单位将建设工程分包给不具备相应资质条件的单位，这里包括不具备资质条件和超越自身资质等级承揽业务两类情况；

(2) 建设工程总承包合同中未有约定，又未经建设单位认可，承包单位将其承包的部分建设工程交由其他单位完成的；

(3) 施工总承包单位将建设工程主体结构的施工分包给其他单位的；

(4) 分包单位将其承包的建设工程再分包的。

2) 转包

转包是指承包单位承包建设工程后，不履行约定的责任和义务，将其承包的全部建设工程转给他人或者将其承包的全部工程肢解后以分包的名义分别转给他人承包的行为。

3) 挂靠

挂靠是与违法分包和转包密切相关的另一种违法行为，主要包括：

(1) 转让、出借资质证书或者以其他方式允许他人以本企业名义承揽工程的；

(2) 项目管理机构的项目经理、技术负责人、项目核算负责人、质量管理人员、安全管理人员等不是本单位人员，与本单位无合法的人事或者劳动合同、工资福利以及社会保险关系的；

(3) 建设单位的工程款直接进入项目管理机构财务的。

5. 建设工程施工专业分包合同示范文本的主要内容

建设部和国家工商行政管理总局于 2003 年发布了《建设工程施工专业分包合同(示范文本)》(GF-2003-0213)。该文本由协议书、通用条款、专用条款三部分组成。

1) 协议书

协议书内容包括：

(1) 分包工程概况，即分包工程名称、分包工程地点、分包工程承包范围等；

(2) 分包合同价款；

(3) 工期，即开工日期、竣工日期、合同工期总日历天数；

(4) 工程质量标准；

(5) 组成合同的文件，包括：本合同协议书；中标通知书(如有时)；分包人的报价书；除总包合同工程价款之外的总包合同文件；本合同专用条款；本合同通用条款；本合同工程建设标准、图纸及有关技术文件；合同履行过程中，承包人和分包人协商一致的其他书面文件；

(6) 本协议书中有关词语含义与本合同第二部分《通用条款》中分别赋予它们的定义相同；

(7) 分包人向承包人承诺，按照合同约定的工期和质量标准，完成本协议书第一条约定的工程，并在质量保修期内承担保修责任；

(8) 承包人向分包人承诺，按照合同约定的期限和方式，支付本协议书第二条约定的合同价款，及其他应当支付的款项；

(9) 分包人向承包人承诺，履行总包合同中与分包工程有关的承包人的所有义务，并与承包人承担履行分包工程合同以及确保分包工程质量的连带责任；

(10) 合同的生效。

2) 通用条款

通用条款内容包括：词语定义，合同文件及解释顺序，语言文字和适用法律、行政法规及工程建设标准，图纸；双方一般权利和义务，包括承包人的工作和分包人的工作；工期；质量与安全，包括质量检查与验收和安全施工；合同价款与支付，包括合同价款及调整、工程量的确认和合同价款的支付；工程变更；竣工验收与结算；违约、索赔及争议；保障、保险及担保；其他，包括材料设备供应、文件、不可抗力、分包合同解除、合同生效与终止、补充条款等规定。

3) 专用条款

专用条款内容包括：词语定义及合同文件；双方一般权利和义务；工期；质量与安全；合同价款与支付；工程变更；竣工验收与结算；违约、索赔及争议；保障、保险及担保；其他。

专用条款与通用条款是相对应的，专用条款具体内容是承包人与分包人协商将工程的具体要求填写在合同文本中，建设工程专业分包合同专用条款的解释优于通用条款。

9.3.4 劳务分包合同的主要内容

建设部和国家工商行政管理总局于 2003 年发布了《建设工程施工劳务分包合同(示范文本)》(GF-2003-0214)，规范了劳务分包合同的主要内容。

1. 劳务分包合同主要条款

劳务分包合同主要包括：劳务分包人资质情况；劳务分包工作对象及提供劳务内容；分包工作期限；质量标准；合同文件及解释顺序；标准规范；总(分)包合同；图纸；项目经理；工程承包人义务；劳务分包人义务；安全施工与检查；安全防护；事故处理；保险；材料、设备供应；劳务报酬；工程量及工程量的确认；劳务报酬的中间支付；施工机具、周转材料供应；施工变更；施工验收；施工配合；劳务报酬最终支付；违约责任；索赔；争议；禁止转包或再分包；不可抗力；文物和地下障碍物；合同解除；合同终止；合同价数；补充条款；合同生效。

2. 工程承包人与劳务分包人的义务

1) 工程承包人的义务

(1) 组建与工程相适应的项目管理班子，全面履行总(分)包合同，组织实施施工管理的各项工作，对工程的工期和质量向发包人负责。

(2) 除非本合同另有约定，工程承包人完成劳务分包人施工前期的下列工作并承担相应费用：向劳务分包人交付具备本合同项下劳务作业开工条件的施工场地；完成水、电、热、电信等施工管线和施工道路，并满足完成本合同劳务作业所需的能源供应、通信及施工道路畅通的时间和质量要求；向劳务分包人提供相应的工程地质和地下管网线路资料；办理各种工作手续(包括各种证件、批件、规费等)，但涉及劳务分包人自身的手续除外；向劳务分包人提供相应的水准点与坐标控制点位置；向劳务分包人提供生产、生活临时设施。

(3) 负责编制施工组织设计，统一制定各项管理目标，组织编制年、季、月施工计划、物资需用量计划表，实施对工程质量、工期、安全生产、文明施工、计量分析、实验化验的控制、监督、检查和验收。

(4) 负责工程测量定位、沉降观测、技术交底，组织图纸会审，统一安排技术档案资料的收集整理及交工验收。

(5) 统筹安排、协调解决非劳务分包人独立使用的生产、生活临时设施、工作用水、用电及施工场地。

(6) 按时提供图纸，及时交付应供材料、设备，所提供的施工机械设备、周转材料、安全设施要保证施工需要。

(7) 按本合同约定，向劳务分包人支付劳动报酬。

(8) 负责与发包人、监理、设计及有关部门联系，协调现场工作关系。

2) 劳务分包人义务

(1) 对本合同劳务分包范围内的工程质量向工程承包人负责，组织具有相应资格证书的熟练工人投入工作；未经工程承包人授权或允许，不得擅自与发包人及有关部门建立工作联系；自觉遵守法律法规及有关规章制度。

(2) 劳务分包人根据施工组织设计总进度计划的要求按约定的日期(一般为每月底前若干天)提交下月施工计划，有阶段工期要求的提交阶段施工计划，必要时按工程承包人要求提交旬、周施工计划，以及与完成上述阶段时段施工计划相应的劳动力安排计划，经工程承包人批准后严格实施。

(3) 严格按照设计图纸、施工验收规范、有关技术要求及施工组织设计精心组织施工，确保工程质量达到约定的标准；科学安排作业计划，投入足够的人力、物力，保证工期；加强安全教育，认真执行安全技术规范，严格遵守安全制度，落实安全措施，确保施工安全；加强现场管理，严格执行建设主管部门及环保、消防、环卫等有关部门对施工现场的管理规定，做到文明施工；承担由于自身责任造成的质量修改、返工、工期拖延、安全事故、现场脏乱造成的损失及各种罚款。

(4) 自觉接受工程承包人及有关部门的管理、监督和检查；接受工程承包人随时检查其设备、材料保管、使用情况，及其操作人员的有效证件、持证上岗情况；与现场其他单位协调配合，照顾全局。

(5) 按工程承包人统一规划堆放材料、机具；按工程承包人标准化工地要求设置标牌，搞好生活区的管理，做好自身责任区的治安保卫工作。

(6) 按时提交报表、完整的原始技术经济资料，配合工程承包人办理交工验收。

(7) 做好施工场地周围建筑物、构筑物和地下管线和已完工程部分的成品保护工作，因劳务分包人责任发生损坏，劳务分包人自行承担由此引起的一切经济损失及各种罚款。

(8) 妥善保管、合理使用工程承包人提供或租赁给劳务分包人使用的机具、周转材料及其他设施。

(9) 劳务分包人须服从工程承包人转发的发包人及工程师的指令。

(10) 除非本合同另有约定，劳务分包人应对其作业内容的实施、完工负责，劳务分包人应当承担并履行总(分)包合同约定的、与劳务作业有关的所有义务及工作程序。

3. 安全防护及保险

1) 安全防护

(1) 劳务分包人在动力设备、输电线路、地下管道、密封防振车间、易燃易爆地段以及临街交通要道附近施工时，施工开始前应向工程承包人提出安全防护措施，经工程承包人认可后实施，防护措施费用由工程承包人承担。

(2) 实施爆破作业，在放射、毒害性环境中工作(含储存、运输、使用)及使用毒害性、腐蚀性物品施工时，劳务分包人应在施工前 10 天以书面形式通知工程承包人，并提出相应的安全防护措施，经工程承包人认可后实施，由工程承包人承担安全防护措施费用。

(3) 劳务分包人在施工现场内使用的安全保护用品(如安全帽、安全带及其他保护用品)，由劳务分包人提供使用计划，经工程承包人批准后，由工程承包人负责供应。

2) 保险

(1) 劳务分包人施工开始前，工程承包人应获得发包人为施工场地内的自有人员及第三方人员生命财产办理的保险，且不需劳务分包人支付保险费用。

(2) 运至施工场地用于劳务施工的材料和待安装设备，由工程承包人办理或获得保险，且不需劳务分包人支付保险费用。

(3) 工程承包人必须为租赁或提供给劳务分包人使用的施工机械设备办理保险，并支付保险费用。

(4) 劳务分包人必须为从事危险作业的职工办理意外伤害保险，并为施工场地内自有人员生命财产和施工机械设备办理保险，支付保险费用。

(5) 保险事故发生时，劳务分包人和工程承包人有责任采取必要的措施，防止或减少损失。

4. 劳务报酬

1) 劳务报酬采用的方式

(1) 固定劳务报酬(含管理费)；

(2) 约定不同工种劳务的计时单价(含管理费)，按确认的工时计算；

(3) 约定不同工作成果的计件单价(含管理费)，按确认的工程量计算。

2) 劳务报酬

除本合同约定或法律政策变化，导致劳务价格变化的，均为一次包死，不再调整。

3) 劳务报酬最终支付

(1) 全部工作完成，经工程承包人认可后 14 天内，劳务分包人向工程承包人递交完整的结算资料，双方按照本合同约定的计价方式，进行劳务报酬的最终支付。

(2) 工程承包人收到劳务分包人递交的结算资料后 14 天内进行核实，给予确认或者提出修改意见。工程承包人确认结算资料后 14 天内向劳务分包人支付劳务报酬尾款。

(3) 劳务分包人和工程承包人对劳务报酬结算价款发生争议时，按本合同关于争议的约定处理。

5. 违约责任

1) 当发生下列情况之一时，工程承包人应承担违约责任

(1) 工程承包人违反合同的约定，不按时向劳务分包人支付劳务报酬；

(2) 工程承包人不履行或不按约定履行合同义务的其他情况；

(3) 工程承包人不按约定核实劳务分包人完成的工程量或不按约定支付劳务报酬或劳务报酬尾款时，应按劳务分包人同期银行贷款利率向劳务分包人支付拖欠劳务报酬的利息，并按拖欠金额向劳务分包人支付违约金；

(4) 工程承包人不履行或不按约定履行合同的其他义务时，应向劳务分包人支付违约

金，工程承包人还应赔偿因其违约给劳务分包人造成的经济损失，顺延延误的劳务分包人工作时间。

2) 当发生下列情况之一时，劳务分包人应承担违约责任

(1) 劳务分包人因自身原因延期交工的；

(2) 劳务分包人施工质量不符合本合同约定的质量标准，但能够达到国家规定的最低标准时；

(3) 劳务分包人不履行或不按约定履行合同的其他义务时，劳务分包人还应赔偿因其违约给工程承包人造成的经济损失，延误的劳务分包人工作时间不予顺延。

3) 一方违约后，另一方要求违约方继续履行合同时，违约方承担上述违约责任后仍应继续履行合同。

分析与思考：

工程承包人与劳务分包人的义务分别有哪些？

9.4 建设项目合同管理

9.4.1 建设项目合同管理的过程

合同管理贯穿于项目管理的整个过程中，并与项目的其他管理职能协调。合同管理工作过程如图 9.6 所示。

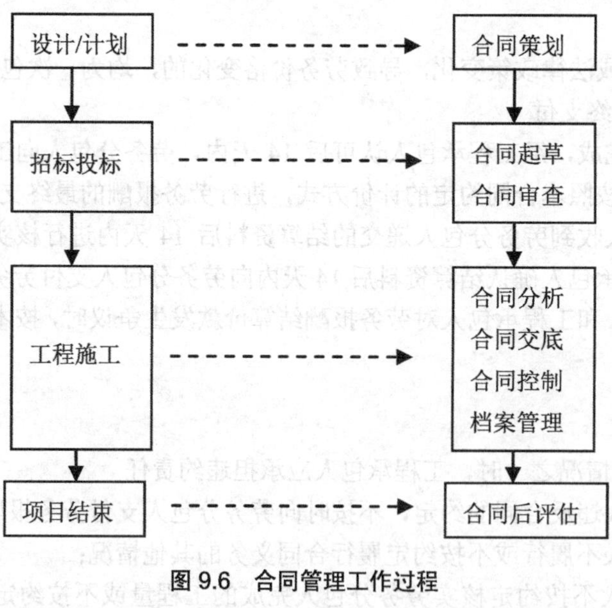

图 9.6　合同管理工作过程

在图 9.6 中，计划阶段的合同策划是一个重要内容，通过策划从源头上保证项目目标的实现。合同策划的主要内容包括工程承包方式和招标方式的选择、合同类型和合同条件的确定、合同重要条款的拟定等。合同策划是合同管理的计划阶段，这部分内容在本章第二

节已详细介绍。图 9.6 中的合同起草和合同审查属于招标投标阶段，该阶段的合同管理也非常重要，在此不再赘述。

本节主要介绍工程合同实施阶段的管理，主要包括合同分析、合同交底、合同控制和档案管理 4 个部分的内容。对于项目结束后的工程合同后评价，主要对已完工程在合同管理方面的经验和教训进行总结，提炼出比以往合同管理更先进的做法、更常见的错误及更惨痛的代价，以期为以后的工程合同管理工作提供有益的借鉴和指导。

9.4.2 建设项目合同分析

1. 合同分析的必要性

进行合同分析是基于以下几方面的原因。

(1) 合同条文繁杂，内涵意义深刻，法律语言不容易理解；

(2) 同在一个工程中，往往几份、十几份甚至几十份合同交织在一起，有十分复杂的关系；

(3) 合同文件和工程活动的具体要求(如工期、质量、费用等)的衔接处理；

(4) 工程小组、项目管理职能人员等所涉及的活动和问题不是合同文件的全部，而仅为合同的部分内容，如何全面理解合同对合同的实施将会产生重大影响；

(5) 合同中存在的问题和风险，包括合同审查时已经发现的风险和还可能隐藏着的尚未发现的风险；

(6) 合同条款的具体落实；

(7) 在合同实施过程中，合同双方将会产生的争议。

2. 建设项目合同分析的内容

合同分析在不同的时期，为了不同的目的，有不同的内容。

1) 合同的法律基础

分析订立合同所依据的法律、法规，通过分析，承包人了解适用于合同的法律的基本情况(如范围、特点等)，用以指导整个合同实施和索赔工作。对合同中明示的法律应重点分析。

2) 承包人的主要任务

(1) 明确承包人的总任务，即合同标的。承包人在设计、采购、生产、试验、运输、土建、安装、验收、试生产、缺陷责任期维修等方面的主要责任，施工现场的管理，给发包人的管理人员提供生活和工作条件等责任。

(2) 明确合同中的工程量清单、图纸、工程说明、技术规范的定义。工程范围的界限应很清楚，否则会影响工程变更和索赔，特别对固定总价合同。

在合同实施中，如果工程师指令的工程变更属于合同规定的工程范围，则承包人必须无条件执行；如果工程变更超过承包人应承担的风险范围，则可向发包人提出工程变更的补偿要求。

(3) 明确工程变更的补偿范围，通常以合同金额一定的百分比表示。通常这个百分比越大，承包人的风险越大。

(4) 明确工程变更的索赔有效期，由合同具体规定，一般为28天，也有14天的。一般这个时间越短，对承包人管理水平的要求越高，对承包人越不利。

3) 发包人责任

(1) 发包人雇用工程师并委托他全权履行发包人的合同责任；

(2) 发包人和工程师有责任对平行的各承包人和供应商之间的责任界限做出划分，对这方面的争执做出裁决，对他们的工作进行协调，并承担管理和协调失误造成的损失；

(3) 及时做出承包人履行合同所必需的决策，如下达指令，履行各种批准手续，做出认可、答复请示，完成各种检查和验收手续等；

(4) 提供施工条件，如及时提供设计资料、图纸、施工场地、道路等；

(5) 按合同规定及时支付工程款，及时接收已完工程等。

4) 合同价格分析

(1) 合同所采用的计价方法及合同价格所包括的范围；

(2) 工程计量程序，工程款结算(包括进度付款、竣工结算、最终结算)方法和程序；

(3) 合同价格的调整，即费用索赔的条件、价格调整方法、计价依据、索赔有效期等规定；

(4) 拖欠工程款的合同责任。

5) 施工工期

在实际工程中，工期拖延极为常见和频繁，而且对合同实施和索赔的影响很大，所以要特别重视。

6) 违约责任

如果合同一方未遵守合同规定，造成对方损失，应受到相应的合同处罚。违约情况主要包括：

(1) 承包人不能按合同规定工期完成工程的违约金或承担发包人损失的条款；

(2) 由于管理上的疏忽造成对方人员和财产损失的赔偿条款；

(3) 由于预谋或故意行为造成对方损失的处罚和赔偿条款等；

(4) 由于承包人不履行或不能正确地履行合同责任，或出现严重违约时的处理规定；

(5) 由于发包人不履行或不能正确地履行合同责任，或出现严重违约时的处理规定，特别是对发包人不及时支付工程款的处理规定。

7) 验收、移交

验收包括许多内容，如材料和机械设备的现场验收、隐蔽工程验收、单项工程验收、全部工程竣工验收等。在合同分析中，应对重要的验收要求、时间、程序以及验收所带来的法律后果作说明。

竣工验收合格即办理移交。移交作为一个重要的合同事件，同时又是一个重要的法律概念，它表示：

(1) 发包人认可并接收工程，承包人工程施工任务的完结；

(2) 工程所有权的转让；

(3) 承包人工程照管责任的结束和发包人工程照管责任的开始；

(4) 保修责任的开始；

(5) 合同规定的工程款支付条款有效。

8) 索赔程序和争执的解决

这里要分析：

(1) 索赔的程序；

(2) 争执的解决方式和程序；

(3) 仲裁条款，包括仲裁所依据的法律、仲裁地点、方式和程序、仲裁结果的约束力等。

9.4.3　建设项目合同交底

合同和合同分析的资料是工程实施管理的依据。合同分析后，应由合同管理人员向各层次管理者作“合同交底”，把合同责任具体地落实到各责任人和合同实施的具体工作上。其内容包括：

(1) 合同管理人员向项目管理人员和企业各部门相关人员进行“合同交底”，组织大家学习合同和合同总体分析结果，对合同的主要内容做出解释和说明；

(2) 将各种合同事件的责任分解落实到各工程小组或分包人；

(3) 在合同实施前与其他相关的各方面，如发包人、监理工程师、承包人沟通，召开协调会议，落实各种安排；

(4) 在合同实施过程中还必须进行经常性的检查、监督，对合同作解释；

(5) 合同责任的完成必须通过其他经济手段来保证。对分包商，主要通过分包合同确定双方的责权利关系，保证分包商能及时地按质按量地完成合同责任。

分析与思考：

建设项目合同交底的内容主要包括什么？

9.4.4　建设项目合同控制

1. 合同控制的作用

通过合同实施情况分析，找出偏离，以便及时采取措施，调整合同实施过程，达到合同总目标，所以合同跟踪是决策的前导工作。另外，在整个工程过程中，能使项目管理人员一直清楚地了解合同实施情况，对合同实施现状、趋向和结果有一个清醒的认识。

2. 合同控制的依据

(1) 合同和合同分析的结果，如各种计划、方案、洽商变更文件等，它们是比较的基础，是合同实施的目标和依据。

(2) 各种实际的工程文件，如原始记录，各种工程报表、报告、验收结果、计量结果等。

(3) 工程管理人员每天对现场情况的书面记录。

3. 合同控制措施

合同控制包括：及时监控和跟踪合同的执行情况；分析合同执行差异的原因；分析合同差异责任；合同相关问题的处理，包括合同变更和索赔管理等。

对工程合同问题有 4 类处理措施，即技术措施、组织措施、经济措施、合同措施。这 4 类措施也是工程管理中最基本的管理内容，主要从技术层面(如网络计划优化等)、管理层面(如调换相关人员、严格执行规章制度等)、经济层面(如工期奖励等)、合同层面(如合同的变更和索赔等)这 4 个层面对相关合同问题的具体对策进行确定和执行。

9.4.5 建设项目合同档案管理

1. 合同资料种类

在实际工程中与合同相关的资料面广量大，形式多样，主要包括：

(1) 合同文件资料，如各种合同文本、招标文件、投标文件、图纸、技术规范等；

(2) 合同分析资料，如合同总体分析、网络图、横道图等；

(3) 工程实施中产生的各种资料，如发包人的各种工作指令、签证、信函、会谈纪要和其他协议，各种变更指令、申请、变更记录，各种检查验收报告、鉴定报告；

(4) 工程实施中的各种记录、施工日记等，官方的各种文件、批件，反映工程实施情况的各种报表、报告、图片等。

2. 合同资料文档管理的内容

1) 资料的收集

合同本身包括许多资料、文件；合同分析又产生许多分析文件；在合同实施中每天又产生许多资料，如记工单、领料单、图纸、报告、指令、信件等。所以，合同资料的收集工作比较繁杂，但也是一项重要的基础性工作。

2) 资料的整理

原始资料必须经过信息加工才能成为可供决策的信息，成为工程报表或报告文件，这个信息加工的过程也是资料整理的过程。

3) 资料的归档

所有合同管理中涉及的资料不仅目前使用，而且必须保存，直到合同结束。为了查找和使用方便必须建立资料的文档系统。

4) 资料的使用

合同管理人员有责任向项目经理、发包人做工程实施情况报告；向各职能人员和各工程小组、分包商提供资料；为工程的各种验收、索赔和反索赔提供资料和证据。以上情况就决定了资料使用的范围和对象，也是合同资料文档管理的重要目的。

本 章 小 结

本章首先描述了建设项目合同管理的作用、合同类型、合同生命期，然后重点介绍了常见的建设项目合同条款，最后详细介绍了合同管理时的主要环节和管理要点。

思　考　题

1. 建设项目合同体系由哪些要素构成？
2. 建设项目的合同类型有哪些？各有哪些特点？
3. 建设项目合同总体策划的内容有哪些？
4. 施工总承包合同的主要内容有哪些？
5. 工程分包合同的主要内容有哪些？
6. 简述建设项目合同分析的内容。
7. 建设项目合同交底的要点有哪些？
8. 建设项目合同控制的措施有哪些？

第 10 章

建设工程职业健康安全与环境管理

学习目标

- 熟悉职业健康安全与环境管理的基本概念、目的和任务。
- 熟悉工程项目安全管理的内容和原则。
- 掌握工程项目安全管理措施、施工安全技术。
- 熟悉施工现场环境保护的措施。
- 熟悉项目现场管理的要求和措施。
- 掌握应急预案与响应管理的内容。

本章导读

本章主要学习职业健康安全与环境管理、工程项目安全管理、施工现场环境保护、工程项目现场管理、应急预案与响应管理等内容。

项目案例导入

2008年10月30日6时40分，福建宁德市霞浦县新城区迪鑫阳光城项目3号楼施工现场，发生施工升降机坠落，造成梯内12人全部当场死亡的重大事故。

从调查情况看，这是一起严重违反安全生产法律法规的重大生产安全责任事故。从事故的直接原因看，是由于非操作人员擅自开机，施工升降机两根连接螺栓紧固螺母脱落，导致运行中的施工升降机在上升时发生倾覆，井架倾倒、吊笼坠落。从事故的间接原因看，一是事故单位严重违反工程建设质量和安全生产法律法规规定，管理混乱，层层转包，以包代管；安全生产意识差，指派无起重机安装资格的电工安装施工升降机；安全投入不够，安全设施没有设专人看管、定期检修和维护；从业人员安全意识差，缺乏必要的安全生产常识，非操作人员擅自开机操作。二是监理单位现场派员不足，监理不到位，特种设备安装没有进行旁站。三是设备检测单位没有按规定检测，不负责任地出具检测合格报告。四是政府建设行政主管部门没有认真履行职责，对事故单位的违法行为失管失察，审批、备案把关不严，没有抓好安全生产和隐患排查整治工作。

问题导入

上述案例中，发生重大安全事故的原因是什么？事故发生后应启动怎样的应急预案和响应？建设工程职业健康安全与环境管理的目的和任务是什么？工程项目安全管理的内容和原则有哪些？工程项目安全管理有怎样的措施？如何进行施工现场环境保护和现场管理？通过本章的学习将会解答这些问题，初步具备建设工程职业健康安全与环境管理的能力。

10.1 职业健康安全与环境管理概述

10.1.1 职业健康安全与环境管理的基本概念

职业健康安全是国际上通用的词语，通常是指影响作业场所内的员工、临时工作人员、合同方人员、访问者和其他人员健康安全的条件和因素。

职业健康安全管理，是指在生产活动中，通过安全生产的管理活动，以及对生产因素的具体状态的控制，使生产因素的不安全行为和状态减少或消除，不引发事件，特别是不引发使人受到伤害的事故，以保护生产活动中人的安全和健康。

在《环境管理体系要求及使用指南》(GB/T 24001—2004)认为，环境是指“组织运行活动的外部存在，包括空气、水、土地、自然资源、植物、动物、人，以及它(他)们之间的相互关系”。

环境管理，是指在生产活动中，通过对环境因素的管理活动，使环境不受到污染，使资源得到节约。

10.1.2　建设工程职业健康安全与环境管理的特点

建设工程职业健康安全和环境管理的特点由建设工程产品及其生产的特殊性决定，具体表现在以下几方面。

(1) 项目的固定性，生产的流动性，露天作业多和高空作业多，易受外部环境影响因素多，决定了职业健康安全与环境管理的复杂性。

(2) 项目的多样性和生产的单件性决定了职业健康安全与环境管理的多样性。因此，建设工程的健康安全与环境管理计划不可照搬套用，必须根据项目工程条件、结构类型、地质条件、环境条件等进行有针对性、适用性的变动调整。

(3) 项目生产涉及内部专业多、外部单位多、综合性强，决定了职业健康安全与环境管理的协调难度大。这就要求各参建单位和各专业人员横向配合和协调，共同注意产品生产过程接口部分的健康安全和环境管理的协调性。

(4) 项目的委托性决定了职业健康安全与环境管理的不符合性。项目生产周期长，消耗资源多，必然使施工单位为降低成本减少对健康安全与环境管理的费用支出，造成施工现场不符合健康安全与环境管理有关规定的现象时有发生。

(5) 项目的生产机械化水平低，劳动条件差，工作强度大，作业人员文化素质低，生产过程分阶段动态变化，对施工现场的职业健康安全和环境管理带来很多不利的影响，决定了职业健康安全与环境管理的持续性。

10.1.3　职业健康安全与环境管理的目的

建设工程项目职业健康安全管理的目的是防止和减少生产安全事故；保护产品生产者和使用者的健康与安全；保障人民群众的生命和财产免受损失。考虑和避免因管理不当对员工及使用者健康和安全造成的危害，控制影响工作场所内员工、临时工作人员、合同方人员、访问者和其他有关部门人员健康和安全的条件和因素，是职业健康安全管理的有效手段和措施。

建设工程项目环境管理的目的是保护生态环境，使社会的经济发展与人类的生存环境相协调。应控制作业现场的各种粉尘、废水、废气、固体废弃物，以及噪声、振动对环境的污染和危害，考虑能源节约和避免资源的浪费。

10.1.4　职业健康安全与环境管理的任务

职业健康安全与环境管理的任务是为达到建设工程的职业健康安全与环境管理的目的，而进行的组织、计划、控制、领导和协调的活动，包括制订、实施、实现、评审和保持职业健康安全与环境方针所需的组织结构、计划活动、职责、惯例、程序、过程和资源。不同的组织(企业)需要根据自身的实际情况制订方针，并进行以下管理工作：①建立组织机构；②安排计划活动；③明确各项职责及其负责的机构或单位；④说明应遵守的有关法律法规和习惯；⑤规定进行活动或过程的途径；⑥确定实现的过程(任何使用资源输入转化为输出的活动可视为一个过程)；⑦提供人员、设备、资金和信息等资源。

从可持续发展来看，企业建立并实施职业健康安全与环境管理体系，有效进行职业健康安全与环境管理，是建设工程项目管理的一项重要内容。

10.1.5 建设工程职业健康安全与环境管理的要求

1. 建设工程项目决策阶段

建设单位应按照有关建设工程的法律法规和强制性标准的要求，办理各种有关安全与环境保护方面的审批手续。

国家对建设项目实行环境影响评价制度，对工程项目建设的环境保护实行分类管理，即对环境有重大影响的拟建项目，需填制并按规定报批环境影响报告书；对环境有一般影响的拟建项目，需填制并按规定报批环境影响报告表；对环境无影响或影响较小的拟建项目，需填写环境影响登记表并报有关部门备案。根据1998年11月29日发布并实施的《建设项目环境保护管理条例》规定，建设单位应当在建设项目可行性研究阶段报批建设项目环境影响报告书、环境影响报告表或者环境影响登记表。环境影响报告书、环境影响报告表、环境影响登记表需由建设单位报有审批权的环境保护行政主管部门审批。

2. 工程设计阶段

对于采用新结构、新材料、新工艺的建设工程和特殊结构的建设工程，设计单位应在设计中提出保障施工作业人员安全和预防生产安全事故的措施建议。在工程总概算中，应明确工程安全环保设施费用、安全施工和环境保护措施费等。

3. 工程施工阶段

建设单位在申请领取施工许可证时，应当提供建设工程有关安全施工措施的资料。

对于依法批准开工报告的建设工程，建设单位应当自开工报告批准之日起15日内，将保证安全施工的措施报送建设工程所在地的县级以上人民政府建设行政主管部门或者其他有关部门备案。

对于应当拆除的工程，建设单位应当在拆除工程施工15日前，将从事拆除工作的施工单位的资质等级证明，拟拆除建筑物、构筑物及可能涉及毗邻建筑的说明，拆除施工组织方案，堆放、清除废弃物的措施的资料报送建设工程所在地的县级以上地方人民政府建设行政主管部门或者其他有关部门备案。

企业的法定代表人是安全生产的第一负责人，项目经理是施工项目生产的主要负责人。建设工程实行总承包的，由承包单位对施工现场的安全生产负总责并自行完成工程主体结构的施工。

分包合同中应当明确各自的安全生产方面的权利、义务。总承包和分包单位对分包工程的安全生产承担连带责任。

分包单位应当接受总承包单位的安全生产管理，分包单位不服从管理导致生产安全事故的，由分包单位承担主要责任。

4. 项目验收试运行阶段

项目竣工后，建设单位应向审批建设工程项目环境影响报告书、环境影响报告表或者环境影响登记表的环境保护行政主管部门申请，对环保设施进行竣工验收。环保行政主管部门应在收到申请环保设施竣工验收之日起 30 日内完成验收。

对于需要试生产的建设工程项目，建设单位应当在项目投入试生产之日起 3 个月内向环保行政主管部门申请对其项目配套的环保设施进行竣工验收。

“三同时”制度是我国建设项目环境管理的一项基本制度，是预防为主的环保政策的重要体现。所谓“三同时”，是指针对新建、改建、扩建项目、技术改造项目、区域性开发建设项目以及可能对环境造成污染和破坏的工程项目，其配套环境保护设施必须与主体工程同时设计、同时施工、同时投入生产和使用。建设工程项目配套的环保设施验收合格后，该建设项目方可正式投入生产和使用。

重点提示：

熟悉项目建设过程中每一阶段职业健康安全与环境管理的要求。

10.2　建设工程职业健康安全管理

10.2.1　职业健康安全管理体系简介

职业健康安全和环境管理体系标准的制定是出于两方面的要求。一方面是随着经济的高速增长和科学技术的飞速发展，建筑产品更新周期日益缩短，建筑市场竞争日益加剧，有的企业迫于生产的压力和资源的紧张，往往专注于追求低成本、高利润，而忽视了劳动者的劳动条件和环境状况的改善，甚至以牺牲劳动者的职业健康安全和破坏人类赖以生存的自然环境为代价；同时，由于资源的开发和利用而产生的废物也严重威胁着人们的健康，使人们的生存面临极大的挑战。据国际劳工组织(ILO)统计，全球每年因为各类生产事故和劳动疾病造成的死亡人数远远多于因交通事故、暴力冲突、局部战争以及艾滋病死亡的人数。与此同时，劳动者的伤亡也会给企业和国家带来严重的麻烦。因此劳动者的安全问题被提上了工作日程，很多企业及国家制定了各自的安全标准；另一方面，在国际贸易合作日益广泛的情况下，也需要一个职业健康安全标准，因此各种国际合作制定的标准也相继产生。

我国对职业健康安全标准也给予了充分的重视。在 2001 年，中国标准化委员会发布了《职业健康安全管理体系规范》(GB/T 28001—2001)，2011 年发布了其替代标准《职业健康安全管理体系要求》(GB/T 28001—2011)，2002 年发布了《职业健康安全管理体系指南》(GB/T 28002—2002)，2011 年发布了《职业健康安全管理体系实践指南》(GB/T 28002—2011)。发布标准的目的是规定对职业健康安全管理体系的要求，使组织能够制定有关方针与目标，通过有效应用控制职业健康安全风险，达到持续改进的目的。该体系对于建筑施工企业的职业健康安全管理有一定的指导作用。

10.2.2 建设工程项目安全管理

建设工程项目安全管理是一项综合性管理，是建设工程项目管理的重要组成部分，它是指在工程项目施工的全过程中，运用科学管理的理论、方法，通过法规、技术、组织等手段所进行的规范劳动者行为，控制劳动对象、劳动手段和施工环境条件，消除或减少不安全因素，使人、物、环境构成的施工生产体系达到最佳安全状态，实现项目安全目标等一系列活动的总称。

由于建设工程项目生产的结构复杂、露天生产、高空作业、受环境影响大、管理层次多、管理关系复杂，人的不安全行为、物的不安全状态、环境的不安全因素往往相互作用，使得项目生产过程的安全事故与其他行业相比，发生频率较高。因此，在建设工程项目管理中应高度重视安全管理问题，严格遵守安全管理的基本原则，将其作为一项复杂的系统工程认真加以研究和防范。

1. 建设工程项目安全管理的基本原则

1) 管生产同时管安全

安全寓于生产之中，并对生产发挥促进与保证作用。管生产同时管安全，不仅是对各级领导人员明确安全管理责任，同时，也向一切与生产有关的机构、人员明确了业务范围内的安全管理责任。

2) 坚持安全管理的目的性

安全管理的内容是对生产中的人、物、环境因素的管理。安全管理的目的是保护劳动者的安全与健康，只有明确安全管理的目的，才能有效地控制人的不安全行为和物的不安全状态，消除或避免事故。

3) 必须贯彻预防为主的方针

安全生产的方针是“安全第一、预防为主”，它是指在生产活动中，针对生产的特点，对生产因素采取管理措施，有效的控制不安全因素的发展与扩大，把可能发生的事故消灭在萌芽状态，以保证生产活动中人的安全与健康。

4) 坚持“四全”动态管理

安全管理涉及生产活动的各方面，包括：从开工到竣工交付的全部生产过程，全部生产时间，以及一切变化着的生产因素。因此，生产活动中必须坚持全员、全过程、全面、全天候的动态安全管理。

5) 安全管理重在控制

安全管理的目的是预防、消灭事故，防止或消除事故伤害，保护劳动者的安全与健康。因此，在建设工程的安全管理中，对生产中人的不安全行为和物的不安全状态的控制，是动态的安全管理的重点。

6) 在管理中发展提高

安全管理是在变化着的生产活动中的管理，是一种动态管理。这就意味着不断摸索新的规律，总结管理、控制的办法与经验，以适应变化的生产活动，消除新的危险因素，并用于指导新的变化后的管理，从而使安全管理不断上升到新的高度。

2. 建设工程项目安全管理制度

1) 安全生产责任制度

安全生产责任制度是最基本的安全管理制度，是所有安全生产管理制度的核心。安全生产责任制度是按照安全生产管理方针和“管生产同时管安全”的原则，将各级负责人员、各职能部门及其工作人员和各岗位生产工人，在安全生产方面应做的事情及应负的责任加以明确规定的制度。

实行总分包的工程项目，在安全合同中应明确总分包单位各自的安全职责。原则上，实行总承包的由总承包单位负责，分包单位向总包单位负责，服从总包单位对施工现场的安全管理，分包单位在其分包范围内建立施工现场安全生产管理制度，并组织实施。

2) 安全教育制度

根据原劳动部《企业职工劳动安全卫生教育管理规定》(劳部发〔1995〕405 号)和原建设部《建筑业企业职工安全培训教育暂行规定》的有关规定，企业安全教育一般包括对管理人员、特种作业人员和企业员工的安全教育。

3) 安全检查制度

安全检查制度是清除隐患、防止事故、改善劳动条件的重要手段，是企业安全生产管理工作的一项重要内容。通过安全检查可以发现企业及生产过程中的危险因素，以便有计划的采取措施，保证安全生产。

4) 安全措施计划制度

安全措施计划制度是指企业进行生产活动时，必须编制安全措施计划，它是企业有计划地改善劳动条件和安全卫生设施，防止工伤事故和职业病的重要措施之一，对企业加强劳动保护，改善劳动条件，保障职工的安全和健康，促进企业生产经营的发展都起着积极的作用。

5) 安全生产许可证制度

《安全生产许可证条例》规定国家对建筑施工企业实施安全生产许可证制度，其目的是为了严格规范安全生产条件，进一步加强安全生产监督管理，防止和减少生产安全事故。

企业进行生产前，应当按照该条例的规定向安全生产许可证颁发管理机构申请领取安全生产许可证，并提供该条例规定的相关文件、资料。企业不得转让、冒用安全生产许可证或者使用伪造的安全生产许可证。安全生产许可证的有效期为 3 年。

6) 特种作业人员持证上岗制度

《建设工程安全生产管理条例》第二十五条规定：垂直运输机械作业人员、安装拆卸工、爆破作业人员、起重信号工、登高架设作业人员等特种作业人员，必须按照国家有关规定经过专门的安全作业培训，并取得特种作业操作资格证书后，方可上岗作业。

7) 专项施工方案专家论证制度

《建设工程安全生产管理条例》规定：施工单位应当在施工组织设计中编制安全技术措施和施工现场临时用电方案。对达到一定规模的基坑支护与降水工程、土方开挖工程、模板工程、起重吊装工程、脚手架工程、拆除爆破工程等危险性较大的分部分项工程必须编制专项施工方案，并附具安全验算结果，经施工单位技术负责人、总监理工程师签字后实施，并由专职安全生产管理人员进行现场监督实行。对上述所列工程中涉及深基坑、地下暗挖工程、高大模板工程的专项施工方案，施工单位还应当组织专家进行论证、审查。

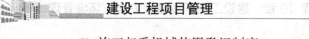

8) 施工起重机械使用登记制度

《建设工程安全生产管理条例》规定："施工单位应当自施工起重机械和整体提升脚手架、模板等自升式架设设施验收合格之日起30日内，向建设行政主管部门或其他有关部门登记。登记标志应当置于或者附着于该设备的显著位置。"

9) 安全监察制度

安全监察制度指国家法律、法规授权的行政部门，代表政府对企业的生产过程实施职业安全卫生监察，以政府的名义，运用国家权力对生产单位在履行职业安全卫生职责和执行职业安全卫生政策、法律、法规和标准的情况，依法进行监督、检举和惩戒制度。

10) 生产安全事故报告和调查处理制度

关于生产安全事故报告和调查处理制度，我国《安全生产法》、《建筑法》、《建设工程安全生产管理条例》、《生产安全事故报告和调查处理条例》、《特种设备安全监察条例》等法律法规都对此做了相应的规定。发生生产安全事故后，施工单位应当按照相关规定，应当迅速采取措施，组织抢救，防止事故扩大，减少人员伤亡和财产损失，并及时、如实地向负责安全生产监督管理部门、建设行政主管部门或其他有关部门报告，不得隐瞒不报、谎报或者拖延不报，不得故意破坏事故现场、毁灭有关证据。

11) "三同时"制度

和环境管理类似，我国建设项目安全管理也有"三同时"制度。"三同时"制度是指凡是我国境内新建、改建、扩建的基本建设项目、技术改建工程项目和引进项目，其安全生产设施必须符合国家规定的标准，必须与主体工程同时设计、同时施工、同时投入生产和使用。其安全生产设施主要指安全技术方面的设施、职业卫生方面的设施、生产辅助性设施等。

12) 安全预评价制度

安全预评价是在工程项目建设前期，应用安全评价的原理和方法对工程项目的危险性、危害性进行预测性评价。开展安全预评价工作，是贯彻落实"安全第一，预防为主"方针的重要手段。

13) 意外伤害保险制度

《建筑法》第四十八条规定：建筑施工企业必须为从事危险作业的职工办理意外伤害保险，支付保险费。

重点提示：

掌握建设工程项目安全管理制度。

10.2.3 危险源辨识与风险评价

1. 危险源

危险源是安全管理的主要对象，在实际生产、生活过程中的危险源是以多种多样的形式存在的。危险源导致事故可归结为能量的意外释放或约束、限制能量和危险物质措施失控的结果。根据危险源在事故发生发展中的作用，把危险源分为两大类，即第一类危险源和第二类危险源。

1) 第一类危险源

可能发生意外释放的能量的载体或危险物质称作第一类危险源，如“炸药”是能够产生能量的物质；“压力容器”是拥有能量的载体。能量或危险物质的意外释放是事故发生的物理本质。通常把产生能量的能量源或拥有能量的能量载体作为第一类危险源来处理。

2) 第二类危险源

造成约束、限制能量措施或危险物质措施失控的各种不安全因素称作第二类危险源，主要体现在设备故障或缺陷(物的不安全状态)、人为失误(人的不安全行为)和管理缺陷等几方面。如电缆绝缘层、脚手架、起重机钢绳等。

3) 危险源与事故

事故的发生是两类危险源共同作用的结果，第一类危险源是事故发生的前提，第二类危险源的出现是第一类危险源导致事故的必要条件。在事故的发生和发展过程中，两类危险源相互依存，相辅相成。第一类危险源是事故的主体，决定事故的严重程度，第二类危险源出现的难易，决定事故发生的可能性大小。

2. 危险源识别

1) 危险源的识别方法

危险源识别的方法有询问交谈、现场观察、查阅有关记录、获取外部信息、工作任务分析、安全检查表、危险与操作性研究、事故性分析等方法，这些方法各有特点和局限性。在实际工程中，往往采用两种或两种以上的方法识别危险源。以下简单介绍常用的两种方法。

(1) 专家调查法。专家调查法是通过向有经验的专家咨询、调查、辨识、分析和评价危险源的一类方法，其优点是简便、易行；其缺点是受专家的知识、经验和占有资料的限制，可能出现遗漏。常用的有：头脑风暴法和德尔菲法。

头脑风暴法是通过专家创造性的思考，从而产生大量的观点、问题和议题的方法。其特点是多人讨论，集思广益，可以弥补个人判断的不足。常采取专家会议的方式来相互启发、交换意见，使危险、危害因素的辨识更加细致、具体。常用于目标比较单纯的议题。如果涉及面较广，包含因素多，可以分解目标，再对单一目标或简单目标使用本方法。

德尔菲法是采用背对背的方式对专家进行调查，其特点是避免了集体讨论中的从众性倾向，更代表专家的真实意见。德尔菲法要求对调查的各种意见进行汇总统计处理，再反馈给专家反复征求意见。

(2) 安全检查表法。安全检查表实际上就是实施安全检查和诊断项目的明细表。运用已编制好的安全检查表，进行系统的安全检查，辨识工程项目存在的危险源。检查表的内容一般包括分类项目、检查内容及要求、检查以后处理意见等。可以用“是”、“否”作回答或“∨”、“×”符号作标记，同时注明检查日期，并由检查人员和被检单位同时签字。

安全检查表法的优点是简单易懂、容易掌握，可以事先组织专家编制检查项目，使安全检查做到系统化、完整化；缺点是只能做出定性评价。

2) 风险评价方法

常用的风险评价方法有风险等级评价法和LEC评价法两种。

(1) 风险等级评价法。根据对危险源的识别，评估危险源造成的风险可能性和大小，对风险进行分级。《职业健康安全体系指南(GB/T 28002—2002)推荐的简单风险等级评估如表 10.1 所示，将风险分为Ⅰ、Ⅱ、Ⅲ、Ⅳ、Ⅴ5 个等级。

表 10.1　风险等级评估表

后果 风险等级 可能性	轻度损失 (轻微伤害)	中度损失 (伤害)	重大损失 (严重伤害)
很大	Ⅲ	Ⅳ	Ⅴ
中等	Ⅱ	Ⅲ	Ⅳ
极小	Ⅰ	Ⅱ	Ⅲ

注：Ⅰ—可忽略风险；Ⅱ—可容许风险；Ⅲ—中度风险；Ⅳ—重大风险；Ⅴ—不容许风险。

(2) LEC 评价法。LEC 评价法又称作业条件危险性分析法，是将可能造成安全风险的大小用事故发生的可能性(L)、人员暴露于危险环境中的频繁程度(E)和事故后果(C)三个随机自变量的乘积来衡量，即：

$$R = L \cdot E \cdot C \tag{10-1}$$

式中：R—风险大小；

L—事故发生的可能性；

E—人员暴露于危险环境中的频繁程度；

C—事故后果的严重程度。

此方法因为引入了 L、E、C 三个自变量，故俗称为 LEC 方法。

根据危险性(R)的值可以划分危险等级，如表 10.2 所示。

表 10.2　危险性大小等级划分标准

危险性分数值(R)	危险程度
≥320	极度危险，不容许风险，不能继续作业
160～320	高度危险，重大风险，需要立即改进
70～160	显著危险，中度风险，需要改进
20～70	比较危险，可容许风险，需要注意
≤20	稍有危险，可忽略风险，可以接受

3. 危险源的控制方法

进行危险源控制的策划时，尽可能完全消除有不可接受风险的危险源，如用安全品取代危险品；如果是不可能消除有重大风险的危险源，应努力采取降低风险的措施，如使用低压电器等；在条件允许时，应使工作适合于人，如考虑降低人的精神压力和体能消耗；应尽可能利用技术进步来改善安全控制措施；应考虑保护每个工作人员的措施；将技术管理与程序控制结合起来；应考虑引入诸如机械安全防护装置的维护计划的要求；在各种措施还不能绝对保证安全的情况下，作为最终手段，还应考虑使用个人防护用品；应有可行、有效的应急方案；预防性测定指标应符合监视控制措施计划的要求。

1) 风险控制措施计划

不同的组织，不同的工程项目需要根据不同的条件和风险量来选择适合的控制策略和管理方案，表 10.3 所示的是针对不同风险水平的风险控制措施计划表。在实际工程中，应该根据风险评价的风险水平等级，选择不同的控制策略。

表 10.3 基于不同风险水平的风险控制措施计划表

风 险	措 施
可忽略的	不采取措施且不必保留文件记录
可容许的	不需要另外的控制措施，应考虑投资效果更佳的解决方案或不增加额外成本的改进措施，需要监视来确保控制措施得以维持
中度的	应努力降低风险，但应仔细测定并限定预防成本，并在规定的时间期限内实现降低风险的措施。在中度风险与严重伤害后果相关的场合，必须进一步地评价，以更准确地确定伤害的可能性，以确定是否需要改进控制措施
重大的	直至风险降低后才能开始工作。为降低风险有时必须配给大量的资源。当风险涉及正在进行中的工作时，就应采取应急措施
不容许的	只有当风险已经降低时，才能开始或继续工作。如果无限的资源投入也不能降低风险，就必须禁止工作

2) 第一类危险源的控制方法

(1) 防止事故发生的方法：消除危险源、限制能量或危险物质、隔离。

(2) 避免或减少事故损失的方法：隔离、个体防护、设置薄弱环节、使能量或危险物质按人们的意图释放、避难与援救措施。

3) 第二类危险源的控制方法

(1) 减少故障：增加安全系数、提高可靠性、设置安全监控系统、改善作业环境。

(2) 避免人的不安全行为：加强员工的安全意识培训和教育，克服不良的操作习惯，严格按操作章程办事。

重点提示：

掌握不同风险水平的风险控制措施；熟悉两类危险源的控制方法。

10.2.4 建设工程项目施工安全措施

1. 落实安全生产责任制

建立安全生产责任制是施工安全技术措施计划实施的重要保证。建立、健全以项目经理为首的安全生产机构，承担组织、领导安全生产的责任；建立各级人员安全生产制度，明确并检查落实各级人员的安全责任；施工项目应通过监察部门的安全生产资质审查，并得到认可；施工项目负责施工生产中物的状态审验与认可，承担物的状态漏验、失控的管理责任；根据建设工程的性质、规模和特点，配备规定数量的专职和兼职安全管理员，督促检查各类人员贯彻执行安全管理，协助项目经理推动安全管理工作，保证施工管理顺利进行。

2. 安全教育

项目经理部应切实加强现场工作人员的安全教育，本着谁使用谁负责安全的原则，实施培训考核上岗制，建立健全培训档案制度。把安全教育贯穿于整个项目建设过程，通过安全思想、安全法制教育，为安全生产奠定思想基础，使全体员工真正认识到安全生产的重要性和必要性，懂得安全生产和文明施工的科学知识，自觉地遵守各项安全生产法律法规和规章制度，具有良好的自我保护意识，防患于未然。通过安全技能教育，使操作人员了解施工生产的一般流程，安全生产一般应注意的事项，工种、岗位安全生产知识，重点熟悉安全生产技术和安全技术操作规程等。

企业领导和管理人员是安全生产工作的第一责任者和直接责任者，必须接受安全教育。企业员工的安全教育主要有新员工上岗前的三级安全教育、改变工艺和变换岗位时的安全教育、经常性安全教育三种形式。

三级安全教育通常是指进厂、进车间、进班组三级，对建设工程来说，具体指企业(公司)、项目(或工区、工程处、施工队)、班组三级。

特种作业人员，必须经国家规定的有关部门进行专门的安全教育和安全技术培训，并经考核合格取得特种作业操作资格证书者，方准上岗作业。

企业应把经常性的普及教育贯穿于管理全过程，并根据接受教育对象的不同特点，采取多层次、多渠道和多种活动方法，以取得良好的安全教育效果。

3. 安全技术交底

项目经理部必须实行逐级安全技术交底制度，纵向延伸到班组全体作业人员；技术交底必须具体、明确，针对性强；技术交底的内容应针对工程施工中给作业人员带来的潜在危害和存在问题；应优先采用新的安全技术措施；交底应采用口头详细说明(必要时应作图示详细解释)和书面交底确认(交底人、被交底人双方签字)相结合的形式。

安全技术交底主要内容包括：本工程项目的施工作业特点和危险点；针对危险点的具体预防措施；应注意的安全事项；相应的安全操作规程和标准；发生事故后应及时采取的避难和急救措施。

4. 安全检查

工程项目安全检查的目的是消除隐患、防止事故、改善劳动条件及提高员工安全生产意识的重要手段，是安全控制工作的一项重要内容。施工方应成立由第一责任人为首，业务部门、全体人员参加的安全检查组织，制定安全检查制度，按制度要求的规模、时间、原则、处理措施等全面落实。施工项目的安全检查应由项目经理组织定期进行；安全检查必须做到有计划、有目的、有准备、有整改、有总结、有处理。

1) 安全检查的类型

(1) 全面安全检查。全面安全检查包括职业健康安全管理方针、管理组织机构及其安全管理的职责、安全设施、操作环境、防护用品、卫生条件、运输管理、危险品管理、火灾预防、安全教育和安全检查制度等项内容。应将全面检查的结果进行汇总分析，详细探讨所出现的问题及相应对策。

(2) 经常性安全检查。工程项目和班组应开展经常性检查，及时排除事故隐患。在开工和停工前、检修中、工程或设备竣工及试运转时对所用的机械设备和工具进行安全检查，发现问题立即上报。还必须进行班后检查，做好设备的维修保养和清整场地等工作，保证交接安全。

(3) 专业或专职安全管理人员的专业安全检查。专业或专职安全管理人员有较丰富的安全知识和经验，通过其认真检查能够发现操作人员不能发现的问题。专业或专职安全管理人员在进行检查时，必须不徇私情，按章检查，发现违章操作情况要立即纠正，发现隐患及时指出并提出相应防护措施，并及时上报检查结果。

(4) 季节性安全检查。季节性安全检查是指根据季节特点，为保障安全生产的特殊要求所进行的检查。并根据各个季节自然灾害的发生规律，及时采取相应的防护措施。

(5) 节假日检查。节假日检查是针对节假日期间容易产生麻痹思想的特点而进行的安全检查，包括节日前进行专业安全管理人员的安全生产综合检查，对重点部位进行巡视，同时配备一定数量的安全保卫人员，搞好安全保卫工作；节日后进行遵章守纪的检查等。

(6) 要害部门重点安全检查。对于企业要害部门和重要设备必须进行重点检查。由于其重要性和特殊性，为了确保安全，对设备的运转和零件的状况要定时进行检查，发现损伤要立即更换，绝不能“带病”作业；一到有效年限，即使没有故障，也应该给予更新，不能因小失大。

2) 安全检查的主要内容

安全检查包括查思想、查管理、查隐患、查整改、查事故处理。

(1) 查思想。查思想是指检查企业领导和员工对安全生产方针的认识程度，建立健全安全生产管理和安全生产规章制度。

(2) 查管理。查管理是指检查安全生产管理是否有效，安全生产管理措施和规章制度是否真正得到落实，主要内容包括：安全生产责任制、安全技术措施计划、安全组织机构、安全保证措施、安全技术交底、安全教育、持证上岗、安全设施、安全标识、操作规程、违规行为、安全记录等。

(3) 查隐患。查隐患是指主要检查生产作业现场是否符合安全生产、文明生产的要求。检查人员应深入现场，检查工人的劳动条件、卫生设施、安全通道，零部件的存放，防护设施状况，电气设备、压力容器、化学用品的储存，粉尘及有毒有害作业部位点的达标情况，车间内的通风照明设施，个人劳动防护用品的使用是否符合规定等。要特别注意对一些要害部位和设备加强检查，如锅炉房、变电所、各种剧毒、易燃、易爆等场所。

针对安全隐患应做到预防为主、减灾并重、重点治理、动态管理。在建设工程实践中，为增加安全系数，确保施工安全，常利用安全冗余技术和互锁装置设置多道防线。例如，用安全帽、安全带、安全网形成对人身安全的立体保护，可以避免一种保护措施失效就酿成事故；在施工现场的临边洞口，既设防护栏及警示牌，又设照明及夜间警示红灯。互锁装置应用较多是漏电保护措施，如采用一机一闸、保护接地、保险丝等措施来保护现场用电的安全。再如，为避免发生触电事故，首先要进行人的安全用电操作教育，同时现场也要设置漏电开关，对配电箱、用电线路进行防护改造，也要禁止非专业电工乱接乱拉电线。

(4) 查整改。查整改是指主要检查对过去提出的安全问题和生产事故及安全隐患是否采取了安全技术措施和安全管理措施，进行整改的效果如何。

(5) 查事故处理。查事故处理是指检查对伤亡事故是否及时报告、认真调查、严肃处理，整改措施是否落实，安全隐患是否已经消除。

安全检查的重点是检查违章指挥，违章操作，违反劳动纪律和安全责任制的落实。安全检查的目的是发现、处理、消除危险因素，避免事故伤害，实现安全生产。对于一些由于种种原因而一时不能消除的危险因素，应逐项分析，寻求解决办法，安排整改计划，尽快予以消除。

5. 施工安全技术措施

施工安全技术措施是指工程施工中，针对工程特点、现场环境、施工方法、劳动组织、作业方法、使用的机械、动力设备、变配电设施、架设工具及各项安全防护设施等制定的确保安全施工的措施。建设工程项目安全技术措施内容很广泛，可以分为一般工程施工安全技术措施、特殊工程施工安全技术措施、季节性施工安全技术措施和应急措施等。

1) 一般工程施工安全技术措施

一般工程是指结构共性较多的工程，其施工生产作业既有共性，也有不同之处。应根据有关法规的规定，结合以往的施工经验与教训，制定安全技术措施。一般工程施工安全技术措施主要包括：

(1) 土石方工程，应根据开挖深度、土质类别，选择开挖方法，确保边坡稳定或采取有效的支护结构措施，防止边坡滑动和塌方；

(2) 脚手架、吊篮的选用、设计搭设方案和安全防护措施；

(3) 高处作业的上下安全通道；

(4) 安全网(平网、立网)的设置要求和范围；

(5) 施工电梯、井架(龙门架)等垂直运输设备的搭设，稳定性、安全装置等的要求；

(6) 施工洞口的防护方法和主体交叉施工作业区的隔离措施；

(7) 场内运输道路及人行通道的布置；

(8) 编制临时用电的施工组织设计和绘制临时用电图纸，在建工程(包括脚手架具)的外侧边缘与外电架空线路的间距达到最小安全距离采取的防护措施；

(9) 防火、防毒、防爆、防雷等安全措施；

(10) 在建工程与周围人行通道及民房的防护隔离设置，起重机回转半径达到项目现场范围以外的要设置安全隔离设施。

2) 特殊工程施工安全技术措施

结构比较复杂、技术含量高的工程称为特殊工程。对于结构复杂、危险性大的特殊工程，应编制专项施工方案和安全技术措施。如爆破工程、基坑支护与降水工程、土方开挖工程、模板工程、起重吊装工程、脚手架工程、沉箱、沉井、烟囱、水塔、特殊架设作业，井架和拆除工程等必须制定专项施工安全技术措施，并做到有设计依据、有计算、有详图、有文字说明。

3) 季节性施工安全技术措施

季节性施工安全技术措施就是考虑不同季节的气候条件对施工生产带来的不安全因素，可能造成的各种突发性事件，从技术上、管理上采取的各种预防措施。一般工程的施工组织设计或施工方案的安全技术措施中，都需要编制季节性施工安全措施。对危险性大、高温期长的建设工程，应单独编制季节性的施工安全措施。季节性主要指夏季、雨季和冬季。季节性施工安全主要包括：

(1) 夏季高温时间持续较长，要做好防暑降温工作，避免员工中暑和因长时间暴晒造成的职业病；

(2) 雨季作业，应做好防触电、防雷击、防水淹泡、防塌方、防台风和防洪等工作；

(3) 冬季作业，应做好防冻、防风、防火、防滑、防煤气中毒等工作。

4) 应急措施

应急措施是在事故发生或各种自然灾害发生的情况下的应对措施。施工单位应当在施工组织设计中制定好应急救援预案及其演练计划，并在平时准备好各种应急措施，按照规定进行模拟训练。应急措施包括：

(1) 应急指挥和组织机构；

(2) 施工场内应急计划、事故应急处理程序和措施；

(3) 施工场外应急计划和向外报警程序及方式；

(4) 安全装置、报警装置、疏散口装置、避难场所等；

(5) 有足够数量并符合规格的安全进、出通道；

(6) 急救设备(担架、氧气瓶、防护用品、冲洗设施等)；

(7) 通信联络与报警系统；

(8) 与应急服务机构(医院、消防等)建立联系通道；

(9) 定期进行事故应急训练和演习。根据事故预防重点，每年至少组织一次综合应急预案演练或者专项预案演练，每半年至少组织一次现场处置方案演练。

总之，首先需要项目参与各方加强安全意识，做好事前控制，建立健全各项安全生产管理制度，落实安全生产责任制，注重安全生产教育培训，保证安全生产条件所需资金、资源的投入，将安全隐患消除于萌芽之中；其次要加强对工程安全生产的检查监督，对违章指挥和违章作业行为，应当场指出、制止及纠正；对发现的安全事故隐患及时处理，查找原因，制定整改措施，并跟踪验证，防止事故隐患的进一步扩大；对重大安全事故隐患排除前或者排除过程中无法保证安全的，应暂停施工，待隐患消除再行施工；应确保各项安全管理措施和技术措施的落实，预防安全事故的发生，降低事故发生后的损失。

重点提示：

掌握建设工程项目施工安全措施。

【案例 10-1】

某项目确保安全生产的施工组织措施

1. 安全管理总则

(1) 坚持“安全第一，预防为主”的方针，建立健全的安全管理体系，成立专门的安全生产管理机构及设 3 名专职的安全员和 4 名兼职的安全员，督促安全措施的具体落实，责任到人。

(2) 加强开工前的职工安全教育，提高职工的安全意识，特别是对新工人的三级教育及特殊工种的专门培训。

(3) 做好各分部分项的安全交底，对现场的脚手架、升降机等，都应组织好验收。对各种不同工序要组织好工序间的安全生产交接手续，积极开展班前班后活动，并安排安全值日，认真做好安全记录。

(4) 抓好各项安全检查工作，每天班前、班后由班组兼职安全员自检。工地每周组织一次安全生产检查，并由项目经理组织人员不定期地进行抽检；并积极配合市建设主管部门、甲方以及公司安监部门的各种安全检查；做到勤抓、严抓，发现隐患，及时整改，检查结果将按公司文件的奖罚条款，做到奖罚分明。

2. 安全意识及安全设施

(1) 现场施工人员应严格遵守安全制度及安全操作规程。进场要戴安全帽，不穿钉鞋、拖鞋、高跟鞋、硬底鞋，严禁酒后上岗。

(2) 施工现场挂好“五牌一图”；施工人员严格遵守操作规程，严禁出现违章指挥、违章作业，违反劳动纪律的现象。

(3) 切实做好“三宝”、“四口”、“五临边”的安全防护。

3. 脚手架、高空作业

(1) 本工程属高层建筑，对脚手架的安全事项应充分认识。脚手架搭设前，必须对班组进行交底。外架搭设时，必须严格控制立杆的垂直度不大于1/200，并与柱子、墙可靠连接。脚手架搭设完毕后，应由工地负责人、安全员、架子班长进行全面检查合格签证认可后，方可使用。

(2) 建筑物四周预留孔洞和危险区域，必须挂设安全网或护身栏杆，以防坠落事故，并随进度提升高度。

(3) 脚手架搭设时，在二步架以上(包括二步架)都须设护身栏杆及踢脚杆并挂立网封闭。同时设1:3斜道，斜道面要有防滑条，要求每步架都能安全通行，严禁从脚手架、井架攀登上下。

(4) 搁置脚手板必须两头扎牢，坡度加钉防滑条，防止探头、打滑。

(5) 高凳、竹梯要放稳，架子工、井架工和吊装工不准穿硬底鞋及塑料鞋子上岗。

(6) 高空堆放材料要稳妥，操作人员的工具随手装入工具袋内，防止坠落伤人。

(7) 遇有恶劣气候和6级以上的强风、迷雾、雷暴雨等情况，影响施工时，应停止高空作业和吊装作业；另外，每次台风暴雨后，应组织人员仔细检查架子，有无立杆沉陷、悬空、节点松动、架子倾斜等情况，并及时处理。

4. 施工机、电设备

(1) 机电设备设专人管理操作，并挂安全操作规程牌，操作人员持证上岗。

(2) 要求设有防护棚，传动设备设防护罩，严禁机械带“病”使用。

(3) 采用TN-S方式供电系统。所有机电设备，应每机单独设置漏电保护器，做到“一机一闸一保险”，并要求电气设备做好保护接零。

(4) 升降机验收时，应仔细检查地基是否平整，架体是否牢固稳定，吊盘是否有可靠的安全装置，是否有防护棚等。

(5) 使用混凝土、砂浆搅拌机时，严禁将手持工具探入搅拌筒中；施工人员如需爬入搅拌筒中做清除作业，应请电工将电源线拆除，或设专人监护。

(6) 升降机地基必须坚实，基础要按要求设置，并做排水，防止因雨水浸泡造成基础下沉引起塔吊倾斜事故。

(7) 升降机、钢管脚手架必须设避雷接地装置，接地电阻不大于 4Ω。

(8) 严禁非操作人员乱动机电设备，大风、暴雨等恶劣天气，升降机等按规定停止操作。

5. 用电安全

(1) 加强临时用电技术管理，实行电工负责制，专人负责。非电工任何人不得随意乱拉乱扯。工地实行“三相五线制”及“三级配电”，做好防触电、防火措施。

(2) 现场采用电缆线架设低压线路，夜间照明灯具及电线，架设高度不低于 4.5m，并做好接头的防水防压处理。施工用电线路经过脚手架时，应加横木、瓷瓶等绝缘措施，不得随意将电线绑扎在脚手架上，以免漏电伤人。

(3) 接地线采用截面不小于 $25mm^2$ 专用线，严格采取缠绕法接地。

(4) 临时配电室按要求做好防雨防潮防小动物及排水等措施，注意门应向外开启；配电箱应设防护棚，并离地 1.5m 以上，现场一律采用铁制标准开关箱，设置 3 种用电保护(隔离、漏电、超载)，实行一机一闸一保险。

(5) 现场使用的高温灯具，如碘钨灯，应远离易燃易爆物，符合安全防火要求。

(6) 加强电器材料的管理工作，无产品合格证、无厂址、无地名的产品严禁购买、使用。

(7) 做好用电安全隐患的排查和监督管理，发现问题及时整改并落实到位。

(资料来源：百度文库网，http://wenku.baidu.com/view/575ea0a6e53a580216fcfe6e.html)

问题与测试：

1. 什么是三级教育？

2. “三宝”、“四口”、“五临边”分别指什么？

10.2.5　建设工程职业健康安全事故的分类和处理

1. 建设工程常见职业健康安全事故的分类

职业健康安全事故分两大类型，即职业伤害事故与职业病。职业伤害事故是指因生产过程及工作原因或与其相关的其他原因造成的伤亡事故，按照我国《企业职工伤亡事故分类标准》(GB 6441—1986)规定，与建筑业有关的职业伤害事故有 12 类，其中在建设工程领域中最常见的有以下 7 类。

1) 按事故发生的原因分类

(1) 高处坠落。操作者在高度基准面 2m 以上的作业，称为高处作业，在高处作业时造成的坠落称为高处坠落。在建筑业中涉及高处作业的范围相当广泛，在建筑物或构筑物结构范围以内的各种形式的洞口与临边性质的作业，悬空与攀登作业，操作平台与立体交叉作业，在主体结构以外的场地上和通道旁的各类洞、坑、沟、槽等的作业，脚手架、井字架、龙门架、施工用电梯、模板的安装拆除，各种起重吊装作业等，都易发生高处坠落事故。

(2) 物体打击。物体打击指落物、滚石、锤击、碎裂、崩块、砸伤等造成的人身伤害，不包括因爆炸而引起的物体打击。凡在施工现场作业的人，都有受到打击的可能，特别是在一个垂直平面的上下交叉作业，最易发生打击事故。

(3) 触电。触电指由于电流经过人体导致的生理伤害，包括雷击伤害。触电事故主要是由于设备、机械、工具等漏电，电线老化破皮，违章使用电气用具，对在施工现场周围的外电线路不采取防护措施等所造成的。

(4) 机械伤害。机械伤害指被机械设备或工具绞、碾、碰、割、戳等造成的人身伤害，不包括车辆、起重设备引起的伤害，主要指施工现场使用的机械在使用中因缺少防护和保险装置，对操作者造成的伤害。

(5) 坍塌。坍塌指建筑物、堆置物倒塌以及土石塌方等引起的事故伤害，主要是指在土方开挖中或深基础施工中，造成的土石方坍塌；拆除工程、在建工程及临时设施等的部分或整体坍塌。

(6) 火灾。火灾指在火灾时造成的人体烧伤、窒息、中毒等，主要指施工现场乱扔烟头、焊接与切割动火、用电、使用易燃易爆材料等不慎造成的火灾、爆炸。

(7) 中毒。中毒指煤气、油气、沥青、化学、一氧化碳中毒等，主要指施工现场使用有毒有害化学制品，操作不当或不慎造成的中毒。

2) 按事故造成的人员伤亡或者直接经济损失分类

目前，在建设工程领域中，判别事故等级较多采用的是2007年6月1日起实施的《生产安全事故报告和调查处理条例》，这和本书第6章提到的按照住房和城乡建设部《关于做好房屋建筑和市政基础设施工程质量事故报告和调查处理工作的通知》(建质〔2010〕111号)是一致的，即根据事故造成的人员伤亡或者直接经济损失，将事故分为4个等级。

2. 建设工程职业健康安全事故的处理

一旦发生安全事故，应启动应急预案，尽可能防止事态的扩大和减少事故的损失，查明原因，并制定相应的纠正和预防措施，避免类似事故的再次发生。

1) 安全事故处理的原则(“四不放过”的原则)

安全事故处理的原则是“四不放过”的原则，即事故原因未查清不放过；事故责任人未受到处理不放过；事故责任人和员工没有受到教育不放过；事故没有制定切实可行的整改防范措施不放过。

2) 安全事故处理程序

(1) 报告安全事故。事故发生后，事故现场有关人员应当立即向本单位负责人报告；单位负责人接到报告后，应当于1小时内向事故发生地县级以上人民政府安全生产监督管理部门和负有安全生产监督管理职责的有关部门报告。

(2) 抢救伤员，排除险情，防止事故蔓延扩大，做好标识，保护好现场等。

(3) 组织调查组，开展安全事故调查，现场勘查，分析事故原因。

(4) 制定预防措施，对事故责任者进行处理。

(5) 提交事故调查报告。事故调查组应当自事故发生之日起60日内提交事故调查报告；特殊情况，经批准期限可以延长，但延长的期限最长不超过60日。

重点提示：

掌握常见建设工程职业健康安全事故的类型、处理原则及处理程序。

10.3　建设工程项目环境管理

10.3.1　施工现场文明施工和环境保护的意义

施工现场文明施工能促进企业综合管理水平的提高，是适应现代化施工的客观要求，能提高企业的知名度和市场竞争力，并有利于员工的身心健康，有利于培养和提高施工队伍的整体素质。

环境保护是我国的一项基本国策。施工现场环境保护是指保护和改善施工现场的环境，要求企业按照相关法律法规和行业、企业的要求，采取措施控制施工现场的粉尘、废气、固体废弃物，以及噪声、震动等对环境的污染和危害，并且注意对资源的节约。

环境保护是文明施工的重要内容之一。保护和改善施工环境是保证人们身体健康和社会文明的需要；是消除对外部干扰、保证施工顺利进行的需要；是现代化大生产的客观要求；是节约能源、保护人类生存环境、保证社会和企业可持续发展的需要。人类社会即将面临环境污染和能源危机的挑战，每个公民和企业都有责任和义务来保护环境。

10.3.2　施工现场文明施工的措施

1. 建立健全文明施工的组织措施

1) 建立健全文明施工的管理组织

应确立以项目经理为现场文明施工的第一责任人，以各专业工程师、施工质量、安全、材料、保卫、后勤等现场项目经理部人员为成员的施工现场文明管理组织，共同负责本工程现场文明施工工作。

2) 健全完善文明施工的管理制度

建立各级文明岗位责任制，将文明施工工作考核列入经济责任制，建立定期的检查制度，加强文明施工教育培训，实行自检、互检、交接检制度，开展文明施工竞赛，建立奖惩制度。

2. 落实文明施工的管理措施

1) 施工总平面布置

施工总平面布置是现场管理文明施工的依据。施工总平面图应对施工机械设备设置、材料和构配件的堆场、现场加工场地，以及现场临时运输道路、临时供水供电线路和其他临时设施进行合理布置，并随工程实施的不同阶段进行场地布置和调整。

2) 现场围挡、标牌

(1) 施工现场必须实行封闭管理，设置进出口大门，制定门卫制度，严格执行外来人员进场登记制度。沿工地四周连续设置硬质围挡，围挡材料要求坚固、稳定、统一、整洁、美观。市区主要道路和其他涉及市容景观路段的工地设置围挡的高度不低于 2.5m，其他工地的围挡高度不低于 1.8m。

(2) 应在现场出入口的醒目位置，设置“五牌一图”，即工程概况牌、管理人员名单及监督电话牌、消防保卫牌(防火责任)牌、安全生产牌、文明施工和环境保护牌及施工现场总平面图。

(3) 施工现场应合理悬挂安全生产宣传和警示牌，特别是主要施工部位、作业点、危险区域以及主要通道口都必须有针对性地悬挂安全警示牌，标牌悬挂应醒目、牢固可靠。

3) 施工场地

(1) 施工现场作业区、生活区主干道地面必须用一定厚度的混凝土硬化，场内其他次道路地面也应硬化处理。

(2) 施工道路畅通、平坦、整洁，无散落物。

(3) 施工现场排水系统应通畅，严禁泥浆、污水、废水外流或堵塞下水道和河道。

(4) 根据季节变化，适当绿化美化施工现场环境。

4) 材料堆放、周转设备管理

(1) 建筑材料、构配件、料具必须按施工现场总平面布置图合理布置、安全整齐堆放，不得超高。堆料应分门别类，悬挂标牌。标牌应统一制作，标明名称、品种、规格数量等。

(2) 建立材料收发管理制度。易燃易爆物品分类堆放，专人负责，确保安全。

(3) 施工现场应做到工完料尽场地清，不用的施工机具和设备应及时出场；现场应设置洗车装置；建筑垃圾及时清运，现场不得焚烧有毒、有害物质。

5) 现场生活设施

(1) 施工现场作业区与办公、生活区必须明显划分，确因场地狭窄不能划分的，要有可靠的隔离栏防护措施。

(2) 宿舍内应确保主体结构安全，应有保暖、消暑、防煤气中毒、防蚊虫叮咬等措施，周围环境应保持整洁、安全。

(3) 食堂应有良好的通风和洁卫措施，保持卫生整洁，炊事员持健康证上岗。

(4) 施工现场应设安全固定的男、女厕所和简易淋浴室，并实行专人管理，及时清扫，要有灭蚊蝇滋生措施。

6) 现场消防、防火管理

(1) 现场建立消防管理制度，建立消防领导小组，落实消防责任制和责任人员，定期进行消防教育，做到思想重视、管理到位、措施落实。

(2) 现场必须有消防平面布置图，临时设施按消防条例有关规定搭设，做到标准规范。

(3) 易燃易爆物品堆放间、油漆间、木工间、总配电室等消防防火重点部位要按规定设置灭火器和消防沙箱，并有专人负责。对违反消防条例的行为要及时制止和处理。

(4) 施工现场用明火做到严格按动用明火规定审批执行。

7) 医疗急救的管理

准备必要的保健医药箱、医疗设施、急救器材，具备经过培训的急救人员和急救措施，在显著位置张贴急救车和有关医院的电话号码等。

8) 施工不扰民措施的管理

对人为的施工噪声要采取降噪措施，控制作业时间，减少对周边环境的干扰和污染。必要时要办理审批手续，出具扰民公告。

3. 建立文明施工检查考核制度

项目应结合相关标准和规定建立文明施工考核制度，推进各项文明施工措施的落实。

4. 抓好文明施工建设工作

建立宣传教育制度，积极开展共建文明活动，加强管理人员和班组文明建设，提高企业整体管理水平和文明素质。

分析与思考：

建设工程项目文明施工的管理措施都包括哪些？

10.3.3 施工现场环境保护的措施

环境保护既要有组织和管理措施，又要有技术措施。

要把环保指标以责任书的形式层层分解落实到单位和个人，建立健全承包合同、岗位责任制和各项现场管理制度。

应采用目视管理法进行施工现场管理，将施工期间所需要的物在空间上合理布置，使施工现场秩序化、标准化、规范化，体现文明施工水平，改善施工现场环境。

要加强和落实对施工现场粉尘、噪声、废气的检查、监测和控制工作，要与文明施工现场管理一起检查、考核、奖罚，发现问题应采取整改措施。

在编制施工组织设计时，必须有环境保护的技术措施。在施工现场平面布置和组织施工过程中，要严格执行国家、地区、行政和企业有关防治空气污染、水源污染、噪声污染等环境保护的法律、法规和规章制度。

1. 大气污染的防治措施

(1) 施工现场垃圾渣土要及时清理出现场，严禁凌空随意抛撒施工垃圾。

(2) 施工现场道路应硬质处理，并定期洒水清扫。车辆开出工地要做到不带泥沙，对于细颗粒散体材料(如水泥、粉煤灰、白灰等)的运输、储存要注意遮盖、密封，防止和减少飞扬。

(3) 除设有符合规定的装置外，禁止在施工现场焚烧油毡、橡胶、塑料、皮革、树叶、枯草、各种包装物等废弃物品，以及其他会产生有毒、有害烟尘和恶臭气体的物质。

(4) 在容许设置搅拌站的工地，应将搅拌站封闭严密，并在进料仓上方安装除尘装置，采用可靠措施控制工地粉尘污染。

2. 防止水源污染

(1) 禁止将有毒有害废弃物作土方回填。

(2) 施工现场搅拌站废水、现制水磨石的污水、电石(碳化钙)的污水须经沉淀池沉淀后，再排入城市污水管道或河流。

(3) 油料、化学药品、外加剂等要妥善保管，防止污染环境。

(4) 施工现场100人以上的临时食堂，可设置简易有效的隔油池用于排放污水，并定期清理，防止污染。

(5) 工地临时厕所及化粪池应采取防渗漏措施。中心城市施工现场的临时厕所可采取水冲式厕所，并有防蝇灭蛆措施，防止污染水体和环境。

3. 防止噪声污染

噪声控制技术可从声源、传播途径、接收者防护、控制人为噪声、控制强噪声作业的时间和噪声限值等方面来考虑。

1) 从声源上降低噪声

(1) 采用低噪声设备和工艺，如低噪声振捣器、风机、电动空压机、电锯等。

(2) 在声源处安装消声器消声，即在通风机、鼓风机、压缩机、燃气机、内燃机及各类排气放空装置等进出风管的适当位置设置消声器。

2) 传播途径的控制

(1) 吸声。利用吸声材料(如玻璃棉、矿渣棉、毛毡、泡沫塑料、吸声砖等)和吸声结构(如穿孔共振吸声结构、微穿孔板吸声结构、薄板共振吸声结构等)吸收通过的声音，减少室内噪声的反射来降低噪声。

(2) 隔声。应用隔声材料(如砖、钢筋混凝土、钢板、厚木板、矿棉被等)、隔声结构(如隔声间、隔声机罩、隔声屏等)，阻碍或隔绝噪声向空间传播，将接收者与噪声声源分隔。

(3) 消声。利用消声器阻止传播。允许气流通过的消声降噪是防治空气动力性噪声的主要装置，如对空气压缩机、内燃机产生的噪声等。

(4) 减振降噪。对来自振动引起的噪声，通过降低机械振动减小噪声，如将阻尼材料涂在振动源上，或改变振动源与其他刚性结构的连接方式等。

3) 接收者的防护

减少相关人员在噪声环境中的暴露时间，让处于噪声环境中的人员使用耳塞、耳罩等防护用品，以减轻噪声对人体的危害。

4) 严格控制人为噪声

进入施工现场不得高声喊叫、无故甩打模板、乱吹哨，限制高音喇叭的使用，最大限度地减少噪声扰民。

5) 控制强噪声作业的时间和噪声限值

凡在人口稠密区进行强噪声作业时，须严格控制作业时间，一般晚10点到次日早6点之间停止强噪声作业。确系特殊情况必须昼夜施工时，尽量采取降低噪声措施，并会同建设单位找当地居委会、村委会或当地居民协调，出安民告示，求得群众谅解。

根据国标《建筑施工场界噪声限值》的规定，对不同施工作业的噪声限值如表10.4所示。在施工中，要特别注意不得超过国家标准的限值，尤其是夜间禁止进行打桩作业。

表10.4 建筑施工场界噪声限值

施工阶段	主要噪声源	噪声限值[dB(A)]	
		昼间	夜间
土石方	推土机、挖掘机、装载机等	75	55

续表

施工阶段	主要噪声源	噪声限值[dB(A)]	
		昼间	夜间
打　桩	各种打桩机械等	85	禁止施工
结　构	混凝土搅拌机、振捣棒、电锯等	70	55
装　修	吊车、升降机等	65	55

4. 固体废弃物的处理和处置

建设工程施工工地上常见的固体废弃物有建筑渣土(如砖瓦、碎石、渣土、混凝土碎块、废钢铁、碎玻璃、废弃装饰材料等)、废弃的散装建材(如水泥、石灰等)、材料及设备的包装材料、生活垃圾等。

1) 固体废物处理的基本思想

采取资源化、减量化和无害化的处理，对固体废物产生的全过程进行控制。

2) 固体废物的主要处理方法

(1) 回收利用。回收利用是对固体废物进行资源化、减量化的重要手段之一。废钢可以再生利用，根据需要用做金属原材料。粉煤灰在建设工程领域中的广泛应用也是对固体废弃物进行资源化利用的典型范例。

(2) 减量化处理。减量化是对已经产生的固体废物进行分选、破碎、压实浓缩、脱水等减少其最终处置量，减低处理成本，减少对环境的污染。在减量化处理的过程中，也包括和其他处理技术相关的工艺方法，如焚烧、热解、堆肥等。

(3) 填埋。填埋是固体废物经过无害化、减量化处理的废物残渣集中到填埋场进行处置。禁止将有毒有害废弃物现场填埋。填埋场应利用天然或人工屏障，尽量使需处置的废物与周围的生态环境隔离，并注意废物的稳定性和长期安全性。

(4) 稳定和固化。利用水泥、沥青等胶结材料，将松散的废物包裹起来，减少有害物质从废物中向外迁移、扩散，减少废物对环境的污染。

(5) 焚烧。焚烧用于不适合再利用且不宜直接予以填埋处置的废物。焚烧处理应使用符合环境要求的处理装置，避免对大气的二次污染。

5. 能源和资源的节约

环境保护在节能降耗方面的工作包括控制能源的消耗和节约资源。

(1) 设立能源计量分表，对各个分包规定能源指标，现场夜间照明应有定时开启灯光管理规定。

(2) 制定合理的建筑材料使用指标，选择合理的施工工艺，以减少能源消耗和缩短工期。

重点提示：

熟悉建设工程项目施工现场环境保护的措施。

【案例 10-2】

某施工现场确保文明施工的技术组织措施

文明施工是创建文明卫生城市的一项重要工作，同时也是施工企业提高职工生活水平，劳动环境和精神文明建设的重要工作。本工程项目经理部应配备齐全的管理人员负责抓文明施工管理工作。

1. 工地实行围挡封闭施工

(1) 围栏设置按工程所处位置分别要求：

① 主要路段、市容景观的围墙，高度不低于2.5m，并达到稳固、整洁、美观。

② 其他路段的围墙，高度不低于1.8m，保证稳固、整洁。

③ 其他按规定使用统一的护栏设施。

(2) 建筑、装饰工程立面：围挡封闭高度必须高出作业层1.5m以上，以防物体外坠。

2. 工地建立企业特色标志

工地的门头、大门等的设置按本企业《施工现场达标细则》实行统一标准。

3. 工地区域分布合理有序、场容场貌整洁文明

施工区域与生活区域严格分隔，场容场貌整齐、整洁、有序、文明，材料区域堆放整齐，并采取安全保卫措施。

4. 设置醒目的安全警示标志

施工区域和危险区域设置醒目的安全警示标志。

5. 设置“七牌一图”施工标牌

在工地主要出入口设置“七牌一图”。

(1) 工程项目简况牌：工程项目建设、设计、施工和监理单位的名称，工地四周范围、面积，工程结构和层数，开竣工日期和监督电话；

(2) 工程项目责任人员姓名牌：包括工程项目经理、项目技术负责人、安全员、质检员、施工员、材料员、取样员等；

(3) 安全纪律牌；

(4) 安全生产计数牌；

(5) 安全技术措施牌；

(6) 防火须知牌；

(7) 卫生须知牌；

(8) 工地施工总平面布置图。

6. 环境卫生管理

(1) 施工现场应经常保持整洁卫生。道路平整坚实、畅通，并有排水设施。在市区施工现场，其运输车辆应不带泥沙出场，并做到沿途不遗撒。在施工现场进出场区处做车辆冲洗池、洗车台，门前道路专人清理清扫。

(2) 办公室内外保持整洁有序，无污物、污水、垃圾集中堆放，及时清理。

7. 环境保护管理

(1) 防止大气污染。

① 建筑施工垃圾，必须搭设封闭式临时专用垃圾道或采用容器吊运，严禁随意凌空抛撒。施工垃圾应及时清运，适量洒水，减少扬尘。

② 水泥等粉细散装材料，应尽量采取室内(或封闭)存放或严密遮盖，卸运时要采取有效措施，减少扬尘。

③ 现场的临时道路采用细石、焦渣、沥青等铺设硬化处理，防止道路扬尘。

(2) 防止水污染。

① 凡需进行混凝土、砂浆搅拌作业的施工现场，应设置沉淀池，使清洗机械和运输车的废水经沉淀后，方可排入市政污水管线，亦可回收用于洒水降尘。

② 凡使用乙炔发生罐作业产生的污水，必须控制污水流向，防漫延，并在合理的位置设置沉淀池，经沉淀后方可排入市政污水管线。施工污水严禁流出施工区域，污染环境。

③ 现场存放油料的库房，必须进行防渗漏处理。储存和使用都要采取措施，防止跑、冒、滴、漏、污染水体。

(3) 防止施工噪声污染。

① 施工现场应遵照《中华人民共和国建筑施工场界噪声限值》(GB1253-90)制定降噪的相应制度和措施。

② 凡在居民稠密区进行噪声作业时，必须严格控制作业时间；必须昼夜连续作业的施工现场，应尽量采取降噪措施，做好周围群众工作，并报有关环保单位备案方可施工。

8. 料具管理

(1) 施工现场的料具要按总平面布置图进行设置。

(2) 料具及半成品材料在规定的地方堆放，要整齐有序。

(3) 库内材料要有防潮、防压、防盗措施，货架要定位、编号，进出账及时登记清楚。

(4) 减少施工现场的污染源，保证施工道路畅通，场地清洁。

9. 治安保卫

(1) 项目经理部与各专业班组和职能人员分别签订创安责任状，防止发生刑事案件和治安案件。

(2) 配专职治保人员和保卫干部，配合街区抓好社会治安综合治理工作。

(3) 配足消防器材，按规定进行消防演练，定人定期检查消防工作，防止火灾发生。

10. 安全防护器具一览表

安全防护器具如表 10.5 所示。

表 10.5　安全防护器具一览表

料 具 名 称	单　位	数　量	计划进场时间
安全帽	顶	100	开工前
安全带	条	20	开工前
安全网	条(3m×6m)(密式)	500	开工→封顶
钢管架	吨	30	开工前
标准电箱	个	10	开工前
干粉灭火器	个	10	开工前

(资料来源：百度文库网，http://wenku.baidu.com/view/dd22da4fa98271fe910ef955.html)

问题与测试：

1. 夜间施工的限制时间有怎样的规定？

2. 必须夜间施工时，应如何报备？

10.4 建设工程项目应急预案与响应管理

建设工程项目应急预案是对项目建设过程中特定的潜在事件和紧急情况发生时所采取措施的计划安排，是应急响应的行动指南。编制应急预案的目的，是保证一旦紧急情况发生时能按照合理的响应流程采取适当的救援措施，预防和减少可能引发的混乱及职业健康安全和环境影响。应急预案按照针对情况的不同，分为综合应急预案、专项应急预案和现场处置方案3种。

应急预案的制定，首先必须与重大环境影响因素和重大危险源相结合，特别是与这些环境因素和危险源一旦失控失效可能导致的后果相适应，还要考虑在实施应急救援过程中可能产生新的伤害和损失。

建设工程项目承包单位应在环境因素、危险源辨识和风险评价的基础上，制定应急预案，并建立相应的应急指挥系统。现场项目部负责现场项目级应急预案的编制和演练。应急预案应按一定的程序报批、审核、备案，并做好必要的修订和完善。

10.4.1 制定应急预案

制定应急预案应注意：

(1) 应急预案的编制应与工程项目的特点、规模、作业现场、办公环境相适应；

(2) 应急预案应明确应急期间的组织机构及其工作职责分工，明确负责人及特定作用人员名单、应急服务部门、内外部联系电话；

(3) 应急预案应明确应急预案与响应管理的设备、设施、器材、物质、救援力量等资源条件保证；

(4) 应急预案应确定发生紧急情况时所采取措施的详细资料，并规定培训或演练计划；

(5) 应急预案应注明重要记录的保存及危险品材料的识别和放置；

(6) 应急预案中的应急措施应覆盖可能出现的潜在事件和紧急情况，主要包括施工现场、办公区域的火灾、爆炸、油料、油漆或化学品泄漏，突然停电、停水，坍塌事故，急性中毒等公共卫生灾患；挖出文物或挖断水、气、热管线或电缆、电信、电视光缆；倒塔、坠笼等机械事故；高处坠落、物体打击、触电、机械伤害等生产安全事故，以及地震、洪水、大风、暴雨、雷击等自然灾害。

10.4.2 应急预案的审核、审批及备案

应急预案应按有关规定，经评审、论证、审核、审批后执行，并按有关报备程序备案。应急预案的评审或论证应当注重应急预案的实用性、基本要素的完整性、预防措施的针对性、组织体系的科学性、响应程序的操作性、应急保障措施的可行性、应急预案的衔接性等内容。应急预案的审查内容应包括：应急预案启动时通信系统能否正常运行；各种救护设施(用品)是否齐备；紧急处理措施是否有效；疏散撤离步骤是否适宜；事故处置人员能否及时到位等。

项目监理机构应审核承包单位编制的应急预案，包括可能的事故性质、后果；与外部救援的联系(消防、医院等)；内外部报告、联络步骤和联系方式；应急救援组织和人员的职责分工；人员疏散和应急处置措施、救援措施等。

10.4.3　应急预案的实施

应急预案一经批准，项目部应按照预案相应规定，做好预案的落实。

(1) 施工现场成立应急救援组织，明确领导责任和执行责任，以及内部紧急联系方式。

(2) 贯彻预防为主的方针，加强规范和管理，消除各类危险隐患。

(3) 在施工现场和办公区域配备足够的应急物质。

(4) 制定应急实施时的作业指导书，组织应急救援的教育培训或演练，并做好记录。普及生产安全事故预防、避险、自救和互救知识，提高从业人员的安全意识和自防自救的能力；根据事故预防重点，每年至少组织一次综合应急预案演练或者专项应急预案演练，每半年至少组织一次现场处置方案演练，使应急管理范围内的从业人员都熟悉和了解预案的内容和执行步骤，提高应急处置技能，确保应急预案完整、有效地实施。

10.4.4　应急响应

当紧急情况发生时，当事人或发现人应及时向负责人报告，项目经理应组织应急小组人员按应急措施进行处理，防止事态扩大，并立即报告公司负责安全生产监督管理的负责部门或负责人。当紧急情况威胁到人身安全时，须先确保人身安全，迅速组织人员脱离危险区域，同时采取响应措施，尽可能减少对环境的影响。

10.4.5　应急预案的检查、评价及修订

施工单位应定期对应急准备情况进行检查并做好记录，发现问题立即组织整改。在应急预案演练后，事故和紧急情况发生并处理后，应对应急预案的合规性、适用性进行评价，必要时进行修订。

当作业环境、项目环境发生变化时，应对现有应急预案进行重新评价，必要时制定新的应急预案，并按规定进行审批和备案。

分析与思考：

施工现场应急预案的针对性、合规性和适用性。

【案例 10-3】

某小学教学综合楼工程安全事故应急预案

一、建立安全事故应急救援体系

为提高抗御建筑施工安全事故的快速反映能力，最大限度地减少事故损失，保障国家财产和人民生命安全，维护社会稳定，根据《中华人民共和国安全生产法》及有关法律、法规的要求，××公司特此建立××小学教学综合楼工程项目部安全事故应急救援体系。

公司决定由分公司领导和施工现场项目经理分别担任施工现场应急救援小组组长，加强对各类事故的应急工作的领导，选派专人分别处理通信、抢救、物资供应、善后处理等事宜。并配备救援物资，如车辆、吊车、挖掘机、灭火器、急救箱等。按照各自的职责和分工迅速有效地组织抢险救援工作，防止事故扩大，努力减少人员伤亡和财产损失。

(一) 事故应急救援小组成员

组　长：吴××

副组长：杨××

组　员：杨×；郑×× (通信)

吴××；赖×× (抢救)

陈××(物资供应)

杨××(善后处理)

(二) 常用电话号码

急救中心：120；火警：119；道路交通事故报警：122；

工程项目部电话：139602×××××；

二、工程事故应急预案

本工程为5层小学教学楼。现场救援小组工作重点在于火灾、用电安全、构筑物坍塌、高空坠落及其他意外事故。为了在事故发生时能够及时救援，防止事态进一步恶化，特制定如下应急措施。

(一) 火灾的应急处理办法

1. 火灾应急响应的基本原则

火灾应急响应按照先保人身安全，再保护财产的优先顺序进行，使损失和影响减到最小。具体细则主要包括以下内容。

(1) 救人重于灭火。火场上如果有人受到火势威胁，首要任务是把被火围困的人员抢救出来。

(2) 先控制、后消灭。对于不可能立即扑灭的火灾，要首先控制火势的继续蔓延扩大，在具备了扑灭火灾的条件时，展开攻势，扑灭火灾。

(3) 先重点、后一般。全面了解并认真分析整个火场的情况，分清重点。

① 人和物相比，救人是重点；

② 有爆炸、毒害、倒塌危险的方面和没有这些危险的方面相比，处置有这些危险的方面是重点；

③ 易燃、可燃物集中区域和这类物品较少的区域相比，这类物品集中区域是保护重点；

④ 贵重物资和一般物资相比，保护和抢救贵重物资是重点；

⑤ 火势蔓延猛烈的方面和其他方面相比，控制火势蔓延的方面是重点；

⑥ 火场上的下风方向与上风、侧风方向相比，下风方向是重点；

⑦ 要害部位和其他部位相比，要害部位是火场上的重点。

(4) 火灾临界状态的响应。

任何员工一旦发现火情，视火情的严重情况进行以下操作。

① 局部轻微着火，不危及人员安全，可以马上扑灭的立即进行扑灭。

② 局部着火，可以扑灭但有可能蔓延扩大的，在不危及人员安全的情况下，一方面立即通知周围人员参与灭火，防止火势蔓延扩大，一方面向现场管理者汇报。

2. 火势开始蔓延扩大，不可能马上扑灭的，按照以下情况处理

(1) 现场最高领导者立即进行人员的紧急疏散，指定安全疏散地点，由安全员负责清点疏散人数，发现有缺少人员的情况时，立即通知项目经理或消防队员。

(2) 现场最高领导者马上向公司领导汇报。

(3) 现场最高领导者立即拨打消防报警电话“119”，通报以下信息。

① 名称：××市××镇××村小学教学楼；

② 地址：××市××镇××村；

③ 火灾情况：着火物资及火势大小；

④ 联系电话：139602×××××。

在回答了“119”的询问后方可放下话筒，并派人在路口接应消防车。

(4) 若有人员受伤，立即送往医院或并拨打救护电话“120”与医院联系。

3. 火灾的调查处理

(1) 火灾扑灭后，保护好火灾现场。

(2) 对自行扑灭的火灾由质安部组织相关部门进行调查、分析，写出《事故调查报告》，并执行《纠正措施控制程序》。

(3) 对由公安消防部门扑灭的火灾，由质安部协助公安消防部门进行事故的调查，并执行公安消防部门的整改措施。

(二) 设备触电事故的应急处理办法

1. 脱离电源

当发现有人触电，不要惊慌，首先要尽快切断电源。应根据现场具体条件，果断采取适当的脱离电源的方法和措施。

注意：救护人千万不要用手直接去拉触电的人，防止发生救护人触电事故。

一般有以下几种方法和措施：

(1) 如果开关或按钮距离触电地点很近，应迅速拉开开关，切断电源，并应准备充足照明，以便进行抢救。

(2) 如果开关距离触电地点很远，可用绝缘手钳或用干燥木柄的斧、刀、铁锹等把电线切断。

注意：应切断电源侧(即来电侧)的电线，且切断的电线不可触及人体。

(3) 当导线搭在触电人身上或压在身下时，可用干燥的木棒、木板、竹竿或其他带有绝缘柄(手握绝缘柄)工具，迅速将电线挑开。

注意：千万不能使用任何金属棒或湿的东西去挑电线，以免救护人触电。

(4) 如果触电人的衣服是干燥的，而且不是紧缠在身上时，救护人员可站在干燥的木板上，或用干衣服、干围巾等把自己一只手作严格绝缘包裹，然后用这一只手拉触电人的衣服，把他拉离带电体。

注意：千万不要用两只手、不要触及触电人的皮肤、不可拉他的脚，且只适应低压触电，绝不能用于高压触电的抢救。

(5) 如果人在较高处触电，必须采取保护措施防止切断电源后触电人从高处摔下。

2. 伤员脱离电源后的处理

(1) 触电者如神志清醒，应使其就地躺开，严密监视，暂时不要站立或走动。

(2) 触电者如神志不清，应就地仰面躺开，确保气道通畅，并用 5 秒的时间间隔呼叫伤员或轻拍其肩部，以判断伤员是否意识丧失。禁止摆动伤员头部呼叫伤员，坚持就地正确抢救，并尽快联系医院进行抢救。

(3) 呼吸、心跳情况判断。

触电者如意识丧失，应在 10 秒内，用看、听、试的方法判断其呼吸情况。

看：看触电者的胸部、腹部有无起伏动作。

听：耳贴近触电者的口，听有无呼气声音。

试：试测口鼻有无呼气的气流，再用两手指轻试一侧喉结旁凹陷处的颈动脉有无搏动。

若看、听、试的结果，既无呼吸又无动脉搏动，可判定呼吸心跳已停止，应立即用心肺复苏法进行抢救。

(三) 土方及构筑物坍塌事故应急处理办法

本工程地下室土方工程属于深基坑工程，预防坍塌事故尤为重要。项目部要认真贯彻建设部“重申防止坍塌事故的若干规定”和“关于防止坍塌事故的紧急通知”精神，在项目施工中针对土方工程特点编制施工组织设计，编制质量、安全技术措施，经审批后实施。

(1) 工程土方施工，必须单独编制专项的施工方案，编制安全技术措施，防止土方坍塌，尤其是制定防止毗邻建筑物坍塌的安全技术措施。

① 按土质放坡或护坡。施工中，要按土质的类别，较浅的基坑，要采取放坡的措施；对较深的基坑，要考虑采取护壁桩、锚杆等技术措施，必须有专业公司进行防护施工。

② 降水处理。对工程标高低于地下水以下，首先要降低地下水位，对毗邻建筑物必须采取有效的安全防护措施，并进行认真观测。

③ 基坑边堆土要有安全距离，严禁在坑边堆放建筑材料，防止动荷载对土体的震动造成原土层内部颗粒结构发生变化。

④ 土方挖掘过程中，要加强监控。

⑤ 杜绝“三违”现象。

(2) 构筑物施工严格控制施工荷载，尤其是楼板上集中荷载不得超过设计要求。

(3) 土方坍塌事故应急处理措施。

① 当施工现场的监控人员发现土方或建筑物有裂纹或发出异常声音时，应立即报告给应急救援领导小组组长，并立即下令停止作业，并组织施工人员快速撤离到安全地点。

② 当土方或建筑物发生坍塌后，造成人员被埋、被压的情况下，应急救援领导小组全员上岗，除应立即逐级报告给主管部门之外，应保护好现场，在确认不会再次发生同类事故的前提下，立即组织人员进行抢救受伤人员。

③ 当少部分土方坍塌时，现场抢救组专业救护人员要用铁锹进行撮土挖掘，并注意不要伤及被埋人员；当建筑物整体倒塌时，造成特大事故时，由市应急救援领导小组统一领导和指挥，各有关部门协调作战，保证抢险工作有条不紊地进行。要采用吊车、挖掘机进行抢救，现场要有指挥并监护，防止机械伤及被埋或被压人员。

④ 被抢救出来的伤员，要由现场医疗室医生或急救组急救中心救护人员进行抢救，用担架把伤员抬到救护车上，对伤势严重的人员要立即进行吸氧和输液，到医院后组织医务人员全力救治伤员。

⑤ 当核实所有人员获救后，将受伤人员的位置进行拍照或录像，禁止无关人员进入事故现场，等待事故调查组进行调查处理。

⑥ 对在土方坍塌和建筑物坍塌死亡的人员，由企业及市善后处理组负责对死亡人员的家属进行安抚，伤残人员安置和财产理赔等善后处理工作。

(四)高空坠落事故应急处理办法

本工程主体属于一、二类高层建筑，高空作业安全防护已成为后期工程的重点。

(1) 人员高空坠落事故，如果伤势不严重，现场人员立即背扶受伤人员回办公休息室，同时停止现场作业施工；如受伤人员不能行动或伤势严重，现场人员应立即呼叫救护车，并联系工程现场抢救人员到现场急救，待救护车到达后立即将受伤人员送往医院急救。

(2) 现场抢救组到达后需快速检查伤者的伤情，检查是否有头部损伤意识丧失，是否有呼吸、心跳停止，是否有四肢骨折、脊柱骨折及出血等。此后，再根据具体伤情给予相应的现场急救措施。

(3) 在急救中本着先救命后救伤的原则，先针对呼吸、心跳骤停及致命的外出血，给予心肺复苏及恰当的止血方法救治，再对骨折及其他外伤进行处理。

(4) 救助中尽量减少对伤者的移动，搬运过程中要注意防止伤员伤势加重，注意保持呼吸道通畅。

(5) 如果人员从高处跌落后，即使没有外伤或其他症状出现，为了预防起见，最好也要去医院接受医生的详细检查。

(资料来源：百度文库网，http://wenku.baidu.com/view/811bcd62b307e87101f69667.html)

问题与测试：

1. 项目部的应急预案包括哪些内容？
2. 怎样保证应急响应的有效执行？

本 章 小 结

本章主要讲述建设工程项目职业健康安全与环境管理的基本概念、目的和任务，工程项目安全管理的内容和原则，工程项目安全管理措施，施工安全技术，施工现场环境保护的措施，工程项目现场管理的措施；此外还简要介绍了建设工程项目应急预案与响应管理的基本内容。

思 考 题

1. 什么是工程项目职业健康安全管理、工程项目环境管理？
2. 试分析工程项目职业健康安全与环境管理的特点。
3. 工程项目职业健康安全与环境管理的目的和任务各是什么？
4. 工程项目安全管理的内容有哪些？基本原则是什么？
5. 工程项目安全管理制度有哪些？措施有哪些？
6. 工程项目施工安全技术措施有哪些？
7. 建筑施工中主要有哪些伤亡事故？如何分类？
8. 施工现场环境保护的措施有哪些？
9. 工程项目现场管理的措施有哪些？
10. 建设工程项目应急预案与响应管理的内容有哪些？

第 11 章

建设工程项目风险管理

学习目标

- 掌握建设工程项目风险和建设工程项目风险管理的概念。
- 熟悉建设工程项目风险识别方法。
- 掌握建设工程项目风险分析和衡量的内容和方法。
- 建设工程项目风险管理的对策。
- 建设工程项目保险和担保的类别。

本章导读

本章介绍了建设工程项目所面临的风险因素、风险事件以及风险管理过程中的风险识别、分析、衡量、管理对策等内容。

项目案例导入

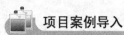

某公司以融资租赁方式向客户提供重型卡车30台，用以大型水电站施工。车辆总价值820万元，融资租赁期限为12个月，客户每月应向公司缴纳75万元，为保证资产安全，客户提供了足额的抵押物。合同执行到第6个月时，客户出现支付困难，抵押物的变现需时太长，不能及时收回资金。公司及时启动了预先部署的风险防范措施，与一家信托投资公司合作，由信托公司全款买断30台车，客户与公司终止合同，与信托公司重新签订24个月的融资租赁合同。此措施缓解了客户每月的付款压力，有能力继续经营；而信托公司向客户收取了一定比例的资金回报；公司及时地收回了全部资金，及时解除了风险。

问题导入

上述案例中，由于采用了风险防范措施，成功地化解了投资风险。那么该公司在制订风险防范措施时应考虑哪些因素？如何对相关风险进行识别和评估？有哪些风险应对措施？与信托公司合作的模式属于哪一种风险应对方法？其适用情况是什么？通过本章的学习将会解答这些问题，初步具备建设工程项目风险管理的能力。

11.1 建设工程项目风险管理概述

11.1.1 建设工程项目风险

1. 项目风险的定义

风险是一个重要概念，应涵盖风险管理的对象和目标。尽管风险管理理论已经有了几十年的发展历史，但由于风险的普遍存在以及风险管理在行业中的专门化，风险管理人员根据各自特定的活动，给出过不尽相同的定义。风险管理的经典著作《RISK MANAGEMENT AND INSURANCE》将风险定义为“给定情况下存在的可能结果的差异性”。而保险理论中有关风险的定义为：风险是对被保险人的权益产生不利影响的意外事故发生的可能性。建设工程项目风险可定义为：影响建设工程项目目标实现的事件发生的可能性。项目目标指的是项目的费用、进度、质量和安全。

任何一个风险的定义都指出了风险的3个基本要素：风险因素的存在性；风险事件发生的不确定性；风险后果的不确定性。

2. 风险因素

风险因素就是指可能产生风险的各种问题和原因。建设工程项目的风险来自于同项目有关的各个方面。出于研究目的的不同，人们对风险因素有不同的分类。如按风险性质将风险划分为主观风险和客观风险；按项目环境将风险分成外部环境风险和内部机制风险。也有一些学者按风险来源把风险因素归纳为自然风险、技术风险、设计风险、金融风险、市场风险、政策法律风险和环境风险等。

根据建设工程项目管理的实践，建设工程项目风险可进行分类，分类后有利于区分各类风险的性质及其潜在影响。风险因素之间的关联性较小，有利于提高风险管理人员对风险的辨识程度，使风险管理策略的选择更具明确性。

3. 风险事件及其后果

风险事件指的是由一种或几种风险因素相互作用而发生的任何影响项目目标实现的可能发生的事件。风险事件的发生是不确定的。风险事件发生所造成的对项目目标实现的影响也是不确定的，只是一种潜在的损失或收益。

从以上论述中，可以得出：风险就是风险事件发生的可能性。由于其不确定性，从而对建设工程项目目标的实现产生有利或不利的影响。

11.1.2　风险量和风险坐标

了解到风险因素的存在以及风险事件对项目目标的影响，这只是对项目风险的初步认识，还需要进一步掌握风险量、各种不同规模的损失出现的概率等信息。

风险量是衡量风险大小的一个变量，可被定义为：

$$R=f(p,q) \tag{11-1}$$

式中：R——风险量；

P——风险事件可能发生的频率；

Q——风险事件发生对项目目标的影响程度，即损失量。

风险量的量化具有很大主观性，与人的评价标准以及对于风险事件发生的预测能力和对其后果的控制能力有关。风险量的确定能为选择处理项目风险的方式提供所需信息。

风险坐标是描述风险量大小的一种形象方法，它分别以风险的两个特征值：风险发生的频率和风险发生导致对项目目标影响的严重程度(损失量大小) 为纵、横坐标来描述风险量。

分析与思考：

风险的概念和衡量方法各是什么？

11.1.3　建设工程项目风险管理

1. 建设工程项目风险管理过程

风险管理就是一个确定和度量项目风险，以及制定、选择和管理风险处理方案的过程。建设工程项目风险管理应是一种系统的、完整的过程，其主要包括以下几个方面。

1) 风险识别

风险识别是风险管理的第一步，在我国工程建设现阶段尤为重要。风险识别的内容是通过某一种途径或几种途径的相互结合，尽可能全面地辨识出影响项目目标实现的风险事件存在的可能性，并加以恰当的分类。

2) 风险分析和评价

它是一个将项目风险的不确定性进行定量化，用概率论来评价项目风险潜在影响的过程。这个过程在系统地认识项目风险和合理地管理项目风险之间起着重要的桥梁作用。风险分析和评价包括以下几方面的内容。

(1) 确定风险事件发生的概率和可能性。

(2) 确定风险事件的发生对项目目标影响的严重程度，如经济损失的大小、工期的延误量等。

(3) 确定项目总周期内对风险事件实际发生的预测能力以及发生后的处理能力。

以上操作的实质是将每一种项目风险定量化，以便从项目风险清单中确定有意义的风险，即那些最严重、最难以控制，因而最需要关注的项目风险作为最终评价的结果。

(4) 将建设工程项目所有的风险视为一个整体，评价它们的潜在影响，从而得到项目的风险决策变量值，作为项目决策的重要依据。

3) 规划并决策

完成了项目风险的识别和分析过程，就应该对各种风险管理对策进行规划，并根据项目风险管理的总体目标，就处理项目风险的最佳对策组合进行决策。一般而言，风险管理有三种对策：风险控制、风险保留和风险转移。

4) 实施决策

当风险管理人员在各种风险管理对策之间作出选择以后，必须实施其决策，如制定安全计划、损失控制计划、应急计划等，以及在决定购买工程保险时，确定恰当的保险水平和合理的保费，选择保险公司等，这些都是决策实施的重要内容。

5) 检查

在项目进展中不断检查前 4 个步骤以及决策的实施情况，包括各项计划及工程保险合同的执行情况，以评价这些决策是否合理，并确定在条件变化时，是否提出不同的风险处理方案，以及检查是否有被遗漏的项目风险或者发现新的项目风险。

2. 建设工程项目管理与风险管理

建设工程项目管理的任务就是利用组织措施、经济措施、技术措施和合同措施，围绕项目的三大目标进行主动控制。但是，由于项目实施过程中充满了人们无法预测或控制的大量矛盾和风险，目标控制无法顺利进行。因此可以说，建设工程项目管理方法论的核心就是目标控制和风险管理。

3. 建设工程项目风险管理目标

风险管理的目标可定义为：通过对项目风险的识别，将其定量化，进行分析和评价，选择风险管理措施，以避免大风险发生，或在风险发生后，使得损失量降到最低，从而实现项目的总体目标。从风险管理目标的角度分析，项目风险可分为费用风险、进度风险、质量风险和安全风险。

11.2 建设工程项目风险识别

风险识别是项目风险管理的首要步骤，是人们系统地、连续地识别项目风险存在的过程，即确定项目风险之所在——主要风险事件的发生，并对其后果作出定性的估计，最终形成一份合理的项目风险清单，列出所有有意义的项目风险。

11.2.1 项目风险识别的过程

建设工程项目自身及其外部环境的复杂性，为人们全面地、系统地识别项目风险带来了很多具体的困难。

风险管理理论中提出了多种风险识别方法，如风险问询法、财务报表法、流程图法等，但并非完全适合于建设工程项目。建设工程项目的风险识别往往是通过风险调查及信息分析、专家咨询以及实验论证等手段，在对项目风险进行多维分解的过程中，认识项目风险，建立项目风险清单。

11.2.2 项目风险的分解

风险识别的基础在于对项目风险的分解，同时通过分解，意识到项目存在风险是远远不够的，还需要进一步判断是哪些风险因素，在何种条件下，以何种方式导致风险的发生。

项目风险的分解就是根据项目风险的相互关系将其分解成若干个子系统，而且分解的程度是以使人们较为容易地识别出项目的风险，使风险识别具有较好的准确性、完整性和系统性。

项目风险的分解可以根据建设工程项目的特点以及风险管理人员的知识按以下途径进行。

(1) 目标维。即按项目目标进行分解，也就是考虑影响项目费用、进度、质量和安全目标实现的风险的可能性。

(2) 时间维。即按项目建设的阶段分解，也就是考虑建设工程项目进展不同阶段的不同风险。

(3) 结构维。即按项目结构组成分解，同时相关技术群也能按其并列或相互支持的关系进行分解。

(4) 环境维。即按项目与其所在环境的关系分解。在此，环境指的是自然环境和社会、政治、军事、社会心理等非自然环境中一切同项目建设有关的联系。

(5) 因素维。即按项目风险因素的分类分解。

在风险分解过程中，有时并不仅仅是采用一种方法就能达到目的，而需要几种方法的相互组合，如并列、镶嵌等。

11.2.3 风险识别的方法

风险识别的目的在于确认项目风险的存在及其性质，即在何时可能以何种方式造成何种后果，以进行分析和提出风险管理的对策。因此，单纯地通过某一种分解方法识别出广泛存在的项目风险是很难达到目的的。

从风险管理的角度来看，任何一种风险识别的方法或途径都不是没有弱点的，或万无一失的。管理策略必须是利用最适合建设工程项目具体情况的那种方法或者是几种方法的组合。方法的选择取决于建设工程项目的性质、规模和风险管理人员的风险分析技术等因素。

1. 风险识别的原则

在风险识别过程中应遵循的原则包括：

(1) 由粗到细再由细到粗；

(2) 项目风险的内涵大致不要重复，以利区别各种风险的性质；

(3) 先怀疑，后排除；

(4) 排除与确认并重；

(5) 进行实验论证。

2. 建立初始风险清单

虽然没有任何一种方法是可以普遍适用于所有建设工程项目的风险识别，但是对于任意一个建设工程项目按时间维、目标维和因素维去搜寻项目风险无疑是有效而且较为全面的。这些途径的综合运用能够把一个庞大的建设工程项目分解成为一个个小项目，而使得项目风险较易被识别，如常用的由时间维、因素维和目标维从总体上进行一般建设工程项目的分解。这样沿着时间维和因素维就可以把项目分解成很多块，每一块都可能存在项目风险，风险的发生可能会影响到项目目标的一个或几个。因此，在更多的块中去进行搜寻，就有可能达到风险识别的目的。

需要指出的是，初始风险清单只是为了方便人们较为全面地认识风险的存在，而不至于遗漏重要的项目风险，因此并不是风险识别的最终结论。

在初始风险清单建立后，还需要对风险清单进行一些必要的修正，以进一步识别有意义的项目风险，其依据可以是工程项目建设的经验和针对具体建设工程项目所作的风险调查。

3. 风险识别的依据

1) 经验数据

例如，从工程建设的经验可以得知，减少费用风险关键在前期工作，即项目决策和设计阶段。因此这两个阶段的费用风险被视为重要的项目风险，需要细致的分析。同样地，根据建筑质量的统计表，可以了解到设计阶段和施工阶段的质量风险最大。

2) 风险调查

风险调查从分析建设工程项目的特点入手，一方面对初始风险清单所列出的项目风险进行鉴别和确认；另一方面，通过风险调查有可能发现初始风险清单未包括的重要项目风险。风险调查的主要内容包括以下几个方面。

(1) 技术特点。组织项目实施和参与项目实施人员的数量、技术素质、能力和经验；项目实施的技术方案和方法；项目实施的硬件技术，包括施工设备、建筑材料和机电设备的质量等。

(2) 组织特点。业主内部组织模式；外部机构联系(包括项目领导机构、为项目提供资金的机构以及参与项目建设的有关机构) 。

(3) 自然及环境特点。水文气象资料；工程地质条件等；项目实施过程对邻近环境的影响；邻近环境对项目实施的影响。

(4) 经济特点。资金来源及附加条件；经济政策的变化可能对项目实施的影响；相关市场的变化可能对项目实施的影响；融资途径；贷款方条件。

(5) 合同特点。合同类型；合同结构；合同格式。

风险调查并不是一次性的，正如风险识别是一个系统的、连续的过程，它也应该是在项目建设全过程中一个不断进行的过程，只是每一次风险调查的重点有可能不同。

分析与思考：

建设工程项目风险识别的方法有哪些？

【案例 11-1】

越南昆江水电站案例

1. 项目背景

据统计，近20年来，越南的电力需求量以每年15%的幅度不断上升，当地政府积极从国内外募集大量资金发展该国的电力项目。越南作为水电发展大国，水电总承包市场广阔。

越南昆江水电站工程位于越南广南省东江县境内的昆江上，其主要任务是发电，并结合水资源进行综合利用。该项目由广西电力设计院、桂能工程咨询公司、广东省水电二局组成联合体承建。工程采用项目建设工程总承包(EPC)的建设模式，是越南国内第一个EPC工程。

2. 风险分析

越南昆江水电站工程投资大、工期长、社会经济效益显著、社会影响大，存在的风险较多。工程所在地较为荒远，工地和公路距离较远，交通极其不便利，给设备运输、物资供应造成相当大的难度。总承包商在投标前对工程地质进行了相对详细的了解和勘查，但有限的地质资料很难反映出整个项目的地质情况，且施工过程中地质条件变化较大，不同的地质条件需要采取相应不同的措施进行处理，影响了正常施工进度，增加了成本，形成相应的风险。

由于投标时间短，对于合同的详细内容没有时间进行仔细翻译。在该项目投标时，承包商负责提供的钢管在投标时是按一般钢管理解和报价的，但在项目实施时，业主却要求承包商按镀锌不锈钢管供货。仅此一项，承包商就多投入几十万元的材料费用。由于对合同的各项技术规定掌握得不够全面，工程实施过程中极易陷入被动局面。工程进展期间，当地的汇率风险较大。特别是2008年以来，越南出现了宏观经济动荡、通胀压力和收支平衡失控等问题，越南盾持续大幅贬值。项目面临巨大的结算、结汇风险，这种汇率浮动对工程影响很大。同时，在项目后期越南通货膨胀率居高不下，使得工程材料、机械、设备、水电、人工、柴油等费用大幅增加，工程造价大幅度提高，而项目承包合同为固定总价条款，这种经济上的不稳定使总承包商承担了额外支付的风险。

越南昆江水电站采用的是中国生产的机电设备，业主、咨询方及总承包方需共同验收由总承包商订购的一批国内机组，发现货品边角有些破损，可能是运输过程中造成的，业主因此拒绝签收，导致该项目机组需要发回国内，重新采购。由于分包商履约不力对项目的进度、成本造成了一定的风险。由于工程性质和所处地域，肯定有工程分包，但当地施工队伍的施工能力有限，所以与当地施工承包商进行工程合作具有一定的难度，他们又与当地政府具有良好关系，期间即使合同条款规定得非常清楚，也出现了合同执行过程中这样或那样的纠纷。项目业主为越南昆江股份有限公司，其成立的时间不长，对水电工程了解不是很多，在施工过程中不可避免地与承包商有一定的分歧，这也带来了一定的风险。

(资料来源：康海贵，李伟，宋金波. 国际水电总承包项目关键风险识别案例分析[J]. 东北水利水电，2011 年第 9 期)

问题与测试：

1. 该项目有哪些风险？
2. 综合评价该项目的风险程度如何？

11.3 建设工程项目风险分析

通过风险分析与评价，可以定量地确定项目风险的概率大小或分布、项目风险对项目目标影响的潜在严重程度。

11.3.1 风险分析与评价过程

风险分析和评价过程，在系统地识别项目风险和合理地作出风险管理决策之间起着重要的桥梁作用。因此，风险分析和评价过程可被定义为："一个将项目风险的不确定性量化，用概率来评价风险潜在影响的过程。"

在工程实践中，风险分析与评价过程和风险识别过程并不是截然分开的，划分只是逻辑上的需要。在项目决策阶段风险评估主要是论证项目风险因素对投资效益的影响。这时，决策者所需考虑的风险是不确定性的，即风险因素的变化性质。这种风险也属于投机风险，既有损失机会，也有获利可能的风险，其导致的结果有三种：其一为损失，其二为没有损失，其三为获得利益。而项目实施阶段所研究的项目风险大都是纯风险，即只有损失机会的风险，其导致的结果有两种：其一为无损失，其二为损失。例如，对于技术方案带来的风险，如果技术方案实施成功了则意味着无损失，失败则意味着损失。

11.3.2 风险衡量原则

在识别了建设工程项目所面临的各种风险后，风险管理人员必须对项目风险进行衡量便确定它们的相对重要性，并为风险管理决策提供依据。

对于每一种项目风险，风险衡量包括两项内容：项目风险出现的概率或损失的概率；若项目风险发生而导致的潜在损失量或损失的严重性。

如前所述，风险量函数具有以下性质。

(1) 风险量的大小基本上取决于潜在损失的严重性。一种有巨大灾害可能性的潜在损失，虽不经常发生，但远比那种预期经常发生小灾而无大灾的潜在损失严重得多。

(2) 如果两种损失具有同样的严重性，则其频率较大的那种损失风险量更大；同时，具有一定严重性的损失的风险量更大。

(3) 项目风险频率与损失量的乘积就是损失的期望值，即风险量大小是关于损失期望值的增函数。

因此，在风险坐标中可得到等风险量曲线的大致形状。

11.3.3　风险损失衡量

项目风险导致的损失就是风险一旦发生将会对项目目标实现造成的影响，包括 4 个方面：费用超支，反映在项目费用各组成都分的超支，如价格上涨引起材料费超出计划值等；进度延期，反映在各阶段工作的延误或总体进度的延误上，如因为恶劣的气候导致施工的中断等；质量事故，是指工程质量不符合规定的质量标准或设计要求，造成经济损失或延误工期，可细分为未遂事故和已遂事故两种；安全事故，指工程建设活动中，出于操作者的失误、操作对象的缺陷以及环境因素等相互作用所导致的人身伤亡、财产损失和第三者责任等。

从以上 4 种损失的分类可以看出，它们分属于不同的性质，如费用超支可以用货币来衡量，而进度的拖延则属于时间范畴，质量事故和安全事故既牵涉到经济影响又有可能导致工期的延误，显得更加复杂。但是，进一步分析可知这 4 种损失在本质上可以归纳为经济损失和责任。

仅仅了解项目风险会导致哪种损失和责任是不够的，风险管理人员必须对项目风险进行量化，即确定潜在损失值的大小。因此，损失值被定义为：项目风险导致的各种损失发生后为恢复项目正常进行所需最大费用支出。这项定义使得项目风险定量有了一个统一的衡量尺度。

1. 费用风险

费用风险导致的损失可以直接用货币形式来表现，即价格、汇率和利率等的变化或资金使用安排不当等风险事件引起的实际费用超出计划费用的那一部分就是损失值的大小。

2. 进度风险

进度风险导致的损失由以下部分组成。

(1) 货币的时间价值。进度风险的发生可能会对现金流动造成影响，在利率的作用下，引起经济损失。

(2) 为赶上计划进度所需的额外费用，包括加班的人工费、机械使用费和管理费等一切因追赶进度所发生的非计划费用。

3. 质量风险

质量风险导致的损失包括事故引起的直接经济损失以及第三者责任损失等，可分为：

(1) 建筑物、构筑物或其他结构倒塌所造成的直接经济损失；

(2) 复位纠偏、加固补强等补救措施的费用；

(3) 返工损失；

(4) 造成的工期拖延的损失；

(5) 永久性缺陷对于项目使用造成的损失；

(6) 第三者责任的损失。

4. 安全风险

安全风险导致的损失包括：

(1) 受伤人员的医疗费用和补偿费；

(2) 财产损失，包括材料、设备等财产的损毁或被盗以及修复和补救等措施发生的费用；

(3) 因工期延误带来的损失；

(4) 为恢复项目正常实施所发生的费用；

(5) 第三者责任损失。

第三者责任损失为项目实施期间，因意外事故可能导致的第三者的人身伤亡和财产损失所作的经济赔偿以及必须承担的法律责任。

但是，在项目实施过程中，风险事件的发生往往会同时导致一系列损失。例如，地基的坍塌引起塔吊的倒塌，并进一步造成人员伤亡和建筑物的损坏，以及施工被迫停止等。这一地基坍塌事故影响了项目所有的目标：费用、进度、质量和安全，但其最终损失的大小还是以货币形式来衡量，反映为费用风险。

重要提示：

项目风险导致的损失就是风险一旦发生将会对项目目标实现造成的影响，包括：费用超支、进度延期、质量事故、安全事故。

11.3.4 风险概率衡量

风险分析过程中，衡量项目风险概率有两种方法：相对比较法和概率分布法。

1. 相对比较法

相对比较法由美国风险管理专家 Richard Prouty 提出。这时风险概率被定义为一种风险事件最可能发生的概率，表示如下：

(1) “几乎是 0”，这种风险事件可认为不会发生；

(2) “很小的”，这种风险事件虽有可能会发生，但现在没有发生并且将来发生的可能性也不大；

(3) “中等的”，即这种风险事件偶尔会发生，并且能预期将来有时会发生；

(4) “一定的”，即这种风险事件一直在有规律地发生，并且能够预期未来也是有规律地发生。

项目风险的发生常表现为几种风险事件及几种损失类型的组合，能够估计的概率种类极其繁多，但是一般选择的是对决策有用的。

相应地，项目风险导致的损失大小也被划分为重大损失、中等损失和轻度损失，从而在风险坐标上对项目风险定位，反映出风险量的大小。

2. 概率分布法

概率分布法与相对比较法相比更有可能较为全面地衡量项目风险。因为通过损失量的概率分布，能使人们正确地理解常见风险的衡量，尤其有助于确定在一定情况下哪种风险对策或对策组合最佳。

但在建立概率分布时，通常缺乏所需的有关项目风险数据，这使得概率分布分析只适用于一般有充分数据或经验积累的项目风险的衡量。

理论概率分布也是风险衡量中所大量采用的一种估计方法。即根据项目风险的性质，分析大量的统计数据，当损失值符合一定的理论概率分布或与其近似吻合时，可由特定的几个参数来确定损失值的概率分布。

11.3.5　风险评价

在风险衡量过程中，项目风险被量化为关于风险频率和损失严重性的函数，但在选择对策之前，还需要对项目风险量作出相对比较，以确定项目风险的相对严重性。

等风险量曲线指出，在风险坐标图上，离原点位置越近则风险量越小。据此，可以将风险坐标划分成如下 9 个区域，以描述风险量的等级。这样，风险量的大小就分成 5 个等级：很小；小；中等；大；很大。如图 11.1 所示。

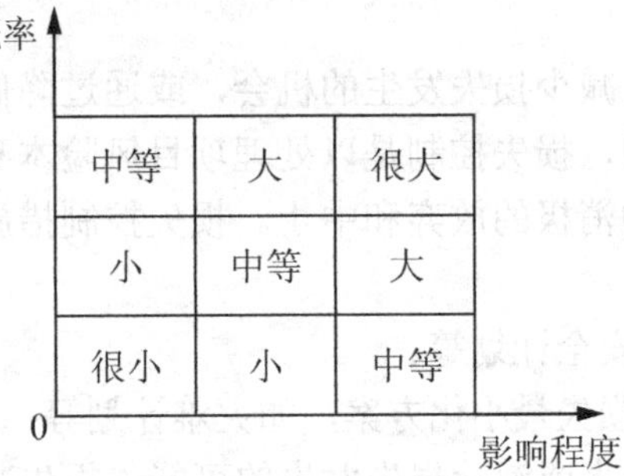

图 11.1　风险量的等级

11.4　建设工程项目风险管理对策

建设工程项目风险管理的基本对策为风险控制、风险保留和风险转移等 3 种形式。这 3 种对策各有不同的性质、优点和局限性。因此，当风险管理人员规划和决策时，选择的常常不只是一种对策，而是几种对策的组合。

11.4.1　风险控制对策

风险控制包括所有为避免或减少项目风险发生的可能性以及其潜在损失而采取的各种措施。因此，风险管理人员必须和各专业人员共同识别项目风险发生以及使损失趋于严重的各种条件，然后通过对这些条件的控制而控制项目风险。

风险控制对策可分为风险回避和损失控制两种。

1. 风险回避

风险因素的存在是产生项目风险的必要条件，风险回避对策就是通过回避项目风险因素，而回避可能产生的潜在损失或不确定性。这是风险处理的一种常用的方法。风险回避对策具有以下特点。

(1) 回避也许是不可能的。项目风险定义的越广，回避就越不可能。因为建设工程项目建设几乎每一个活动都存在大小不一的风险，过多地回避风险就等于不采取行动，而这可能是最大的风险所在。

(2) 回避失去了从中获益的可能性。例如，在涉外工程中，因为对外汇市场的不了解，为避免承担由此带来的经济风险，决策者可能选择本国货币为结算方式，从而也可能失去从汇率变化中获益的可能。

(3) 回避一种项目风险，有可能产生新的项目风险。例如，在地铁建设中，采用明挖法施工有桩尖或支撑的失败、顶板的坍塌等风险，如果为了回避这种风险，而以逆作法施工方案代之的话，又会有地下连续墙施工失败等其他新的项目风险的产生。

风险回避对策经常作为一种规定出现，如禁止使用对人体有害的建筑材料等。因此，为了实施风险回避对策，风险管理人员在确定产生项目风险的所有活动后，有可能制定一些禁止性的规章制度。

2. 损失控制

损失控制方法是通过减少损失发生的机会，或通过降低所发生损失的严重性来处理项目风险。与风险回避相同，损失控制是以处理项目风险本身为对象而不是设立某种基金来对付，但回避偏重于一种消极的放弃和中止。损失控制措施可根据其目的划分为损失预防手段和损失减少手段。

(1) 损失预防手段：安全计划等。

(2) 损失减少手段：损失最小化方案，如灾难计划等；损失挽救方案，如应急计划等。

损失预防手段旨在减少或消除损失发生的可能，损失减少手段则试图降低损失的潜在严重性。损失控制方案可以是损失预防手段和损失减少手段的组合。

损失的发生是由多种风险因素在一定条件下相互作用而导致的。损失控制的第一步，是对项目的有关内容进行审查，包括项目的总体规划、设计和施工计划、相关的工程技术规格、工程现场内外的布置，以及项目的特点等，以识别潜在的损失发生点，并提出预防或减小损失的措施，从而制定一系列明确的指导性计划，以指导人们如何避免损失的发生，在损失发生后如何控制损失程度，并及时恢复施工或运营。

损失控制的内容包括：制定一个完善的安全计划；评估及监控有关系统及安全装置；重复检查工程建设计划；制定灾难计划；制定应急计划等。

安全计划、灾难计划和应急计划是风险控制计划中的关键组成部分。安全计划的目的在于有针对性地预防损失的发生；灾难计划则为人们提供处理各种紧急事故的程序；而应急计划则说明在事故发生后，如何以最小的代价使施工或运营恢复正常。

因此，损失控制就是通过这一系列控制计划的实施，将项目风险发生的可能性以及其后果对目标的影响尽可能降低到最小。

确定了主要项目风险范围、潜在的损失及可能采取的措施以后，应将有关部分的联络方式记录在案，包括保险顾问、保险公司损失理赔部门、原材料供应商、机械设备供应商等。风险管理人员应与上述部门保持必要的联系。

11.4.2 风险自留对策

风险自留是一种重要的财务性管理技术，业主将承担项目风险所致的损失。与风险控制技术不同，风险自留对策并未改变项目风险的性质，即其发生的频率和损失的严重性。

风险自留对策分为非计划性风险自留和计划性风险自留。

1. 非计划性风险自留

当风险管理人员没有意识到项目风险的存在，或者没有处理项目风险的准备，风险自留就是非计划的和被动的。这一类型的风险自留在工程建设中表现主要包括：

(1) 建设资金的来源与业主利益无关，这是目前国内一些由政府提供建设资金的建设工程项目不自觉地采用非计划风险自留的一个原因；

(2) 风险识别过程的失误，使得风险管理人员未能意识到项目风险的存在；

(3) 项目风险的评价结果认为可以忽略，而事实并非如此；

(4) 即使风险管理人员成功地识别和衡量了项目风险，但由于决策的延误，或者决策与实施的时间差，使得一旦项目风险现实地发生，成为事实上的非计划风险自留。

事实上，对于一个大型复杂的建设工程项目，风险管理人员不可能识别出所有的项目风险。从这个意义上来说，非计划风险自留是一种常用的风险处理策略。但风险管理人员应尽量减少风险识别和风险分析过程的失误，并及时实施决策，而避免被迫承担重大项目风险。

2. 计划性风险自留

计划性风险自留是指风险管理人员经过合理的分析和评价并有意识地不断转移潜在的损失。

风险自留对策应与风险控制对策结合使用，实行风险自留对策时，应尽可能地保证重大项目风险已经进行工程保险或实施风险控制。因此，风险自留对策的选择主要考虑它与工程保险对策的比较。

1) 费用

若项目进行工程保险，所付的工程保险费为两部分：①损失赔偿费，等于保险公司所估算的项目的期望损失；②保险公司在损失赔偿费上附加的费用，用于抵偿保险公司的经营费用、一定的利润和意外准备金。

自留风险可以节省全部或部分的附加保费，但因此得不到保险公司提供的诸如损失赔偿、损失控制和风险分析等手段。

2) 期望损失和风险

保险公司在计算保险费时所估计的损失和风险，与项目风险管理人员所衡量的结果往往不一致。当风险管理人员确信期望损失和风险低于保险公司的估计，可以采用风险自留对策。

3) 服务质量

如果保险公司提供的某些服务，风险管理人员完全可以在内部完成，且由于他们直接参加项目建设，服务更加方便，质量也更高，在这种情况下，风险自留是合理的。

11.4.3　风险转移对策

风险转移是建设工程项目风险管理中非常重要而且广泛应用的一项对策，主要有两种形式：①非保险或合同的转移方式，通常通过签订合同及协商等方式将项目风险转移给承包商、设计方、材料设备供应商等非保险方；②工程保险。

这两种风险转移措施都会减少业主承担的项目风险量，但前者将以合同价的增加，后者以保费的支出为代价。

1. 合同转移

合同转移措施是指通过业主与设计方、承包商等分别签订合同，明确规定双方的风险责任，从而将活动本身转移给对方，减少业主对对方损失的责任，以及减少业主对第三方损失的责任。

合同转移是一种控制性措施，并非简单地让其他方代业主承担项目风险。对于一个合格的设计者、承包商来说，他们的专业能力可以接受或消除业主认为很大而难以承受的项目风险。因此，合同转移实际上是业主与合同各方共同承担项目责任和风险的一种方式，业主也由此必须考虑他所必须承担的合同风险。

1) 责任

业主可以通过责任的明确划分，合理地转移责任，从而确立谁应对项目风险的发生造成的损失负责，应考虑哪些责任转移给承包商，哪些责任自留；如何定义工作范围，以免出现交叉责任、未定义的、未指定或模糊的工作；如何制定评价承包商履行责任的指标。

合同必须明确工作范围及责任，以及工程技术要求或项目的特殊要求等。实践表明，许多合同纠纷都是由于工作范围及项目相关责任的定义不准确而致，以致引起过多的索赔和紧张的合作关系，最终导致项目实施的延误和成本的增加。

FIDIC 合同条件规定了承包商的一般责任为：承包商应按照合同的各项规定，以应有的精心和努力(在合同规定的范围内)对工程进行设计、施工和竣工，并修补其任何缺陷。承包商应提供该工程的设计、施工和竣工以及为修补其任何缺陷的临时性或永久性的全部工程的监督、劳务、材料、工程设备、承包商所用设备以及其他物品，只要提供上述物品的必要性在合同内有规定或可以从合同中合理地推出。

2) 风险

制定合同时应考虑到风险的合理分担，因为它是承包商和业主共同关注的焦点。根据合同协议，项目风险可能由业主、承包商中的一方承担，或者双方共同承担。

一般地，业主不可能转移而必须自身承担的风险(包括不可抗力风险)主要包括：

(1) 政治风险，包括战争、敌对行动、叛乱、内战、骚乱等；

(2) 自然环境险中无法预测和防范的自然力，包括地震、台风、山洪暴发等；

(3) 其他原因导致的风险，如由于核废物、放射性毒气爆炸、离子辐射或放射性污染、超音速飞机等产生的压力波等；

(4) 如果由业主方承担设计，业主方应承担设计不当的风险；

(5) 在项目竣工之前，业主使用或占用永久工程的任何部分造成的风险(合同中另有规定的除外)；

(6) 法律风险，法律条文的改变等对建设工程项目的影响。

这些承包商无法控制的项目风险一旦发生并造成损失，承包商不承担任何责任，并有权要求业主对此而造成的工程、材料设备等损失支付款项和合理的利润。

此外，对于不是由承包商负责的工程设计或提供的材料导致的工程损失，承包商也不负责任。

除了以上这些业主风险之外，建设工程项目还存在许多风险，这些风险或由承包商承担，或由业主和承包商共同承担。常见的包括以下几个方面。

(1) 承包商应对所有现场作业和施工方法的完备、稳定和安全负全部责任。因此在工程施工、竣工及修补任何缺陷的整个过程中，承包商应当高度重视所有现场人员的安全，并保持现场和工程的有序进行，以免发生人身事故；为了保护工程，或为了公众和安全的方便，在必要的前提下，自费提供并维护一切照明、防护、围栏、警告信号设施；采取一切合理的步骤，以保护现场及其附近的环境，并避免由其施工方法引起的污染、噪声或其他后果对公众造成人身或财物方面的伤害或妨碍。

当业主使用自己的工作人员在现场工作，则应对所有授权在现场的人员的安全负全面责任；保持现场的井然有序，以防对这些人员造成危险。

业主还可以根据工程与公众设施的相对位置以及工程规模的大小，对消防设备和机构提出明确的要求。

(2) 在工程建设期间，承包商应对工程、现场材料和安装的工程设备等的照管负完全责任。

如果工程或待用的材料和设备出现损失或损坏，除非是业主风险所致或确实不是由承包商的责任所引起的，不论其他何种原因，承包商均应自费弥补此类损失或毁坏，以使工程符合合同要求。

如果损失是由于业主风险造成的，或是与其他风险因素结合造成时，若业主方提出要求，则承包商应按该要求进行修补，并考虑承包商和业主的责任所占比例，合理地追加相关费用。

(3) 在工程施工或保修期间，如果发生人员伤亡和财产受损，承包商应负责有关的索赔、损害赔偿费、诉讼费及其他有关费用。但是，如果损失的发生是由于按合同规定实施和修补缺陷所导致的，是难以避免的，或是由于业主、监理工程师或者不是该承包商所雇佣的其他承包商的任何行为或疏忽造成的损失后果，而承包商也对此负部分责任时，则应公平合理地处理业主与其他承包商对该项损失或损害所应承担的责任。

(4) 承包商应全面遵守与该工程建设有关的国家及地方的法规、法令或其他法律、规章、实施细则等，并应考虑哪些财产或权利可能受到该工程影响。业主应负责获得工程实施所需的规划或其他相关的批准。

(5) 承包商应按进度施工。除了由业主的责任造成的延误、合同规定的误期原因或者设计变更等不是由承包商违约责任造成的后果外，承包商应负进度延迟的责任。虽然给予延长工期不一定意味着业主负担额外费用，但延期的后果可能使承包商得到额外支付。

(6) 不可预见的地质条件。业主必须提供全部地质资料，并且资料要准确，避免使用任何模糊语言，并提供有关图片，使投标人对地质条件有较好的了解，考虑较少的风险补偿，并可在合同中补充“变更条件条款”。合同中允许价格调整的变更条件是现场地下或隐蔽的自然条件与合同所述不符；现场未知条件为非普遍性质，不同于经常遇到的、普遍承认的并且在合同中规定的特点，是一个有经验的承包商难以合理预见的。

(7) 经济风险。承包商一般要承担所有有关工资、材料价格在工程施工期间不断上涨的风险，因此他的报价将为此预留一定的费用。但业主可以采取允许承包商把实际涨价部分报销，则可避免支付高于实际涨价部分的费用。

总的说来，在控制项目风险方面，业主要比承包商处于更有利的地位，其原因在于：业主起草合同，可以利用合同条款的结构和条款，决定风险的分担方式或予以转移；业主可以通过购买工程保险，也可以在合同中要求承包商提供保险，控制风险程度；业主可以通过监理工程师的工作，影响承包商的风险，进而减小自身的风险。

签订合同虽然能使业主将部分项目风险不同程度地转移给承包商，但承包商也会针锋相对地提出保护自身利益的要求，并一定会在项目实施过程中努力寻求索赔的机会。

对于合同条款规定应承担的风险，承包商常采取的防御性策略包括：报价中适当高估风险费(或明确提出、或采取虚的单价)以预防承担过重的项目风险，例如，不可预见的地质条件和材料价格上涨等；设计和施工方案采取保守的方法；由于存在潜在的成本增加或导致失败的可能性而拒绝在设计和施工中采用新技术；努力寻找索赔机会。

2. 工程保险

工程保险的目的在于通过把伴随着工程的进行而发生的大部分风险作为保险对象，而减轻与工程建设有关者的损失负担，以及围绕负担这种损失所发生的纠纷，清除工程进行中的某些障碍，谋求工程实施的顺利完成。

分析与思考：

工程项目风险应对策略的类别和适用情况分别是什么？

11.4.4 风险管理方案选择

1. 规划决策过程

风险管理人员在选择对策时，要根据建设工程项目的自身特点，从系统的观点出发，整体上考查风险管理的思路和步骤，从而制定一个与建设工程项目总体目标相一致的风险管理原则。这种原则需要指出风险管理各基本对策之间的联系，为风险管理人员决策提供参考。

2. 工程保险方法

风险管理人员在识别和衡量了潜在损失后，以各种保险保障为核心设计总体风险管理计划，这种方法称为工程保险方法。风险管理人员将首先准备一份能够最完善地补偿这些损失的保险保障清单。清单中的保险保障主要根据潜在损失的严重程度，然后风险管理人员依据建设工程项目的特点及其总体目标，进行保险合同(关于保险费率、承保范围、免赔率)分析，检查各类保险合同，以确定这些损失中哪些可以用其他对策更好地处理，其目的是为了以最优的费用获得最完备的保障。

在项目风险清单中，风险管理人员以工程保险为中心，将列出的项目风险分为以下四类。

1) 不可保险的项目风险

这类项目风险，保险公司一般不予保险，只能由业主或承包商自身承担，应予足够的重视。

2) 必须保险的项目风险

国家法律或行政条例所规定，或贷款方作为贷款条件所要求的强制保险，以及那些一旦发生可能会给项目带来灾难性损失，或不为工程技术人员所熟悉而又具有潜在严重性的项目风险。

3) 需要保险的项目风险

需要保险的项目风险是指那些发生的后果会给项目造成较严重的损失，但是风险管理人员对其具有一定控制能力的项目风险。

4) 可能需要保险的项目风险

可能需要保险的项目风险是指前三类所未包括的项目风险。

对项目风险初始清单作出分类后，风险管理人员要进行详尽的分析，以确定损失是否有可能用其他方法更好地处理：这些损失能否以低于工程保险费的成本进行非保险转移；这些损失是否可以采用风险控制手段预防或者可被减轻至较小的程度；这种损失是否频频发生，因而可以准确预测，并采用风险资金自留的方法而节约保险费。

【案例 11-2】

某联合体承建非洲公路项目的失败案例

我国某工程联合体(某央企+某省公司)在承建非洲某公路项目时，由于风险管理不当，造成工程严重拖期，亏损严重，同时也影响了中国承包商的声誉。该项目业主是该非洲国政府工程和能源部，出资方为非洲开发银行和该国政府，项目监理是英国监理公司。

在此项目实施的四年多时间里，中方遇到了极大的困难，尽管投入了大量的人力、物力，但由于种种原因，合同于 2005 年 7 月到期后，实物工程量只完成了 35%。2005 年 8 月，项目业主和监理工程师不顾中方的反对，单方面启动了延期罚款，金额每天高达 5000 美元。为了防止国有资产的进一步流失，维护国家和企业的利益，中方承包商在我国驻该国大使馆和经商处的指导和支持下，积极开展外交活动。

2006 年 2 月，业主致函我方承包商同意延长 3 年工期，不再进行工期罚款，条件是中方必须出具由当地银行开具的约 1145 万美元的无条件履约保函。由于保函金额过大，又无任何合同依据，且业主未对涉及工程实施的重大问题做出回复，为了保证公司资金安全，维护我方利益，中方不同意出具该保函，而用中国银行出具的 400 万美元的保函来代替。但是，由于政府对该项目的干预往往得不到项目业主的认可，2006 年 3 月，业主在监理工程师和律师的怂恿下，不顾政府高层的调解，无视中方对继续实施本合同所做出的种种努力，以中方不能提供所要求的 1145 万美元履约保函的名义，致函终止了与中方公司的合同。针对这种情况，中方公司积极采取措施并委托律师，争取安全、妥善、有秩序地处理好善后事宜，力争把损失降至最低，但最终结果目前尚难预料。

该项目的风险主要包括以下几个方面。

1. 外部风险

项目所在地土地全部为私有，土地征用程序及纠纷问题极其复杂，地主阻工的事件经常发生，当地工会组织活动活跃；当地天气条件恶劣，可施工日很少，一年只有三分之一的可施工日；该国政府对环保有特殊规定，任何取土采沙场和采石场的使用都必须事先进行相关环保评估并最终获得批准方可使用，而政府机构办事效率极低，这些都给项目的实施带来了不小的困难。

2. 承包商自身风险

在陌生的环境特别是当地恶劣的天气条件下，中方的施工、管理、人员和工程技术等不能适应于该项目的实施。在项目实施之前，尽管中方公司从投标到中标的过程还算顺利，但是其间蕴藏了很大的风险。业主委托一家对当地情况十分熟悉的英国监理公司起草该合同。该监理公司根据非常熟悉当地情况，将合同中几乎所有可能存在的对业主的风险全部转嫁给了承包商，包括雨季计算公式、料场情况、征地情况。随着项目的实施，该承包商也采取了一系列的措施，在一定程度上推动了项目的进展，但由于前期的风险识别和分析不足以及一些客观原因，这一系列措施并没有收到预期的效果。特别是由于合同条款先天就对中方承包商极其不利，造成了中方索赔工作成效甚微。另外，在项目执行过程中，由于中方内部管理不善，野蛮使用设备，没有建立质量管理保证体系，现场人员素质不能满足项目的需要，现场的组织管理沿用国内模式，不适合该国的实际情况，对项目质量也产生了一定的影响。

这一切都造成项目进度仍然严重滞后，成本大大超支，工程质量也不尽如人意。中方公司在招投标前期做的工作不够充分，对招标文件的熟悉和研究不够深入，现场考察也未能做好，对项目风险的认识不足，低估了项目的难度和复杂性，对可能造成工期严重延误的风险并未做出有效的预测和预防，造成了投标失误，给项目的最终失败埋下了隐患。

(资料来源：百度文库网，http://www.wenku.baidu.com/view/b715cdef551810a6f5248624.html)

问题与测试：

1. 找出并评价该承包商风险管理中存在的问题。
2. 该承包商由于种种原因，造成了惨痛的损失，对国内其他承包商有哪些启示？

11.5 建设工程项目保险

11.5.1 建设工程项目保险的概念和种类

建设工程项目保险是指业主或承包商向专门保险机构(保险公司)缴纳一定的保险费，由保险公司建立保险基金，一旦发生所投保的风险事故造成财产或人身伤亡，即由保险公司用保险基金予以补偿的一种制度。它实质上是一种风险转移，即业主或承包商通过投保，将原应承担的风险责任转移给保险公司承担。

工程保险按是否具有强制性分为两大类：强制保险和自愿保险。强制保险指工程所在国政府以法规明文规定承包商必须办理的保险。自愿保险是承包商根据自身利益的需要，自愿购买的保险，这种保险非强行规定，但对承包商转移风险很有必要。

FIDIC 条款规定必须投保的险种有：工程和施工设备的保险、人身事故险和第三方责任险。除《建筑法》规定建筑施工企业必须为从事危险作业的职工办理意外伤害保险属强制保险外，《建设工程施工合同示范文本》通用和专用合同条款第 18 章也规定了保险内容。

除强制保险与自愿保险的分类方式外，我国《保险法》把保险种类分为人身保险和财产保险。自该法施行以来，在工程建设方面，我国已实行了人身保险中的意外伤害保险、财产保险中的建筑工程一切险和安装工程一切险。《保险法》还规定：财产保险业务包括财产损失保险、责任保险、信用保险等保险业务。

1. 意外伤害险

意外伤害险是指被保险人在保险有效期间，因遭遇非本意的、外来的、突然的意外事故，致使其身体蒙受伤害而残疾或死亡时，保险人依照合同规定给付保险金的保险。《建筑法》第四十八条规定："建筑施工企业必须为从事危险作业的职工办理意外伤害保险，支付保险费。"

2. 建筑工程一切险及安装工程一切险

建筑工程一切险及安装工程一切险是以建筑或安装工程中的各种财产和第三者的经济赔偿责任为保险标的的保险。这两类保险的特殊性在于保险公司可以在一份保单内对所有参加该项工程的有关各方都给予所需要的保障。换言之，即在工程进行期间，对这项工程承担一定风险的有关各方，均可作为被保险人之一。

建筑工程一切险同时承保建筑工程第三者责任险，即指在该工程的保险期内，因发生意外事故所造成的依法应由被保险人负责的工地上及邻近地区的第三人的人身伤亡、疾病、财产损失，以及被保险人因此所支出的费用。

3. 职业责任险

职业责任险是指专业技术人员因工作疏忽、过失所造成的合同一方或他人的人身伤害或财产损失的经济赔偿责任的保险。建设工程标的额巨大、风险因素多、建筑事故造成的损害往往数额巨大，而责任主体的偿付能力相对有限，这就有必要借助保险来转移职业责任风险。在工程建设领域，这类保险对勘察、设计、监理单位尤为重要。

4. 信用保险

信用保险是以在商品赊销和信用放贷中的债务人的信用作为保险标的，在债务人未能履行债务而使债权人招致损失时，由保险人向被保险人即债权人提供风险保障的保险。信用保险是随着商业信用、银行信用的普遍化以及道德风险频繁而产生的，在工程建设领域得到越来越广泛的应用。

11.5.2 工程和施工设备的保险

工程和施工设备的保险也称"工程一切险"，是一种综合性的保险，它对建设工程项目提供全面的保障。

1. 工程一切险的承保范围

工程一切险承保的内容包括以下几个方面。

1) 工程本身

工程本身指由总承包商和分承包商为履行合同而实施的全部工程，还包括预备工程，如土方、水准测量；临时工程，如引水、保护堤和全部存放于工地的为施工所需的材料等；包含安装工程的建筑项目，如果建筑部分占主导地位，也就是说，如果机器、设施或钢结构的价格及安装费用低于整个工程造价的50%，亦应投保工程一切险。

2) 施工用的设施

施工用的设施包括活动房、存料库、配料棚、搅拌站、脚手架、水电供应及其他类似设施。

3) 施工设备

施工设备包括大型施工机械、吊车及不能在公路上行驶的工地用车辆，不管这些机具属承包商所有还是其租赁物资。

4) 场地清理费

这是指在发生灾害事故后场地上产生了大量的残砾，为清理工地现场而必须支付的一笔费用。

5) 工地内现有的建筑物

工地内现有的建筑物指不在承保的工程范围内、工地内已有的建筑物或财产。

6) 由被保险人看管或监护的停放于工地的财产

工程一切险承保的危险与损害涉及面很广。凡保险单中列举的除外情况之外，一切事故损失全在保险范围内，造成损失的原因包括：

(1) 火灾、爆炸、雷击、飞机坠毁及灭火或其他救助所造成的损失；

(2) 海啸、洪水、潮水、水灾、地震、暴雨、风暴、雪崩、地崩、山崩、冻灾、冰雹及其他自然灾害；

(3) 一般性盗窃和抢劫；

(4) 由于工人和技术人员缺乏经验、疏忽施工低劣而造成的损失；

(5) 其他意外事故。

建筑材料在工地范围内的运输过程中遭受的损失和破坏以及施工设备和机具在装卸时发生的损失等，亦可纳入工程保险的承保范围。

2. 工程一切险的除外责任

按照国际惯例，属于除外责任的情况通常包括：

(1) 由军事行动、战争或其他类似事件、罢工、骚动、或当局命令停工等情况造成的损失；

(2) 因被保险人的严重失职或蓄意破坏而造成的损失；

(3) 因原子核裂变而造成的损失；

(4) 由于罚款及其他非实质性损失；

(5) 因施工设备本身原因即无外界原因情况下造成的损失导致的建筑事故，不属于除外情况；

(6) 因设计错误(结构缺陷)而造成的损失；

(7) 因纠纷或修复工程差错而增加的支出。

3. 工程一切险的保险期和保险金额

1) 保险期

工程一切险自工程开工之日或在开工之前工程用料卸放于工地之日开始生效，两者以先发生者为准。施工设备保险自其卸放于工地之日起生效。保险终止日应为工程竣工验收之日或保险单上列出的终止日。同样，两者也以先发生者为准。

(1) 保险标的工程中有一部分先验收或投入使用。在这种情况下，自该部分验收或投入使用日起自动终止该部分的保险责任，但保险单中应注明这种部分保险责任自动终止条款。

(2) 含安装建设工程项目的建筑工程一切险的保险单通常规定有试运行期，一般为 1 个月。

(3) 工程验收后通常还有一个质量保修期。《建设工程质量管理条例》对最低保修期限作了规定。保修期内是否强制投保，各国规定不一样。在大多数情况下，建筑工程一切险的承保期可以包括为期 1 年的质量保证期(不超过质量保修期)，但需缴纳一定的保险费。保修期的保险自工程竣工验收或投入使用之日起生效，直至规定的保证期满之日终止。

2) 保险金额

保险金额是指保险人承担赔偿或者给付保险金责任的最高限额。保险金额不得超过保险标的的保险价值，超过保险价值的，其超过的部分无效。工程一切险的保险金额按照不同的保险标的确定。其具体确定方式如下：

(1) 工程造价；

(2) 施工设备及临时工程；

(3) 安装建设工程项目其保险余额一般不超过整个建设工程项目保险金额的 20%；

(4) 场地清理的保险金额一般不超过工程总保额的 5%(大型工程)或 10%(小型工程)。

4. 建筑工程一切险的免赔额

工程保险还有一个特点，就是保险公司要求投保人根据其不同的损失，自负一定的责任。这笔由被保险人承担的损失额称为免赔额。工程本身的免赔额为保险金额的 0.5%～2%；施工机具设备等的免赔额为保险金额的 5%；第三者责任险中财产损失的免赔额为每次事故赔偿限额的 1%～2%，但人身伤害没有免赔额。

保险人向被保险人支付为修复保险标的遭受损失所需的费用时，必须扣除免赔额。

5. 建筑工程一切险的保险费率

建筑工程一切险没有固定的费率，其具体费率是根据以下因素结合参考费率制定。

(1) 风险性质(气候影响和地质构造数据，如地震、洪水或火灾等)；

(2) 工程本身的危险程度、工程的性质、工程的技术特征及所用的材料的建造方法等；

(3) 工地及邻近地区的自然地理条件，有无特别危险源存在；

(4) 巨灾的可能性，最大可能损失程度及工地现场管理和安全条件；

(5) 工期(包括试运行期)的长短及施工季节，保证期长短及其责任的大小；

(6) 承包人及其他与工程有直接关系的各方的资信、技术水平及经验；

(7) 同类工程及以往的损失记录；

(8) 免赔额的高低及特种危险的赔偿限额。

6. 建筑工程一切险的投保人与被保险人

1) 建筑工程一切险的投保人

根据《保险法》，投保人是指与保险人订立保险合同，并按照保险合同负有支付保险费义务的人。工程一切险多数由承包商负责投保，如果承包商因故未办理或拒不办理投保或拒绝投保，业主可代为投保，费用由承包商负担。如果总承包商未曾对分包工程购买保险的话，负责该分包工程的分包商也应办理其承担的分包任务的保险。

2) 建筑工程一切险的被保险人

被保险人是指其财产或者人身受保险合同保障，享有保险金请求权的人，投保人可以为被保险人。在工程保险中，除投保人外，保险公司可以在一张保险单上对所有参加该工程的有关各方都给予所需的保险。即凡在工程进行期间，对这项工程承担一定风险的有关各方均可作为被保险人。

建筑工程一切险的被保险人可以包括：业主；总承包商；分承包商；业主聘用的工程师；与工程有密切关系的单位或个人，如贷款银行或投资人等。

11.5.3 安装工程一切险

安装工程一切险属于技术险种，其目的在于为各种机器的安装及钢结构工程的实施提供尽可能全面的专门保险。目前，在国际工程承包领域，工程发包人都要求承包人投保安装工程一切险，在很多国家和地区，这种险是强制性的。安装工程一切险主要适用于安装各种工厂用的机器、设备、储油罐、钢结构、起重机、吊车以及包含机械因素的各种建设工程。

安装工程一切险与建筑工程一切险有着重要区别。

(1) 建筑工程一切险的保险标的从开工至竣工逐步增加，保险额也逐步提高；而安装工程一切险的保险标的一开始就存放于工地，保险公司一开始就承担着全部货价的风险，风险比较集中。在机器安装好之后，试车、考核所带来的危险以及在试车过程中发生机器损坏的危险是相当大的，这些风险在建筑工程险部分是没有的。

(2) 在一般情况下，自然灾害造成建筑工程一切险的保险标的损失的可能性较大，而安装工程一切险的保险标的多数是建筑物内安装及设备(石化、桥梁、钢结构建筑物等除外)，受自然灾害损失的可能性较小，受人为事故损失的可能性较大，这就要督促被保险人加强现场安全操作管理，严格执行安全操作规程。

(3) 安装工程在交接前必须经过试车考核。而在试车期内，任何潜在的因素都可能造成损失，损失率要占安装期内的总损失的一半以上。由于风险集中，试车期的安装工程一切险的保险费率通常占整个工期的保费的1/3左右，而且对旧机器设备不承担赔付责任。

总的来讲，安装工程一切险的风险较大，保险费率也高于建筑工程一切险。

1. 安装工程一切险的责任范围及除外责任

1) 安装工程一切险的保险标的

安装工程一切险的保险标的主要包括以下几个方面。

(1) 安装的机器及安装费，包括安装工程合同内要安装的机器、设备、装置、物料、基础工程(如地基、座基等)以及为安装工程所需的各种临时设施(如水电、照明、通信设备等)等。

(2) 安装工程使用的承包人的机器、设备。

(3) 附带投保的土木建筑建设工程项目，指厂房、仓库、办公楼、宿舍、码头、桥梁等。

这些项目一般不在安装合同以内，但可在安装险内附带投保。如果土木建筑建设工程项目不超过总价的 20%，整个项目按安装工程一切险投保；介于 20%和 50%之间，该部分项目按建筑工程一切险投保；若超过 50%，整个项目按建筑工程一切险投保。

2) 安装工程一切险承保的危险和损失

安装工程一切险承保的危险和损失除包括建筑工程一切险中规定的内容外，还包括：

(1) 短路、过电压、电弧所造成的损失；

(2) 超压、压力不足和离心力引起的断裂所造成的损失；

(3) 其他意外事故，如因进入异物或因到安装地点的运输而引起的意外事件等。

3) 安装工程一切险的除外责任

安装工程一切险的除外情况主要包括：

(1) 由结构、材料或在车间制作方面的错误导致的损失；

(2) 因被保险人或其派遣人员蓄意破坏或欺诈行为而造成的损失；

(3) 因效益不足而招致合同罚款或其他非实质性损失；

(4) 由战争或其他类似事件、民众运动或因当局命令而造成的损失；

(5) 因罢工和骚乱而造成的损失(但有些国家却不视为除外情况)；

(6) 因原子核裂变或核辐射造成的损失等。

2. 安装工程一切险的保险期限

1) 安装工程一切险的保险责任的开始和终止

安装工程一切险的保险责任，自投保工程的动工日(如果包括土建的话)或第一批被保项目卸至施工地点时(以先发生为准)即行开始。其保险责任的终止日可以是安装完毕验收通过之日或保险物所列明的终止日，这两个日期同样以先发生为准。安装工程一切险的保险责任也可以延展至维修期满日。

2) 试车考核期

安装工程一切险的保险期内，一般应包括一个试车考核期，考核期的长短应根据工程合同上的规定来决定。对考核期的保险责任一般不超过 3 个月，若超过 3 个月，应另行加收费用。安装工程一切险对于旧机器设备不负考核期的保险责任，也不承担其维修期的保险责任。如果同一张保险单同时还承保其他新的项目，则保险单仅对新设备的保险责任有效。

3) 关于安装工程一切险的保险期限的几个问题

工程实践中，关于安装工程一切险的保险期限应当注意以下几个方面。

(1) 部分工程验收移交或实际投入使用。在这种情况下，保险责任自验收移交或投入使用之日即行终止，但保单上须有相应的附加条款或批文。

(2) 试车考核期的保险责任期，系指连续时间，而不是断续累计时间。

(3) 维修期应从实际完工验收或投入使用之日起算，不能机械地按合同规定的竣工日起算。

3. 安装工程一切险的保险金额

安装建设工程项目是安装工程一切险的主要保险项目，包括被安装的机器设备、装置、物料、基础工程以及工程所需的各种临时设施，如水、电、照明、通信等。安装工程一切险的承保标的大致类型包括：

(1) 新建工厂、矿山或某一车间生产线安装的成套设备；

(2) 单独的大型机械装置，如发电机组、锅炉、巨型吊车工程；

(3) 各种钢结构建筑物，如储油罐、桥梁、电视发射塔之类的安装和管道敷设等。

安装建设工程项目的保险金额视承包方式而定。

(1) 采用总承包方式，保险金额为该项目的合同价；

(2) 由业主引进设备，承包人负责安装并培训，保险金额为CIF价加国内运费和保险费及关税、安装费、可能的专利、人员培训及备品、备件等费用的总和。

4. 安装工程一切险的投保人与被保险人

和建筑工程一切险一样，安装工程一切险应由承包商投保，业主只是在承包商未投保的情况下代其投保，费用由承包商承担。承包商办理了投保手续并交纳了保费以后即成为被保险人。安装工程一切险的被保险人除承包商外还包括：业主；制造商或供应商；技术咨询顾问；安装工程的信贷机构；待安装构件的买受人等。

11.5.4 人员伤亡和财产损失的保险

1. 事故责任和赔偿费

1) 业主的责任

业主应负责赔偿以下各种情况造成的人身伤亡和财产损失。

(1) 业主现场机构雇用的全部人员(包括监理人员)工伤事故造成的损失，但由于承包商的过失造成的在承包商责任区内工作的业主人员的伤亡，则应由承包商承担责任。

(2) 由于业主责任造成在其管辖区内业主和承包商以及第三方人员的人身伤害和财产损失。

(3) 工程或工程的任何部分对土地的占用所造成的第三方财产损失。

(4) 工程施工过程中，承包商按合同要求进行工作对第三方造成的不可避免的财产损失。

2) 承包商的责任

承包商应负责赔偿以下情况造成的人身伤害和财产损失。

(1) 承包商为履行本合同所雇用的全部人员(包括分包商人员)工伤事故造成的损失。承包商可以要求其分包商自行承担分包人员的工伤事故责任。

(2) 由于承包商的责任造成在其管辖区内业主和承包商以及第三方人员的人身伤害和财产损失。

(3) 业主和承包商的共同责任。在承包商管辖区内工作的业主人员或非承包商雇佣的其他人员，由于其自身过失造成人身伤害和财产损失，若其中含有承包商的部分责任，如管理上的疏漏时，应由业主和承包商协商合理分担其赔偿费用。

3) 赔偿费用

不论何种情况，其赔偿费用应包括人身伤害和财产损失的赔偿费、诉讼费和其他有关费用。

2. 人员伤亡和财产损失的保险

1) 人身事故险

人身事故险是指承包商应对他为工程施工所雇用的职工进行人身事故保险。有分包商的建设工程项目，分包商应对其雇用人员进行此项保险。

对于每个职工的人身事故保险金额，应按工程所在地的有关法律来确定，但不得低于这些法律所规定的最低限额，其保险期应为该职工在现场的全部时间。

一般来说，业主和监理单位也应为其在现场人员投保人身事故险。

2) 第三方责任险

第三方责任险是指在履行合同过程中，因意外事故而引起工地上及附近地区的任何人员(不包括承包商雇佣人员)的伤亡及任何财产(不包括工程及施工设备)的损失进行的责任保险。

一般来说，第三方指不属于施工承发包合同双方当事人的人员。但当没有为业主和工程师人员专门投保时，第三方保险也包括对业主和工程师人员由于进行施工而造成的人员伤亡或财产损失的保险。对于有公共交通和运输用执照的车辆事故造成的第三方的损失，不属于第三方责任险范围。

第三方责任险的保险金额由业主与承包商协商确定；第三方责任险以业主和承包商的共同名义投保，一般可以在投保工程一切险时附带投保。

分析与思考：

工程项目保险的类别和承保范围有哪些？

11.6　建设工程项目担保

11.6.1　担保的概念

担保是为了保证债务的履行，确保债权的实现，在人的信用或特定的财产之上设定的特殊的民事法律关系。合同的担保是指合同当事人一方为了确保合同的履行，经双方协商一致而采取的一种保证措施。在担保关系中，被担保合同通常是主合同，担保合同是从合同。担保合同必须由合同当事人双方协商一致自愿订立，如果由第三方承担担保，必须由第三方，即保证人亲自订立。担保的发生以所担保的合同存在为前提，担保不能孤立地存在。如果合同被确认为无效，担保也随之无效。

11.6.2　工程担保的主要种类

1. 投标保证担保

投标保证担保，或投标保证金，属于投标文件的重要组成部分。所谓投标保证金，是指投标人向招标人出具的，以一定金额表示的投标责任担保。也就是投标人保证其投标被接受后对其投标书中规定的责任不得撤销或者反悔，否则招标人有资格对投标保证金予以没收。

投标保证金的形式有多种，常见的有以下几种。

1) 交付现金

2) 支票

这是由银行签章保证付款的支票。其过程为：投标人开出支票，向付款银行申请保证付款，由银行在票面盖“保付”字样后，将支付票面所载金额(保付金额)从出票人(即投标人)的存款账上划出，另行成立专户存储，以备随时支付。经银行保付的支票可以保证持票人一定能够收到款项。

3) 银行汇票

银行汇票是一种汇款凭证，由银行开出，交汇款人寄给异地收款人，异地收款人再凭银行汇票在当地银行兑汇款。

4) 不可撤销信用证

不可撤销信用证是付款人申请由银行出具的保证付款的凭证。由付款人银行向收款人银行发出函件，在符合规定的条件下，把一定款项付给函中指定的人。需要说明的是，该信用证开出后，在有效期限内不得随意撤销。

5) 银行保函

银行保函是由投标人申请，银行开立的保函，保证投标人在中标之前不撤销投标，中标后应当履行招标文件和中标人的投标文件规定的义务。如果投标人违反规定，开立保证函，银行将担保赔偿招标人的损失。

6) 由保险公司或者担保公司出具投标保证书

投标保证书是由投标人单独签署或者由投标人和担保人共同签署的承担支付一定金额的书面保证。

在这 6 种形式的投标保证金中，银行保函和投标保证书是最常用的。

2. 履约担保

所谓履约担保，是指招标人在招标文件中规定的要求中标人提交的保证履行合同义务的担保。履约担保一般有 3 种形式：银行保函、履约保证书和保留金。

1) 银行保函

银行保函是由商业银行开具的担保证明，通常为合同金额的 10%左右。银行保函分为有条件的银行保函和无条件的银行保函。

有条件的银行保函是指在承包人没有实施合同或者履行合同义务时，由业主或工程师出具证明说明情况，并由担保人对已执行合同部分和未执行部分加以鉴定，确认后才能收兑银行保函，由业主得到保函中的款项。建筑行业通常偏向于这种形式的保函。

无条件保函是指业主不需要出具任何证明和理由违约，就可以对银行保函进行收兑。

2) 履约保证书

履约保证书的担保方式是：当中标人在履行合同中违约时，开出担保书的担保公司或者保险公司用该项担保金去完成施工任务或者向发包人支付该项保证金。工程采购项目以履约保证书形式担保的，其保证金金额一般为合同价的 30%～50%。

承包商违约时，由工程担保人代为完成工程建设的担保方式，有利于工程建设的顺利进行，因此是我国工程担保制度探索和实践的重点内容。

3) 保留金

保留金是指业主(工程师)根据合同的约定，在每次支付工程进度款时扣除一定数目的款项，作为承包商完成其修补缺陷义务的保证。保留金一般为每次工程进度款的 10%，但总额一般应限制在合同总价款的 5%。一般在工程移交时，业主(工程师)将保留金的一半支付给承包商。质量保修期或缺陷责任期满时，将剩下的部分支付给承包商。

履约保证金金额的大小取决于招标项目的类型与规模，但必须保证承包商违约时，发包人不受损失。在投标须知中，招标人要规定采用哪一种形式的履约担保，中标人应当按照招标文件中的规定提交履约担保。

3. 预付款担保

建设工程合同签订以后，业主给承包人一定比例的预付款，一般为合同金额的 10%，但需由承包商的开户银行向业主出具预付款担保。其目的在于保证承包商能够按合同规定进行施工，偿还业主已支付的全部预付款。如承包商中途毁约中止工程，使业主不能在规定期限内从应付工程款中扣除全部预付款，则业主作为保函的受益人有权凭预付款担保向银行索赔该保函的担保金作为补偿。预付款担保的金额通常与业主的预付款是等值的。预付款一般逐月从工程进度款中扣除，预付款担保的担保金额也相应逐月减少。承包商在施工期间，应当定期从业主处取得同意此保函减值的文件，并送交银行确认。承包商还清全部预付款后，业主应退还预付款担保，承包商将其退回银行注销，解除担保责任。除银行保函以外，预付款担保也可以采用其他形式，但银行保函是最常见的形式。

重要提示：

掌握保留金的作用及处理。

本 章 小 结

本章首先介绍了建设工程项目风险和建设工程项目风险管理的概念，然后针对建设工程项目风险管理的过程，介绍了风险识别方法、风险分析和衡量的内容和方法、风险管理的对策，最后描述了建设工程项目保险和担保的类别及内容。

思　考　题

1. 什么是项目风险？什么是风险量和风险坐标？
2. 简述建设工程项目风险管理过程。
3. 简述项目风险识别过程，风险识别的原则、依据是什么？
4. 衡量项目风险的定量标准是什么？如何衡量及评价项目的风险？
5. 项目风险管理的对策有哪些？
6. 如何选择项目风险管理方案？
7. 工程项目保险的类别有哪些？其各自的承保范围有哪些？
8. 工程项目担保的类别有哪些？其各自适用的情况有哪些？

第 12 章

建设工程项目信息管理

学习目标

- 掌握信息的特点，建设工程项目信息管理的含义、目的、原则。
- 掌握建设工程项目信息的含义、分类及作用。
- 熟悉建设工程项目信息管理的过程和内容。
- 了解建设工程项目信息的检索和传递。
- 了解计算机辅助建设工程项目管理的任务。
- 了解建设工程项目信息的分类、编码和处理方法。
- 熟悉建设项目信息门户的概念和实施条件。
- 了解建设工程项目管理的几个主要软件的特点。

本章导读

本章主要学习建设项目信息管理的含义，对信息的含义，信息管理的含义和原则进行了解，学会建设工程项目信息的含义和分类，了解建设工程项目信息管理的内容和过程，熟知计算机辅助建设项目管理的任务以及建设工程项目信息的分类、编码和处理的方法，在此基础上，重点学习建设工程项目信息管理的含义，建设工程项目信息的含义和分类，建设工程项目信息的作用。

项目案例导入

广元南站是成都局与郑州局的分界口，素有成都局的北大门之称。广元南站运输繁忙，正点率要求高，新建设备复杂，是宝成电气化铁路增建二线技改中最困难的车站。稍有不慎，就有可能发生各种运输事故、车翻人亡，甚至中断线路。为此，需要十分重视。

根据铁路局批准的施工方案，为了保证计划的顺利进行，应用了 PERT/CPM(即 MP3)编制了网络计划统筹规划。将工程分成 3 个阶段：第一阶段为拆迁排干以及新旧驼峰倒替、北牵线的优化改造以及修建新货场通道；第二阶段为新旧站场设备的倒替，微机联锁设备的安装调试等；第三阶段为发场改造，分别建立信息管理系统，进行信息来源分析、甄别，理顺信息流向，进行有针对性的信息管理。

第一阶段，主要是与车站相关的外围工程的改造，对运输的影响还不是很大。由此以每月底定期召开现场办公会，协调内外关系，排除各种干扰，并及时组织各相关工程的开工与初验，为站改做准备。信息源为施工项目部、分局配合组、当地支铁办。项目提供的为内源信息；分局配合组因纳入指挥组，其提供的信息也是内源信息；当地支铁办提供的信息为外源信息。现场管理组为决策管理者。

信息的组成与流向。其一，先由施工单位向现场指挥组书面提供：①本月完成的施工任务；②下月的作业计划；③保证下月完成计划的劳力、设备、工程用料的准备；④需解决的问题。与此同时，并上报下月的计划送分局的现场配合部门。其二，由分局配合部门在研究工程计划后，提供需解决的相互干扰事件。其三，当地支铁办向指挥组提供有关征用土地、迁移民房、施工占用道路等信息。然后，现场指挥组依据信息建立原计划与统计日的实际完成量的关系图，并组织现场办公会，在会上对各相关部门进行协调。结合计划完成情况与协调的结果，确定该项目次月的施工计划，以会议纪要形式下达。这样，以“关键线路保工期”的网络管理理论认真抓关键工序的落实，使计划始终处于受控状态。同时需要配合的事项也进行了安排，保证了工期的如期进行。

第二阶段，工程集中在站场内，与铁路外的关系已不多，但施工与运输的干扰增大。这一阶段的信息管理系统为现场指挥组与施工项目部、分局配合组，信息源为施工项目部、分局配合组。

信息的组成与流向。现场指挥组在周末组织现场各相关部门进行协调，但重点是解决施工时为实施各新进路与运输的干扰。依据信息建立计划与统计日的实际完成量的关系图，并组织现场办公会。结合关键线路的走势与协调的结果，确定项目下一周的施工计划，以会议纪要下达。此阶段不但完成阶段目标任务，还完成了广元南—走马岭间左正线改造，及时解决了直通场的开通，为站改创造了条件。

第三阶段，是站改的关键时刻，如何保障运输安全已成为重中之重。由此以一天为周期进行调控。信息管理系统和信息流与第二阶段相同。在每天下班后，现场指挥组组织研究和审查项目第二天施工的作业计划，并解决施工与运输间的可能出现的干扰问题。审查后通过的计划用会议纪要下达。

总之，现场指挥组对工程进行了统筹规划，实施了信息化管理，在各阶段进行动态管理，及时分析调控了当时的重点问题，不断优化，及时处理了各时期的各种不利因素，既保证了工程质量与运输安全；又根据实际情况进行了施工组织的优化，使技改工程提前完成，成功完成了目标任务。

问题导入

上述案例中，进行怎样的信息管理才保证了增线技改项目目标的如期实现？如何识别有效的信息？如何进行信息的收集、存储和应用？通过本章的学习将解答这些问题，初步了解建设工程项目信息管理。

12.1　建设工程项目信息管理概述

12.1.1　信息的含义和特点

1. 信息的含义

信息在不同的学科中有不同的定义，通常被认为"数据经过加工处理就成了信息"，从该定义中可以看出信息一定是反映着某种内容的数据。数据则是记录客观事物的性质、形态和数量特征的抽象符号，如文字、数字、图形和曲线等。数据不能直接被决策者使用，只有对数据进行专门的处理，潜藏于数据背后的信息才能被决策者采用。信息是根据要求，将数据进行加工处理转换的结果。同一组数据可以按管理层次和职能不同，将其加工成不同形式的信息；不同数据如采用不同的处理方式，也可得到相同的信息。数据转化为信息的方式如图 12.1 所示。

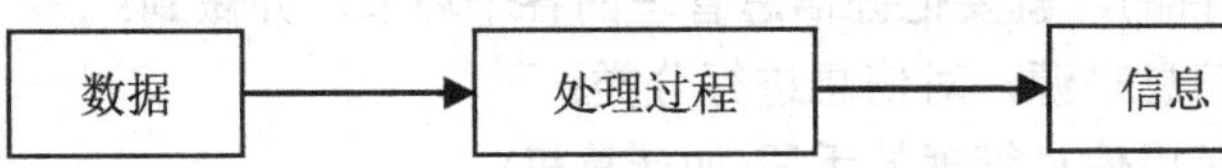

图 12.1　数据转化为信息方式示意图

2. 信息的特点

和人们一般意义上理解的消息不同，信息在产生、传递和处理过程中具有以下特性和要求。

1) 信息的准确性

信息必须是准确的，否则基于信息的任何决策都将失败。信息的最大用途就是为决策者提供决策的依据，如果是不准确的信息，将直接导致决策执行的失利或失败。

2) 信息的时效性

在当今社会，大部分的决策都是基于及时的信息。大部分的管理工作都是对时间敏感的，在建设工程项目管理工作中对质量、进度、投资等的控制管理必须是及时的，要基于当前的信息进行控制。

3) 信息的有序性

有用的信息必须是有序的，而不是杂乱无章的，有序的信息才能将潜藏在数据背后的真实内在较为直接地反映出来。

4) 信息的共享性

信息是可以被共享的，特别是在目前信息社会的条件下，有价值的信息是会被共享的。对于工程建设项目而言，有关于工程实际的进度信息、质量信息等将被工程参与各方共享。

5) 信息的可存储性

信息的存储是指对加工后的信息进行记录、存放、保管以便使用的过程。有价值的信息是可以被存储的，目前大部分情况下都是采用计算机进行信息的存储。可被存储也是信息可被共享的一个先决条件。信息的存储工作由归档、登录、编目、编码、排架等环节构成。

6) 信息的适用性

信息的适用性表现在信息的完全性上，信息的内容必须是足够广泛的，才能使决策者充分掌握信息。同时适用的信息也必须是简洁而全面地反映决策基础的材料。

7) 信息的系统性

信息的系统性，包含信息构成的整体性、信息构成的全面性、信息运动的连续性和信息运动的双向性等方面的内容。

12.1.2 信息管理的含义和原则

1. 信息管理的含义

信息管理是指对信息的收集、加工、整理、存储、传递与应用等一系列工作的总称。信息管理的目的就是通过有组织的信息流通，使决策者能及时、准确地获得相应的信息。为了达到信息管理的目的，就要把握信息管理的各个环节，并做到：

(1) 了解和掌握信息来源，对信息进行分类；

(2) 掌握和正确运用信息管理的手段(如计算机)；

(3) 掌握信息流程的不同环节，建立信息管理系统。

建设工程项目信息管理的目的旨在通过信息传输的有效组织管理和控制为项目建设提供增值服务。

2. 建设项目信息管理的工作原则

建设工程项目产生的信息数量巨大，种类繁多。为便于信息的搜集、处理、储存、传递和利用，建设项目信息管理应遵循以下基本原则。

1) 标准化原则

建设工程项目信息管理的标准化原则就是要求在建设工程项目的实施过程中对相关信息的分类进行统一，对信息流程进行规范，产生项目管理报表则力求做到格式化和标准化，通过建立健全的建设工程项目信息管理制度，从组织上保证信息生产过程的效率。

2) 有效性原则

建设工程项目信息管理的有效性原则就是要求对建设工程项目的信息管理应针对不同层次管理者的要求进行适当的加工，针对不同的管理层提供不同要求和浓缩程度的信息。

3) 定量化原则

建设工程项目的信息不应是项目实施过程中产生的数据简单记录，应该经过信息处理人员的比较和分析。采用定量工具对有关信息进行分类和比较是十分必要的。

4) 时效性原则

建设工程项目信息管理应考虑到建设工程项目决策过程的时效性，建设工程项目信息管理的成果也应具有相应的时效性。建设工程项目信息的产生都具有一定的周期，如月报表、季度报表、年度报表等，这些都是为了保证信息产品可以及时有效地服务于决策。

5) 高效处理原则

采用高性能的信息处理工具，例如建设工程项目管理信息系统，尽量缩短信息在处理过程中的延迟，建设工程项目信息管理的主要精力应放在对处理结果的分析和控制措施的制定上。

6) 可预见原则

建设工程项目的信息可以作为以后项目实施的历史参考数据，也可以用于预测未来的情况。建设工程项目信息管理应通过采用先进的方法和工具为决策者制定未来目标和行动规划提供必要的信息。

12.1.3　建设工程项目信息的含义

建设工程项目信息包括在项目决策过程、实施过程和运行过程中产生的信息以及其他与建设项目有关的信息，包括项目的组织类信息、管理类信息、经济类信息、技术类信息和法规类信息。每类信息根据工程建设各个阶段项目管理的工作内容又可以进一步细分，细分的方法有很多种，可以根据信息产生的阶段、信息的管理层次和适用对象、信息的稳定程度等进行划分。针对建设工程项目信息分类标准化进行研究和实践对整个建筑行业的发展有重要的理论和实践意义。

12.1.4　建设工程项目信息的分类

建设工程项目的信息种类繁多，分类方式也各种各样，业主方和项目参与各方可根据各自项目管理的需求确定其信息的分类，但为了信息交流的方便和实现部分信息共享，应尽可能作一些统一分类的规定。建设工程项目的信息分类可以从不同的角度对建设工程项目的信息进行分类。

(1) 按项目管理工作的对象，即按项目的分解结构，如子项目 1、子项目 2 等进行信息分类。

(2) 按项目实施的工作过程，如设计准备、设计、招标投标和施工过程等进行信息分类。

(3) 按项目管理工作的任务，如投资控制、进度控制、质量控制等进行信息分类。

(4) 按信息的内容属性，如组织类信息、管理类信息、经济类信息、技术类信息和法规类信息。组织类信息主要有编目信息、单位组织信息、项目组织信息和项目管理组织信息；管理类信息有进度控制信息、合同管理信息、风险管理信息和安全管理信息；经济类信息主要是投资控制信息和工作量控制信息；技术类信息有前期技术信息、设计技术信息、质量控制信息、材料设备技术信息、施工技术信息和竣工验收技术信息。

(5) 另外，为满足项目管理工作的要求，往往需要对建设工程项目信息进行综合分类，即按多维进行分类，例如，第一维：按项目的分解结构；第二维：按项目实施的工作过程；第三维：按项目管理工作的任务。

12.1.5 建设工程项目信息的作用

建设工程项目信息对工程建设的管理活动有着巨大的影响，其主要作用体现在以下几个方面。

1. 信息是建设工程项目不可缺少的资源

工程项目的建设过程中，随着各种资源的投入，不断产生大量的信息。这些信息按一定的规律产生、转换、变化和被使用，并被传送到相关部门，形成建设工程项目实施过程的信息流。通过对建设工程过程中的信息进行收集、加工和应用，实现对投入资源的规划和控制，从而有效率地完成工程建设任务。建设工程项目管理的根本目标就是实现建设工程项目的三大目标，即进度目标、质量目标和投资目标。三大目标的实现必须靠建设过程中信息的收集、整理、反馈等工作，来保障建设工程项目的目标实现。

2. 信息是项目管理人员实施最佳控制的基础

建设工程项目管理的职能之一是控制，控制是管理工作的主要手段，控制的根本任务就是将计划的实际执行情况和计划目标进行对比分析，找出差异及其产生的原因，然后采取措施排除和预防产生差异的原因，保证建设工程项目总体目标的实现。

3. 信息是进行合理决策的依据

建设工程项目决策正确与否，将直接影响建设工程项目总目标的实现及项目管理人员的信誉。保证决策的正确性，是做决策的信息基础，该信息基础必须满足大量的、真实有效的、可靠的、及时性等要求。在项目决策阶段，对信息的收集和整理等工作的准确对项目决策目标产生重要的影响。

4. 信息是工程项目管理人员协调建设参与各方的重要纽带

建设工程项目参与方众多，从项目立项开始到竣工收尾运营为止，项目参与者可包括政府部门、建设单位、监理单位、勘察设计单位、施工单位、材料设备供应商等相关单位。每个单位均有各自不同的利益出发点，保证参与方之间的沟通顺畅的重要因素就是保证各个参与单位得到统一的建设工程项目信息，保证信息流顺畅，从而协调多方利益，最终保证建设工程项目目标的实现。

重要提示：

建设工程项目信息管理在工程建设项目管理中起到越来越大的作用，掌握信息的含义和信息的作用以及建设工程项目信息的作用。

12.2　建设工程项目信息管理的过程和内容

12.2.1　建设工程项目信息管理的含义

建设工程项目信息管理属于信息化的范畴，它和企业信息化有一定的联系。建设工程项目信息管理是指对建设工程项目信息的开发和利用，以及信息技术在建设项目管理中的开发和应用。

12.2.2　建设工程项目信息管理的过程

建设工程项目信息管理的过程主要包括信息的收集、加工整理、存储、检索和传递。

1. 建设工程项目信息的收集

建设工程项目信息的收集，就是收集项目决策和实施过程中的原始数据，这是很重要的基础工作，信息管理工作的质量好坏，很大程度上取决于原始资料的全面性和可靠性。其中，建立一套完善的信息采集制度是十分有必要的。以下将按照建设工程项目的建设过程来阐述建设工程项目中的信息。

1) 建设工程项目建设前期的信息收集

建设工程项目在正式开工之前，需要进行大量的工作，这些工作将产生大量的文件，文件中包含着丰富的信息。建设工程项目建设前期收集到的信息主要包括：可行性研究报告及其有关资料、设计文件及其有关资料、招投标合同文件及其有关资料，以及上级政府部门关于项目的批文、建设规划许可证、拆迁、征地等的批文和许可等文件。

2) 建设工程项目施工期间的信息收集

建设工程项目在整个工程施工阶段，每天都发生各种各样的情况，相应地包含着各种信息，需要及时收集和处理。因此，项目的施工阶段，可以说是大量的信息产生、传递和处理的阶段，而建设工程项目信息管理工作也将主要集中在这一阶段。这一阶段主要是建设单位提供的信息、施工单位提供的信息和施工现场产生的大量信息。

3) 工程竣工阶段的信息收集

工程竣工并按要求进行竣工验收时，需要大量的对竣工验收有关的各种资料信息。这些信息一部分是在整个施工过程中，长期积累形成的；一部分是在竣工验收期间，根据积累的资料整理分析而形成的。完整的竣工资料应由承建单位编制，经工程监理单位和有关方面审查后，移交建设单位并通过建设单位移交项目管理单位以及相关的政府主管部门。

2. 建设工程项目信息的加工整理和存储

1) 信息的加工整理

建设工程项目的信息管理除应注意各种原始资料的收集外，更重要的要对收集来的资料进行加工整理，并对工程决策和实施过程中出现的各种问题进行处理。因为通过各种手段收集到的建设工程项目的信息大部分情况下是杂乱无章、彼此相互干扰、相互独立，所以要将这些信息根据需求进行加工整理，才能成为对建设工程项目有用的信息。

建设工程项目信息的加工整理一般要经过真伪鉴别、排错校验、分类整理、加工分析4个步骤。真伪鉴别就是通过对信息的渠道、内容和时效的审查达到去伪存真的目的；排错校验是对原始数据的准确性进一步进行核实和纠正；分类整理则是使零乱的原始数据系统化；加工分析是信息加工的重要的一环，通过对建设工程项目内外原始数据与建设项目目标的综合分析，找出有关问题的规律和趋势，明确信息的价值所在。

按照工程信息加工整理的深浅可分为如下几个类别：第一类为对资料和数据进行简单整理和过滤；第二类是对信息进行分析、概括综合后产生辅助建设项目管理决策的信息；第三类是通过应用数学模型统计推断可以产生决策的信息。

2) 信息的存储

不同的建设工程项目的信息的属性和时效不同，有些加工处理过的信息是立即使用，有些暂时不用，而有些信息只用一次，但是大部分的信息将具有长期利用的功能，才会出现将信息存储的必要性。

建设工程项目信息存储的主要形式有分类台账、档案、微缩胶片、录像带、计算机数据库等。存储的方式可以是顺序存储，也可以是随机存储。随机存储的优点就是检索的速度快，但对存储介质的要求较高，一般为磁盘、光盘等。而信息的有效存储涉及两个方面的技术，一个是硬件的存储介质技术，另一个则是软件方面的数据信息的逻辑组织技术，这就要求降低数据重复存储的冗余度，保持数据一致性、完整性、安全性和保密性。在硬件条件相同的情况下，数据的组织和存储要求的软件技术就成为管理信息系统发挥的重要因素，它关系着管理信息系统处理信息的效率。

3. 建设工程项目信息的检索和传递

1) 信息的检索

无论是存入档案库还是存入计算机存储器的信息、资料，为了查找的方便，在入库前都要拟定一套科学的查找方法和手段，做好编目分类工作，即信息检索。信息的检索和信息的存储是属于同一个问题的正反两面，二者密切相关；迅速准确的检索应当以科学的存储为前提。为此，必须对信息进行科学的分类、编码，并采用先进的存储媒体和检索工具，如计算机存储和联机检索。

2) 信息的传递

信息的传递也称为信息的传输，信息通过传递形成信息流，信息流具有双向流动特征，包括正向传递和反馈两个方面。一般而言，信息的传递是指借助于一定的载体(如纸张、软盘、磁带等)在建设项目信息管理工作的各部门、各单位之间的传递。

信息管理的目的，是为了更好地使用信息，为决策服务。处理好的信息，要按照需要和要求编印成各类报表和文件，以供项目管理工作使用。信息检索和传递的效率与质量随着计算机的普及而提高。存储于计算机数据库中的数据，已成为信息资源，可为各个部门所共享。因此，利用计算机做好信息的加工储存工作，是更好地进行信息检索、传递和使用的前提。

分析与思考：

建设工程项目信息管理的过程有哪些？如何进行有效的信息收集和处理？

12.3　计算机辅助建设工程项目管理

12.3.1　建设工程项目信息管理的任务

建设工程项目信息管理的任务体现在信息管理手册中，由信息管理部门来主导建设工程项目信息管理工作。建设工程项目信息管理应重视信息工作流程和信息处理平台。

1. 信息管理手册

业主方和项目参与各方都有各自的信息管理任务，为充分利用和发挥信息资源的价值，提高信息管理的效率以及实现有序的和科学的信息管理，各方都应编制各自的信息管理手册，以规范信息管理工作。信息管理手册描述和定义信息管理做什么、谁做、什么时候做和其工作成果是什么等。

信息管理手册的内容主要包括：信息管理的任务(信息管理任务目录)、信息管理的任务分工表和管理职能分工表、信息的分类、信息的编码体系和编码、信息输入输出模型、各项信息管理工作的工作流程图、信息流程图、信息处理的工作平台及其使用规定、各种报表和报告的格式，以及报告周期、项目进展的月度报告、季度报告、年度报告和工程总报告的内容及其编制、工程档案管理制度、信息管理的保密制度等内容。

2. 信息管理部门的工作任务

项目管理班子中各个工作部门的管理工作都与信息处理有关，而信息管理部门的主要工作任务包括：负责编制信息管理手册，在项目实施过程中进行信息管理手册的必要修改和补充，并检查和督促其执行；负责协调和组织项目管理班子中各个工作部门的信息处理工作；负责信息处理工作平台的建立和运行维护；与其他工作部门协同组织收集信息、处理信息和形成各种反映项目进展和项目目标控制的报表和报告；负责工程档案管理等。

在国际上，许多建设工程项目都专门设立信息管理部门(或称为信息中心)，以确保信息管理工作的顺利进行；也有一些大型建设工程项目专门委托咨询公司从事项目信息动态跟踪和分析，以信息流指导物质流，从宏观上对项目的实施进行控制。

3. 信息工作流程

信息工作流程包括：各项信息管理任务的工作流程，如信息管理手册编制和修订的工作流程；为形成各类报表和报告、收集信息、录入信息、审核信息、加工信息、信息传输和发布的工作流程；工程档案管理的工作流程等。

4. 应重视基于互联网的信息处理平台

由于建设工程项目大量数据处理的需要，在当今的时代应重视利用信息技术的手段进行信息管理，其核心的手段是基于互联网的信息处理平台。

【案例 12-1】

EPC 项目信息管理平台建设发展

建设具有国际竞争力的工程公司是西北电力设计院发展的战略目标，目前该设计院正处于向国际型工程公司转型期，深刻地认识到要想实现“建立国际型工程公司”的企业远景战略，必须在项目管理软件应用上有所突破。

近几年来，设计院一直在积极探索和建立新的工程建设管理模式，引进箭线的管理技术和科学理论，从运行方式上实现由传统作业方式向数字化作业方式的转变，力争缩小我国与发达国家工程业在 19 世纪末已经完成的信息技术在工程应用系统的差距，提高 EPC 总承包项目的管理水平。

依据西北电力设计院发展目标和战略以及工程业发展特点，设计院在无锡惠联、阳光、西海、独山子、兰铝等院 EPC 总承包项目进行了大量的信息建设应用推广工作，对 EPC 总承包方面的专业化、市场化、国际化发展和建设起到推动性的作用。

西北电力设计院 EPC 总承包项目信息化建设发展主要分 3 个阶段。

第一阶段：采用国外著名的工程进度控制软件和合同管理软件进行项目管理。2004 年用于无锡惠联等 EPC 项目。

P3E/C 是以“计划—协同—跟踪—控制—积累”为主线的企业级工程项目管理软件，是项目管理理论演变为实用技术的经典之作，在国际工程承包中广为采用。

Expedition 包含了合同的主要条款以及在合同执行过程中的相关信息，使得项目管理人员可以随时了解对合同的索赔与反索赔并为结算提供证据。在对工程的进度、成本及质量控制过程中产生的大量信息，包括图纸、文字、数据、图片等进行计算机管理。

第二阶段：采用 P3 项目管理软件和 EXP 合同管理软件管理，并使用了合作开发的物质系统、网站。2005 年用于阳光、西海 EPC 项目。此阶段主要标志是项目部、承建单位共同参与项目的信息建设，弥补了第一阶段仅项目部使用，没有承建单位基础数据的不足。工程分解结构(WBS)划分得更加合理，将 P3E/C 项目管理软件与工程建设紧密结合，实现了赢得值进度/费用分析，对工程项目的进度/费用进行了有效的控制及管理。丰富了 EPC 项目的管理内容和知识。

第三阶段：基于前几个 EPC 总成本项目信息建设存在的不足，该设计院调研和使用了同行业和不同行业的十几家的信息平台系统，并经华亭电厂项目的实际应用检验，认为 PowerOn 信息平台系统的集成和构架与国内其他信息管理平台比较，应处于领先地位。在独山子项目上引进了项目管理信息集成平台，使得办公自动化、业务电子流转成为可能。该信息平台系统具备责任范围体系，可全面实现对项目进度、合同支付与费用、物资采购、质量、安全、图纸文件、档案、人力资源等项目管理业务的信息管理。

(资料来源：百度文库网，http://wenku.baidu.com/view/c5426c22bcd126fff7050bc8.html)

问题与测试：

1. 该项目信息平台建设有什么意义？
2. 建立一个建设工程项目管理的信息平台需要哪些部门的合作？
3. 工程建设项目信息处理流程有哪些？

12.3.2　建设工程项目信息的编码

1. 编码的内涵

建设工程项目信息的编码由一系列符号(如文字)和数字组成，编码是信息处理的一项重要的基础工作。

2. 服务于各种用途的信息编码

一个建设工程项目有不同类型和不同用途的信息，为了有组织地存储信息、方便信息的检索和信息的加工整理，必须对项目的信息进行编码。

(1) 项目的结构编码，依据项目结构图对项目结构的每一层的每一个组成部分进行编码。

(2) 项目管理组织结构编码，依据项目管理的组织结构图，对每一个工作部门进行编码。

(3) 项目的政府主管部门和各参与单位编码，又称为组织编码。项目参与各方主要有政府主管部门、业主方的上级单位或部门、金融机构、工程咨询单位、设计单位、施工单位、物资供应单位、物业管理单位等。

(4) 项目实施的工作项编码，即根据项目实施的工作过程进行的编码，应覆盖项目实施的工作任务目录的全部内容，包括：设计准备阶段的工作项、设计阶段的工作项、招标投标工作项、施工和设备安装工作项、项目动用前的准备工作项等。

(5) 项目的投资项编码(业主方)/成本项编码(施工方)，它并不是概预算定额确定的分部分项工程的编码，它应综合考虑概算、预算、标底、合同价和工程款的支付等因素，建立统一的编码，以服务于项目投资目标的动态控制。

(6) 项目的进度项(进度计划的工作项)编码，应综合考虑不同层次、不同深度和不同用途的进度计划工作项的需要，建立统一的编码，服务于项目进度目标的动态控制。

(7) 项目进展报告和各类报表编码，项目进展报告和各类报表编码应包括项目管理形成的各种报告和报表的编码。

(8) 合同编码，应参考项目的合同结构和合同的分类，应反映合同的类型、相应的项目结构和合同签订的时间等特征。

(9) 函件编码，应反映发函者、收函者、函件内容所涉及的分类和时间等，以便函件的查询和整理。

(10) 工程档案编码，应根据有关工程档案的规定、项目的特点和项目实施单位的需求等而建立。

以上这些编码是因不同的用途而编制的，例如，业主方的投资项目编码服务于投资控制工作、施工方的成本控制编码服务于成本控制工作、进度项编码服务于进度控制工作。

在建设工程项目管理工作中的投资控制、成本控制、进度控制、质量控制、合同管理、项目进展报告等均使用到建设工程项目结构编码，因此需要对各个编码进行整合，便于工程项目管理工作的开展。

12.3.3 建设工程项目信息门户

建设工程项目信息门户是基于互联网技术为建设工程增值的重要管理工具，是当前在建设工程项目管理领域中信息化的重要标志。但是在工程界，对信息系统、项目管理信息系统、一般的网页和项目信息门户的内涵尚有不少误解。应指出，项目管理信息系统是基于数据处理设备的，为项目管理服务的信息系统，主要用于项目的目标控制。由于业主方和承包方项目管理的目标和利益不同，因此它们都必须有各自的项目管理信息系统。管理信息系统是基于数据处理设备的信息系统，但主要用于企业的人、财、物、产、供、销的管理。项目管理信息系统与管理信息系统服务的对象和功能是不同的。项目信息门户既不同于项目管理信息系统，也不同于管理信息系统，因为管理信息系统是服务于一个企业，项目管理信息系统是服务于企业的一个项目，项目信息门户是服务于一个项目的所有参与单位。

1. 项目信息门户的概念

这里所讨论的项目信息门户指的是建设工程的项目信息门户，它可用于各类建设工程的管理，如民用建设工程、工业建设工程、土木工程建设工程(如铁路、公路、桥梁、水坝等)等。

门户是一个网站，或称为互联网门户站，它是进入万维网的入口。搜索引擎属于门户，Yahoo 和 MSN 也是门户，任何人都可以访问它们，以获取所需要的信息，这些是一般意义上的门户。但是，有些是为了专门的技术领域、专门的用户群或专门的对象而建立的门户，称为垂直门户。项目信息门户属于垂直门户，不同于上述一般意义的门户。项目信息门户是项目各参与方信息交流、共同工作、共同使用和互动的管理工具。

众多文献对项目信息门户的定义有不同的表述，综合有关研究成果，兹对项目信息门户作如下的解释：项目信息门户是在对项目全寿命过程中项目参与各方产生的信息和知识进行集中管理的基础上，为项目参与各方在互联网平台上提供一个获取个性化项目信息的单一入口，从而为项目参与各方提供一个高效率信息交流和共同工作的环境。

2. 项目信息门户的类型和用户

1) 类型

项目信息门户按其运行模式分类，有如下两种类型。

(1) PSWS 模式：为一个项目的信息处理服务而专门建立的项目专用门户网站，也即专用门户。

如采用 PSWS 模式，项目的主持单位应购买商品门户的使用许可证，或自行开发门户，并需购置供门户运行的服务器及有关硬件设施和申请门户的网址。

(2) ASP 模式：由 ASP 服务商提供的为众多单位和众多项目服务的公用网站，也可称为公用门户。ASP 服务商有庞大的服务器群，一个大的 ASP 服务商可为数以万计的客户群提供门户的信息处理服务。

如采用 ASP 模式，项目的主持单位和项目的各参与方成为 ASP 服务商的客户，它们不需要购买商品门户产品，也不需要购置供门户运行的服务器及有关硬件设施和申请门户的网址。国际上项目信息门户应用的主流是 ASP 模式。

项目信息门户可以为一个建设工程的各参与方的信息交流和共同工作服务，也可以为一个建设工程群体的管理服务。前者侧重于一个建设工程各参与方内部的共同工作，而后者则侧重于对一个建设工程群体的总体和宏观的管理。可以把一个单体建筑物、一个工厂、一个机场视作为一个建设工程，因为它们都有明确的项目目标。另外，整个北京奥运工程项目、整个上海世博会工程项目、一个城市的全部重点工程项目、一个电力集团公司的全部新建工程项目以及国家发改委主管的一定投资规模以上的全部建设工程都可视作为一个建设工程群体。由于这两种类型的项目信息门户建立的目的不同，其具体的信息处理也有些差别。

2) 用户

项目参与各方包括政府主管部门和项目法人的上级部门、金融机构(银行和保险机构以及融资咨询机构等)、业主方、工程管理和工程技术咨询方、设计方、施工方、供货方、设施管理方(其中包括物业管理方)等都是项目信息门户的用户。从严格的意义而言，以上各方使用项目信息门户的个人是项目信息门户的用户。每个用户有供门户登录用的用户名和密码。系统管理员将对每一个用户使用权限进行设置。

3. 项目信息门户实施的条件

项目信息门户实施的条件主要包括组织件、教育件、软件和硬件。其中组织件起着支撑和确保项目信息门户正常运行的作用。因此，组织件的创建和在项目实施过程中动态地完善组织件是项目信息门户实施最重要的条件。

4. 项目信息门户的价值和意义

据有关国际资料的统计，传统建设工程中 2/3 的问题都与信息交流有关；建设工程中 10%～33%的成本增加都与信息交流存在的问题有关；在大型建设工程中，信息交流问题导致的工程变更和错误约占工程总投资的 3%～5%；据美国 Rebuz 网站预测，PIP 服务的应用将会在未来 5 年节约 10%～20%的建设总投资，这是一个相当可观的数字。

5. 项目信息门户的应用

1) 在项目决策期建设工程管理中的应用

项目决策期建设工程管理的主要任务包括：建设环境和条件的调查与分析；项目建设目标论证(投资、进度和质量目标)与确定项目定义；项目结构分析；与项目决策有关的组织、管理和经济方面的论证与策划；与项目决策有关的技术方面的论证与策划；项目决策的风险分析等。

为完成以上任务，将有可能会有许多政府有关部门和国内外单位参与项目决策期的工作，如投资咨询、科研、规划、设计和施工单位等。各参与单位和个人往往处于不同的工作地点，在工作过程中有大量信息交流、文档管理和共同工作的任务，项目信息门户的应用必将会为项目决策期的建设工程管理增值。

2) 在项目实施期建设工程管理中的应用

项目实施期包括设计准备阶段、设计阶段、施工阶段、动用前准备阶段和保修期。在整个项目实施期往往有比项目决策期更多的政府有关部门和国内外单位参与工作。工作过程中有更多的信息交流、文档管理和共同工作的任务，项目信息门户的应用为项目实施期的建设工程管理增值无可置疑。

3) 在项目运营期建设工程管理中的应用

项目运营期建设工程管理在国际上称为设施管理，它比我国现行的物业管理的工作范围深广得多。在整个设施管理中要利用大量项目实施期形成和积累的信息，设施管理过程中，设施管理单位需要和项目实施期的参与单位进行信息交流和共同工作，设施管理过程中也会形成大量工程文档。因此，项目信息门户不仅是项目决策期和实施期建设工程管理的有效手段和工具，也同样可为项目运营期的设施管理服务。

6. 项目信息门户的特征

1) 项目信息门户的领域属性

电子商务有两个分支：一是电子商业/贸易，如电子采购，供应链管理；二是电子共同工作，如项目信息门户，在线项目管理。

在以上两个分支中，电子商业/贸易已逐步得到应用和推广，而在互联网平台上的共同工作，即电子共同工作，人们对其意义尚未引起足够重视。应认识到，项目信息门户属于电子共同工作领域。

工程项目的业主方和项目其他参与各方往往分处在不同的地点，或不同的城市，或不同的国家，因此其信息处理应考虑充分利用远程数据通信的方式和远程数据通信的组织，这是电子共同工作的核心。

2) 项目信息的门户属性

项目信息门户是一种垂直门户，垂直门户也称为垂直社区，此“社区”可以理解为专门的用户群，垂直门户是为专门的用户群服务的门户。项目信息门户的用户群就是所有与某项目有关的管理部门和某项目的参与方。

3) 项目信息门户运行的组织理论基础

远程学是一门新兴的组织学科，它已运用在很多领域，如远程通信；远程银行、网上银行；远程商店、网上商店；远程商业、贸易；远程医疗；远程教学等。

远程学中的一个核心问题是远程合作，其主要任务是研究和处理分散的各系统和网络服务的组织关系。项目信息门户的建立和运行的理论基础是远程合作理论。

4) 项目信息门户运行的周期

项目决策期的信息与项目实施期的管理和控制有关，项目决策期和项目实施期的信息与项目运营期的管理和控制也密切相关，为使项目保值和增值，项目信息门户应是为建设工程全寿命过程服务的门户，其运行的周期是建设工程的全寿命期。在项目信息门户上运行的信息包括项目决策期、实施期和运营期的全部信息。把项目信息门户的运行周期仅理解为项目的实施期，这是一种误解。

建设工程全寿命管理是集成化管理的思想和方法在建设工程管理中的应用。项目信息门户的建立和运行应与建设工程全寿命管理的组织、方法和手段相适应。

5) 项目信息门户的核心功能

国际上有许多不同的项目信息门户产品(品牌)，其功能不尽一致，但其主要的核心功能是类似的，即项目各参与方的信息交流；项目文档管理；项目各参与方的共同工作。

6) 项目信息门户的主持者

对一个建设工程而言，业主方往往是建设工程的总组织者和总集成者，一般而言，它自然就是项目信息门户的主持者，当然，它也可以委托代表其利益的工程顾问公司作为项目信息门户的主持者。其他项目的参与方往往只参加一个建设工程的一个阶段，或一个方面的工作，并且建设工程的参与方和业主，以及项目参与方之间的利益不尽一致，甚至有冲突，因此，它们一般不宜作为项目信息门户的主持者。

应注意到，不但建设工程的业主方和各参与方可以利用项目信息门户进行高效的项目信息交流、项目文档管理和共同工作，政府的建设工程控制和管理的主管部门也可以利用项目信息门户实现众多项目的宏观管理(如美国的 PBS)，金融机构也可以利用项目信息门户对贷款客户进行相关的管理。因此，对不同性质、不同用途的项目信息门户而言，其门户的主持者是不相同的。

7) 项目信息门户的组织保证

不论采用何种运行模式，门户的主持者必须建立和动态地调整与完善有关项目信息门户运行必要的组织件，它包括：编制远程工作环境下共同工作的工作制度和信息管理制度；项目参与各方的分类和权限定义；项目用户组的建立；项目决策期、实施期和运营期的文档分类和编码；系统管理员的工作任务和职责；各用户方的组织结构、任务分工和管理职能分工；项目决策期、实施期和运营期建设工程管理的主要工作流程组织等。

8) 项目信息门户的安全保证

数据安全有多个层次，如制度安全、技术安全、运算安全、存储安全、传输安全、产品和服务安全等。这些不同层次的安全问题主要涉及：硬件安全，如硬件的质量、使用、管理和环境等；软件安全，如操作系统安全、应用软件安全、病毒和后门等；网络安全，如黑客、保密和授权等；数据资料安全，如误操作(如误删除、不当格式化)、恶意操作和泄密等。

项目信息门户的数据处理属远程数据处理，它的主要特点：用户量大，且其涉及的数据量大；数据每天需要更新，且更新量很大，但旧数据必须保留，不可丢失；数据需长期保存等。因此，对项目信息门户的数据安全保证必须予以足够的重视。

分析与思考：

项目信息门户的特征有哪些？计算机在建设工程项目信息管理中的作用？

12.3.4 建设工程项目管理软件简介

随着科学技术的发展，计算机技术及其软件早已经成为建设工程项目管理的一个重要的方法和手段，计算机技术的发展和建设工程项目管理的发展紧密结合，提高了建设工程项目管理的效率。目前，市场上大约有 100 多种项目管理软件，每种软件各具特色，各有所长。以下就国内外比较常见的建设工程项目管理软件进行介绍。

1. Microsoft Project

Microsoft Project 是 Microsoft 公司开发的项目管理系统，是应用最普遍的项目管理软件。Project 软件根据项目管理的原理，用计算机软件搭建模型，来模拟建设工程项目管理的建立和实施，并通过一系列与项目管理有关的图表来完成对项目的管理。Project 软件可以应用在以下几个方面。

1) 用于项目招投标

目前很多项目都通过招投标开展的，项目的组织安排、综合进度计划是否合理安排是企业技术水平和管理水平的重要参考指标。使用 Project 可以非常容易地反复推敲、优化项目的计划，最后生成条理清楚、逻辑关系正确、绘制精良的网络图、横道图和各种数据表格，展现企业的风采，给评标人员留下良好的印象，为企业中标助力。

2) 项目的动态跟踪

建设工程项目涉及的数量庞大，对质量的要求高，必须在工程建设全过程中进行细致的管理。通过使用 Project 软件，可以每天对项目的完成情况进行及时的汇总与更新，从而保持建设工程项目的信息的及时性和准确性。

3) 人力资源的合理配置

通过使用 Project 软件可对所有建设工程项目编制计划并进行任务分配，将形成一个企业所有人力资源的庞大信息库。在这个人力资源库中，将可以直接查到每一个人员目前正在进行的所有项目以及任务的情况，可以统计每个资源的工作量是否被过渡分配，每个资源每天的工作量计划为多少小时等信息，这样为合理的资源调配提供科学依据。

4) 对于跨专业项目的沟通管理

在项目管理的方式下，一个工程建设项目将由一个项目组来完成，项目部突破了原有职能型组织结构的部门局限性，可以更好地进行项目的沟通管理。在计划编制好后，就明确了不同部门的工作量和任务完成时间，任何任务信息的更改都会及时反馈到建设工程项目的计划中，并通知相关人员。同时每一个建设工程项目都有统一的文档库和问题库来交换建设工程项目信息，项目组的成员通过浏览器就可以获得这些资源，这样可以更有效地协调跨专业的建设工程项目。

5) 辅助核算生产成本

使用 Project 软件可以对计算生产成本起到辅助作用。在项目计划阶段，可以通过编制建设工程项目计划，对任务进行分配，可以大概地估算每个资源的工作量或使用量，从而估算整个建设工程项目的成本。在每个项目的生命周期中，都要进行建设工程项目的跟踪与更新，在建设工程项目完成后，将产生这个建设工程项目的任务分解以及资源工时的详细信息，通过这些信息，可以核算每个资源在这个建设工程项目中的实际工作量，从而计算出这个项目的实际成本。

2. Primavera Project Planner(P3)

P3 工程项目管理软件是美国 Primavera 公司的产品，是国际上最为流行的项目管理软件之一，该软件适用于任何建设工程项目。对大型复杂的建设项目可以进行有效的控制，并可以管理多个项目。

P3 工程项目管理软件的主要功能包括以下几个方面。

1) 在多用户环境中管理多个项目

P3 可以对项目团队遍布各地、多学科团队、高密度及期限短的项目进行有效管理，也可以对共享有限资源的公司关键项目进行有效管理。

2) 有效控制大而复杂的项目

P3 作为专业的项目管理软件，能满足工程项目管理的许多要求，主要是进度控制，同时也可以进行费用控制和资料管理。特别是软件可以将进度、资源、资源限量和资源平衡很好地结合起来，使得进度计划可以不再只是凭经验，甚至是拍大脑制定出来的说不清和说不太清的定性计划，而是基于要完成的工程量(工作量)并结合施工承包商的人、材、机等资源而制定出来的定量的切实可行的科学合理的进度计划。

3) 资源共享

作为商业软件，P3 软件能够共享数据资源，例如，网络版的 P3 软件的工程组的子工程模式，使得工程的众多参与方，如业主、监理、施工单位等，可以在同一个工程组的不同子工程内，按授予的权限进行读写或只读的操作，共享一个 P3 工程数据库的数据。

4) 操作灵活方便

操作方便是 P3 软件的一大特色，丰富的视觉管理、作业分类码、WBS 编码、多种工程日历、作业类型和逻辑关系、用户自定义编码、整体更新、资源平衡、自动汇总、数据组织、输入输出、网上发布等，特别是过滤器的使用，非常灵活。

5) 数据结构功能

P3 可以输出传统的 dBase 数据库、Lotus 文件和 ASCII 文件，也可以接收 dBase、Lotus 格式的数据，还可以通过 ODBC 与 Windows 程序进行数据交换。

P3 软件的这些功能和特点，使其在国际上得到了普遍的赞誉和享有极高的知名度，特别是在西方发达国家得到了广泛的运用。近年来在国内的水电、火电、核电、石油、化工等行业的大型工程中，也得到了越来越广泛的运用。

3. 梦龙智能项目管理软件

MR2000 平台集成系统是梦龙科技(集团)开发的新系统，它由“快速投标”、“项目管理”和“企事业办公系统”三大系统组成。梦龙智能项目管理软件具有以下特点：

(1) 高级的安全机制；

(2) 对数据进行加密传输，绝对安全可靠；

(3) 采用高效的压缩算法，实现高速的数据传输；

(4) 提供 Server 运行方式，软件管理系统可在服务器后台运行；

(5) 含先进的软件管理单元，可以对各种应用软件进行有机管理；

(6) 具有良好的开放性，允许客户在它的基础上进行有机开发；

(7) 可实现多级多层次链接与分布管理，适用于大、中、小不同类型的企业；

(8) 系统内所有的单元都采用了梦龙公司的防病毒技术，保证网络安全；

(9) 用物理连接层、软件通信层与应用层构成先进的三层技术软件体系结构。

梦龙智能项目管理软件系统，已经应用在亚运会工程、三峡工程、50 周年的国庆阅兵等许多重点项目中。

4. 施工项目管理软件 PKPT

PKPT 是施工管理系列软件之一，是中国建筑科学研究院与中国建筑业协会施工项目管理委员会合作完成的，是按照项目管理规范要求进行编制的，实现了“四控制”、“四管理”、“一提供”。“四控制”即进度控制、质量控制、安全控制和成本控制；“四管理”即合同管理、现场管理、信息管理和生产要素管理；“一提供”即为组织协调提供数据依据的项目管理软件，该项目管理软件具有较高的集成性。PKPT 软件具有以下功能。

(1) 可以直接绘制双代号网络图、横道图，实现了双代号网络图和横道图之间的自由切换，可以快速制作生成投标所用的进度计划图。

(2) 提供了多种自动生成施工工序的方法，利用其他类似工程导入；读取工程预概算数据，利用施工工序与定额分部分项的关联关系，自动生成带有工程量和资源分配的施工工序。可以在工作信息表和单、双代号图中录入施工工序相关信息和逻辑关系，自动生成各种复杂网络模型。

(3) 根据工程量、工作面和资源计划安排及实施情况，自动计算各工序的工期、资源消耗、成本状况，换算日历时间，找出关键线路。

(4) 具有多级子网功能，可以处理各种复杂工程，有利于工程项目的微观和宏观控制。

(5) 自动布置图表，能处理各种搭接网络关系和强制时限。

(6) 自动生成各种资源需求表曲线图表，具有所见即所得的功能打印输出功能。

(7) 系统提供了多种优化、流水作业方案及里程碑功能，实现进度控制、工期优化、资源有限工期最短优化、工期成本优化、工期固定资源均衡优化。

(8) 常规分层、分段流水作业(等节奏、异节奏、无节奏)方案，充分利用技术、组织、施工层间歇连续施工的流水施工方案，增加工作班制、缩短工期优化流水方案。

(9) 通过前锋线功能动态跟踪与调整实际进度，及时发现偏差并采取纠偏措施，利用国际上通行的赢得值原理进行成本跟踪与动态调整。

(10) 对于大型复杂工程项目，进度、计划难以控制时，可以采用国际上流行的“工作包”管理控制模式，可以对任意复杂的工程项目进行结构分解，并对工程项目的责任、成本、计划质量等目标进行细化分解，形成结构树，使得管理控制清晰、责任目标明确。

(11) 利用质量预控专家知识库进行质量保证，统计分析“质量验收”结果进行质量控制。利用安全技术标准和安全知识库进行安全设计和控制。

(12) 可编制月度、旬作业计划、技术交底，收集各种现场资料等进行现场管理。利用合同范本库签订合同和进行合同管理。

重要提示：

建设工程项目管理软件开发和运用极大提高了原有的管理效率，当然现有软件都有不同程度的局限性，对软件的开发和完善将极大促进建设工程项目管理的效率。

本章小结

本章主要对建设项目信息管理的主要内容，信息、信息管理的定义以及对信息管理的原则进行了阐述，并对建设工程项目信息含义、分类及作用进行了阐述，了解计算机在建设工程项目管理当中辅助管理作用，对建设工程项目信息门户进行阐述，对实施条件进行分析，并对建设工程项目管理的主要应用软件进行简要介绍。

思考题

1. 信息的含义，信息管理的作用有哪些？
2. 建设项目信息管理的含义，有什么特征和要求？
3. 目前国内外主要的建设项目管理软件有哪些？

第 13 章

建设工程项目竣工验收及后评价

学习目标

- 了解工程项目竣工验收的依据及标准。
- 熟悉工程项目竣工验收的内容、条件及程序。
- 熟悉工程竣工结算与决算的内容。
- 熟悉工程项目竣工资料移交与归档的相关内容。
- 熟悉工程项目工程保修的内容。
- 熟悉项目后评价的内容、方法和程序。

本章导读

本章主要学习工程项目竣工验收、竣工结算与决算、竣工资料移交与归档、工程保修、工程项目后评价等内容。

项目案例导入

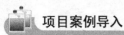

武汉长江大桥位于湖北省武汉市，横跨于武昌蛇山和汉阳龟山之间，是中国在长江上修建的第一座铁路、公路两用桥梁，被称为“万里长江第一桥”。大桥全长1670.4米，正桥是铁路、公路两用的双层钢木结构梁桥，上层为公路桥，下层为双线铁路桥，桥身共有八墩九孔，每孔跨度为128米，桥下可通万吨巨轮，八个桥墩除第七墩外，其他都采用“大型管柱钻孔法”。大桥于1955年9月1日开工建设，1957年10月15日建成通车。大桥(连同配套工程)总投资预算1.72亿元人民币，实际投资1.384亿元；大桥本身造价预算7250万元，实际造价6581万元。

1. 设计团队

武汉长江大桥是百废待兴的新中国列入第一个五年计划的重点工程项目，召集了当时最优秀的专家，调动了当时全国最先进的设备。1955年2月成立的武汉长江大桥技术顾问委员会，主任是著名桥梁专家茅以升，委员包括罗英、陶述曾、李国豪、张维、梁思成等。铁道部还请苏联桥梁专家、苏联科学院院士西林等人组成一个28人的专家组，提供技术指导。

2. 施工方法

大桥自1950年初中央人民政府指示铁道部着手筹备，到1955年9月1日正式开工，筹建工作就开展了5年。从大桥的桥址线到桥式、净空、建桥材料，甚至是桥头堡的设计等，都进行了反复的论证和试验。经过两国技术人员紧密合作，经过1年多的地质勘测和艰苦的试验研究，最终采用了苏联专家西林提出的管柱钻孔基础，这项完全创新的技术和当时世界最先进的施工方法，使原计划4年零1个月完工的武汉长江大桥，实际仅用2年零1个月。在大桥的施工过程中，每个步骤都非常严格认真。

3. 安全储备

通过反复的论证、实验和创新，武汉长江大桥设计有足够安全储备。武汉铁路局专家介绍，当年，设计中以极端环境为标准，假设两列双机牵引火车，以最快速度同向开到桥中央，同步紧急刹车；同一时刻，公路桥满载汽车，以最快速度行驶，也来个紧急刹车；还是这个时间，长江刮起最大风暴、武汉发生地震、江中300吨水平冲力撞到桥墩上，武汉长江大桥仍需有足够的承受能力。

自建成通车以来，大桥历经76次撞击，1990年7月28日，一艘重达900吨的吊船正面撞上，大桥养护人员为此维护了一个月；2011年6月6日，一艘万吨级油轮撞上长江大桥的7号桥墩，此次是10余年来长江大桥发生的最大一起桥墩遭撞击事件。50多年的风雨沧桑，大桥并没有伤筋动骨，经多次检测表明：全桥无变位下沉，桥墩可承受6万吨压力，可抵御每秒10万立方米流量、5米流速洪水，可抗8级以下地震和强力冲撞。2002年8、9月间，武汉长江大桥进行了通车52年来的首次大修。中科院专家测评，该桥的寿命至少在100年以上。

“一桥飞架南北，天堑变通途”，武汉长江大桥的社会效益、经济效益十分巨大，仅通车的头5年，通过的运输量就达8000多万吨，缩短火车运输时间约2400万小时，节约的货运费超过了整个工程造价。如今，大桥每天的汽车通行量已由建成初期的数千辆上升到近 10 万辆；每天的列车通过量已增加到 148 对，296 列。大桥上平均每分钟有 60 多辆汽车驶过，每 6 分钟就有一列火车通过，其承受的荷载早已大大超过了建成之初，直接间接的经济效益更是难以计数。武汉长江大桥作为连接我国南北的大动脉，在国民经济建设中发挥了无可替代的重大作用。

武汉白沙洲大桥是长江武汉段的第三座长江公路大桥，又称武汉长江三桥，工程投资 11 亿元，1997 年 3 月开工建设，2000 年 9 月建成通车，自通车至 2010 年 9 月的 10 年间，维修 24 次，平均不到 1 年要修两次，陷入“屡坏屡修、屡修屡坏”的怪圈。相关部门称，长年超载是大桥受损的主要原因，土办法使用新建材、仓促上马新技术都导致桥面的“短寿”。

问题导入

上述案例中，进行竣工验收交付使用的条件是什么？竣工验收的内容有哪些？竣工验收有怎样的程序？项目竣工验收阶段对其工程档案资料的整理归档有什么意义？如何进行项目的运营和维护管理？怎样对项目的建设进行后评价？武汉长江三桥质量受损的具体原因有哪些？就武汉长江大桥、武汉长江三桥的质量对比分析，有哪些工程项目管理的经验教训和警示意义？通过本章的学习将会解答这些问题，初步具备建设工程项目竣工验收管理和后评价的能力。

13.1　建设工程项目竣工验收概述

13.1.1　建设工程项目竣工验收的基本概念

工程项目竣工，是指工程项目承建单位按照设计施工图纸和工程承包合同所规定的内容，已经完成了工程项目建设的全部施工活动，达到建设单位的使用要求。它标志着工程建设任务的全面完成。

建设工程项目竣工验收，是指施工单位将竣工工程项目的有关资料移交给建设单位，并接受由建设单位负责组织，由勘察单位、设计单位、施工单位、监理单位共同参与，以项目批准的设计任务书和设计文件(施工图纸设计变更)以及国家(或部门)颁发的施工验收规范和质量验收统一标准为依据，按照一定的程序和手续而进行的一系列检验和接收工作的总称。

13.1.2　竣工验收的依据

工程项目竣工验收的依据主要包括：

(1) 经批准的设计任务书或可行性研究报告；

(2) 批准的施工图设计及设计变更洽商记录；

(3) 技术设备说明书；

(4) 国家现行的施工质量验收统一标准，专业工程施工质量验收规范；

(5) 主管部门(公司)有关审批、修改、调整文件；

(6) 工程承包合同；

(7) 国家相关法律法规和建设主管部门颁布的有关工程竣工的管理条例和办法；

(8) 引进技术或进口成套设备的项目还应按照签订的合同和国外提供的设计文件等资料进行验收。

13.1.3 竣工验收的标准

1. 建设项目单位(子单位)工程质量验收合格应符合的规定

从统计意义上看，工程项目竣工验收可分为单位工程验收、单项工程验收和全部工程项目验收三大阶段。对规模较小、施工内容简单的工程项目，可以一次进行全部项目的竣工验收。单位工程是工程项目竣工验收的基本对象，也是工程项目投入使用前的最后一次验收。按照《建筑工程施工质量验收统一标准》(GB 50300-2001)，建设项目单位(子单位)工程质量验收合格应符合以下规定。

(1) 单位(子单位)工程所包含分部(子分部)工程质量验收均应合格；

(2) 质量控制资料应完整齐全；

(3) 单位(子单位)工程所包含分部(子分部)工程有关安全和功能的检验资料应完整；

(4) 主要功能项目的抽查结果应符合相关专业质量验收规范的规定；

(5) 观感质量验收应符合规定。

2. 建筑工程项目竣工的验收标准

具体来说，行业不同，工程项目验收应达到的标准也有所不同。此处简单介绍建筑工程项目竣工的验收标准如下。

(1) 民用建筑工程完工后，包括单体工程和群体工程，承包商按照施工及验收规范和质量验收标准进行自检，不合格品已自行返修或整改，达到验收标准。室内外工程(包括明沟、勒脚、踏步、斜道等)全部完成，内部粉刷完毕，建筑物、构筑物周围2m以内场地已平整，无障碍物，道路通畅。建筑设备(如给排水、动力、采暖、通风、照明、通信、管道、线路安装敷设、智能化系统、电梯等)经过试验、检测，达到设计和使用要求。

(2) 生产性工程、公用辅助设施及生活设施，均已按批准的设计文件和规定的内容及施工图纸全部施工完毕，能生产使用；主要工艺设备配套设施经联动负荷试车合格，形成生产能力，能够生产出设计文件所规定的产品。

(3) 各种管道设备、电气、空调、仪表、通信等专业施工内容，已全部安装结束，已做完清洗、试压、吹扫、油漆、保温等工作，经过试运转，全部符合工业设备安装施工及验收规范和质量标准的要求。室外管线的安装位置、标高、走向、坡度、尺寸及送达的方向等经检测符合设计和使用要求。

(4) 环境保护设施、劳动安全卫生设施、消防设施已按设计要求与主体工程同时建成使用。

(5) 各种设备，均已经过单机无负荷、联动无负荷、联动有负荷试车，符合安装技术要求，能够生产出设计文件规定的合格产品，具有设计规定的生产能力。

(6) 其他专业工程按照合同约定和施工图规定的工程内容，全部施工完毕，已达到相关专业技术标准，质量验收合格，达到交工条件。

重点提示：

掌握工程项目质量验收的依据、标准。

13.2　竣工质量验收的内容、条件、程序与质量核定

13.2.1　竣工质量验收的内容

工程项目竣工质量验收的内容随工程项目的不同而不同，一般包括工程项目技术资料验收、工程项目综合资料验收、工程项目财务资料验收、工程项目建筑工程验收、工程项目安装工程验收等内容。

1. 工程项目技术资料的验收

工程项目技术资料的验收包括：工程地质、水文、气象、地形、地貌、建筑物、构筑物及重要设备安装位置、勘察报告和记录；初步设计、技术设计、关键的技术试验、总体规划设计；土质试验报告、地基处理；建筑工程施工记录、单位工程质量检查记录、管线强度、密封性试验报告、设备及管线安装施工记录及质量检查、仪表安装施工记录；设备试车、验收运转、维护记录；产品的技术参数、性能、图纸、工艺说明、工艺规程、技术总结、产品检验、包装、工艺图；设备的图纸、说明书；涉外合同、谈判协议、意向书；各单项工程及全部管网竣工图等资料。

2. 工程项目综合资料的验收

工程项目综合资料的验收包括：项目建议书及批件、可行性研究报告及批件、项目评估报告、环境影响评估报告书、设计任务书；土地征用申报及批准的文件、承包合同、招投标文件、施工执照、项目竣工验收报告；验收鉴定书。

3. 工程项目财务资料的验收

工程项目财务资料的验收包括：历年建设资金供应情况和应用情况；历年批准的年度财务决算；历年年度投资计划、财务收支计划；建设成本资料；支付使用的财务资料；设计概算、预算资料；施工决算资料。

4. 工程项目建筑工程的验收

在全部工程验收时，建筑工程早已建成了，有的已进行了交工验收，这时主要是如何运用资料进行审查验收。其主要内容包括：

(1) 建筑物的位置、标高、轴线是否符合设计要求；

(2) 对基础工程中的土石方工程、垫层工程、砌筑工程等资料的审查(这些工程在“交

工验收”时已验收过)；

(3) 对结构工程中的砖木结构、砖混结构、内浇外砌结构、钢筋混凝土结构的审查验收；

(4) 对屋面工程的基层、屋面瓦、保温层、防水层等的审查验收；

(5) 对门窗工程的审查验收；

(6) 对装修工程的审查验收(抹灰、油漆等工程)。

5. 工程项目安装工程的验收

工程项目安装工程的验收，分为建筑设备安装工程、工艺设备安装工程以及动力设备安装工程的验收。

建筑设备安装工程是指民用建筑物中的上下水管道，暖气、煤气、通风管道，电气照明等安装工程。对于这类工程，应检查这些设备的规格、型号、数量、质量是否符合设计要求，检查安装时的材料、材质、材种，并进行试压、闭水试验、照明检查。

工艺设备安装工程包括生产、起重、传动、实验等设备的安装，以及附属管线铺设和油漆、保温等。对这类工程，主要检查设备的规格、型号、数量、质量、设备安装的位置、标高、机座尺寸、质量、单机试车、无负荷联动试车、有负荷联动试车、管道的焊接质量、洗清、吹扫、试压、试漏、油漆、保温等及各种阀门等。

动力设备安装工程指有自备电厂的项目或变配电室(所)、动力配电线路的验收。

13.2.2 竣工质量验收的条件

工程项目符合下列要求方可进行竣工验收。

(1) 完成工程设计和合同约定的各项内容。

(2) 施工单位在工程完工后对工程质量进行了检查，确认工程质量符合有关法律、法规和工程建设强制性标准，符合设计文件及合同要求，并提出工程竣工报告。工程竣工报告应经项目经理和施工单位有关负责人审核签字。

(3) 对于委托监理的工程项目，监理单位对工程进行了质量评估，具有完整的监理资料，并提出工程质量评估报告。工程质量评估报告应经总监理工程师和监理单位有关负责人审核签字。

(4) 勘察、设计单位对勘察、设计文件及施工过程中由设计单位签署的设计变更通知书进行检查，并提出质量检查报告。质量检查报告应经该项目勘察、设计负责人和勘察、设计单位有关负责人审核签字。

(5) 有完整的技术档案和施工管理资料。

(6) 有工程使用的主要建筑材料、建筑构配件和设备的进场试验报告。

(7) 建设单位已按合同约定支付工程款。

(8) 有施工单位签署的工程质量保修书。

(9) 规划行政主管部门对工程是否符合规划设计要求进行检查，并出具认可文件。

(10) 有公安消防、环保等部门出具的认可文件或者准许使用文件。

(11) 建设行政主管部门及其委托的工程质量监督机构等有关部门责令整改的问题全部整改完毕。

13.2.3　竣工质量验收的程序

建设工程项目竣工验收，可分为验收准备、竣工预验收和正式验收三个环节进行。整个验收过程涉及建设单位、设计单位、监理单位及施工总分包各方的工作，必须按照工程项目质量控制系统的职能分工，以监理工程师为核心进行竣工验收的组织协调。

1. 竣工验收准备

施工单位按照合同规定的施工范围和质量标准完成施工任务后，应自行组织有关人员进行质量检查评定。自检合格后，向现场监理机构(或建设单位)提交工程竣工预验收申请报告，要求组织工程竣工预验收。施工单位的竣工验收准备，包括工程实体的验收准备和相关工程档案资料的验收准备，使之达到竣工验收的要求，其中设备及管道安装工程等，应具有经过试压、试车和系统联动试运行的检查记录。

2. 竣工预验收

监理机构收到施工单位的工程竣工预验收申请报告后，应就验收的准备情况和验收条件进行检查，对工程质量进行竣工预验收。对工程实体质量及档案资料存在的缺陷，及时提出整改意见，并与施工单位协商整改方案，确定整改要求和完成时间。具备下列条件时，由施工单位向建设单位提交工程竣工申请报告，申请工程竣工验收。

(1) 完成工程设计和合同约定的各项内容；

(2) 有完整的技术档案和施工管理资料；

(3) 有工程使用的主要建筑材料、建筑构配件和设备的进场试验报告；

(4) 有工程勘察、设计、施工、监理等单位分别签署的质量合格文件；

(5) 有施工单位签署的工程质量保修书。

3. 正式竣工验收

竣工预验收检查结果符合竣工验收要求时，监理工程师应将施工单位的竣工申请报告报送建设单位。建设单位收到工程竣工申请报告后，应组织勘察、设计、施工(含分包单位)、监理等单位(项目)负责人和其他方面的专家组成竣工验收小组，负责检查验收的具体工作，并制定验收方案。建设单位应在工程竣工验收前 7 个工作日将验收时间、地点、验收组名单书面通知该工程的工程质量监督机构。建设单位组织竣工验收会议。

正式验收过程的主要工作包括：

(1) 建设、勘察、设计、施工、监理单位分别汇报工程合同履约情况及工程施工各环节施工满足设计要求，质量符合法律、法规和强制性标准的情况；

(2) 检查审核设计、勘察、施工、监理单位的工程档案资料及质量验收资料；

(3) 实地检查工程外观质量，对工程的使用功能进行抽查；

(4) 对工程施工质量管理各环节工作、对工程实体质量及质保资料情况进行全面评价，形成由验收组人员共同确认签署的工程竣工验收意见；

(5) 竣工验收合格，建设单位应及时提出工程竣工验收报告。验收报告还应附有工程施工许可证、设计文件审查意见、质量检测功能性试验资料、工程质量保修书等法规所规定的其他文件；

(6) 工程质量监督机构应对工程竣工验收工作进行监督。

建设单位应当自正式竣工验收合格之日起15日内，将建设工程竣工验收报告和规划、公安消防、环保等部门出具的认可文件或准许使用文件，报建设行政主管部门或者其他相关部门备案。

重点提示：

理解掌握工程项目竣工质量验收的条件；熟悉竣工质量验收的程序。

13.2.4 竣工验收的质量核定

工程项目竣工质量的核定，是政府对竣工工程项目进行质量监督的一种带有法律性的手段，目的是保证工程项目的质量、结构安全和使用功能。它是竣工验收交付使用必须办理的手续。工程项目竣工质量核定的范围包括新建、扩建、改建的工业与民用建筑工程、设备安装工程以及市政工程等。一般由城市建设机关的工程质量监督部门承担该项工作，确定竣工工程项目的质量等级，并发给《建设工程质量合格证书》。

1. 申报工程项目竣工质量核定的条件

(1) 竣工工程项目必须符合国家或地区规定的竣工条件和合同中规定的内容。委托工程监理的工程，必须提供监理单位对工程质量进行监理的有关资料。

(2) 竣工工程项目必须有经有关各方签认的验收记录。对验收各方提出的质量问题，施工单位进行返修的，应有工程项目的开发商或监理单位的复验记录。

(3) 提供按照规定齐全有效的施工技术资料。

(4) 保证竣工质量核定所需的水、电供应及其他必备的条件。

2. 工程项目竣工质量核定的管理方法

单位工程完工后，施工单位要按照国家检验评定标准的规定进行自检，符合有关技术规范、设计文件和合同要求的质量标准后，提交给工程项目的建设单位。建设单位再组织设计、监理、施工等单位及有关方面，对工程质量评定等级，并向工程质量的监督机构申报竣工工程质量核定。工程质量的监督机构在受理竣工工程质量核定后，按照国家规定的《工程质量检验评定标准》进行核定。经核定合格或优良的工程，发给《合格证书》，并说明其质量等级。《合格证书》正本一本，发给工程项目的投资商或开发商；副本两本，分别由施工单位和监督机构保存。工程项目交付使用后，如工程质量出现永久性缺陷等严重问题，监督机构将收回《合格证书》，并予以公布。经监督机构核定不合格的单位工程，不发给《合格证书》，不准投入使用。责任单位在规定限期返修后，再重新进行申报、核定。在工程质量核定过程中，如施工技术资料不能说明结构安全或不能保证使用功能的，由施工单位委托法定检测单位进行检测。在核定过程中，凡属弄虚作假、隐瞒质量事故者，由监督机构对责任单位依法进行处理。

13.3　建设工程项目竣工资料移交与归档

13.3.1　竣工资料及工程档案管理的意义

工程项目竣工质量验收资料及项目工程文件作为建筑物发生质量问题的原因分析及核查的依据，作为建筑物扩建、改建、翻修的根据，作为周边建筑物整体规划建设时的参考，作为城市建设事业整体评价、研究、统计的主要数据资料来源，其整理和归档管理十分重要。参建各方应根据国家有关主管部门颁发的《基本建设项目档案管理暂行规定》、《建设项目竣工文件编制及档案整理规范》以及《建设工程文件归档整理规范》的规定，系统、完整、准确、规范、及时地进行工程项目竣工质量验收资料及项目工程文件的妥善处理。

13.3.2　工程项目竣工资料及工程档案管理

参建各方对工程项目竣工资料及工程档案的管理规定主要包括以下内容。

1. 建设单位的工程项目竣工资料及工程档案管理

(1) 在工程招标文件以及勘察、设计、施工、监理相关合同中，应对工程文件的套数、费用、质量、移交时间等提出明确要求。

(2) 收集和整理工程准备阶段、竣工验收阶段形成的文件，并应进行立卷归档。

(3) 负责监督和检查勘察、设计、施工、监理等单位的工程文件的形成、积累和立卷归档工作。

(4) 收集汇总勘察、设计、施工、监理等单位立卷归档的工程档案。

(5) 在组织工程竣工验收前，应提请当地的城建档案管理机构对工程档案进行预验收；未取得工程档案验收认可文件，不得组织工程竣工验收。

(6) 停建、缓建工程的档案，暂由建设单位保管。对改扩建和维修工程，建设单位应组织设计、施工单位据实修改补充和完善原工程档案。对改变的部位，应重新编制工程档案。

(7) 建设单位在工程竣工验收后 3 个月内，必须向当地城建档案馆移交一套符合规定的工程档案，并办理移交手续，填写移交目录，双方签字、盖章后交接。

2. 勘察、设计、施工、监理等单位的竣工资料及工程档案管理

勘察、设计、施工、监理等单位应将本单位形成的工程文件立卷后向建设单位移交。工程项目实行总承包的，各分包单位应将本单位形成的工程文件整理立卷后及时移交总包单位，总包单位负责收集汇总各分包单位形成的工程档案，并应及时向建设单位移交。工程项目由几个单位承包的，各承包单位负责整理立卷其承包项目的工程文件，并应及时向建设单位移交。

3. 工程城建档案管理机构的工程文件档案管理

工程城建档案管理机构负责对工程档案进行验收。列入城建档案馆档案接收范围的工

程，建设单位在组织工程竣工验收前，应提请城建档案管理机构对工程档案进行预验收，建设单位未取得城建档案管理机构出具的认可文件，不得组织工程竣工验收。

4. 归档文件的质量要求

(1) 归档的工程文件应为原件。

(2) 工程文件的内容及其深度必须符合国家有关工程勘察、设计、施工、监理等方面的技术规范、标准和规程。

(3) 工程文件应采用耐久性强的书写材料，如碳素墨水、蓝黑墨水，不得使用易褪色的书写材料，如红色墨水、纯蓝墨水、圆珠笔、复写纸、铅笔等。

(4) 工程文件应字迹清楚，图样清晰，图表整洁，签字盖章手续完备。

(5) 工程文件中文字材料幅面尺寸规格宜为A4幅面，图纸宜采用国家标准图幅。

(6) 工程文件的纸张应采用能够长期保存的韧力大、耐久性强的纸张。图纸一般采用蓝晒图，竣工图应是新蓝图。计算机出图必须清晰，不得使用计算机出图的复印件。

(7) 利用施工图改绘竣工图，必须标明变更修改依据；凡施工图结构、工艺、平面布置等有重大改变，或变更部分超过图面1/3的，应当重新绘制竣工图。

(8) 所有竣工图均应加盖竣工图章。

重点提示：

掌握工程项目参建各方对竣工资料及工程文件档案的管理规定。

13.4 工程竣工验收备案

13.4.1 工程竣工验收备案制度

我国实行建设工程竣工验收备案制度。新建、扩建和改建的各类房屋建筑工程和市政基础设施工程的竣工验收，均应按《建设工程质量管理条例》规定备案。国务院建设行政主管部门和有关专业部门负责全国工程竣工验收的监督管理工作。县级以上地方人民政府建设行政主管部门负责本行政区域内工程的竣工验收备案管理工作。

建设工程竣工验收完毕以后，建设单位应当在自工程验收合格之日起15日内，向工程所在地的县级以上地方人民政府建设行政主管部门办理竣工验收备案。备案是向主管机关报告，挂号登记，存案备查。

工程竣工验收备案制度是建设行政主管部门对建设工程实施监督的最后一项手续。建设行政主管部门在接受备案阶段，对工程的竣工验收，还要进行最后核查。

13.4.2 工程竣工备案文件组成

建设单位办理工程竣工验收备案，应当提交下列文件。

(1) 工程竣工验收备案表。工程竣工验收备案表一式两份，一份由建设单位保存，一份留备案机关存档。

(2) 工程竣工验收报告。工程竣工验收报告应当包括工程报建日期，施工许可证号，施工图设计文件审查意见，勘察、设计、施工、监理等单位分别签署的质量合格文件及验收人员签署的竣工原始文件，市政基础设施的有关质量检测和功能性能试验材料以及备案机关认为需要提供的有关资料。

(3) 法律、行政法规规定的应当由规划、公安、消防、环保等部门出具的认可文件或者准许使用文件。

(4) 施工单位签署的工程质量保修书。

(5) 法规、规章规定必须提供的其他文件，如人防验收证明。

(6) 商品住宅还应当提交《住宅质量保修书》和《住宅使用说明书》。

13.4.3　备案机关对竣工验收的监管

备案机关收到建设单位报送的竣工验收备案文件，验证文件齐全后，应当在工程竣工验收备案表上签署文件收讫。备案机关发现建设单位在竣工验收过程中有违反国家有关建设工程管理规定行为的，应当在收讫竣工验收备案文件 15 日内，责令停止使用，重新组织竣工验收。在工程竣工验收合格之日起 15 日内未办理工程竣工验收备案的，备案机关责令限期改正，并处罚款。建设单位采用虚假证明文件办理工程竣工验收备案的，工程竣工验收无效，备案机关责令停止使用，重新组织验收，并处罚款；构成犯罪的，依法追究刑事责任。备案机关决定重新组织竣工验收并责令停止使用的工程，建设单位在备案之前已投入使用或者建设单位擅自继续使用造成使用人损失的，由建设单位依法承担赔偿责任。若建设单位竣工验收备案文件齐全，备案机关不办理备案手续的，由有关机关责令改正，对直接责任人员给予行政处分。

分析与思考：

工程项目文件归档、工程竣工验收备案制度的意义何在？

【案例 13-1】

房屋建筑工程竣工验收备案文件目录

国家住房与城乡建设部制定的《房屋建筑工程竣工验收备案表》中规定，房屋建筑工程竣工验收备案文件目录有：

(1) 工程竣工验收报告；
(2) 工程施工许可证；
(3) 施工图设计文件审查意见；
(4) 监理单位工程质量报告；
(5) 规划、公安消防、环保等部门出具的认可文件或者准许使用文件；
(6) 施工单位签署的工程质量保修书；
(7) 商品住宅的《住宅质量保证书》和《住宅使用说明书》；
(8) 法规、规章规定必须提供的其他文件。

(资料来源：百度文库网，http://wenku.baidu.com/view/40da40c26137ee06eff918dc.html)

问题与测试：

1.《房屋建筑工程竣工验收备案表》应该由哪些单位需要签署意见？

2.《房屋建筑工程竣工验收备案表》中还应该有哪些内容？

13.5 工程竣工结算与竣工决算

13.5.1 工程竣工结算

工程竣工结算是指施工单位按合同规定完成所承包的工程，经验收合格后，向建设单位办理结清最后工程价款的结算工作。竣工结算意味着承发包双方经济关系的最后结束，因此承发包双方的财务往来必须结清。当工程即将竣工之前，由施工单位及时整理点交工程技术资料，绘制竣工图，编制竣工结算和“工程价款结算账单”，经监理工程师和建设单位审查签证后，通过开户银行办理结算。

1. 工程竣工结算的作用

(1) 竣工结算是确定工程最终造价，完结建设单位和施工单位的合同关系和经济责任的依据；

(2) 竣工结算是施工单位完成建筑安装工程工作量，核算工程成本的依据；

(3) 竣工结算是建设单位落实完成投资额的依据。

2. 工程竣工结算的编制依据

(1) 承发包双方签订的工程合同；

(2) 施工图预算、现行计价定额、材料价格、费用标准等资料；

(3) 工程竣工报告和工程验收单；

(4) 设计变更通知书和现场签证以及其他有关记录和资料等。

3. 工程竣工结算的审查

工程竣工结算审查是竣工结算阶段的一项重要工作。建设单位、监理单位以及审计部门等，都应重视竣工结算的审核把关。工程竣工结算审查一般包括：核对合同条款；检查隐蔽验收记录；落实设计变更签证；按图核实工程数量；严格执行定额单价；注意各项费用计取；防止各种计算误差。

13.5.2 工程竣工决算

竣工决算是指工程项目竣工验收后，由建设单位按照国家有关规定编制的综合反映该工程从筹建到竣工投产全过程中的各项资金的实际运用情况、建设成果及全部建设费用的总结性经济文件。

1. 工程竣工决算的内容

工程竣工决算由编制说明和竣工财务决算报表两部分组成。编制说明主要包括：工程概况、设计概算和项目计划的执行情况，各项技术经济指标完成情况，各项投资资金使用情况，建设成本的投资效益分析，以及建设过程中的主要经验、存在问题和解决意见等。竣工财务决算报表要根据大、中型项目和小型项目分别制定。大、中型工程项目竣工财务决算报表包括：工程项目竣工财务决算审批表、工程项目竣工财务决算表、工程项目概况表、工程项目交付使用资产总表。小型工程项目竣工财务决算报表包括：工程项目竣工财务决算审批表、竣工财务决算总表、工程项目交付使用资产明细表。

2. 工程竣工决算的作用

竣工决算是竣工验收报告的重要组成部分，是正确核定新增固定资产价值，考核分析投资效果，建立健全经济责任制的依据，是反映建筑工程项目实际造价和投资效果的文件。通过竣工决算可以分析总结建设过程的经验教训，为提高工程造价水平积累技术经济资料，为有关单位编制类似工程的建设计划及修订概预算定额指标提供资料和数据。

3. 工程竣工决算的编制依据

(1) 可行性研究报告、投资估算书、初步设计或扩大初步设计、修正总概算及其相关批复文件；

(2) 设计变更记录、施工记录或施工签证单及其他施工发生的费用记录；

(3) 经批准的施工图预算或标底造价、承包合同、工程结算等有关资料；

(4) 历年基建计划、历年财务决算及批复文件；

(5) 设备、材料调价文件和调价记录；

(6) 其他有关资料。

4. 工程竣工决算的编制程序

(1) 收集、整理和分析有关依据资料。完整、齐全的资料，是准确而迅速编制竣工决算的必要条件。在编制竣工决算文件之前，应系统地整理所有的技术资料、工料结算的经济文件、施工图纸和各种变更与签证资料，并检查其准确性。

(2) 清理各项财务、债务和结余物资。在收集、整理和分析有关资料中，要特别注意建筑工程从筹建到竣工投产或使用的全部费用的各项账务，债权和债务的清理，做到工程完毕账目清晰。既要核对账目，又要查点库有实物的数量，做到账与物相等，账与账相符。对结余的各种材料、工器具和设备，要逐项清点核实，妥善管理，并按规定及时处理，收回资金。对各种往来款项要及时进行全面清理，为编制竣工决算提供准确的数据和结果。

(3) 填写竣工决算财务报表。按照建设工程决算表格中的内容，根据编制依据中的有关资料进行统计或计算各个项目和数量，并将其结果填到相应表格的栏目内，完成所有报表的填写。

(4) 编制竣工决算说明书。按照建设工程竣工决算说明的内容要求，根据编制依据材料填写在报表中的结果，编写文字说明。

(5) 做好工程造价对比分析。

(6) 清理、装订好竣工图。

(7) 按国家规定上报主管部门审查、存档。将上述编写的文字说明和填写的表格经核对无误，装订成册，即为建设工程竣工决算文件。将其上报主管部门审查，并把其中财务成本部分送交开户银行签证。竣工决算在上报主管部门的同时，抄送有关设计单位。大、中型建设项目的竣工决算还应抄送财政部、建设银行总行和省、市、自治区的财政局和建设银行分行各一份。

建设工程竣工决算的文件，由建设单位组织人员编写，在竣工建设项目办理验收使用一个月之内完成。

13.6 工 程 保 修

13.6.1 工程保修内的管理工作

建设工程项目竣工验收合格交付使用后，仍然可能存在质量问题或隐患，例如，建筑物的屋面是否漏雨，基础是否产生超过规定的不均匀沉降等，均需要在使用过程中才能逐步暴露和检测出来，究其原因，是因为项目交工前的各种检验基本上都是在没有承受荷载的静态条件下进行的。因此，实行建设项目保修制度，是检验在正常运行条件下项目的施工质量是否达到了设计标准的必要途径。

1. 建设单位在工程保修期内的管理工作

1) 严格按操作程序正确使用工程

在工程投入试运行前，业主应按照设计文件中的工程使用说明制定出操作运行规章制度，并严格执行，避免出现危害工程质量和安全的操作事故。例如，水库工程在试运行期内，要充分考虑到坝体承受水荷载后因不均匀沉降导致的应力变化，必须按操作程序分阶段控制水库的蓄水高程等。

2) 照管好试运行工程

保修期内照管好工程是业主的责任，不仅要正确地使用工程和防止任何外部因素对工程造成的损害，而且要承担正常运行过程中的维护和修理责任。如供水渠道的正常清淤工作，超过设计流速运行而导致的水毁工程部位的修复工作等。只有在正常运行条件下证明确属于施工质量的缺陷，承包方才承担责任。

3) 试运行期间的质量监督检查工作

试运行期间业主应全面监督检查工程的运行状况，发现工程质量缺陷，及时通知承包单位修复，并监督承包商的修复工作。

2. 施工单位在工程保修期内的管理工作

按照《建设工程质量管理条例》的有关规定，在合同双方办理了工程竣工移交手续后，对已完成工程的照管责任就从承包方转移给业主。但这一转移并不意味已经解除了承包商对工程施工应承担的质量责任，只有当保修期满，工程在试运行条件下检验证明完全达到了合同约定的设计标准，才能最终解除其应承担的质量责任。因此，施工单位对竣工移交的项目在保修期内有回访和保修缺陷部位的义务。施工单位在向业主提交竣工验收报告时，应向业主出具质量保修书，质量保修书中应当明确工程保修范围、保修期限和保修责任等。

13.6.2　工程保修期限与保修金

1. 工程保修期限

《建设工程质量管理条例》规定，在正常使用条件下，工程最低保修期限规定如下。

(1) 基础设施工程、房屋建筑的地基基础工程和主体结构工程，为设计文件规定的该工程的合理使用年限；

(2) 屋面防水工程、有防水要求的卫生间、房间和外墙面的防渗漏，为5年；

(3) 供热与供冷系统，为2个采暖期、供冷期；

(4) 电气管线、给排水管道、设备安装和装修工程，为2年；

(5) 其他项目的保修期限由发包方和承包方约定。

保修期以竣(交)工验收合格之日起开始计算。分单项验收的工程，按单项工程分别计算保修期。建设工程在超过合理使用年限后仍需要继续使用的，产权所有人应当委托具有相应资质等级的勘察、设计单位鉴定，并根据鉴定结果采取加固、维修等措施，重新界定使用期。

2. 工程质量保修金

建设工程质量保证金(保修金)是指发包人与承包人在建设工程承包合同中约定，从应付的工程款中预留，用以保证承包人在缺陷责任期内对建设工程出现的缺陷进行维修的资金。

为了体现施工方对工程试运行期间的工程质量仍负有责任，国家有关法规规定采用质量保证金作为保障措施。在办理竣工结算时，建设方应将合同工程款总价的3%～5%留作质量保证金，并以专门账户存入银行。工程保修期满后14天内，双方办理质量保证金结算手续，由建设单位出具证明，通过银行将剩余保修金和按合同内约定的利率计算的利息一起拨付给承包单位，不足部分由承包单位交付。如果合同内约定承包单位向业主提交履约保函或有其他保证形式时，可不再扣留质量保证金。

13.6.3　工程质量缺陷责任期

工程质量缺陷责任期是指建设工程质量不符合工程建设强制性标准、设计文件，以及承包合同的约定，而需要对工程项目质量承担责任的期限。缺陷责任期实质上就是指预留质保金或者保函的一个期限，一般为6个月、12个月或24个月，具体期限可由发、承包双方在合同中约定。

缺陷责任期从工程通过竣(交)工验收之日起计。由于承包人原因导致工程无法按规定期限进行竣(交)工验收的，缺陷责任期从实际通过竣(交)工验收之日起计。由于发包人原因导致工程无法按规定期限进行竣(交)工验收的，在承包人提交竣(交)工验收报告90天后，工程自动进入缺陷责任期。

缺陷责任期内，由承包人原因造成的缺陷，承包人应负责维修，并承担鉴定及维修费用。如承包人不维修也不承担费用，发包人可按合同约定扣除保证金，并由承包人承担违约责任。承包人维修并承担相应费用后，不免除对工程的一般损失赔偿责任。

缺陷责任期到期后，承包人向发包人申请返还保证金。发包人在接到承包人返还保证金的申请后，应于 14 天内会同承包人按照合同约定的内容进行核实。如无异议，发包人应当在核实后 14 天内将保证金返还给承包人，逾期支付的，从逾期之日起，按照同期银行贷款利率计付利息，并承担违约责任。发包人在接到承包人返还保证金申请后 14 天内不予答复，经催告后 14 天内仍不予答复，视同认可承包人的返还保证金申请。

缺陷责任期已满，再发生质量问题，其保修费用由施工单位另行承担。

13.6.4 工程缺陷部位维修的经济责任

工程缺陷部位维修的经济责任主要包括以下几个方面。

(1) 施工承包单位未按国家有关规范、标准和设计要求施工，造成的质量缺陷，由施工承包单位负责返修并承担经济责任。

(2) 由于设计方面造成的质量缺陷，由设计单位承担经济责任，由施工承包单位负责维修，其费用按有关规定通过建设单位向设计单位索赔，不足部分由建设单位负责。

(3) 因建筑材料、构配件和设备质量不合格引起的质量缺陷，属于施工承包单位采购的或经其验收同意的，由施工承包单位承担经济责任；属于建设单位采购的，由建设单位承担经济责任。

(4) 因使用单位使用不当造成的质量缺陷，由使用单位自行负责。

(5) 因地震、洪水、台风等不可抗力原因造成的质量问题，施工承包单位、设计单位不承担经济责任。

重点提示：

掌握正常使用条件下，工程最低保修期限的规定；工程缺陷部位维修的经济责任。

【案例 13-2】

某工程质量保修书

发包人(全称): ××××××房地产开发有限责任公司

承包人(全称): ×××市第一建筑工程公司第一分公司

发包人、承包人根据《中华人民共和国建筑法》、《建设工程质量管理条例》等法律法规，经协商一致，对×××一期工程　(工程名称)签订工程质量保修书。

一、工程质量保修范围和内容

承包人在质量保修期内，按照有关法律、法规、规章规定和双方约定，承担本工程质量保修责任。

质量保修范围包括：地基基础工程、主体结构工程，屋面防水工程、有防水要求的卫生间、房间和外墙面的防渗漏，供热与供冷系统，电气管线、给排水管道、设备安装，装修工程，市政道路、桥涵、隧道、给水、排水、燃气与集中供热、路灯、园林绿化，以及双方约定的其他项目。

二、质量保修期

双方根据《建设工程质量管理条例》及有关规定，约定本工程的质量保修期如下：

1. 地基基础工程和主体结构工程为设计文件规定的该工程合理使用年限；

2. 屋面防水工程、有防水要求的卫生间、房间和外墙面的防渗漏为__5__年；

3. 装修工程为__2__年；

4. 电气管线、给排水管道、设备安装工程为__2__年；

5. 供热与供冷系统为__2__个采暖期、供冷期；

6. 小区内的给排水设施、道路等配套工程为__2__年；

7. 其他工程保修期限约定如下：________。

质量保修期自工程竣工验收合格之日起计算。

三、质量保修责任

1. 属于保修范围、内容的项目，承包人应当在接到保修通知之日起 7 天内派人保修。承包人不在约定期限内派人保修的，发包人可以委托他人修理。

2. 发生紧急抢修事故的，承包人在接到事故通知后，应当立即到达事故现场抢修。

3. 对于涉及结构安全的质量问题，应当按照《房屋建筑工程质量保修办法》的规定，立即向当地建设行政主管部门报告，采取安全防范措施；由原设计单位或者具有相应资质等级的设计单位提出保修方案，承包人实施保修。

4. 质量保修完成后，由发包人组织验收。

四、保修费用

保修费用由造成质量缺陷的责任方承担。

五、质量保证金

质量保证金的使用、约定和支付与本工程施工合同第二部分《通用条款》第 65 条赋予的规定一致。

六、其他

双方约定的其他工程质量保修事项：按相应有关规定。

本工程质量保修书，由施工合同发包人、承包人双方共同签署，作为施工合同附件，其有效期限至保修期满。

(资料来源：百度文库网，http://wenku.baidu.com/view/c295141b650e52ea551898de.html)

问题与测试：

1. 质量保修期与质量缺陷期含义是否一致？

2. 由于使用者使用不当造成的质量问题的维修加固，应如何处理？

13.6.5　项目的回访

工程保修制度要求，在项目保修期内，施工单位应对竣工移交的工程进行回访。通过回访，听取和了解使用单位对工程施工质量的评价和改进意见，及时发现和解决问题，不断提高自己的管理水平。

1. 回访的次数

回访的次数，一般工程在保修期内至少回访一次；大中型项目、重点项目、有质量问题隐患的项目，应派常驻代表观察质量变化情况，听取使用单位意见。

2. 回访的方式

回访的方式一般有以下3种。

1) 季节性回访

季节性回访大多数是雨季回访屋面、墙面的防水情况，冬期回访锅炉房及采暖系统的情况。如发现问题，及时采取有效措施予以解决。

2) 技术性的回访

技术性的回访主要了解在工程施工过程中所采用的新材料、新技术、新工艺、新设备等的技术性能和使用后的效果，发现问题及时加以补救和解决。

3) 保修期届满前的回访

这种回访一般是在保修即将届满之前，既可以解决出现的问题，又标志着保修期即将结束，使业主单位注意建筑物的维修和使用。

回访可以采用书信、面谈、实测等多种手段，主要采用座谈会和实测手段，一般由业主单位组织座谈会，施工单位的领导组织生产、技术、质量等有关方面的人员参加，并察看建筑物和设备的运转情况等。回访必须认真解决问题，并应写出回访纪要。

13.7 工程项目后评价

13.7.1 工程项目后评价概述

所谓工程项目后评价，是对已建成并投入生产使用的建设项目的审批决策、建设实施和生产使用全过程进行总结评价，将项目实施过程及项目完成后的最终成果与影响与项目决策时确定的各项计划和目标进行全面系统的对比，从而判断项目预期目标的实现程度，总结经验教训，提出改进建议，提高未来项目投资管理水平的一系列工作的总称。工程项目后评价是工程项目实施阶段管理的延伸，是工程项目管理工作的重要环节和不可或缺的组成部分。

工程项目后评价与工程项目前评估，既有联系又有区别。它们属同一对象不同阶段的工作内容，既在评估内容上前后呼应，互相兼顾；又在评估的作用、时间和方法上存在明显的区别。工程项目前评估是在工程项目决策阶段进行的，为工程项目决策服务，主要运用预测方法对工程项目的前景进行全面的技术经济预测和分析；而工程项目后评价是在工程项目建成交付使用之后进行。对于生产性项目来说，在工程项目建成后的若干年，并且投产达到设计能力时才进行后评价，依据项目施工及投产后的实际数据和项目后续年限的预测数据，对其技术、设计、施工、产品市场、成本和效益进行系统的调查、分析和评估，并与前评估中的相应内容进行对比分析，找出两者的差距及其原因和影响因素。通过对比分析，不仅可以就工程项目提出相应的补救措施，以提高工程项目的经济效益；而且可以对工程项目前评估和其他各项管理工作提出建议，以完善工程项目前评估的方法和其他各项管理工作。

工程项目后评价应遵循客观、公正、科学的原则，才能真正发挥项目后评价的作用，实现项目后评价的目的。

13.7.2　工程项目后评价的依据

工程项目后评价的依据包括：经国家有审批权限部门批准的项目建议书、设计任务书(可行性研究报告)、初步设计或扩大初步设计、开工报告和已经通过的竣工验收报告等。

13.7.3　工程项目后评价的内容

在实际工程项目管理中，可从以下两方面进行项目的后评价。

1. 效益评价

项目效益评价是项目后评价的重要组成部分。它以项目投产后实际取得的效益(经济、社会、环境等)及其隐含在其中的技术影响为基础，重新测算项目的各项经济数据，得到相关的投资效果指标，然后将它们与项目前评估时预测的有关经济效果值(如净现值、内部收益率、投资回收期等)、社会环境影响值(如环境质量值等)进行对比，评价和分析其偏差情况以及原因，吸取经验教训，从而为提高项目的投资管理水平和投资决策服务。具体包括经济效益后评价、环境效益后评价、社会效益后评价、项目可持续性后评价及项目综合效益后评价。

2. 过程评价

对工程项目的立项决策、设计、施工、建设管理、竣工投产、生产运营等全过程进行系统分析，找出项目后评价与原预期效益之间的差异及其产生的原因，使后评价结论有根有据，同时针对问题提出解决办法。具体可以分为建设必要性评价、勘测设计评价、施工评价、生产运营评价及投资评价等。

以上两方面的评价有着密切的联系，必须全面理解和运用，才能对后评价项目做出客观、公正、科学的结论。

13.7.4　工程项目后评价的方法

项目后评价的基本原则是对比，包括前后对比、预测值和实际发生值的对比、有无项目的对比等。对比的目的是要找出变化和差距，为分析问题及其产生的原因提供依据。国际上通用的后评价方法有统计预测法、前后对比法、有无对比法、目标树－逻辑框架法(LFA)、定性和定量相结合的分析法等。一般而言，进行项目后评价的主要分析方法应该是定量分析和定性分析相结合的方法。

1. 统计预测法

1) 预测因素分析

根据预测目的，明确需要研究的主要变量，然后分析影响这些主要变量的因素。

2) 搜集和审核资料

统计资料是预测的基础，可以通过直接观察、报告、采访和调查问卷等方法进行统计调查，并认真审核资料，保证其具有完整性和可比性。

3) 选择数学模型和预测方法

根据审核后的资料绘制散点图，然后通过分析散点图变化规律，确定统计预测模型。

4) 预测并选定预测值

在检验预测技术适用性的基础上，进行预测并最终选定预测值。

2. 前后对比法

前后对比法是将项目实施前即项目可行性研究和评估时所预测的效益和作用，与项目竣工投产实际运行后的实际结果相比较，以找出变化和原因。这种对比是进行项目后评价的基础，适用于揭示计划、决策和实施的质量，是项目过程后评价应采用的方法，特别是在对项目财务评价和工程技术的效益分析时是不可缺少的。

3. 有无对比法

有无对比法是指将项目实际发生的情况与无项目时可能发生的情况进行对比，以度量项目的真实效益、影响和作用。对比的重点是要分清项目作用的影响与项目以外作用的影响。这种对比法适用于项目效益后评价。

项目的有无对比不是前后对比，也不是项目实际效果与项目前预测效果的对比，而是项目实际效果与无项目时实际效果的比较。

有无对比需要大量可靠的数据，最好能有系统的项目监测资料，也可引用项目所在地有效的统计资料。在进行对比时，先要确定评价内容和主要指标，选择可比的对象，然后通过建立比较指标的对比表收集相关资料。

通常情况下，项目效益后评价所需要的数据和资料包括：项目前期预测效果、项目实际效果、无项目时可能实现的效果、无项目时实际效果等。

4. 目标树－逻辑框架法

这是目前在许多国家采用的一种行之有效的方法。这种方法从确定待解决的核心问题入手，向上逐级展开，得到其影响及后果；向下逐层推演找出引起的原因，得到所谓的问题树。将问题树进行转换，即将问题树描述的因果关系转换为相应的手段－目标关系，得到所谓的“目标树”。目标树得到之后，进一步的工作要通过规划矩阵来完成。

13.7.5 工程项目后评价的程序

建设工程项目的后评价，是一项技术性强、综合性强的复杂工作，所以，进行后评价的项目必须是已全部建成投产且经过一段时间的生产运营考核后的项目以及少数独立的单项工作，而且该项目还应具有特别性、代表性及进行后评价的可能性。

项目的后评价工作分层次进行。大多数项目由行业主管部门(或地方)组织评价，评价结果报国家计委，国家计委对部分项目进行抽查复审，少数项目由国家计委组织评价。国家计委组织评价的项目，委托中国国际工程咨询公司组织实施，有关部门(或地方)应积极配合，并组织提供后评价所需的情况、资料。后评价报告报国家计委，并同时抄送行业归口部门(或地方)。

在进行工程项目后评价时，必须要遵循科学的工作程序，后评价具体程序如下。

1. 制订后评价计划

成立后评价小组，说明评价对象、内容、方法、时间、工作进度、质量要求、经费预算、专家名单、报告格式等。

2. 设计调查方案

设计调查方案包括调查内容、调查计划、调查方式、调查对象、调查经费及调查指标体系等。

3. 项目后评价的调查、分析

阅读项目相关的文件，了解项目在宏观经济中的地位和作用及自身的建设、运营、效益、可持续发展情况及对地区经济、生态环境的作用和影响等。

4. 形成项目后评价报告

项目后评价报告是调查分析工作最终结果的体现，是项目实施过程阶段性及全过程经验教训的汇总，是反馈评价信息的主要文件形式。

5. 提交报告及信息

评价成果形成的经验教训反馈到已有和新建的投资活动中去，使其决策与管理更加科学、规范。

通过项目后评价，项目业主可以从中吸取经验和教训，作为今后新建项目投资决策时的参考，达到提高投资决策水平及管理水平，提高项目投资效益的目的。

分析与思考：

工程项目评估和工程项目后评价的区别何在。

【案例 13-3】

某项目的后评价报告(摘要)

1. 项目概况

1) 项目情况简述

概述项目建设地点、项目业主、项目性质、特点，以及项目开工和竣工时间。

2) 项目决策要点

项目建设的理由、决策目标和目的。

3) 项目主要建设内容

项目建设的主要内容、决策批准生产能力、实际建成生产能力。

4) 项目实施进度

项目周期各个阶段的起止时间、时间进度表、建设工期。

5) 项目总投资

项目立项决策批复投资、初步设计批复概算及调整概算、竣工决算投资和实际完成投资情况。

6) 项目资金来源及到位情况

资金来源计划和实际情况。

7) 项目运行及效益现状

项目运行现状、生产能力实现状况、项目财务经济效益情况等。

2. 项目实施过程的总结与评价

1) 项目前期决策总结与评价

项目立项的依据，项目决策过程和程序。项目评估和可研报告批复的主要意见。

2) 项目实施准备工作与评价

项目勘察、设计、开工准备、采购招标、征地拆迁和资金筹措等情况和程序。

3) 项目建设实施总结与评价

项目合同执行与管理情况、工程建设与进度情况、项目设计变更情况，项目投资控制情况、工程质量控制情况、工程监理和竣工验收情况。

4) 项目运营情况与评价

项目运营情况、项目设计能力实现情况、项目运营成本和财务状况，以及产品结构与市场情况。

3. 项目效果和效益评价

1) 项目技术水平评价

项目技术水平(如设备、工艺及辅助配套水平，国产化水平，技术经济性)。

2) 项目财务经济效益评价

项目资产及债务状况、项目财务效益情况、项目财务效益指标分析和项目经济效益变化的主要原因。

3) 项目经营管理评价

项目管理机构设置情况、项目领导班子情况、项目管理体制及规章制度情况、项目经营管理策略情况、项目技术人员培训情况。

4. 项目环境和社会效益评价

1) 项目环境效益评价

项目环保达标情况、项目环保设施及制度的建设和执行情况、环境影响和生态保护。

2) 项目社会效益评价

项目主要利益群体，项目的建设实施对当地(宏观经济、区域经济、行业经济)发展的影响，对当地就业和人民生活水平提高的影响，对当地政府的财政收入和税收的影响。

5. 项目目标和可持续性评价

1) 项目目标评价

项目的工程目标、技术目标、效益目标(财务经济)、影响目标(社会环境和宏观目标)。

2) 项目持续性评价

根据项目现状，结合国家的政策、资源条件和市场环境对项目的可持续性进行分析，预测产品的市场竞争力，从项目内部因素和外部条件等方面评价整个项目的持续发展能力。

6. 项目后评价结论和主要经验教训

1) 项目成功度评价

2) 评价结论和存在的问题

3) 主要经验教训

7. 对策建议

1) 对项目和项目执行机构的建议

2) 对中央企业的对策建议

3) 宏观对策建议

重要提示：项目的后评价报告中，必须附上编制单位资质证书、项目后评价实施单位、参加项目后评价人员名单和专家组人员名单，并附上项目地理位置示意图。

(资料来源：百度文库网，http://wenku.baidu.com/view/8eb18ed784254b35eefd34c3.html)

问题与测试：

1. 项目的后评价包括哪些内容？

2. 项目后评价应坚持怎样的原则？

本 章 小 结

本章主要讲述建设工程项目竣工验收的依据、条件、内容、标准和程序；竣工资料及工程档案的移交与归档；工程竣工验收备案；工程竣工结算与决算；工程保修；工程项目后评价。

思 考 题

1. 何谓工程项目竣工验收？

2. 工程项目竣工验收的依据是什么？任务有哪些？标准是什么？内容有哪些？条件是什么？基本程序是什么？

3. 试述工程项目文件资料的归档管理。

4. 工程项目竣工结算与决算的区别是什么？

5. 工程项目竣工验收备案文件由哪些组成？

6. 工程项目后评价的内容有哪些？

7. 如何进行工程项目后评价？

参考文献

[1] 蔺石柱，闫文周．工程项目管理[M]．北京：机械工业出版社，2009．

[2] 乐云．工程项目管理(上)[M]．武汉：武汉理工大学出版社，2008．

[3] 邱国林，宫立鸣．工程项目管理[M]．北京：电子工业出版社，2010．

[4] 丁士昭．建设工程项目管理[M]．北京：中国建筑工业出版社，2007．

[5] 李世蓉，邓铁军．工程建设项目管理[M]．武汉：武汉理工大学出版社，2008．

[6] 成虎．工程项目管理[M]．北京：高等教育出版社，2008．

[7] 全国一级建造师执业资格考试用书编写委员会．建设工程项目管理[M]．北京：中国建筑工业出版社，2011．

[8] 张智钧．工程项目管理[M]．北京：机械工业出版社，2011．

[9] 全国一级建造师执业资格考试用书编写委员会．建筑工程管理与实务[M]．北京：中国建筑工业出版社，2011．

[10] 詹炳根，殷为民．工程建设监理[M]．北京：中国建筑工业出版社，2011．

[11] 全国一级建造师执业资格考试用书编写委员会．市政公用工程管理与实务[M]．北京：中国建筑工业出版社，2012．

[12] 中国建设监理协会．建设工程质量控制[M]．北京：中国建筑工业出版社，2010．

[13] 闫军印．建设项目评估[M]．北京：机械工业出版社，2005．

[14] 马士华，林鸣．工程项目管理实务：范式、方法与管理表格[M]．北京：电子工业出版社，2003．

[15] 胡志根，黄建平．工程项目管理[M]．武汉：武汉大学出版社，2004．

[16] 高晓晖．房地产开发与经营[M]．上海：上海财经大学出版社，2005．

[17] 王孟钧．工程项目管理[M]．北京：中国建筑工业出版社，2011．

[18] 宫立鸣，孙正茂．工程项目管理[M]．北京：化学工业出版社，2005．

[19] 刘元芳．建筑工程计量与计价[M]．北京：中国建材工业出版社，2012．

[20] GF-2013-0201 建设工程施工合同(示范文本)[S]．北京：中国建筑工业出版社，2013．

[21] 邓铁军．工程项目管理学(下)[M]．武汉：武汉理工大学出版社，2008．

[22] 毛桂平，姜远文．建筑工程项目管理[M]．北京：清华大学出版社，2007．

[23] 国家发展和改革委员会法规司等．中华人民共和国招标投标法实施条例释义[M]．北京：中国计划出版社，2012．

[24] 田金信．建设项目管理[M]．北京：高等教育出版社，2009．

[25] 王雪青．国际工程项目管理[M]．北京：中国建筑工业出版社，2011．

[26] 齐宝库．工程项目管理[M]．大连：大连理工大学出版社，2007．

[27] 戚安邦．工程项目管理[M]．天津：南开大学出版社，2008．

[28] 田振郁．工程项目管理实用手册[M]．3版．北京：中国建筑工业出版社，2007．

[29]《建筑工程项目管理规范》编写委员会．建筑工程项目管理规范实施手册[M]．北京：中国建筑工业出版社，2012．

[30] 丛培经．工程项目管理[M]．北京：中国建筑工业出版社．2003.
[31]《中国工程项目管理知识体系》编委会．中国工程项目管理知识体系[M]．北京：中国建筑工业出版社，2004.
[32] 全国造价工程师执业资格考试培训教材编审委员会．工程造价管理基础理论与相关法规[M]．北京：中国计划出版社，2005.